图书在版编目 (CIP) 数据

明清时期温州宗族社会与地域文化研究 / 王春红著 . —北京：
中国社会科学出版社，2016. 11
ISBN 978 - 7 - 5203 - 0044 - 5

Ⅰ. ①明… Ⅱ. ①王… Ⅲ. ①宗族 – 文化研究 – 温州 – 明清
时代 Ⅳ. ①K820. 9

中国版本图书馆 CIP 数据核字 (2017) 第 054303 号

出 版 人	赵剑英	
责任编辑	宫京蕾	
特约编辑	大　乔	
责任校对	冯英爽	
责任印制	李寡寡	

出　　版	中国社会科学出版社	
社　　址	北京鼓楼西大街甲 158 号	
邮　　编	100720	
网　　址	http：//www. csspw. cn	
发 行 部	010 - 84083685	
门 市 部	010 - 84029450	
经　　销	新华书店及其他书店	

印刷装订	北京市兴怀印刷厂	
版　　次	2016 年 11 月第 1 版	
印　　次	2016 年 11 月第 1 次印刷	

开　　本	710 × 1000　1/16	
印　　张	22. 5	
插　　页	2	
字　　数	369 千字	
定　　价	95. 00 元	

凡购买中国社会科学出版社图书，如有质量问题请与本社营销中心联系调换
电话：010 - 84083683

目　　录

上篇　明清时期的温州宗族社会

下篇　明清时期温州宗族社会的地域文化

绪　　论

第一节　选题缘起

温州，声名在外，世人皆知。温州，饱受争议，评价不一。这恰恰说明，温州是一方特色鲜明、值得关注的地域。

目前学界对温州的关注、研究，基本集中于温州这方水土养育出的温州人及在他们身上体现出的温州精神方面，尤其是集中在遍行天下的温商身上，集中在温州人和金钱、温州人和经济之间的关系上。其实，如果能够有机会亲身接触、研读一些记录温州历史和文化的文献资料，就会惊喜地发现，原来温州并不是一片文化的"荒漠"，而是有着自己独具特色的地域文化发展脉络和特性。虽然温州的地域文化从来没能占据中国文化大系的主流，但确是其中特色独具的一支。

宗族作为在中国历史上长期存在的社会组织，与之相关的内容足以反映中国历史发展的脉络和与之对应的诸般社会现象。对于区域史研究而言，即可以透过宗族的视角剖析出该地域的社会发展与独具特色的地域文化特性。

关于明清时期中国宗族的发展情况，冯尔康曾言：

> 明清时期宗族组织普遍出现，尤其盛行于长江流域及其以南地区。[1]

可见，明清时期宗族不仅在温州存在，而且处于盛行的状态。杨国桢在为郑振满著的《明清福建家族组织与社会变迁》一书作序时曾指出：

---

[1]　冯尔康等：《中国宗族史》，上海人民出版社 2009 年版，第 22 页。

福建的家族组织是东晋以降陆续南迁的中原汉族移民带来的，由于长期处于边区，保留了较多中古中原家庭的遗俗遗制，同时又适应山、海的新环境独立发展，形成区域性的特色。①

温州地处浙南闽北之交，在很多方面和福建有相似共通之处。所以，杨氏的结论亦可适用于温州，即温州的宗族组织和宗族社会亦具有地域文化特色。因此，将明清时期温州的宗族社会和相关的地域文化作为研究对象，颇值得探寻、挖掘一番。

笔者硕博阶段曾研究过北朝隋唐的士族群体，侧重点在于这个群体与社会的互动，在于对他们文化特征的把握。来温州工作后，因为工作需要，转做温州地域史方面的研究。随着对地方文献资料的不断收集、研读及工作中一次次到温州各地开展实地田野调查，日渐发觉关于明清时期温州宗族社会和地域文化方面的资料比较丰富，特性比较鲜明，遂决心开始这方面的资料收集及研究工作，这样笔者硕博阶段研究的一些方法和基础也可以派上用场。经过几年的资料收集、分析，实地调研、访谈的积累，对于研究主体的思考和认识逐渐明晰、成型，最终成稿，遂将本书名之为《明清时期温州宗族社会与地域文化研究》。

第二节　学术史回顾与存在的不足

如上节所言，学界关于温州的研究成果多集中在从经济的角度剖析温州人、温州精神、温州地域文化特性等方面。相比之下，直接以明清时期温州宗族社会及相关地域文化作为研究对象的成果甚少，所以本书在学术史回顾部分是以学界关于温州宗族社会的研究成果为对象，并分类述评如下。

在已有可见研究成果中，直接以温州宗族为研究对象者，仅有陈彩云的论文《元代温州的宗族建设》[《浙江师范大学学报》（社会科学版）2011 年第 2 期]。陈氏在文中指出，宋代以后的地域社会与理学的关系日益密切，随着元代理学在温州的深入传播，温州士大夫不仅接受并进行了社会化实践，其中一个重要方面就是进行宗族建设。且自宋代以来，温州

---

① 郑振满：《明清福建家族组织与社会变迁》，中国人民大学出版社 2009 年版，杨国桢所写"序言"第 1 页。

就是宗族势力颇为发达的地区。到元代时，温州士人因为仕宦不畅，绝大多数沉居下僚，居于乡里，所以他们更加注重地方宗族建设，如修撰族谱、建设祠堂、兴置族产、兴办族塾、救济族人等。但元代温州宗族祭祀还处于不规范阶段，这从其祭祖场所不固定、祭祖年代不确定、义田设置稀少等方面可以看出。所以，陈氏认为元代温州的宗族建设和宗族制度还处于不成熟阶段，是温州宗族走向明清时期全面繁荣承前启后的重要时期，同时也影响到明清时期温州的宗族建设。

宗族是一个在中国历史上存续时间长，而且涵盖内容非常复杂的社会组织，宗族建设涉及多个方面，诸如祠堂、族谱、族田、族学等。

学界关于温州宗族具体建设内容进行研究的成果，有李翔的《浙江祠堂文化的比较性研究——以浙江淳安和温州两地为例》（《行政事业资产与财务》2012 年第 2 期）。李氏指出，因为祠堂是宗族文化建设的重要组成部分，也是直至今天仍然重视血缘和宗族关系的农村社区的一个重要文化特征，所以其通过调研走访淳安、温州两地共计 5 个乡镇的 8 个祠堂，总结、对比、分析了淳安和温州在当今祠堂文化建设方面的不同。李氏认为淳安模式的祠堂文化建设，最根本的在于它的传统性，在于它注重敬奉祖宗、教育子孙的宗族文化内涵建设和延续及带有传统审美情趣的民俗活动的开展。而温州模式的祠堂文化建设则在于它传承性和创新性的结合，其不仅会在传统节日和特殊的日子进行宗族活动，还会利用祠堂来开展现代文化活动，进行各种文化表演。本书认为，这种将传承与创新相结合的温州祠堂文化建设模式不仅可以取得不错的凝聚宗族效果，也充分体现了温州地域文化中将创新进行到底的文化特性和精神。

蔡克骄的《明代温州祠堂祭祖述论——以温州市龙湾区项氏、王氏、张氏家族为例》（《温州职业技术学院学报》2012 年第 3 期），通过对《项乔集》《王叔果集》《张璁集》及相关族谱中有关祠堂祭祖活动的研究，指出明代温州地区士大夫的祠堂祭祖活动颇具特色，具体表现为在祠堂祭祖方面持有的"一本观"宗族观念和"礼以义起"的宗族改革观。"一本观"宗族观念讲究同根、同源，可以起到避免本枝紊乱、源流混淆的作用，可以为敬宗收族、订家训、修族约、建祠堂、筑城堡、立私塾、置义田等宗族活动奠定思想基础。"礼以义起"的宗族改革观，是指在处理宗族具体事务时，以项氏、王氏、张氏等为代表的明代温州宗族并不拘泥于之前固有的宗族礼法，而是根据具体情况灵活处理。其灵活之处在于，在与礼法基本思想不相悖的基础上，也要考虑情、义、功、德等因素。本书认为，这样的宗族改革观念，能够很好地处理宗族事务，收到敦宗睦族的效果，也体现了温州地域文化中灵活、务实的特性。

丁红的《温州家谱文化的历史与现状》（《图书馆杂志》2005 年第 8 期）是研究温州家谱文化的成果。丁氏指出，1949 年以后，浙南地区，主要是温州地区，始终存在着纂修家谱的独特社会现象，但由于行政职能部门的低调处理以及纂修的隐蔽性加之家谱的私密性，外界基本不清楚其具体情况。丁氏通过对温州纂修家谱历史与现状的调查及著录项目表的统计分析，探讨了温州家谱的地区分布、纂修年代、姓氏结构、续修规律、版本特点以及社会化服务等方面的问题，从一个特殊的视角展示了温州地域家谱文化一直绵延不绝的特色。

在温州宗族社会中生活着很多的著姓宗族，对他们进行个案研究的成果也有一些。

吴仁安的《浙江温州龙湾地区明代的著姓望族及其对社会经济文化之作用与影响述略》[《江南大学学报》（人文社会科学版）2012 年第 1 期]指出，浙江温州龙湾地区在明代由于社会经济持续发展和文化较为昌盛，涌现出诸如二都黄氏、李浦王氏、永强普门张氏、七甲项氏、英桥王氏、梅头东溪姜氏和前街陈氏等众多望族。吴氏认为，这些明代望族中的精英不仅对于温州龙湾当地，对温州之外的国内其他地方乃至全国的政治、经济和文化等社会生活各方面也均产生过重大作用与影响。吴氏在文章最后指出：

> 综上所述，可见明代温州龙湾望族中的精英人士，他们的思想、学说与业绩、精神，其作用重大、其影响深远，有的甚至影响至今。基此原因，本人认为我们今后理应加强对明代温州龙湾望族（在时间上，不妨延伸至清代，亦即成"明清时期"；在空间上，则不妨从龙湾区扩充到温州全市乃至明清时期的"温州府"全郡）历史的研究，以资我们借鉴、利用，来大力建设社会主义新时期的新文明、新文化。①

---

① 吴仁安：《浙江温州龙湾地区明代的著姓望族及其对社会经济文化之作用与影响述略》，《江南大学学报》（人文社会科学版）2012 年第 1 期。

吴氏文末之主张,与本书的研究主旨不谋而合,也算得上英雄所见略同!而且吴仁安在文中提到的温州龙湾的这些望族也是本书会涉及的研究对象,他们作为当地的代表性宗族及宗族中涌现出的代表性人物,如英桥王氏之王叔果、王叔杲,普门张氏之嘉靖时官至内阁首辅的张璁,七甲项氏之项乔,李浦王氏之王瓒等,都为温州宗族社会及地域文化建设做出了自己的贡献,是本书进行明清时期温州宗族社会和地域文化研究的钥匙,正如吴大琨指出的:

> 在中国的历史上,家族一直在社会的发展中占着非常重要的地位,要弄清楚某一地区的文化发展情况,就必须弄清楚这一地区的一些代表性家族的情况,两者是分不开的。①

姚周辉、郑秋枫、林佳、王飞飞的《试论永嘉岩头金氏宗族村落文化的传承动力》(《浙江工贸职业技术学院学报》2011年第1期),与其他学者多从宏观视角研究村落宗族文化长盛不衰的情形不同,该文侧重从微观视角以金氏宗族村落文化为个案深入剖析了其村落宗族文化传承的动力。文章认为,可将宗族村落文化传承的动力概括为三个方面:内部驱动力,简称“内驱力”,即村落家族所承载的族内功能;外部驱动力,简称“外驱力”,即村落家族所承载的族外功能;内外驱动力的互动,则是指得到官方认可的宗族组织与代表官方的社会基层组织的相互作用。岩头金氏宗族的村落文化正是在内驱力、外驱力、内外驱力互动的共同作用下得以传承。其中,该文关于内外驱动力互动的论述,和本书中温州宗族与地方政府互动关系章节的内容,在精神实质上相一致。

姚周辉、何华湘等著《宗族村落文化的范本——温州永嘉岩头金氏宗族村落文化研究》(杭州出版社2011年版),是以温州永嘉岩头金氏宗族村落文化及其变迁为研究对象,内容涵括岩头金氏宗族村落的历史沿革、村落布局、水利工程、耕读文化、商贸文化、宗族组织文化、带有区域共性及金氏宗族特色的民俗文化等各种文化事象及其发展与演变的过程,并在此基础上分析岩头金氏宗族村落文化发展与演变的特点和传承动力(即前面《试论永嘉岩头金氏宗族村落文化的传承动力》一文之内容),推测

---

① 吴大琨:《笔谈吴文化》,《文史知识》1990年第11期,第10页。

其在未来的发展趋势、探讨其对当今新农村建设的启发作用，以及如何对待宗族村落文化和如何保护与开发古村落等问题。该书对于永嘉岩头金氏宗族的全方位、深入化的个案分析，在很多方面给本书的研究以启示。

研究温州的宗族社会和地域文化，必然涉及移民元素，这在本书的论述中将多次提及。在学界关于温州移民文化的研究中，主要有如下成果。

徐定水的《历代福建迁温人口姓氏述略》[《温州师范学院学报》（哲学社会科学版）2003年第3期]，认为温州境内的早期居民自汉建元三年（前138）东瓯王率众内徙庐江郡和元封元年（前110）东越国除民再次内徙江淮间后，瓯地几成废墟，遗民甚少，其原始人口姓氏俱都衰落无闻。此后，温州人口陆续从各地迁徙而来，其中以福建最多。唐代以前，谱牒散佚，记载缺乏，闽民迁温的具体情况难以稽考。从唐代开始，有关史志、谱牒等记载逐渐增多，闽民迁温的情况亦变得有迹可循。在唐乾符五年（878），黄巢起义军入闽，而温州无战事，导致闽民流迁来温尤多。五代十国时期，闽主王审知死后，继承者为政暴虐，相互攻杀，内战不休，而温州在吴越钱氏统治下，社会相对安定并生产发展，因而吸引大批闽民来温。宋时，闽民迁温比上代为多。尤其是南宋乾道二年，浙南沿海遭遇特大海溢，"浮尸蔽川，存者什一"①。温州郡守传檄要求福建移民补籍，此后几年大批闽民陆续迁温。元、明、清各朝，闽民迁温的记载仍不绝于史。其中有避王朝更替之乱、避倭寇之乱和清初"迁界"等情况。清末开埠后，亦有闽民来温经商占籍。综上所述，历代闽民迁温以宋代为最多，其次是五代、唐代、明代。在入迁人口中，以闽省赤岸为最多，几占闽省迁温人口的半数以上。这些移民是温州居民的主要组成部分，共同推进了温州地域社会、经济、文化等方面的发展。

林亦修的《温州唐末五代移民的社会背景述略》[《温州大学学报》（社会科学版）2007年第3期]指出，温州在唐末五代出现了人口大量迁入的情况，且这种情况持续了大约100年（878—978）。关于移民持续迁温的原因，林氏分析有三：一是黄巢起义军在南方的活动（878—879）导致温州周边地区多被扰掠，特别是闽东；二是在朱褒割据温州的二十多年（881—902）时间里，温州与周边州县的动荡相比，局势相对稳定；三是闽主王审知于925年死后，其继任者内战不断，民心难安，而温州在

① 徐定水：《徐定水集》，黄山书社2011年版，第28页。

吴越钱氏统治下，局势相对安定。正是因为上述原因，才出现了唐末五代周边居民持续迁温的情形。这些移民构成了温州居民的主要姓氏，构建了温州村、社、乡、都结构的总体布局，实现了温州乡村从"野"向"文"的转型。

徐氏、林氏的研究，内容有重合之处，着重点在于对温州移民迁入历史背景和原因的分析。

陈佳佳的《温州姓氏文化综述》［《西南农业大学学报》（社会科学版）2012 年第 12 期］，则对温州历代从外地迁入的姓氏进行了研究。根据陈氏统计，温州所有姓氏中以从福建迁来的姓氏最多，而且陈姓是迁入人口最多的姓氏。此外，陈氏也指出在温州姓氏文化方面存在一个典型的特征，即大姓聚族而居，各族大都设有祠堂，修有族谱，而且以苍南县最为典型，从某种意义上反映了温州宗族社会的发展情况。

温州宗族对于地域社会的发展和文化形成等方面一直发挥着非常重要的作用，在学界已有的研究成果中，即有从宗族与当时社会互动关系的视角展开研究者。

华东师范大学 2005 届研究生李世众的博士学位论文《晚清温州权力关系格局透视——以士绅为中心的历史考察》（该论文于 2006 年 8 月由上海人民出版社以《晚清士绅与地方政治——以温州为中心的考察》为名正式出版）主要运用社会学的理论、概念，以发生在晚清温州的若干事件为叙述分析对象，集中对晚清温州地方官与士绅的关系和士绅内部不同集团之间的关系进行了深入考察，揭示了地方社会权力关系格局的动态演化过程，对这个过程中的几个关键环节予以一种历史性诠释。

在李氏专著中，明确涉及温州宗族方面的内容有两部分。一部分是第一章"温州的生活世界"之第三节"乾、嘉、道时期的地方权力关系"，在该节中，李氏认为宗族组织在当时的社会权力关系的格局变动中发挥了"减震器"功能。即清朝中叶，政府在地方治理中无视民众的价值观念及其社会组织原则，导致社会秩序恶化，地方治理出现危机。而能够使地方社会秩序恢复的，正是宗族组织起到的社会"减震器"作用。李氏指出，学术界虽然都认同宗族组织缓和阶级对立的作用，但一般都把起作用的机制理解成族内的慈善行为。可李氏经过研究发现，在社会生存环境急剧恶化的情况下，儒家意识形态对绅富的感召力消失殆尽，贫民与绅富双方是通过博弈达到力量平衡，而宗族组织所起的作用是为两者提供了谈判的平台。李氏进一步分析指出，宗族组织能够化解危机的真正原因，既不是慈善，也不是暴力，而是宗族集体本身具有集体生存理性和集体安全理性，而宗族具有的这两点正是地方社会的稳定因素。

李氏著作中涉及宗族内容的另一部分，在第二章"19世纪中叶地方政治生态的变化——透视金钱会事件所见"之第五节"宗族是地方势力角逐的现成工具"。李氏在该节指出，在温州乡土社会村落中，单姓村占大多数，其余村落至少也是数姓聚居，宗族势力异常强大，宗族组织相当严密。在金钱会和瞿党的反叛中，无论是会党还是官绅的团练都利用了宗族这个现成的组织，以致"通族皆盗"或"通族皆义民"在当时是一个相当普遍的现象。面对地方势力凭借宗族进行的社会动员，国家对这些进行反叛的宗族进行了严厉镇压，对有些宗族甚至施以毁灭性打击。

本书在研究中也十分注重宗族与地方官府的互动关系，认为宗族与地方官府之间存在着一种相互依存、难以割舍的必然联系，他们只有相互结合、彼此倚重，才能两两得利。

方坚铭的《"永嘉场"地域文化研究：以明代永嘉场为考察中心》（浙江大学出版社2012年版），是海内外首部以明代永嘉场为考察中心，系统对永嘉场地域文化进行研究的专著。该书不仅全面而深入地阐述了永嘉场地域文化的特色，而且初步总结、探讨了明代永嘉场地域文化崛起的原因，并围绕明代永嘉场出现的四大宗族，即李浦王氏、普门张氏、英桥王氏、七甲项氏展开研究。方氏著作中关于这四大宗族迁徙历史、宗族建设（包括修建祠堂、修订族谱、制订族约规训、兴建族学、进行宗族自卫等方面内容）及宗族家风对于族内成员仕宦品格、人生价值观和精神风貌影响等方面内容的研究，和本书的研究旨趣相一致，为本书的相关研究提供了前期借鉴。

温州大学2012届邓苗的硕士学位论文《宗族与地方社会的文化互动——以浙南四村为中心的考察》，则通过对温州地区福佑村、宁村、睦州垟村和丽水青田县龙现村四个村落的实地田野调查，指出宗族文化在时代变迁中已经发生巨大变化，这种变化可以概括为由传统社会的弥散型宗族演变为当代社会的点缀型宗族。

最后是陈学文的几篇文章，均收入《陈学文集》。这几篇文章虽然没有明确以明清时期的温州宗族和地域文化作为研究对象，但和本书中要阐述的某些具体问题，如士农工商四业皆本的择业观、宗族所修堡寨的代表——永昌堡等内容相关。陈氏文集中的《明中叶以来"士农工商"四民观的演化——明清恤商厚商思潮的探讨》指出，到明朝中期，随着商品经济的发展，商品流通领域的扩大，国内外商贸的蓬勃发展，江南市镇的勃兴，人们已经逐渐意识到商业地位的变化，反映到意识形态，则是士农工商四民等级观的逐渐变化，陈氏将这一变化过程大致分为五个阶段，依次为：四民异业同道、各安生理的治生说、儒商相混、恤商厚商、工商亦本业，并依次对这五个阶段进行了阐述。又《项乔的人品与"各安生理"的四民观》一文，对项乔产生"各安生理"观念的思想根源，从王阳明理学、永嘉学派的事功说、"实行为生"的社会现实三个角度进行了分析。《万历〈东嘉英桥王氏族谱〉的初步研究》则对英桥王氏族谱的修撰过程、代表性人物、族居地——永嘉场、宗族修筑的抗倭自保工事——永昌堡等，进行了介绍。①

　　回看上述学界关于温州宗族社会与地域文化方面的研究成果，可以说已经取得了一定成绩。大家对于温州宗族社会的诸多相关问题进行了探讨，比如涌现出的代表性宗族、宗族中的代表性人物、宗族与地方社会和官府的互动关系、移民文化、宗族建设、传统宗族村落的传承和演变等，这些成果为本书研究的开展提供了宝贵的前期借鉴和基础。但学界目前的研究成果与温州宗族社会丰富的内涵和与之相关的特色鲜明的地域文化相比，还有许多有待进一步深入挖掘、具体呈现的精彩空间。尤其是与学界对温州周边地域宗族的相关研究成果相比，学界关于温州宗族社会与地域文化研究成果中存在的不足，更为明显。

　　在今天的行政区划图上可以清晰地看到：温州东临大海，南面接壤福建，西面是历史上的徽州，北面是曾经的江南。目前学界关于福建、徽州、江南，这三个地域宗族的相关研究可以用中外学者、大家云集、硕果累累来形容。下面略举其中的部分成果，以示说明。如关于福建的研究有［英］莫里斯·弗里德曼的《中国东南的宗族组织》、郑振满的《明清福建家族组织与社会变迁》、陈支平的《近五百年来福建的家族社会与文化》等②，关

---

　　①　这几篇文章分别见于《陈学文集》，黄山书社 2011 年版，第 534—544、583—588、589—593 页。

　　②　［英］莫里斯·弗里德曼：《中国东南的宗族组织》，刘晓春译，上海人民出版社 2000 年版。郑振满：《明清福建家族组织与社会变迁》，中国人民大学出版社 2009 年版。陈支平：《近五百年来福建的家族社会与文化》，中国人民大学出版社 2011 年版。

于徽州的研究成果有唐力行的《徽州宗族社会》和《唐力行徽学研究论稿》、赵华富的《徽州宗族调查研究》、王振忠的《明清以来徽州村落社会史研究》和《徽州社会文化史探微：新发现的16—20世纪民间档案文书研究》、陈瑞的《明清徽州宗族与乡村社会控制》等①，关于江南的研究成果有吴仁安的《明清江南著姓望族史》、冯贤亮的《明清江南的州县行政与地方社会研究》、徐茂明的《江南士绅与江南社会（1368—1911年）》、陈江的《明代中后期的江南社会与社会生活》等②。至于其他学者的诸多相关研究论著和论文，就不再一一赘举。相比之下，处于福建、徽州、江南中间的温州，因为地缘、学缘等因素的关系，关于宗族的相关研究成果较少，具体到关于明清时期温州宗族社会和地域文化方面的研究成果更少，属于未被学术界充分关注的"弱势地域"。

通过上述分析，可以将目前学界关于明清时期温州宗族与地域文化研究成果的不足概括为三：一、没有将明清时期的温州宗族社会作为一个整体进行研究；二、没有对这一时期温州宗族社会中的地域文化进行梳理性分析、研究。三、没有像学界对于福建、徽州、江南的研究那样，对于宗族的内部组织结构、宗族社会变迁、宗族中的特定群体等进行专项的、深入化的、多学科性的审视和研究。

第三节　本书的研究对象、结构安排、研究方法和创新

本书以明清时期的温州宗族社会及在其中出现的一些值得关注的文化事象作为研究对象。篇章结构安排为：将全书内容分为上篇、下篇两部分，上篇以明清时期的温州宗族社会，下篇以明清时期温州宗族社会的地

---

① 唐力行：《徽州宗族社会》，安徽人民出版社2005年版。唐力行：《唐力行徽学研究论稿》，商务印书馆2014年版。赵华富：《徽州宗族调查研究》，人民出版社2014年版。王振忠：《明清以来徽州村落社会史研究》，上海人民出版社2011年版。王振忠：《徽州社会文化史探微：新发现的16—20世纪民间档案文书研究》，上海社会科学院出版社2002年版。陈瑞：《明清徽州宗族与乡村社会控制》，安徽大学出版社2013年版。

② 吴仁安：《明清江南著姓望族史》，上海人民出版社2009年版。冯贤亮：《明清江南的州县行政与地方社会研究》，上海古籍出版社2015年版。徐茂明：《江南士绅与江南社会（1368—1911年）》，商务印书馆2004年版。陈江：《明代中后期的江南社会与社会生活》，上海社会科学院出版社2006年版。

域文化作为论述对象。

在上篇部分，主要论述和明清时期温州宗族社会自身直接相关的内容，本书共选取了六部分，即六章，依次为：温州宗族社会的形成，保障温州宗族能够运转、延续的宗族组织，宗族对内的族内自治，对外与乡里社会的关系及与地方官府的关系，宗族自卫与堡寨。在每一章的具体论述过程中侧重对其中体现出的温州宗族社会的特色进行分析，尤其是第六章的宗族自卫与堡寨，更是温州宗族社会在明清时期所要特殊面对的问题。

在下篇部分，则以明清时期温州宗族社会中出现的一些典型的文化事象作为研究对象，通过梳理、分析，共分为七章，依次为：婚姻文化、读仕文化、隐逸文化、居住文化、民俗文化、信仰文化、其他需要关注的文化现象。每章在具体论述过程中，重在分析、展示明清时期温州宗族中这些文化事象的具体表现、出现原因等，重在其地域文化特性的挖掘。

相信这样的结构安排，能够将明清时期温州的宗族社会和地域文化比较清晰地展示出来。

研究方法方面，因为本人一直从事历史学的学习，所以必然会注重运用历史学重史料研读、分析、考辨、实证的方法，在掌握一定数量文献资料的基础上，通过逐步的史料研读、记读书笔记、阶段性梳理研读思路和心得，逐渐形成对于明清时期温州宗族社会与地域文化的认识。同时，也要注重借鉴现在地域史研究中多学科交叉的现状，如吴雪梅在《回归边缘：清代一个土家族乡村社会秩序的重构》中所说的那样：

> 20 世纪历史学的进步，很大程度上体现在历史学向其他人文社会科学的借鉴并与之融合。[1]

叶显恩更是直接指出人类学进行深入实地田野调查对于历史研究的重要作用，他认为：

> 我们要建构历史上民众的社会生活，尤其是社会底层的生活实

---

[1]　吴雪梅：《回归边缘：清代一个土家族乡村社会秩序的重构》，中国社会科学出版社 2009 年版，第 11 页。

态，唯有深入社会基层作实地调查，搜集以往不为人们所注意的民间契约、档案、账本、宗教科仪文书等，以及口述资料，并体验当地的生活情景，在建立共情的基础上，理解庶民百姓，感悟生活，以此帮助诠释纸面记载的表面含义和解读其背后的隐喻，旨在得出历史的真实。再提到理论的层面作分析，以寻找对今天有启迪意义的特定传统，从而有助于认识人类自我，悟出未来归趋的学术功能。此外，别无他途。①

具体到本书的研究，会注意将历史学与人类学、社会学、文化学的研究方法进行结合，力图使本书研究视角、深度能够得到拓展、深入。

鉴于上节对学术界已有研究成果存在不足的分析，本书在前人研究积累的基础上，基于目前自己的研究积累和水平，现在能够做到的创新之处主要有如下方面。

首先是将明清时期②的温州宗族社会作为一个整体进行相关研究。这主要是出于以下方面的考虑：一、从时间上，明清时期是中国封建社会最后一个统一的历史时期，在社会形态的发展上处于前后延续不断的状态，可以保证研究对象内容和特征的持续性、稳定性。二、从空间上，温州在明清时期的行政区划中，被称为"温州府"，下辖五县（永嘉、瑞安、泰顺、平阳、乐清）一厅（玉环），而且明清两朝所辖地域范围相同。所以，对于温州而言，明清时期是一个行政区划相对稳定的历史时段。三、从宗族社会发展的阶段而言，明清时期处于中国宗族社会发展的成熟期，温州也不例外。此时正处于温州宗族社会发展史上的繁荣时期，内容丰富、特征典型，如在祠堂建设、谱牒修撰、族内自治、宗族自卫、与地方社会和官府互动及地域文化现象等诸多方面，都具有鲜明的时代和地域特色。所以，将明清时期温州宗族社会长达550年的历史作为一个整体进行研究，相信可以寻得一幅丰富多彩、特性鲜明的历史画卷。

其次，本书对明清时期温州宗族社会相关研究内容的选取比较宽泛，

---

①　参见叶显恩为王振忠的《徽州社会文化史探微：新发现的16—20世纪民间档案文书研究》一书所作的《序》，上海社会科学院出版社2002年版，第3页。

②　本书的明清时期是从明洪武元年（1368）计算到清宣统三年（1911），共计543年。

既有关于宗族社会自身的相关内容，即上篇部分，也有关于当时宗族社会中值得关注的文化事象的研究，即下篇部分。之所以如此考虑，是因为明清时期温州宗族社会是一个长达550年的历史时期，也是一个广阔、鲜活的地域生存空间。在这个漫长、宽广的历史舞台上上演了太多的画面，它们共同组成了明清时期温州宗族社会的全貌。本书这样的内容选取，相信可以从一个更广阔、全面、隐性与显性相结合的视角，全方位、立体式、纵深化地展示明清时期温州宗族社会的全景。

最后，是本书关于明清时期温州宗族社会的研究，注重挖掘其地域文化特性。

冯尔康曾经说：

> 宋儒主张重建宗族制度，是以理学为哲学基础的，而且张载、程颐、朱熹一脉相承。……
> 以上三位著名理学家指出的方案，强调通过祠堂、宗子（族长）、族田、谱系重建宗族制度，维护社会秩序，这正是宋元明清时期宗族制度的主要内容。①

毋庸置疑，冯氏指出了宗族制度的基础所在、关键所在，但也可以肯定，冯氏是针对全国的情况泛泛而言。本书认为，明清时期宗族社会的发展在不同的地域呈现出的具体内容和文化特性千差万别，相去甚远，尤其像温州这种地处偏远、与世隔绝的山海之地，明清时期的宗族社会更是呈现出别样的地域文化特色。所以，本书无论在上篇对明清时期温州宗族社会还是在下篇对当时社会中存在的文化事象，都侧重于它特有文化特性的梳理与分析，这是本书在具体章节阐述时所要牢牢抓住的关键，也是贯穿本书内容始终的灵魂。能够抓住、挖掘、展示这些特性，正是地域史研究的价值所在。

本书希望本着上面的研究对象选取、结构安排、研究方法和创新，通过自己的尝试和努力能够为明清时期温州宗族社会和地域文化的研究起到抛砖引玉的作用。

---

① 冯尔康等：《中国宗族史》，上海人民出版社2009年版，第168—170页。

第四节 本书主要研究内容概述

本书共 13 章内容，分为上篇、下篇两部分。上篇包括第一章至第六章，下篇包括第七章至第十三章。下面对 13 章的主要内容依序进行概述。

上篇 明清时期的温州宗族社会

第一章，主要从影响明清时期温州宗族社会形成的两大因素的角度展开分析。

宗族社会是一个复杂的社会形态，影响其形成的因素是多元的。本书选择了影响明清时期温州宗族社会形成诸多因素中至为关键的两点，一是温州特殊的地理位置和地形条件，二是温州崇儒好学的文化传承。温州因为地理位置的偏僻、地形条件的阻隔，成为中国历史上历次战乱发生时避难者的天堂，如永强王氏之王叔果在《瑞麦堂记》中写到的：

> 永嘉①为浙东僻壤，故称乐土。②

因之而形成的移民文化因素，对于温州宗族社会的形成产生了重要影响。那些在不同历史时期，由于各种原因迁徙来温的移民，不仅推动了温州地方社会的开发、经济的发展，也找到了本姓宗族避难生存、繁衍壮大的空间。正是这些宗族势力的发展、延续，为明清时期温州宗族社会的形成做出了自己的贡献。

温州之所以能够形成崇儒好学之风，与历代守宰的积极推动有关，明朝任敬在《温州府图志序》中写道：

> 常考自东晋置郡以来为之守者，如王羲之之治尚慈惠，谢灵运之招士讲书，由是人知自爱向学，民风一变。沿及李唐，人材稍出，至于赵宋元丰淳熙之间，道学渊懿，文物之盛，庶几乎邹鲁之风矣。迨

---

① 本书中出现的"永嘉"二字，均是指历史文献中对于今天温州的称谓，并非今天行政建制中的永嘉县。

② 吴明哲编：《温州历代碑刻二集》，上海社会科学院出版社 2006 年版，第 110 页。

及有元，余韵尚存，推原其自，虽气运使然，亦承流宣化者，代有其人也。①

　　正是有了这些文化名人来温担任地方官，不仅推动了温州地域社会的治理，也对温州本地的民智开启、教育发展、崇儒好学风气的形成起到了积极的引领、推动作用。崇儒好学之风对当时宗族社会的形成产生了重要作用，这从温州在明清时期能够出现李浦王氏、普门张氏、英桥王氏、七甲项氏、瑞安孙氏等诸多的大姓宗族，出现明朝时官至内阁首辅的张璁、清朝李鸿章的房师孙锵鸣等地方宗族代表性人物，就可以得到证明。

　　第二章，从祠堂、族谱、族产、规训、族学五个方面对明清时期温州的宗族组织进行了研究。这些宗族组织在保障温州宗族正常运转、发展、壮大的同时，也表现出自己独特的地域文化特性。

　　祠堂作为本族历代先祖灵魂栖息之地，作为宗族进行祭祀活动、处理族内事务的场所，受到明清时期温州各姓宗族的重视。重视的具体表现如祠堂先修、日常的巡视和打扫、遇到危难情况时要先行抢救祠堂等方面。温州作为典型的移民社会，祠堂还发挥了一个特殊作用，即通过在新迁之地修建祠堂，以明确的、具象化建筑物的形式向族人传递同宗同族的信息，以收到在短时间内团结全族、增强凝聚力、向心力，进而实现在异地的生存和发展。祠堂无论初建，还是日常维护、打扫都需要一定的费用。当时的温州宗族除了设立祠田等以作为费用来源，更为有特色的是祠堂费用的另外一项来源，即一些宗族明确规定族众中的一些特殊成员要单独缴纳费用，以作为祠堂之资。不按时缴纳者，就要受到惩罚。如七甲项氏即在族训中明确规定，族中那些参加科举考试考中的士子、出仕为官者及购田达到一定亩数者，必须缴纳一定数量的费用，而且还清晰、明确地规定因参加科举考试考中的等级及官品级别的不同，相应要拿出的银两数量也不一样。如果有人胆敢违反族规不按时按数缴纳，就会被取消进入宗祠祭祀的资格。如此严厉的规定，说明温州宗族对于祠堂的重视。在祠堂日常管理方面，则一般会聘请专职的守祠人负责打扫、看守工作，务必要保持

---

　　① 见《乾隆温州府志》卷二十八《艺文·序》，引自（清）李琬修，齐召南、汪沆纂《乾隆温州府志》，中华民国三年补刻本，温州市图书馆藏，第585页。

祠堂内外的整洁，禁止不文明行为的发生。但允许将族学设在祠堂之内，一则显示宗族对于教育的重视，二则可以节省财力，三则在先祖的监督、护佑下，想必子弟会更易于勤奋、成才。

族谱作为记载族内子孙世系脉络传承、支系远近的重要凭证，明清时期的温州宗族对之非常重视。本书将当时温州宗族修谱的目的概括为四个方面：追本溯源，牢记所自；教化子孙，亢宗善后；忧吊喜庆，团结同族；移民社会，异地生存。通过族谱的定期、及时修撰，可以使族中子弟清楚、牢记本族的源头所在、脉络传承，这是关系到一族发展根本的大事。宗族发展的未来寄托于子孙后代，通过修谱可以教化族中子孙，要他们把先祖的品行、风尚传承下去，并发扬光大，以达到亢宗善后之目的。随着宗族的不断繁衍、壮大，明清时期的温州宗族逐渐遇到了族大难收、子孙形同陌路的情况，甚至出现了因为利益才会相趋、遇到困难竟然相避的情形。对于需要依靠合同族之力才能生存、发展的宗族来说，温州当时出现的这种情况是一种非常反常、非常功利化的倾向。如果任其发展下去，很难想象以后将会是怎样的一种情形。所以宗族必须重视族谱的修撰，以使同族之内可以忧相吊、喜相庆。移民与宗谱之间的关系非常微妙，迁徙流离的生活必然导致族谱的散失亡佚，但迁移到一地后，一姓宗族的生存、发展又必须依赖宗谱以联系、团结同族的力量，进而实现在异地的生存、发展。

在族谱修撰过程中，温州宗族本着务实的修谱精神，制订有严格的收入原则，对于当时因为历经迁徙，老谱散失，远祖已无据可循而出现的大量冒托先祖的情况，坚决予以制止。对此，清朝时陆象震在《乾隆瑞安县志》卷九"艺文·劝罢乡贤通谱文"中曾经进行过严厉批评：

> 尝慨天下之人，不能强自振立，乃耻世系起于微贱，往往附右族，托昔贤，通谱奉祀之。陋习遂相蹈袭，而不以为怪。于是谱牒备极夸扬，非鬼渎于馈祀。动曰："吾祖秦汉时某官也，唐宋时某爵也。"不则曰："某先儒之后也。"
>
> ……故人生本乎祖，明有亲也；吹律而定姓，言有别也。吾祖人之祖，吾祖必父人之父，则谓辱及其先。吾尊人之祖，必且以为胜吾祖，则谓贱其所自出。
>
> 辱先不仁，贱亲不孝。吾思布衣之士，虽未能光先业，耀家声，

苟知自亲其亲，自祖其祖，而簨虡弗替，杯棬长存，犹可无得罪于吾祖吾宗也云尔。①

在陆氏看来，族谱修撰时出现的大量伪冒、假托先祖的行为，一是对自己真正出身的不自信，二是在辱没、低贱自己真正的先祖，是一种不仁不孝的行为。陆氏还指出，作为平民百姓，只要自己能够奋发图强，即使没有取得可以光宗耀祖的高官显宦，也可以活得坦坦荡荡。陆氏这种关于修谱要如实、客观的主张，也是温州地域文化中务实精神的一种具体体现。在族谱的管理方面，每姓宗族都制订了自己的规定，一些宗族甚至制订了专门的"阅谱规式"、"藏谱规式"，实行了规式化管理

　　族产作为宗族得以存在、发展及实现宗族自治的经济基础，明清时期的温州宗族对其管理非常注重，采取了规约化的方式。对于随着宗族繁衍不可避免出现的族产纠纷，在处理上则采取了章程化的方式。无论是族产管理的规约化，还是族产纠纷处理的章程化，都说明明清时期的温州宗族对族产管理的重视和追求管理时的有章可循，有据可依。

　　规训作为每个宗族教化子孙、约束族众行为的规范准则，在明清时期的温州宗族社会中也体现出自己的特色。比如宗族规训与乡约的结合，这与当时的历史背景有关。从明朝开始，政府非常重视推行乡约，欲借助宗族势力实现自己对于社会基层的有效治理。而当时的宗族也同意并乐于辅助政府推行乡约，他们是想借助政府赋予的权力强化族长等管理者对于宗族内部事务决策、管理的能力。至于全国各地当时乡约的推行情况，据常建华研究：

　　浙江是明代乡约与宗族结合明显的省份。②

常氏还单独提及了温州乡约的推行情况，即：

　　文林先后于成化、弘治年间在永嘉、温州的宗族中推行乡约，嘉

---

①　（清）陈永清修，章昱、吴庆云纂：《乾隆瑞安县志》，宋维远、李赐华点校，中华书局2013年版，第319页。

②　常建华：《明代宗族研究》，上海人民出版社2005年版，第265—266页。

　　靖时在永嘉仍存在宗族乡约化的情形。①

　　正是在这样的社会背景下，宗族与地方官府出于各自的利益需求，在明清时期的温州宗族社会实现了规训与乡约的结合。

　　温州各姓宗族非常重视规训的执行，对违反者严厉处罚，绝不姑息。有的宗族在规训的实际执行中甚至到了严苛的程度，如瑞安名族孙氏明确规定：族中子弟择偶时除了要门当户对，还特别强调想与孙氏结姻的人选必须亲自到孙氏的宗祠中诵读孙氏族规，如果认同并能够遵守孙氏族规中关于婚嫁方面的规制内容，才可以实现两姓的结合；否则，一切免谈。想必像孙氏这样，不但严格要求本姓宗族子弟尊奉族中规训，还要将之扩展到与自己相连的婚姻圈的做法，在明清时期的温州应该不止其一家。这也足以说明，当时温州宗族对于规训的重视和执行的一丝不苟，甚至是严苛。正是规训的教化作用和对于规训的严格执行，才在宗族发展中起到了防患于未然，起到了使子孙文明守礼、族运永昌的作用。

　　族学作为培养族中子弟崇学向善、读书入仕的必需，得到明清时期温州各姓宗族的高度重视，有的甚至重视到宁减积粟千钟也要拥书万卷的程度。为了使族中子弟有一个适宜的读书场所，很多宗族不仅修建族塾，还精心选择修建的地点、考察周边的环境、设计塾内的布局，可谓用心良苦。温州宗族对于族学的重视，还体现在对塾师的选择上执行了"德才兼备，德居首位"的聘请原则。在他们看来，只有德才兼备，才有资格成为族中子弟的老师。但在德才兼备的基础上，他们又将师德放在了第一位。因为在这些宗族看来，聘请塾师教授子弟，传授知识固然重要，而老师能够在德行方面给学生以榜样、引导作用，更为重要。

　　明清时期温州宗族中对族学最为重视的，怕是非瑞安孙氏莫属。瑞安孙氏作为名门宗族，对族中子弟的教育制定有一套自己特有的做法和标准，而且这些都要被严格执行。比如在聘请塾师时，会事先将自己的要求与应聘者沟通，如果被聘请者能够领会孙氏家族教育精神的实质，才会被聘用。聘请后，在具体授课过程中，族中的负责人和孙氏的长辈要去学堂亲自监督、检查塾师在讲授时是否真正贯彻了孙氏族学的教育精神，如果没有做到，塾师就会被解聘。这样的案例和严格要求，一则足见孙氏对于

_____

① 常建华：《明代宗族研究》，上海人民出版社 2005 年版，第 265—266 页。

族学教育的重视和严格，二则也说明在当时社会要想以塾师的职业混碗饭吃，也是相当不易的一件事情。

第三章，主要分析了明清时期温州宗族进行族内自治的必要性，他们为了更好地进行自治确立的选取族长的标准及在宗族自治方面比较典型、有特色的几个方面。

关于明清时期温州宗族要进行族内自治的必要性，本书分析有二：一是要"补官治之不及"。明清时期的地方政府对于社会的治理，并未深入、普及到基层的乡村。尤其是温州的现实条件更是使其难以得到官方力量的有效帮助，如其"在浙东极处，枕江界溟，天设奇胜，危峰层峦，环控四境，蟠幽宅阻"①的地理位置和地形条件，使地方官府的治理难以直接覆及每一个村落。此外，明清时期的温州，倭寇匪患猖獗，并非太平盛世。而温州生存空间的狭窄和地域物产能力的限制，使各姓宗族之间为争夺生存空间和资源，械斗之事时有发生。所有这些问题，是不能寄希望于政府的力量得到妥善解决的。正如陈支平分析的那样：

> 封建官府不能有效地保护在册百姓，社会的政治、法律环境一团混乱。
>
> 在这样的情况下，福建民间所相信的是自身的实力，自身实力的强弱，将直接关系到社会、政治、经济诸方面权益的大小。②

虽然陈氏分析的是明清时期福建宗族社会的情况，但"温州居闽、浙之交"③，在地域文化上具有很多共性，所以陈氏的分析同样适用于明清时期温州宗族社会的情况。并且本书认为，陈氏所说的福建民间所相信的"自身的实力"，对于明清时期温州的宗族来说，可以理解为宗族的族内自治能力。在关于明清时期温州宗族的文献中，就有很多宗族自己已经认识到必须进行自治以补官治之不及的记载。

明清时期的温州宗族之所以能够成功地进行族内自治，与当时宗族及

---

① （明）王瓒、蔡芳编纂：《弘治温州府志》，胡珠生校注，上海社会科学院出版社 2006 年版，"王序"第 1 页。

② 陈支平：《近五百年来福建的家族社会与文化》，中国人民大学出版社 2011 年版，第 23 页。

③ 陈瑞赞编注：《东瓯逸事汇录》，上海社会科学院出版社 2006 年版，第 4 页。

其代表性人物所秉持的一个信念有关，即他们认为：

> 王道始于乡，儒生穷时须先修行于乡，或兴利除弊，或排难解纷，当补官治耳目所不及，一得志则推放皆准矣。[①]

宗族中的这些代表性人物像中国封建社会中的一般士子们一样，抱着读书就是要"齐家治国平天下"的志向。但齐家、治国、平天下，是一个漫长而又遥远的"征途"，在讲究务实精神的温州士子们看来，这个过程要一步步根据实际条件去践行。比如当自己还处于读书于乡里的阶段，就可以先从"齐家"做起，一则可以弥补官府治理地方能力方面的不足；二则可以通过这些实践锻炼自己的施政能力，一旦时机成熟，有了更加广阔的仕途施展空间，这些曾经在乡里社会进行族内自治的经验、教训，是完全可以借鉴并推而广之的。

二是瓯郡多自然灾害，需要通过自治以保障自己的生存。温州滨海，属于亚热带季风性气候，多台风、大水等自然灾害，在官治力量不足的情况下，唯有通过宗族自治才可以面对这些灾害。这是他们在当时当地别无选择的选择，也是最为切实可行的选择。

明清时期温州宗族在族内自治方面值得注意的特殊之处，是他们在族长的选择上，坚持"立贤不以长"。在中国封建社会中，选举、继承原则最为讲究的是长幼有序，是嫡庶的出身。但明清时期的温州宗族在选择族长时，却没有遵循这样的原则，总观当时温州各姓宗族对于本族族长的选择标准：不论尊卑、长幼，只要有真才实学、品行好、具备处理全族事务的能力，就可以被选为族长。不仅族长的选择，宗族其他职位管理者的选取，都坚持了同样的标准，这亦是温州地域文化中务实精神的切实体现。此外，温州宗族在族内纠纷处理方面，采取了宗族社会一般都会奉行的"居家戒讼"原则。进行族内救济时秉承的能庇其族人、方能道济天下的精神，通过约束族众行为以睦族等内容，也是值得关注的。

第四章，明清时期共同生活在温州地域内的宗族，除了以血缘关系为基础的同姓宗族，还有以地缘关系为基础的异姓宗族。如何处理好每姓宗族与自身之外的其他异姓宗族、与乡里社会的关系，使大家

---

① 卢礼阳编校：《王毓英集》，中国文史出版社2011年版，第24页。

能够和睦相处、共同发展，是一个十分现实而又必须面对的问题。当时的温州宗族非常注意处理这些关系，采取了很多措施，发挥了重要作用。

对于水利等地方公共设施的兴修与维护，温州宗族发挥了非常重要而又直接的作用，他们不仅自己直接出资、号召、组织地方社会力量参加，当面对一些仅靠社会力量难以完成的公共设施时，他们还善于借助自己的身份和影响依靠政府官方的力量来完成。温州宗族在自己的规训中要求族众本着"兴仁兴让"之原则，以能够与乡里社会和睦相处。他们还修建义塾，聘请塾师教授乡里子弟。在官方教育并不能普及到基层社会的明清时期，宗族修建的义塾确实对于地方教育的普及和向文风气的形成起到了非常重要的推动作用。宗族还能够发挥"匹夫化一乡"的作用，通过自己的言行引领、影响地方社会风气。如王毓英作为英桥王氏的代表性人物，曾经像一般士子一样追求科举仕进，但在屡次碰壁后，决心放弃。在他看来，真正的学问文章是要做到"华实"并重，如果仅仅是纸上谈兵，不能付诸实用，那是没有价值和意义的。王毓英就是秉承着这样的信念过起了自己的乡居生活，以自己的实际言行深深影响了一批弟子，影响了乡里社会务实的风气。

宗族对于地方社会的作用得到了官府和社会民众的认可。比如唐传钤作为乐清县知县深刻认识到大姓士绅作为德业文章的代表，能够通过自己的言行影响、教化一乡一地，所以他想借助梅溪王忠文公端正名儒的榜样作用，来收到"邪黜而正始伸"的地方教化、治理效果。他不但为王忠文公修建书院，还想方设法解决书院日常运转、修缮等方面的费用支出。民众对于平阳彬桥朱氏的敬戴之情，则是表现在对其祖先名字的避讳。《浮沚集》卷七《朱君夫人陈氏墓志铭》记载：

> 朱氏世家平阳杉桥里。……杉桥朱氏者，有厚德，能仁其邑里。其祖有名钱者，里人为讳之，不曰钱而曰金帛，至今不改。此岂有禁令服丛哉。①

---

① （宋）周行己撰：《浮沚集》，引自上海古籍出版社 1987 年据文渊阁本《四库全书》影印本，第 1123—672 页。

避名讳，在中国历史上并不少见。为尊者避讳，那是一种法律意义上的必须是不能进行选择的选择。为亲者避讳，那是一种出于血缘关系的尊重，是一种宗法社会中的礼节。为贤者避讳，则是出于对其言行的认可和尊重。因为一个姓氏的善行厚德、造福乡里，民众能够主动为其成员避讳的现象，还是非常少见的。可以试想一下，要有怎样的德行，才能使当地的民众自觉地为之避讳！

第五章，主要分析了明清时期温州宗族与地方官府之间的相互关系。

明清时期温州的大姓宗族，虽然在地方拥有很强的势力，但在宗族自治过程中，遇到一些问题时却必须向官府求助，借助其支持才可以得到有效解决。如七甲项氏宗族借助官府力量治理族内坟地乱葬的事例，就说明只有得到官方的批示和支持，宗族自治权力才具有法律意义上的权威性、有效性，也才会被族众更好地执行。对于明清时期温州的地方官而言，对于乡村社会的治理也需要宗族的协助，尤其是让温州地方官府感到非常棘手而又必须面对的倭寇和匪患问题，更是必须得到地方大族的协助。正是出于各自的利益之需，明清时期的温州宗族和地方官府之间形成了一种相互依存、互难割舍的彼此需要、两相得利的利益共同体关系。

第六章，主要分析了当时的温州宗族因为经常遭受倭寇匪患之害而要进行自卫，及他们采取的最为典型、有效的自卫方式，即修筑军事防御设施——堡寨。

温州因为滨海及地处闽浙之交的地理位置，在明清时期经常遭受倭寇匪患之害，在官治不及的历史背景下，使地处温州的宗族必须进行自卫。在他们采取的自卫方式中，防御效果最为突出的，莫过于修筑带有军事防御功能的堡寨。因为面对频繁的、持续性的、势力强大的匪寇倭患，要想做到既能长期抗战，又能保证正常的生产、生活，修筑一个类似于堡寨之类的军事要塞设施，自然是最好的选择。

在当时温州各姓宗族所修建的堡寨中，永强英桥王氏①带头兴建的永昌堡堪称其中的典型代表。英桥王氏之所以会修筑永昌堡，一是永嘉场是明清时期倭寇来犯的必经之地。二是对于英桥王氏宗族来说，永嘉场是宗

---

① 英桥位于今温州市龙湾区永强镇二都古城永昌堡内，是王氏宗族的聚居地，所以本书中出现的永强王氏、永昌堡王氏、英桥王氏都是指同一个宗族群体而言。

族世居之地，宗族的祠堂墓地全在这里，如果不能采取有效措施抗击倭寇进攻，不能保住宗族的祠墓，就等同于丧失了宗族存在的根本，那是大不孝的行为。三是王氏宗族经过长期与倭寇实战的经验、教训，使之摸索出唯有修筑坚固的军事防御设施才能有效自保。在修筑永昌堡的过程中，王氏宗族成员不仅付出了财力、生命的代价，如王沛、王德的拼死力战，还有个人的仕途，如王叔杲为修永昌堡放弃个人参加会试的机会，在王叔杲看来：

> 所为仕者，将以建尺寸少裨益国家生灵耳，今家族不自保，仕将何？且场民多逋，盐筴将废，额课无所自出，所损于国良多也，即得他守一官，此非国事乎！①

概言之，王氏之所以凭一族之力能够在宗族聚居地永嘉场修筑军事防御设施——永昌堡，是因为他们不能也不忍舍弃此地而避难他乡，他们为了保卫自己的家园、为了捍卫宗族的安全和利益，必须义无反顾地选择在家乡通过修筑永昌堡以抗倭，这是无可选择的背水之战。

下篇　明清时期温州宗族社会的地域文化

第七章，主要分析了在明清时期温州宗族社会中各姓宗族出于本族利益的考量，不仅重视所择之妇的闺门之教，也很重视对于族内妇女的夫家之训，经过这样选择和教化的妇女确实在宗族发展中产生了非常重要的作用。

当时的温州各姓宗族认为择妇的成败直接关系到本族的命运和将来，所以必须格外重视。在他们眼中，能够保证宗族发展、未来的婚姻对象，必定是那些受过良好闺门之教的女子。他们认为，"闺门"是世间一切教化的本源所在。如果一个女子身在闺中之时，能够得到良好的家风熏陶、家教化育，待其成为人妇，就能够在夫家很好地发挥夫家所希望的妇德母仪的作用，这对于夫家的子嗣繁衍、教育、宗族发展至关重要。为了更好地执行自己的择妇观，很多宗族在族规中对于族内违规乱娶者制订了明确而又严厉的处罚措施，如七甲项氏之：

---

① 吴明哲编：《温州历代碑刻二集》，上海社会科学院出版社 2006 年版，第 95 页。

今后若与微贱人家结亲，即系微贱人家子弟，不许入祠陪祭，不许族人与其婚嫁酒席。①

在项乔眼中，"良贱"之间通婚的大忌在于没有门第出身的"微贱人家"不会具备"良家"所要求的家教素养。娶这样的女子进门，会影响到项氏宗族未来的发展，所以必须禁止。项氏子孙中如果有人明知故犯、甘于堕落、自降身价与贱人为伍，不但会从此丧失能够进入祠堂祭祀先祖的权利，也不会在婚嫁这样的大事上得到本族人的祝福。这样严厉的处罚，无异于将违禁者从族中除名。在宗族社会中，这样的处罚意味着什么，不言自明。项氏对于这个问题的处罚决心和力度，也足以显现其重视程度。对于那些已经娶进门的族妇，温州宗族也非常注重对其进行夫家之训。训导的方式，既有七甲项氏宗族类型采取的管诫、严厉处罚等硬性教化方式，也有永嘉塘头林氏宗族类型选择的正向认可、鼓励方式。

温州宗族如此重视择妇时的闺门之教和对族内妇女的夫家之训，这些经过精心挑选和教化出来的女子确实在温州宗族社会的发展、建设中发挥了非常重要的作用，可以将之概括为合家睦族、教子成才。如族中妇女对子女进行的呕心沥血式的培养，尤其是那些丈夫去世、自己独立抚养子女的妇女，更是倾尽一生所能而为之。究其主要原因则在于，在宗族社会中，一个妇人无论在家中、宗族中还是社会中，并没有独立的地位和存在价值，她们一生的生死荣衰和自己的丈夫、儿子紧紧联系在一起。如果丈夫过早离世，她们的希望就只能寄托在自己的子女身上。作为一个母亲，如果教子有方有成，她们就会得到家族、社会甚至朝廷的认可和褒奖，还会因为教子的成就被记录进宗谱，从而在夫家宗族的记载中留下自己的印记，这颇有点中国传统社会中"母凭子贵"的味道。

第八章，主要分析了明清时期的温州宗族对于读书和科举入仕的态度及面对温州当时的现实条件和参加科举考试的成本，他们的选择和作为问题。

科举制发展到明朝进入鼎盛时期，永乐以后直到明朝灭亡，选官专用科举一途，在官府如此的价值导向作用下，明清时期的温州一直延续着重

---

① （明）项乔撰：《项乔集》，方长山、魏得良点校，上海社会科学院出版社2006年版，第518页。

视读书和科举入仕的读仕文化传统。但温州因为地理位置的偏远、对外交通的不便，确实增加了温州士子们赶考的时间成本和这一路相应要花费的经济成本。时间成本问题，可以用早些时日从家中出发来解决，而行走这样远的路程，耗费这样久的时日，这一路要花费的交通、餐饮、住宿等经济成本，就不是那么容易解决的事情了。温州土薄物艰的地域生产条件，使很多人难以承担科考的经济成本。

生活在明清科举制下的温州士子，同样抱持着读书就是要"齐家治国平天下"的信念，但他们又务实地将之与自己所具有的实际条件相结合。所以面对科举仕途的诱惑，他们做出了务实的选择，本着力学笃行、居乡亦可及人的读书治世信念，选择了服务乡里社会。加之温州作为一个移民文化色彩浓厚的地域社会，各姓宗族大都经历过迁移之苦。在避难迁移的过程中，他们更加深切体会到，只有"齐家"，也就是保护好本姓宗族的既得利益，才是自己可以把握、控制的最现实的事情，至于"治国、平天下"，那都太遥远了。而且在他们看来，"齐家"和"治国、平天下"一样有价值、一样伟大，同样是实现了读书人的抱负。这种务实的读仕精神，是温州地域文化中务实特性的又一具体体现。

第九章，对明清时期温州宗族社会存在的隐逸现象进行了分析，主要是从当时隐逸者的类型和隐逸之风盛行的原因两个方面展开。

今天的温州人，留给世人的印象是精明、逐利、入世，生活态度非常积极、进取。殊不知，在明清时期的温州却盛行隐逸之风，生活着一批隐逸之士，这从地方文献的记载中可以得到印证。如温州瓯海《东嘉林氏族谱》中的记载：

> 兹谱重述德行，凡仕宦忠清，庭闱孝友，著称家国者，在所必录。至于山林隐逸，闺壶贞淑，并为表章，以示奖劝。①

瓯海林氏族谱的收入原则是重在载入那些德行俱佳的子弟，对于"仕宦忠清，庭闱孝友，著称家国者"，是必会载入的。而对于那些隐逸山林者，也一并载入，则说明林氏宗族对于族中子弟的隐逸行为持认可态度。林氏

---

① 郑笑笑、潘猛补主编：《浙南谱牒文献汇编》第一辑，香港出版社 2003 年版，第 73 页。

宗族在族谱中单独提及这一点，也足以说明当时族中子弟选择隐逸不仕的人数应该达到了一定数量。可以推想，在明清时期的温州，应该不仅林氏宗族，其他宗族中选择隐居不仕者，定也大有人在。

本书将温州当时的隐逸之士，分为四种类型：一、屡试不中而隐逸者；二、稍举不中而隐逸者；三、不屑于科举者；四、生性喜隐逸者。前两种类型，参加过科举考试。其中，屡试不中而隐逸者，是被科举失败的现实无情击败后的被迫选择。至于稍举不中而隐逸者，则说明他们向往功名，但又非常务实，通过尝试，一旦发觉科考之路走不通，就会另做打算，这体现了温州地域文化中灵活、变通的特性，这是应该肯定和提倡的。至于后两者，相比于明清时期那些执意于科场者，他们的选择就潇洒、轻松得多了。

明清时期温州的宗族社会中之所以盛行隐逸之风，究其原因，本书将之归为以下五点：一是如上面的分析，他们中一些人的经济条件不足以使之承担科考的经济成本。二是对世俗间的名利看得非常淡泊。只不过其中一些是本就看得淡泊，另一些是在亲身经历了宦海沉浮后，看透了仕与隐之间的得失，才对仕途名禄看得淡泊。三是他们更加追求生活中的"身心两适"，尤其是心适。四是温州相对偏远的地理位置，山长水美的自然环境，非常适宜耕读、隐逸生活。五是长久移民文化的影响，使他们更加从内心渴望安定、不受外力干扰的避世隐居生活。

第十章，本书将生活在明清时期温州各姓宗族精心选择聚居之地的情况，分三类进行了探讨。

明清时期生活在温州的各姓宗族，对于本族的聚居之地多会进行精心地选择，认为这是关系到宗族繁衍、发展的大事。本书将之归为三种类型：第一种是世代居住在温州的大姓宗族。他们在选择宗族聚居地时，基本上都遵循一个共同原则，就是选择那些山环水绕、土地肥沃、灌溉便利、适宜耕种及族人繁衍、风水绝佳的好去处。选择这样的地方，不仅可以保证全宗族成员生活上的衣食无忧，而且因为有好风水的护佑，本姓宗族就能够不断繁衍、壮大、一直昌盛下去。第二类是来温为官，因为喜爱这里的山林秀色，而最终选择留居温州者。这其中最为有名，而且世脉传承至今的，当数永嘉鹤阳之谢氏宗族。出身于陈郡谢氏士族之家的谢灵运，在南朝宋永初间出守温州，即被温州秀美的山水吸引，不但在这里建立府第，还将家人接来同住。后来谢灵运本人虽然离温去他处为官，可他却将自己的母亲和次孙留在了温州。谢灵运本人后来死于坎坷的仕途，但他的后代却世世代代在温州繁衍至今。只不过他的后代，搬离温州城，选择了山水俱佳的鹤阳作为宗族聚居之地。第三类是温州人曾经为宦他乡，致仕后决然选择回温者。无论后面两种类型中的哪一类，他们在选择本姓宗族聚居地时，都会坚持如第一类一样的选择标准，一样的精心。

第十一章，本章分析了明清时期温州龙舟文化的与众不同及人们对龙舟的爱与恨。正是出于对龙舟运动的恨，无论当时的宗族还是地方官府对其都采取了禁止的措施，但结果却是禁而不止。

龙舟运动在中国河网纵横的水乡并不少见，而明清时期温州龙舟文化的与众不同，主要体现在三个方面：一是其盛行的原因，是出于一种原始、淳朴的生存诉求，即南宋叶适在诗中所描写的"祈年赛愿从其俗"①。"祈年"、"赛愿"，是一种非常直接、现实的利益诉求，体现了温州地域文化中注重功利、讲求实际的特性。二是温州龙舟运动与当地广为盛行的地方神信仰相联系。如在举行龙舟竞渡前、后的"上水"、"圆香"仪式中，参鼓先生唱词中的陈圣母，就是温州地区信徒众多的地方神之一——陈十四娘娘。在龙舟竞渡活动中，加入了敬拜庇佑百姓的地方神的环节，再次印证了温州人划龙舟是为了自己的现实利益诉求，印证了温州地域文化中一切活动追求功利的特性。三是温州龙舟在外观形制方面，亦不同于他处。温州龙舟分为两种，一种是温州特有的观赏型龙舟，亦称"彩舫"、"彩龙舟"、"水上台阁"等。主要是端午期间，在河上巡游，仅供人们观赏之用。另一种是真正传统意义上用于竞渡比赛的龙舟。在后一种龙舟中，设有土偶，竞渡后还要演剧以酬之，再一次说明温州的龙舟运动确实是和当地"好巫信鬼"的地方神信仰相联系。

明清时期温州民众对于龙舟运动的态度，可以用爱恨交加来形容。爱，从地方文献中比比皆是的关于温州百姓逢端午竞渡，必倾城相观的记载中可以看出。恨，则是因为龙舟运动在经济甚至生命上带给大家的惨重伤害。制作龙舟、准备竞渡、演剧酬神等，都要花费金钱。不过这些费用，还在可以接受的范围。龙舟运动带给温州民众真正的经济伤害，是地

① 参见叶适《后端午行》，转引自温州市政协文史资料委员会编《温州文史资料》第二十一辑《温瑞塘河文化史料专辑》，2005年，第184页。

痞无赖势力在端午时节，以修龙舟或造龙舟之名，行勒索、劫夺乡里之实，其蛮横、暴力的程度甚至超过了地方官府的合法征诛。至于生命伤害，则是指在竞渡过程中，温州人喜欢"斗龙舟"，他们将一种观赏性的竞技运动演变为一场宗族械斗的野蛮行径，多次发展到伤人肢体甚至性命的地步。

正是出于对龙舟运动的恨，明清时期的温州宗族和地方官府纷纷采取措施禁划龙舟。比如各姓宗族在自己的宗规族训中订立有禁划龙舟的内容，地方官府会出动警力在竞渡前搜寻龙舟将其锯断，或在竞渡现场维持秩序等。但事实是，温州历史上的龙舟运动始终处于一种禁而不止的状态。究其原因：一是龙舟运动与宗族势力的结合。温州作为移民地域，随着迁入人口的不断增多，"七山二水一分田"的地产承载能力持续受到挑战，一旦人地矛盾积累到接近极限的程度，不同的村落姓族之间为了争夺生存资源，极易发生宗族械斗。而端午龙舟竞渡，无形间为各姓宗族、村落提供了泄愤、争斗、炫耀自身实力、在地方社会树立族姓威望的大好时机和舞台，这也是在温州划龙舟又叫"斗龙舟"的原因所在。地方官府治理基层社会需要宗族势力的协助，加之这些宗族已经发展到族大难治的程度，所以龙舟运动只要和宗族结合，就不会因为官府的一纸禁文而消失。二是龙舟运动被地方无赖势力利用。那些地痞无赖借造龙舟之名，可以大行勒索百姓钱财之实。造龙舟只不过是他们在阴谋得逞前后，遮人耳目的手段。只要无赖势力存在，只要他们借龙舟运动非法谋财的贼心不死，其必然会寻找一切机会发动、掀起龙舟运动。三是因为划龙舟在温州是一种难以改易的民俗。移风易俗，是最难做到的事情。龙舟运动在温州地域流传已久，有着深厚的群众基础和社会需求，温州民众在端午时如果不划龙舟会"技痒"难耐。四是因为社会民众娱乐空间的狭小。传统农业社会中的民众，平时忙于农作，只有在特定的节日才会有娱乐的机会，加之明清时期的温州因为经常遭到匪患、倭寇的骚扰①，民众本就有习武自保、好勇斗狠的传统，充满竞斗精神的划龙舟运动自然成了他们进行争斗的大好时机，甚至发展到视斗龙舟为唯一乐事的程度。

第十二章，主要分析了明清时期温州的地方神信仰特色及当时塑造地方神的类型。

---

① 关于宗族与倭寇匪患的关系，会有专门章节论述。

温州是一个地方神信仰盛行的地域，而且可以用"好巫敬鬼"四个字来概括。地方文献中有"汉东瓯王敬鬼，而瓯俗多信鬼，乐巫祠，是其为俗尚未变也"① 的记载，就是对温州早期好巫敬鬼地方神信仰特色的证明。温州地方神信仰中的这种"多敬鬼乐祠"② 现象，一直延续到明清时期，甚至发展到不但信奉，还在生病时"信巫不信医"的程度。究其盛行的原因有二：一是与温州的客观地理环境有关。偏远、闭塞的生存环境，使温州与外界交流较少，民智难免愚昧、落后，易于相信神灵的力量。二是温州艰难苦涩的治生条件，使温州先民需要面临、承担更大的生存心理压力和负担，他们需要形形色色的神灵来切实保护自己的利益。地方神信仰的显著特点之一，是现实性、功利性极为凸显。温州的地方神信仰也不例外，虽然当时温州各姓宗族信奉的地方神不同，但都会把握一个基本原则，那就是宗族利益至上，他们会根据自己的生存需要和生活经验，选择那些能够保障本姓宗族利益的地方神信奉，即宗族所信奉的地方神要能够保证全族人的利益。

温州地域被信仰的地方神类型，按其被塑造出来的方式可归纳为三类：第一类，温州本地人出身，生前即已被当地民众信奉为神，享受香火祭祀。第二类，亦是温州本地人出身，却是在死后才得到民间或官方的认可，然后升格为神。第三类，是在温州担任地方官的外地人，后来被温州百姓信奉为神。总结上面论及的温州地方社会造神的类型，可以看出具有如下特点：首先，这个被信奉为神者，必须和温州有关，或者出身于温州本地，或者曾在温州做过地方官。其次，这个人生前或死后，曾为国家、为温州地方社会做出过贡献。最后，这个人要么是生前或死后先得到某级官府组织的官方加封和认可，后来才被当地民众信仰、祭祀；要么是生前或死后先被当地民众崇奉，再逐渐得到官方的认可和加封。总之，他们是在官民双方力量的共同作用下成长为温州的地方神。

对自己塑造出的这些地方神，温州地方社会十分认可并虔诚信奉，这其中的原因，本书认为大致如下：一是这些地方神在被升格为神之前，要

---

① （明）王瓒、蔡芳编纂：《弘治温州府志》，胡珠生校注，上海社会科学院出版社 2006 年版，第 11 页。

② 参见《光绪浙江通志》卷一百《风俗下・温州府・永嘉县》，引自（清）嵇曾筠等修《光绪浙江通志》，商务印书馆影印中华民国二十三年本，第 1795 页。

么是本地人出身，要么在温州做过地方官，温州百姓了解他们的底细，知道他们可不可信。二是这些人都为温州地方社会做出过实质性贡献，展示过自己有能够帮助当地社会的实力。三是这些神灵大多专属于温州本地，专职负责救助温州百姓。正是出于这些原因，如果再加上虔诚的顶礼膜拜，温州地方民众作为拜求者从心理上相信这些神是会有求必应、有求必灵的，所以才会有如此多的信众这样虔诚的敬奉。

第十三章，本章将其他在明清时期温州宗族社会中确实存在、值得关注的文化现象，并在一处，进行探讨。

四业皆本的治生观和"量才差遣"的择业观：在中国封建社会普遍存在的"以农为本"的治生观和"士农工商"的四业排序，在明清时期的温州并不适用。在温州地域文化的传承中，奉行的是"士农工商"四业皆可为本的治生观念。叶适①作为南宋永嘉事功学派②的代表性人物，其在《习学记言总目》中说：

> 夫四民交致其用而后治化兴，抑末厚本非正论也。③

在叶适看来，是士农工商四业的交替作用，才推动了社会的发展和进步。如果人为地刻意抬高一方，贬低另一方，是不客观，也是十分错误的做法。明清时期温州宗族的宗谱、家训中出现了大量主张"四业皆本"的记载，在他们看来，"士农工商"四业的区别，只不过是所做工作的内容不同而已，并没有高低贵贱之分。之所以会出现这种观念，本书认为一是因为温州"土薄水浅，禀性脆弱"④及"温居涂泥斥卤，土薄艰艺"⑤的特殊治生环境和条件，使温州现实的生存环境确实有别于其他适合农耕的地域，生活在这里的人们必须四业皆可为本，必须因地制宜地通过多样化

---

① 叶适（1150—1223），字正则，世称水心先生，南宋时期著名思想家、文学家、政论家。

② 叶适代表的永嘉事功学派，与朱熹的道学派、陆九渊的心学派，并称为南宋时期三大学派，对后世影响深远。

③ 叶适：《习学记言总目》卷十九《史记·平准书》，转引自俞光编《温州古代经济史料汇编》，上海社会科学院出版社2005年版，第441页。

④ （明）王瓒、蔡芳编纂：《弘治温州府志》，胡珠生校注，上海社会科学院出版社2006年版，第12页。

⑤ 俞光编：《温州古代经济史料汇编》，上海社会科学院出版社2005年版，第2页。

的生产方式才能得以生存。二是从明朝后期开始直至清朝，中国开始出现资本主义萌芽，手工业、商业不断发展，商品经济、商业及商人的地位得到提升，直接影响到当时百姓的观念。温州，地处中国东南沿海，对外贸易发达，属于中国资本主义萌芽较早的地区，治生观念自然也会深受其影响。

在四业皆本治生观念的影响下，明清时期温州宗族对于本族成员在职业选择上，相应采取了"量才差遣"的择业观。四业皆本的治生观和"量才差遣"的择业观之间，是一种前后递进的关系，正因为在他们的治生观念中四业皆可为本，所以在择业时才会做到"量才差遣"。这两种观念反映的地域文化精神实质相一致，即客观、务实、兼容。温州人正是凭借着这样的生存理念和精神在温州这方水土安身立世，正是凭借着这样的生存理念和精神闯行天下。

温俗重利，且急于近利：在温州地方文献中，关于温俗重利的记载频频出现。而且温州人喜欢谋取的利，属于注重眼前、急功近利的类型。至于其中的原因，与其所处的现实生存环境紧密相关。因为温州客观的治生条件使之与其他地域相比，不可能是付出同样多的劳动，就可以有同样丰饶的收获。他们唯有将既得利益抓在手中，才会有生存的安全感。他们没有条件去进行"辽远之谋"、"积陈之蓄"。而且他们会为了争夺些许的既得利益，对簿公堂。因为在他们眼中，这些许利益确实值得争夺。此外，温州因为地域耕地面积少、自然灾害频繁、人地矛盾突出、匪患海寇猖獗、移民文化的影响等，使当地民众的生活经常处于瞬息万变、难以人为主观把握的状态。对于他们来说，唯有既得的眼前利益才是自己可以实实在在握在手中的财富。至今，真正能够让温州名闻天下的，还是"温商"二字及其所代指的那个群体。从本质意义上讲，经商即是谋利，所以"利"字一直伴随温州地域文化的发展史。

"俗务外饰"与厚嫁奁之风盛行：面子文化是中国传统文化中普遍存在的一种现象，其在温州同样盛行。温州人的面子工程有二：一是"俗务外饰"。温州地方文献资料中关于这方面的记载，屡见不鲜。二是厚嫁奁之风盛行。如在重男轻女的封建社会，温州却出现了不惜以重金嫁女，而不舍得花钱教子读书的奇怪现象。而且已经盛行到中等资产之家嫁女要花费掉千金的费用，至于那些"巨富官宦"之家的嫁女花费，就不难想见将会是何等巨大的一笔数目了。关于会出现这种不合风俗常理现象的原

因，英桥王氏之王毓英认为，是由于温州地处东南沿海，对外贸易发达，
深受外界繁华奢靡之风的侵染，日久俗成，养成了耗费巨资嫁女的习俗。
本书则认为，无论是"俗务外饰"，还是厚嫁奁之风盛行，其中的原因，
除了王毓英讲到的，还有一点，就是面子工程文化在作祟。如为了能够在
与别人的较量中获胜，有面子，温州人过着穿着精美、过度装饰自己的居
所、花费巨资进行嫁娶丧葬的日子。尤其像嫁女这样的大事，对一姓一族
的面子自然非常重要，所以就要非斥厚金无以为之了。为了支付这些费
用，一些家族甚至到了倾家荡产亦不悔的地步。对于温州人为什么会爱慕
虚荣、好面子，笔者曾撰文①进行了分析。

　　笔者不揣愚陋，对于明清时期温州宗族社会和地域文化进行了上述研
究。笔者深知明清时期温州宗族社会是一个漫长的历史时段和鲜活的地域
生存空间，里面涵盖了太多值得关注和研究的内容②。而对于不同的地域
来说，其宗族社会还具有不一样的特色。这和钱杭对于宗族因地域不同而
存在差别的见解③，道理相同。作为东瓯故地，明清时期的温州宗族社会

① 即"（温州）艰苦的生存环境，使温州人在经历艰辛的自主创业并成功后，需要一种精神
上的释放、心理上的补偿，需要寻求一种物我的平衡，结果导致区域文化特性中爱慕虚荣、财富外
显的特性。比如温州人喜欢把自家房子的客厅装修得富丽堂皇，以便接待客人时可以显示自家的经
济实力，在客人面前有面子。喜欢穿名牌，带贵重的金银首饰，不断更换好车，礼尚往来讲档次，
宴请讲排场等。……其实，这是人的正常心理需求。尤其是人们在没有政府、外力扶持的背景下，
靠自己的努力打拼过生活，当然要从心理上补偿、平衡一下自己了"。参见王春红《从形成原因分
析温州区域文化的特性》，《电子科技大学学报》（社会科学版）2013 年第 4 期，第 84 页。

② 对于什么是宗族社会等，冯尔康在《中国宗族史》一书中，将学界对其相关界定和表述
归纳为四种类型，即"什么是宗族？或者具体说什么是中国宗族制度、宗族社会？什么是家族、
家族制度、家族社会？学者们对这些问题有不尽相同的认识，因而规范和表述不同。我国学者和
华裔学者的界定，可以区分为四种说法。"参见冯尔康等著《中国宗族史》，上海人民出版社
2009 年版，第 14 页。冯氏在对这四种说法进行分析、评价的基础上，提出了自己对于什么是宗
族社会的看法，即"宗族及与其相联系的事物的社会活动和社会问题，这就是我们通常所说的宗
族社会"。参见冯尔康等《中国宗族史》，上海人民出版社 2009 年版，第 17 页。可以看出，宗族
社会是一个复杂的社会形态，所涵盖的内容极其丰富、庞杂。

③ 钱氏说："人们现在所说的'宗族'，是一个经缓慢演进过程才得以建构完成的历史结
果，就其所需前提的严格和内部规则的多样而言，绝非短时间就能实现；即使在大致形成、并成
为社会生活的一个常见组成部分后，其内涵和形态仍在不断变化，人们对它的认识也在逐步深
入；无论是宗族的结构、功能，还是外在形式，各时代、各阶层、各区域间都存在不少的差别。"
参见钱杭《宗族的世系学研究》，复旦大学出版社 2011 年版，第 18 页。

同样具有自己的地域文化特色。自己囿于来温工作的时间和目前对于温州地域史研究的水平，上述研究只是对明清时期温州宗族社会和地域文化的一个粗浅的接触和认识，后面要走的路还很长。但希望通过自己的努力，通过本书的浅显尝试，能够撩动明清时期温州宗族社会那张厚重的面纱，能够在一定程度上向世人展示那个丰富多彩而又特色独具的历史时代所蕴含的温州宗族社会和地域文化的画卷。

上　篇

明清时期的温州宗族社会

本书认为对于地域宗族社会研究来说，在对其具有的宗族社会的一般内涵进行探寻的基础上，更为主要的任务是要梳理、展示这一地域宗族社会所体现出的别样风情。所以，本书即遵循这样的宗旨，在上篇"明清时期的温州宗族社会"部分，选取了宗族社会的形成、宗族组织、族内自治、宗族与乡里社会、宗族与地方官府、宗族自卫与堡寨六部分内容，即分为六章进行论述。其中第一章至第五章，即影响宗族社会形成的因素，保障宗族社会正常运转的宗族组织，作为一个宗族要对内进行族内自治，同时还要处理好自己与自身之外其他宗族和乡里社会的关系，处理好与封建政权代表——地方官府之间的关系，这些问题是任何一个地域的宗族社会都会存在的内容。但在第一章至第五章的具体行文中，自己则更为侧重分析这其中温州宗族社会所体现出的特色。尤其是第六章，更是明清时期温州宗族社会需要特殊面对的问题。相信这样的安排、取舍，不仅可以对明清时期温州的宗族社会进行一个整体性展示，还可以较好地突出这一时期温州宗族社会所独有的地域特色。

第一章

温州的地域人文环境与
宗族社会的形成

宗族社会是一个复杂的社会形态，影响其形成的因素是多元的。在影响明清时期温州宗族社会形成的诸多因素中，本书选取其中至为关键的两点：一是温州特殊的地理位置和地形条件，二是温州崇儒好学的文化传承。

第一节　地理区位：避难者的天堂

对于温州的地理位置和地形条件，王瓒①在明弘治癸亥岁（十六年）春二月为《弘治温州府志》作的序中写道：

> 温为东瓯古壤，在浙东极处，枕江界溪，天设奇胜，危峰层峦，环控四境，蟠幽宅阻，一巨都会。②

王瓒的"在浙东极处"一语，写出了温州的地理位置是何等的偏僻。而"天设奇胜，危峰层峦，环控四境，蟠幽宅阻"，则写出了温州地形三面环山，与内陆阻隔的客观现实。同于明弘治十六年岁次癸亥春三月，赐进士第中顺大夫温州府知府吉水邓淮在为《弘治温州府志》作的序中写道：

> 今（按：指明朝）天下十有三省而浙为首，浙十有一郡而温独

---

① 王瓒（1448—1504），字思献，号瓯滨，永嘉华盖乡李浦村人。
② （明）王瓒、蔡芳编纂：《弘治温州府志》，胡珠生校注，上海社会科学院出版社 2006 年版，"王序"第 1 页。

远。温之去浙千有余里，枕闽、福，控台、括，实东南沃壤。依山为城，环海为池，有吾邑为之联属，有三卫八守御所交错布列为之保障，际海之外皆夷帮居之，是郡虽远，而关系则重矣。①

邓序之"温独远"、"温之去浙千有余里"同样描述了温州所处地理位置非常偏僻。而"有三卫八守御所交错布列为之保障，际海之外皆夷帮居之，是郡虽远，而关系则重"，则交代了温州战略位置的重要。类似的记载还有很多，如《温州府志卷一·形胜》之：

温之为州，最浙东极处，负山滨海。
郡当瓯粤之穷，地负海山之险，环地千里，负海一隅。②

温州正是因为这样的地理位置、地形条件，才成为中国历史上历次战乱、灾难发生时人们理想的避难所，成为避难者的天堂。
史料中关于因为避难迁徙来温的记载颇多，略举如下。
《温州府志卷一·风俗》记载：

汉魏以还，天下有变，常首难于西北。四方习俗所利，举萃东南。农桑工贾，曲尽其便，人物之繁，与京华无异，而土壤亦从而沃矣。加之乱离少弭，上下浸安，井里环聚，以粪其田，鸡豚畜之，牛羊牧之，荆棘芟而草莱辟，种植时而灌溉利，虽欲不为沃壤，得乎哉！徐以章官讲之言验之，盖于吾瓯尤切矣。③

在中国历史发展进程中，北方不间断的战乱，使大量北方人口迁入温州，不但增加了这里劳动力的数量，也带来了先进的生产技术和工具，促进了温州当地的开发，以致出现了"虽欲不为沃壤，得乎哉"的情景。到北宋时，温州的繁华程度竟然可以和都城临安（按：即今杭州）相比，如

---

① （明）王瓒、蔡芳编纂：《弘治温州府志》，胡珠生校注，上海社会科学院出版社2006年版，"邓序"第1页。
② 同上书，第5—6页。
③ 同上书，第11页。

地方文献中的描述：

> 繁华一片海东头，云日相辉幻蜃楼。一路莺花闹城市，人人争唤小杭州。①

又：

> 一片繁华海上头，从来唤作小杭州。水如棋局分街陌，山似屏帏绕画楼。是处有花迎我笑，何时无月逐人游？西湖宴赏争标日，多少珠帘不下钩。②

在温州当地很多宗族的墓志、族谱中，关于其先祖因为避乱迁徙来温的记述，可谓是不胜枚举。如苏伯衡之《平仲集》卷十四《郭府君墓志铭》记载的：

> 唐汾阳忠武王之后也。远祖太初，避黄巢之乱来居平阳之钱浦，卒葬其地。

又《平仲集》卷十四《孔教授夫人汪氏墓志铭》记载：

> 其先歙人，灵慧公之后也。五季时，避乱来居平阳。至夫人父，始徙居郡之墨池坊，遂为郡人。父讳鼎新，学行文章为温儒宗。

魏了翁之《鹤山集·朝奉郎曹君易墓志铭》记载：

> 许峰曹氏，其先闽人，避五代乱，徙温州，居安固之许峰。

---

① （民国）杨青撰，谢作拳等编：《杨青集》，上海社会科学院出版社 2005 年版，第 536 页。

② 参见杨蟠《章安集·永嘉》，转引自俞光编《温州古代经济史料汇编》，上海社会科学院出版社 2005 年版，第 2 页。

王激之《鹤山集·广东佥事李楷墓志铭》记载：

> 先生姓李氏，为唐宗室李集氏之后。五代时避居永嘉，遂世
> 家焉。

王叔果之《英桥王氏族谱·重修英桥王氏族谱序》记载：

> 我王氏世居永嘉华盖乡英桥里。旧传五代唐时自闽来徙。①

《平阳县志》卷八十三《林氏族谱序》记载：

> 平阳林氏，五季时自长溪赤岸来居四溪。②

《文成见闻录》之《重修周一公庙记》记载：

> 瑞邑大峃屿川之乡，宋宰相必大公之孙，仕萧山教谕讳九龄公避
> 元乱而肇迁于斯焉。③

苍南《陈氏宗谱新序》记载：

> 明朝万历年间，闽南一带沿海寇乱，民不聊生。有我龙湖祖第二
> 十七世裔孙"丕"字辈十八位昆仲，为避寇乱相携来浙，徙居于温
> 州之平阳县（按：1981 年分设为平阳、苍南两县）。④

在历史上因为战乱、自然灾害等迁徙来温的人群中，以闽地最多。对
这一现象，徐定水曾做过如下分析：

----

① 转引自俞光编《温州古代经济史料汇编》，上海社会科学院出版社 2005 年版，第 10—
11 页。

② 苍南县历史文化研究会据符璋、刘绍宽等纂修，民国十四年铅印影印本《平阳县志》的
影印本，2014 年，第 3290 页。

③ 吴鸣皋编：《文成见闻录》，1993 年版，第 65 页。

④ 陈后强主编：《苍南县陈姓通览》，杭州出版社 2006 年版，第 247 页。

温州历史上许多名士大家，大多出自闽民后裔。其中如宋薛季宣、陈傅良、木待问、徐玑、曹叔远、曹豳、林景熙，明张孚敬、章纶，清孙衣言、孙锵鸣、孙诒让、黄绍箕等等，其先均为闽民，他们对温州文化思想的发展作出了卓越的贡献，在我国文化思想史上占有一定的地位。①

关于这些闽民迁温的具体时间、地点等，徐定水同样进行过研究，即：

历代闽民迁温以宋代为最多，其次五代、唐代、明代。在入迁人口中，以闽省赤岸为最多，几占闽省迁温人口半数以上。……赤岸，古代属福州府长溪县，元代升长溪县为福宁州。清雍正间（1723—1735）称福宁府，赤岸属福宁府之霞浦县。至乾隆四年（1739）从霞浦县析出，置福鼎，故谓"亦赤岸，今福鼎也"。可见当时赤岸范围相当之大。由于该地与温州毗邻，水陆相通，因而历代迁入人数特多。②

福建移民大量迁温的原因，徐氏的分析是：

大量闽民迁温，除了闽与温州地域相连便于迁移和温州气候温和，土地肥沃，古代地广人稀等因素外，还有历史上的一些原因。主要有：（1）避战乱迁入。如唐乾符间避黄巢起义军入闽之战乱，五代避闽主暴虐和闽省之内乱，宋末避元之乱，避明末之乱等等，均有大批闽民挈眷迁温。（2）灾害移民补籍。主要是南宋乾道二年夏温州遭大台风、大海溢，溺死数万人。温州知州传檄福建要求移民补籍，闽民奉命陆续来温，如瑞安张氏、林氏、池氏、应氏，均在乾道二年后由闽迁温。（3）仕官温州定居占籍。历代均有。唐代有闽籍郑氏、麻氏任温州刺史，邵氏任温州别驾，翁氏任乐成令；五代至元代闽民有任括苍提举、温州通判、郡守、永嘉县令、瑞安知县、平阳主簿等，后遂留居温州占籍。（4）其他迁入。有慕温州山水之胜迁

① 徐定水：《徐定水集》，黄山书社2011年版，第16页。
② 同上书，第15页。

来隐居；有"迁界"徙来；清初有福建兴泉、汀州一批农民入泰顺山区垦荒种靛，聚族而居；还有经商来温定居等。①

对于上述徐氏定水君的分析，笔者十分赞同。温州偏僻的地理位置，对外阻隔的地形条件，吸引了大批的移民迁徙而来，他们在这里找到了本姓宗族避难生存的空间，找到了可以繁衍生息、壮大族群的社会环境。正是这些宗族势力的发展、延续，为温州明清时期宗族社会的形成做出了自己的贡献，正如史料中记载的那样：

> 永嘉僻处海隅，名家右族，其绵久多至数十百世。②

其实不只温州，在地处温州西面的徽州，情况也是一样。唐力行在《徽州宗族社会》一书中对移民迁徙入徽州的原因进行了分析，他指出：

> 徽州是一个高移民社会，避乱是徽州移民的第一位原因。徽州多山，"东有大鄣山之固，西有浙岭之塞，南有江滩之险，北有黄山之阨"，"其险阻四塞几类蜀之剑阁矣，而僻在一隅，用武者莫之顾，中世以来兵燹鲜焉"。被群山封锁与外界隔绝的徽州就成为避乱的理想世界。③

可见，徽州亦是因为自己的地理位置、地形条件成为历史上避难移民迁徙的理想场所，所以才会有诸多大姓宗族的迁入。正是他们在徽州这方地域的历代生息、繁衍，才有了后来地域文化特征鲜明的徽州宗族社会。

第二节　文化传承：崇儒好学之风盛行

温州崇儒好学之风的形成，纵然有诸多因素，但历代守宰的引领、推

① 徐定水：《徐定水集》，黄山书社 2011 年版，第 15—16 页。
② 参见林藏英《莲川徐氏祠堂碑记》，引自吴明哲编《温州历代碑刻二集》，上海社会科学院出版社 2006 年版，第 16 页。
③ 唐力行：《徽州宗族社会》，安徽人民出版社 2005 年版，第 2 页。

动作用，无疑是其中非常重要的一点。

温州虽然僻处浙南一隅，却战略意义重大，历史上曾先后有很多文化名人来担任地方官。在《东瓯逸事汇录》卷一《地理》之"海疆孔道条"中，对于温州战略地位逐渐变得重要的历史脉络，曾进行了梳理：

> 温州居闽、浙之交，地处边隅，乃为岩邑。争者不深入奥区，得者或始基寸土。后汉天下大乱，东瓯独安，太邱诸贤相率由东瓯而之郁林（陈氏注：太邱，指东汉陈寔）。东晋豪杰并起，未闻以东瓯为得失者。迨至五代，苾乎吴越，长治久安。南宋则高宗驻跸于前，出帝浮海于后。元末明祖之兴，不数年而混一天下，建康之争战，鄱阳之胜负，皆不可必，其所以通接应、资根本者，实始于温州也。由温州而定福建，由福建而取两广。温之变海疆为孔道，自宋始；然有功于明者大矣。①

这则史料说明自宋至明，温州的战略地位变得日益重要，尤其是到了明朝时，据史料记载：

> 国朝（按：指明朝）经理天下，分建布政司为十四道，而以浙江为雄藩。浙江统郡十有一，而浙左以温为上郡。②

清朝时，温州战略地位的重要性丝毫未减。对此，孙扩图在《温州好》中如是写道：

> 温州好，地势旧称雄，山接天台来雁荡，海连甬上控闽中，胜据浙西东。……温州好，贾客四方民，吴会洋船经宿到，福清土物逐时新，直北是天津。③

---

① 陈瑞赞编注：《东瓯逸事汇录》，上海社会科学院出版社2006年版，第4页。
② 参见黄淮《重建永嘉县治记》，引自（明）黄淮撰《介庵集》，永嘉黄氏排印敬乡楼丛书民国二十年影印本，温州市图书馆藏。
③ 参见《光绪永嘉县志》卷之六《风土志·岁时》，引自（清）张宝琳修，王棻、戴咸弼总纂《光绪永嘉县志》，中华书局2010年版，第258页。

又：

> 其地引括苍，接天台，通明婺，控山负海，当闽浙要冲。海上风
> 帆，联舸出入，水陆喧阗，人民辐辏，城郭楼橹，屹然据东南，诚浙
> 中一都会也。①

这两则史料分别写于清朝乾隆、同治年间，是关于当时温州战略地位重要
性的真实描述。

鉴于温州战略地位如此重要，历代统治者派往温州的地方官都是一些
堪负重任的有名之士，这在地方文献中多有记载，如《温州府志卷一·风
俗》的记载：

> 永嘉之后，帝室东迁，衣冠避难，多所萃止，艺文儒术，斯之为
> 盛。今虽闾阎贱品，处力役之际，吟咏不辍，盖亦因颜（按：指颜延
> 年）、谢（按：指谢灵运）、徐（按：指徐陵）、庾（按：指庾信）
> 之风（扇）焉。②

又《万历温州府志》卷二《舆地下·风俗》（旧志）记载：

> 晋立郡城生齿日繁，自颜延年、王右军导以文教，谢康乐继之，
> 人乃知向方，自是而家务为学，比宋遂称小邹鲁云。
> 此邦素号多士，学有渊源，名流胜士相继而出。
> 盖自康乐（按：指谢灵运）来守，山水始彰，北宋始有名儒。及
> 南都临安，温为王畿，士多入太学，游公卿间，解额几半今之全浙。③

可见自晋朝开始，直至宋朝，朝廷就不断派有名之士来温任职。尤其是南

---

① 参见王景澄（同治）《温州府志叙》，转引自俞光编《温州古代经济史料汇编》，上海社
会科学院出版社 2005 年版，第 5 页。
② （明）王瓒、蔡芳编纂：《弘治温州府志》，胡珠生校注，上海社会科学院出版社 2006 年
版，第 11 页。
③ 参见宋恕撰《外舅夫子瑞安孙止庵先生八十寿诗序》（1896 年 2 月 4 日），引自（清）
宋恕著，胡珠生编《宋恕集》，中华书局 1993 年版，第 324—325 页。

宋迁都杭州之后的情况，陈傅良在《温州重修南塘记》中有这样的记载：

> 自中兴①，永嘉为次辅郡，其选守盖多名卿大夫矣。②

温州作为南宋陪都，战略位置的重要性不言而喻，所以朝廷派往温州的更是那些"名卿大夫"。

上述史料交代了温州因为战略地位重要，自晋朝开始就不断有"名卿大夫"被派来担任地方官的情况。他们在推动温州地域社会治理的同时，对温州本地民智的开启、教育的发展、崇儒好学风气的形成，起到了非常重要的引领、推动作用。正是在这样的历史背景下，温州才有了后来人文鼎盛、学士辈出的局面。正如王会昌分析的：

> 宋室南迁标志着中国文化"江浙时代"开始。在此后的七八百年间，从长江三角洲到杭州湾沿岸，经济发达，文化繁荣，人才迭出，群英荟萃，被誉为"人文渊薮"。③

温州宗族社会的形成离不开传统文化的滋养，离不开文化大族的引领与推动。温州正是因为有了从西晋末年到南宋迁都杭州期间众多有名之士的到来，才形成了崇儒好学的人文氛围，这是明清时期温州宗族社会形成必不可少的重要因素。

---

① 南宋中兴指宋高宗在绍兴重建宋王朝，并在南宋初年宋军抵御金军入侵这段历史。

② 金柏东主编：《温州历代碑刻集》，上海社会科学院出版社 2002 年版，第 15 页。

③ 王会昌：《中国文化中心的南移与东南沿海的机遇》，《广西民族学院学报》（哲学社会科学版）1995 年第 1 期，第 53 页。

第二章

明清时期温州的宗族组织

宗族是一个复杂的社会生活体，要想实现和谐、有序的运转、繁衍、发展，必然要建立一套行之有效的宗族组织进行管理。

对于什么是宗族组织，宗族组织包括哪些组成部分及宗族组织如何形成等问题，学界已有先解。如姚周辉认为：

> 宗族组织是以血缘为纽带，以家庭为最小单位的家族群聚而成并逐步建立起来的有序的社会单元。宗族组织包括族长、祠堂、宗谱、族规家训、族田、族学等要素。具备上述要素，是宗族组织形成的标志。[①]
>
> 宗族组织在社会生活中起着重要的作用。[②]

日本学者中岛乐章则指出：

> 16 世纪以降，尤其在华东、华南各地，以士人和官僚阶层为主导，通过编纂族谱、修建祠堂、设置族产，宗族组织逐渐形成。[③]

上述学者对于宗族组织所包括的组成部分，见解基本相同。本书认为：祠堂作为本族历代先祖灵魂栖息之地，宗族进行祭祀活动、处理族内事务的场所；族谱作为记载族内子孙世系脉络传承、支系远近的重要凭证；族产

---

① 姚周辉、何华湘等：《宗族村落文化的范本——温州永嘉岩头金氏宗族村落文化研究》，杭州出版社 2011 年版，第 80 页。

② 同上。

③ ［日］中岛乐章：《明代乡村纠纷与秩序》，郭万平、高飞译，江苏人民出版社 2012 年版，第 163 页。

作为宗族得以存在、发展及实现宗族自治的经济基础；族规族训作为每个宗族教化子孙、约束族众行为的规范准则；族学作为培养族中子弟崇学向善、读书入仕的必须，是宗族社会中各姓宗族的宗族组织所必须包括的组成部分。所以，本章即从祠堂、族谱、族产、规训、族学五方面，对明清时期生活在温州这方地域各姓宗族的宗族组织逐一展开论述，并本着绪论中本书所要坚持的注重地域文化特性挖掘的原则，注重分析其中体现的特色之处。

第一节　祠堂

一　对祠堂的重视及祠堂的特殊作用

在明清时期温州宗族延续、发展过程中，人们对祠堂持有什么样的态度，祠堂对温州同时期的宗族发展又起到了什么特殊作用，在地方文献中有很多相关记载。

明清时期温州宗族对于祠堂非常重视，首先体现在祠堂先修方面。蔡芳在《永嘉东山全氏祠堂记》中写道：

> 古者庙制自天子达于谪官师，其士庶人惟荐于正寝，初未有所谓祠者。至宋朱文公乃议士庶之家设立祠堂于正寝之东，文公盖尝谓祠堂者，所以尽报本反始之心，尊祖敬宗之意，实有加名分之守，开业传世之本也。故君子将立宫室必先立祠堂者，殆以是欤！①

在蔡芳看来，修建祠堂是子孙表达自己对于先祖缅怀之情、尊敬之意的具体表现方式。而且祠堂的地位重要于自己居住的住所，所以在实际修建时要先修祠堂再造居所。

类似的地方文献记载还有，苍南《雷氏宗谱》之雷嘉树《广东盘护王祠记》的记载：

> 《礼》曰："君子将营宫室，宗庙为先。"夫祠堂之设，所以尽报

---

① 吴明哲编：《温州历代碑刻二集》，上海社会科学院出版社2006年版，第64页。

本追远之深心，尊祖敬宗收族之遗意也。①

永嘉苍坡《李氏大宗谱》之《族规》的记载：

> 经曰："君子将营宫室。"先营祠堂于堂之东，盖所以达孝悌而广孝思也。故致祭尽诚，备物尽敬。②

龙湾永强《前街陈氏宗谱》之《遗范十六条》的记载：

> 祠为祖宗神灵所依，墓乃祖宗体魄所藏。③

蔡芳《永嘉渠川叶氏祠堂记》的记载：

> 人道莫大于孝，孝莫大于尊祖。祠堂者，祖宗栖身之地，不可以不先焉。④

对于讲究追本溯源、传承有序的中国人来说，自己的血脉传承是含糊不得、忘记不得的。作为孝子贤孙，自然对于祖宗神灵所依的祠堂要格外重视，先行修建。

明清时期，温州宗族对于祠堂的重视，还表现在他们日常的具体行动中。明朝时，永强普门张氏⑤之张璁在《先考守庵府君墓志》中写道：

> 先君讳昇，字存彩，别号守庵。姓张氏。先出闽之赤岸，宋乾道徙居永嘉之华盖乡。……先君以仲子克自奋植，奉母徐氏，孝养勤剧。平居虽无事，必早起栉冠，洒扫祠寝。夜必再行巡警，严冬

---

① 郑笑笑、潘猛补主编：《浙南谱牒文献汇编》第一辑，香港出版社 2003 年版，第204 页。

② 郑笑笑、潘猛补主编：《浙南谱牒文献汇编》第三辑，香港出版社 2008 年版，第74 页。

③ 同上书，第49 页。

④ 吴明哲编：《温州历代碑刻二集》，上海社会科学院出版社 2006 年版，第59 页。

⑤ 因为张氏宗族聚居地为今温州市龙湾区之普门，所以本书称其为普门张氏。

无间。①

张昇对于祖先的尊崇、缅怀之情，体现在他虽然历经寒暑更替，却从未间断过对祠堂白天进行洒扫，晚上进行巡视的具体行动中。

更能够体现子孙重视祠堂的行为，是他们在遇到紧急危难情况时的反应。据《项乔集》卷之七《志铭类·迪功郎林竹崖圹志》记载：

> 常鄙夷陋俗，尤以宗祠为重。邻弗戒于火，延及先生居室，先生奔入先祠，奉神主宗谱以出，曰："得全此足矣。"不复顾其赀。②

林竹崖在家中遭遇大火之灾时，首先抢救先祖神主和宗谱，而置其他资产于不顾的行为及当他看到神主、宗谱安全获救后所说的"得全此足矣"的话语，难道还不足以说明他对于先祖的崇敬、爱护之情吗？这样的行为、精神甚至变成了一些宗族的规训内容，如《项乔集》卷之八《项氏家训·毋作非为》中即明确规定：

> 或有水火、盗贼，必先救祠堂、迁神主，次及祭器，然后及家财。③

相对于在遭遇火灾时林竹崖先救祠堂、神主的个人行为，七甲项氏④在家训中明确规定，项氏全族子孙无论遇到什么样的变故、灾害，抢救物品的顺序必须是先顾及祠堂及其内部的物品，有余力再去抢救个人的家庭财产。这其中的原因在于，祠堂、神主及其内部的物品是关系到整个宗族能否传承、延续的大事，与此相较，个人家庭财产的损失无论多寡都显得不再那么重要。这也足以看出项氏一族对于祠堂的重视程度。

对于温州的宗族来说，祠堂还有一个特殊的作用。前文已述，温州是

①　（明）张璁撰：《张璁集》，张宪文校注，上海社会科学院出版社2008年版，第445—446页。

②　（明）项乔撰：《项乔集》，方长山、魏得良点校，上海社会科学院出版社2006年版，第467页。

③　同上书，第518页。

④　因为项氏宗族聚居地为今温州市龙湾区沙城镇二都七甲，所以本书称之为七甲项氏。

一个典型的移民社会，从西晋末年至清朝，只要北方及周边地域发生战乱、自然灾害等，就会有源源不断的人群迁入温州，并且他们多是一姓一族集体迁徙而来。对于这些颠沛流离、迁移而来的人群来说，在一个陌生的地方要想生存下去，没有什么能够比依赖全族的力量更直接、更立即见效的方式了。他们通过在新迁之地修建祠堂，以明确的、具象化建筑物的形式传递给族人同宗同族的信息，以便在短时间内团结全族、增强大家的凝聚力、向心力，进而实现在异地的生存和发展。所以祠堂对于那些处在温州这样移民社会中的宗族，确实起到了比较特殊的作用。

二　祠堂修建、日常管理费用之所出

祠堂对于明清时期的温州宗族而言，如上节所述是各姓宗族先祖神灵依托之所，在宗族中占据着非常重要的地位。同时祠堂又是一个有形存在的建筑体，无论从最初的兴建到日常的使用、维护，都需要费用。至于这些费用的出处、来源，每个宗族都有自己的安排。

明清时期，温州宗族祠堂最为主要的经费来源是设立的义田、祠田、祭田等田产的收入。

瑞安张氏张伯奇所写《张氏宗族规约碑》① 中记载：

> 立义田三十一段，计三十七亩一角，该组三十五杠，内拨租五杠，承当义田及守祠、修祠等田地通共四十七亩。②

张氏在宗族规约碑中明确规定，要单独划出田地，以供守祠、修祠等费用之需。这是张氏子孙确保本姓祠堂费用所需的方式。

明朝王叔杲为瑞安上望薛氏所撰之《明乡大宾静庵处士薛公③墓表》记载：

① 明正德三年（1508）九月刻，为瑞安潘岱镇芦浦张氏宗祠所有，参见吴明哲编《温州历代碑刻二集》，上海社会科学院出版社2006年版，第614页"附注"。

② 吴明哲编：《温州历代碑刻二集》，上海社会科学院出版社2006年版，第613—614页。

③ "公讳□，字秉恩，静庵其别号也。"参见（明）王叔杲所写《明乡大宾静庵处士薛公墓表》，转引自郑笑笑、潘猛补主编《浙南谱牒文献汇编》第三辑，香港出版社2008年版，第294页。

　　　　念祖缺祠，乃为置祭田四十亩，随以田之所入积之，创祠于虹桥之西，岁时肃祀。①

薛氏宗族本无宗祠，应该是因为财力问题。所以薛公秉恩看到这一情况，特意设置祭田 40 亩，然后将这些田地的收入积攒起来，等达到一定程度后，就在虹桥之西兴建了薛氏宗祠，以供子孙岁时祭祀之用。

　　明朝夏鲸所写《敏一逸庵翁传》记载：

　　　　迨翁修墓，倡买墓侧田若干亩，番业之，以其入供祭，流于今。②

逸庵翁在修建坟墓之时，就意识到以后祭祀费用要有出处，于是倡议买下墓地旁边的田地，以供后代祭祀费用之需。

　　《项乔集》卷之八《项氏家训·毋作非为》记载：

　　　　自嘉靖十九年八月为始，予陆续拨置民田十亩与通族，每岁轮房收租以供备祭祠之用。不许予派子孙专管擅易。③

项氏之项乔由自己出田十亩，作为宗族祠堂祭祀费用的出处之一。具体管理采用的是每房轮流耕种收租，然后收入作为全族祭祠的费用。又项汝金④所写《大宗祠田预防说》记载：

　　　　今夫祠之有田，所以资祭祀而报先德者也。每有孝慈子孙欲报其德，恒苦于力之无所办。古曰：有田则祭，无田则荐。田之系乎祭也，不綦重哉？……吾族于上年更置公勋，每人出田五分，谷八十斤，积累生息，赎置田亩。幸今得祀田共二十八亩伍分零差，勘备物而尝虞不足者。窃思日后不肖孙子前车不鉴，仍蹈覆辙，倡为变易之

---

　　① 郑笑笑、潘猛补主编：《浙南谱牒文献汇编》第三辑，香港出版社 2008 年版，第 294 页。
　　② 同上书，第 90 页。
　　③ （明）项乔撰：《项乔集》，方长山、魏得良点校，上海社会科学院出版社 2006 年版，第 518 页。
　　④ 项汝金（1696—1775），乾嘉朝廪膳生，乡饮宾，参见沙城镇志编纂委员会编《沙城镇志》，中华书局 2014 年版，第 474 页。

说，则生不容其入祠，死不容其入谱。①

项汝金不仅阐述了祠田对于一个宗族的重要性，而且说明了项氏宗族如何置办祠田及对其进行管理。为了保障祠田的稳定，项氏对族中子孙变卖祠田的不孝行为，给予生不许入祠、死不许入谱的严厉处罚。

永嘉潘坑岩寮之《季氏祠堂碑记》记载，宗族祠堂于正统十四年（1449）由季文孚重建后，亦由其：

> 割田壹拾亩以供祀事，又将田伍亩供给直管洒扫住人，又将田伍亩清明祭扫暗坑口坟。②

季氏是由族子季文孚出田，以供祠堂祭祀、洒扫祠堂人的费用支出。这和瑞安张氏、薛氏、逸庵翁及项氏的做法在本质上相一致，都是通过单独设置田产的方式，保障宗族祠堂的费用之需。

明清时期温州宗族祠堂所需费用的另一来源，是由族中入仕及财产实力达到一定程度者所出。而且在宗族规训中明文规定，这些人必须出这笔费用，否则就会受到相应的处罚。

在《项乔集》卷之八《项氏家训·毋作非为》中记载：

> 生员始补廪者次年出青银一两，岁贡者该年出三两，中举者五两，中进士者十两，凡出仕历俸三年者三两，五品以上每升一级五两，置田百亩以上者推收之年亦出青银一两。俱族正、宗子催送族长收，候修祠修墓。积之有余，推周宗族之饥寒者，永为定例，违者不许入祠陪祭。③

七甲项氏的祭祠之费有两个来源：一是前面所分析的祠田之出，二是这里规定的由族中参加科举考试考中的士子及出仕为官者，还有购田达到一定

---

① 沙城镇志编纂委员会编：《沙城镇志》，中华书局2014年版，第473—474页。

② 吴明哲编：《温州历代碑刻二集》，上海社会科学院出版社2006年版，第118页。

③ （明）项乔撰：《项乔集》，方长山、魏得良点校，上海社会科学院出版社2006年版，第519页。

亩数者所出。项氏还清晰、明确地规定参加科举考试考中的等级及官品级别不同，相应拿出的银两数量也不一样。如果这些费用在修缮祠墓后还有剩余，则用来赈济族中家境艰难者。如果有人胆敢违反上述规定，不按时按数缴纳，则取消进入宗祠祭祀的资格。对于那些生活在宗族社会下，只有依靠宗族群体力量的互帮互助才能生存下去的族众来说，如果没有资格在年节时日进入祠堂祭祀先祖，就意味着自己失去了本源所出，失去了宗族这棵可以依靠的大树，其后果不言而喻。项氏家训的规定，一方面说明对于违规者处罚规定的严厉性，另一方面说明对于保证祠堂祭祀费用之事的重视程度。

明清时期的温州宗族虽然懂得祠堂对于自身发展的重要作用，并十分重视祠堂建设，但因为宗族有大小，财力有强弱，所以并不是每一个宗族都有实力修建一座属于本姓所有的宗祠。如《沙城镇志》之"仪礼说"记载：

> 宗祠之立，非有力者不能。①

史料中的"非有力者"之"力"，应该涵盖了一个宗族修建祠堂所需要的人力、物力、财力等诸因素在内。

又苍南雷氏之《建章山祠堂序》记载：

> 我雷姓永祥公自闽源徙居浙瓯昆阳，迄今数十世，千支万派，可谓盛矣。虽支派繁衍，祠宇之念未闻，将何以妥先灵之凭依乎？
>
> 道光二十三年（1843），堂叔父文福、文芳、文忠诸公经始营之，缘考案宕阁，不遂其贻谋厥后。章山国贤、国顺，九岱文圣，以及莒溪文同诸公，亦知祖德宏深，不敢置之局外，故急务之。于咸丰初年（1851），不辞劳瘁，合族捐资，鼎建祠宇于本邑北港五十一都章山，坐庚向甲，兼酉卯分金。于斯时也，木工虽告竣，而土工尚未方兴。岁值饥歉，以致十余载不能厥成。痛首倡者皆谢世而登仙，余若不继其志而为增修，倘一旦风雨飘摇，黍离兴嗟，将何以慰诸公于

---

① 沙城镇志编纂委员会编：《沙城镇志》，中华书局2014年版，第467页。

地下也哉。①

在这则文献中，雷氏宗族随着徙居温州昆阳支脉的不断繁衍壮大，已经意识到修建一座宗祠的必要性。不然，这样支繁族众的雷氏子孙将要到哪里去缅怀、祭祀自己的先祖？所以在道光二十三年，雷氏各房分居于各地的子孙共同商议要捐资兴建祠堂。也许雷氏所修祠堂的规模非常宏丽，以至于历经了从光绪二十三年到咸丰初年首尾共计9年的时间，宗祠只完成了祠址选择、木工工程部分，还没来得及真正破土动工，就赶上饥荒之年，无奈之下，祠堂的兴建工作只能被搁置下来，且一搁置就是十多年。等到再次修宗祠时，最初那些倡议、参与祠堂修建的雷氏子孙很多已经去世，只能由雷氏子孙中的后来者继续完成修建工作。这则记载足以说明如下问题：一、兴建一座祠堂是整个宗族的大事，必须合通族之力而为之。二、兴建祠堂，需要具备足够的经济实力。三、在兴建的过程中，不要遇上什么重大变故、灾害，否则，祠堂的兴建必将是一个漫长、曲折的过程。

三 祠堂的管理方式和原则

对于一个宗族来说，修建一座祠堂，诚然是一件费时费力费钱的事关通族的大事；而修成之后，祠堂的日常管理同样也是一件非常重要、不可轻视的工作，所以每姓宗族对于本族祠堂的管理一般也都有明文规定。下面略举几例进行说明。

张伯奇所写《张氏宗族规约碑》记载：

> 守祠人专令时常洒扫，毋得尘翳，拨田一段计四亩，租八石，坐横浃下河边，又墙内蔬园五角，以备养瞻，不许侵夺。②

张氏宗族对于本姓祠堂的管理方式为：一是在宗祠修成后，聘请专职的守祠人负责祠堂的日常打扫清洁工作，以保证宗祠环境的整洁。二是祠堂的费用支出，由宗族拨出一定数目的专项田地供给。三是张氏宗族还划出专门的蔬园，以供祠堂之用，不许侵夺。

---

① 郑笑笑、潘猛补主编：《浙南谱牒文献汇编》第一辑，香港出版社2003年版，第147页。
② 吴明哲编：《温州历代碑刻二集》，上海社会科学院出版社2006年版，第613页。

瑞安《南阳郡叶氏宗谱》之《洛川宗族禁约》记载：

　　一、祠堂原为供奉祖先及本宗土地，牌位香炉，理宜洁净。除读书坐馆，并设学堂外，不许窝赌、耍拳，以及搬入居住并养猪牛鸡鸭，停蓄秽物，致干亵渎，大非体统。已往者不究，嗣后永行禁止。
　　一、祠外亦当洁净，不许堆积猪栏以及煨灰，违者议罚。
　　以上九条，先入宗谱，祠中建匾立禁，务在必行。①

叶氏宗族禁约中关于宗祠管理方面的内容，主要体现了叶氏子孙对于先祖的尊敬、崇奉之情。总体原则是要保证祠堂内外的干净、整洁，不仅外在客观环境要打扫干净，祠堂内开展的活动内容也要"干净"，不许进行带有不文明性质的行为。但有一项活动是叶氏宗族禁约许可的，而且很多他姓宗族也是这样做的，就是将族学设置在祠堂内。这样一则显示出宗族对于教育的重视；二则想必也是希望在祖先神灵的时时监督、护佑下，子孙更易于在这样的氛围中成才；三则将祠堂与族学所在合为一体，也在客观上节省了宗族的财力、物力、人力等。

英桥《王氏族约》记载：

　　祠堂须严洒扫，扃钥，不许族众闲杂人等擅入作践，祠门外晒扬稻谷、堆积柴草及一切秽杂等物，悉宜禁止。②

英桥王氏对于祠堂的管理，主要体现在日常的洒扫及保证祠堂内外的洁净，绝不允许杂人秽物玷污。

《孙锵鸣集》卷二十三"专著五"之"孙氏世系表"记载：

　　永思堂祀田三房值祭表八：永思堂祀田者，先大夫通议府君所置，今我兄弟三人分率更值，以供我高祖礼庵府君、曾祖尚甫府君、

---

① 郑笑笑、潘猛补主编：《浙南谱牒文献汇编》第三辑，香港出版社 2008 年版，第 216—217 页。
② （明）王激纂：《［温州龙湾］王氏族约》一卷，1937 年永嘉乡著会抄本，温州市图书馆藏。

祖洙堂府君、先考通议府君之祀也。①

瑞安孙氏则非常明确地规定了祠堂祀田的管理方式，由孙锵鸣兄弟三人轮流更值，以保证上溯四代先祖的祭祀费用所出。

乐清陈璋所写《下垟郭陈氏大宗祠记》记载：

> 祠设祭田若干亩，值年司其出纳，以供岁祀。璋因谓族人曰：“古人立庙，非观美也，其祭也，非为文也，有孝亲、和义、萃涣之道焉。”……《礼》曰：“惟士无田，则亦不祭。”故设田以为祭，礼之需也。②

乐清陈氏亦是专门设立了供祠堂祭祀费用之需的祭田，并每年派人轮流管理，以保证祠堂正常祭祀所需费用的支出。陈璋还进一步告诉族人，设立祭田保证宗族祭祀活动的正常进行，是遵循古礼的要求。而循古礼建祠堂、定期祭祀先祖，确实可以收到缅怀先祖、教化子弟、促进族内和睦、团结族众的效果。《杨青集》卷一《永嘉风俗竹枝词一·祭家先》中则是以诗句的形式歌咏了祠堂祭祖的教化作用：

> 风日融和第四天，收真家例祭家先。豆笾收拾重开饮，诗礼人家子孙贤。③

第二节　族谱

谱牒，又称族谱、宗谱、房谱、家谱、支谱、统谱、家乘等，说法不一。《说文解字》对“谱”字的解释为：“谱，籍録也”④，也就是说，谱牒是把一个姓氏、一个宗族的各类信息记录下来，以便子孙后代拜阅、查

---

① （清）孙锵鸣撰：《孙锵鸣集》，胡珠生编注，上海社会科学院出版社2003年版，第590页。

② 郑笑笑、潘猛补主编：《浙南谱牒文献汇编》第一辑，香港出版社2003年版，第168页。

③ （民国）杨青撰，谢作拳、伍显军编：《杨青集》，上海社会科学院出版社2005年版，第4页。

④ （汉）许慎撰：《说文解字》，中华书局1963年版，第57页。

看，以了解先祖的功绩、成就等，同时起到教化子孙、传承家风、族脉永续的作用。

撰修谱碟，是中国封建社会长期存在的一种文化现象。其在魏晋南北朝至隋唐的中国中古史阶段极为兴盛，那时处于门阀士族阶层当政的历史时期，每个姓望之家为了保持自己的社会地位和声望，最为注重者无非"婚"、"宦"二字。而这二者的关键所在，都和这个姓氏血统的纯洁与否关系密切。当时社会公认的判断、衡量一个姓氏血统纯洁与否的标准，就是那些官修的谱碟。当时政府设有专门的修谱机构，而且是将社会上的名门大姓全部合修在一本谱碟当中。这样不但方便对被收入的不同姓望之家进行比较，而且能够被收入谱碟，这件事本身就足以证明那些姓氏的社会地位之高。

到了唐宋变革时期，士族阶层告别历史舞台，原来的官修谱碟也就失去了存在的意义。宋朝政府直接废除了"图谱局"这个官设的专职修谱机构，不再进行官修谱碟，这意味着修谱权力的下放，意味着从宋朝开始，谱碟的修撰从高高在上的"奉敕修订"转向为各家各姓只要愿意都可以进行的"家自为说"。于是民间百姓之家修谱的情况逐渐增多，到明朝时已经变为一种普遍的社会现象。

对于谱碟从官修到私修，从很多姓氏合修在一谱到一家一姓一谱的变化，在安溪《谢氏总谱》中有如下的分析、评论：

> 盖唐以前意在别流品备选举通婚姻，故宜百家诸姓之谱，宋以后意在溯渊源分疏戚序尊卑，故宜一家一族之谱也。[1]

分析可谓抓住了问题变化的根本所在，唐代之前的谱碟是官方、社会整体层面的需要，是为了区别门第高下、身份尊卑，是为了将社会上的姓氏区别出三六九等，所以必然将各姓合修在一谱中以便进行对比，而且只有官府可以做到这件事情。宋代以后的修谱变成一家一姓自己族内的事情，没有了与外对比、一较高下的需求，所以只要把自家的事情记清楚就足够了。

---

① 转引自陈支平《近五百年来福建的家族社会与文化》，中国人民大学出版社 2011 年版，第 31 页。

对于宋代之后各姓私修谱牒的作用，北宋张载①如是说：

> 管摄天下人心，收宗族，厚风俗，使人不忘本，须是明谱系世族与立宗子法。②

在张载看来，通过修族谱可以使族中子弟明白自己的世系传承，牢记自己的本源所出，从而收到敦厚风俗、团结族众、收服民心的作用。陈支平在研究福建宗族社会时，进行过更为深刻的分析：

> 族谱在强调血缘关系的同时，还以其家族的道德价值标准来褒贬家族成员的行为……这些措施，不仅使族人们的日常行为受到劝奖惩儆，家族的道德规范得到进一步体现，家族的权威得到加强；而且，家族成员的良好社会行为，对于巩固和提高家族的社会地位和声望，也有一定的益处。显然，修纂族谱时所奉行的劝奖惩儆原则，对于维护血缘的纯洁性和促进家族精神的发扬光大，起着不可忽视的作用。③

张、陈对于谱牒作用的分析，笔者十分赞同。

关于明清时期，中国各地修谱的具体情况，常建华在《中国家谱综合目录》中说：

> 中国族谱主要分布在南方，集中在华东（浙、苏、皖、鲁）、华中（湘、鄂、赣）、华南（闽、粤）地区，西南的四川省也不少。江浙两省的族谱占总数的 45.62%，可以说江南是中国族谱最多的地区。④

从常氏"江浙两省的族谱占总数的 45.62%"的统计数据不难看出，地处

---

① 张载（1020—1077），字子厚，北宋思想家、教育家、理学创始人之一。

② 参见《张子全书》卷之三《经学理窟一·宗法》，引自（宋）张载著，林乐昌编校《张子全书》，西北大学出版社 2015 年版，第 68 页。

③ 陈支平：《近五百年来福建的家族社会与文化》，中国人民大学出版社 2011 年版，第 37 页。

④ 常建华撰：《宗族志》，上海人民出版社 1998 年版，第 310 页。

浙江东南沿海的温州在明清时期肯定也存在着大量修谱的情况。至于那里的人们之所以会这样重视修谱的具体目的，在下面会进行分析。

一　修谱的四大目的

明清时期温州宗族修谱的目的，大概有以下几种考虑。

（一）追本溯源，牢记所自

中国人在自己的姓氏出身方面，最为讲究、最为在意的是要保持源头明确、脉络清晰、传承有序，所以修撰族谱最基本、最主要的目的就是追本溯源，搞清楚自己的脉络传承，否则就会影响、危及本姓宗族的发展、延续。

元朝陈高《族谱序》记载：

> 族之有谱，所以别宗支、叙昭穆、定长幼、辨亲疏也。流派虽分而其原同出乎一，子孙虽众而其祖未尝有二。以吾祖之一身而为子孙之千百，非谱曷以明之。然观今世昌盛之家，族之无谱者固多矣，有谱而泛及乎远者矣。族而无谱，则不知其本始之所自，忘其祖也。有谱而泛及乎远，则指他人之先以为吾之先，诬其祖也。为子孙而忘其祖，非仁也。为子孙而诬其祖，非智也。二者君子之所不与也。[1]

陈高将对族谱的重视与否，上升到关乎忘祖、诬祖、非仁、非智的伦理道德高度，可见族谱的修撰对于一族一姓发展、繁衍的重要性。

在明清时期温州的宗族文献资料中，亦多有关于重视族谱的记载。明朝王净为瓯海黄屿《翁氏宗谱》所写的《钱塘郡翁氏宗谱序》记载：

> 人生两间，其族属派衍，本有所源来。然无谱以记之，则上焉宗裔不免于遗忘，下焉支派不免于散乱。遗忘则无统，散乱则无绪，故贤子孙必以此为至重要务也。[2]

---

① 苍南县历史文化研究会据符璋、刘绍宽等纂修，民国十四年铅印影印本《平阳县志》的影印本，2014年，第2543—2544页。

② 郑笑笑、潘猛补主编：《浙南谱牒文献汇编》第三辑，香港出版社2008年版，第26页。

明朝张文选写的《仙居乡福佑鲍氏家述》记载：

> 干云之木，其生也有根；稽天之浸，其出也有愿。根固而本茂，源长而流深，此物理之自然也，而况于人之本乎祖？①

沙可学所撰《永嘉鹤阳谢氏族谱序》记载：

> 人本乎祖，水本乎源之义也。世远族盛，支派散殊，不有记载，或至支离漫漶，俾来者无以考其详而征其实，与其源之所自出，此氏族谱牒所以作也。②

洞头上街《尤氏宗谱序》记载：

> 盖闻万物本乎天，人本乎祖，故尊祖则必敬宗，敬宗则必睦族，使无谱以联之，则尊卑易混，亲疏易淆，虽一本至亲将视同途人，尚何望克尽尊祖敬宗睦族之道乎！③

洞头铁炉头《宋氏宗谱序》记载：

> 盖闻谱者所以纪本源、详世系，惟有谱而祖宗之本源可考，惟亦有谱而子孙之世次以明，则谱之设也，所系实甚重也。④

这几则史料所要表达的意思是一致的，即一个宗族，随着时间的推移，支派的繁衍，人口数量会变得庞大起来，世系记载会变得复杂起来，如果不定期修撰族谱，不及时进行增补、梳理，必然会出现子孙因为搞不清楚自己的先祖出处、世系传承而忘本的现象。如果这种情况持续下去，那么这个姓氏宗族的发展就如同无源之水、无本之木，终有一天会枯竭。所以，

---

① 郑笑笑、潘猛补主编：《浙南谱牒文献汇编》第三辑，香港出版社 2008 年版，第 72 页。
② 张如元：《永嘉鹤阳谢氏家集考实》，浙江大学出版社 2007 年版，第 130 页。
③ 王和坤编：《洞头县谱牒文献汇编》第 1 辑，吉林文史出版社 2014 年版，第 31 页。
④ 同上书，第 93 页。

修撰族谱是关系到上延先祖、下及子孙的大事，是关系到一个宗族能否继续发展、兴盛下去的根本。

清朝时瑞安孙氏之孙衣言在所撰的《徐氏宗谱序》中，更是将家谱修撰的重要性提到与记载帝王世系作为的表记同等重要的地位。孙氏说：

> 表纪，帝王世代之书也；谱牒，祖宗本源之书也。国无表纪，则虽有神孙圣子，安知先帝之创业？垂家无谱牒，则虽有孝子慈孙，莫识祖宗之崛起。是谱与纪，名虽异而旨则同也。①

为了让后世子孙牢记自己的本源所出，明确自己的世系传承，所以必须重视修撰族谱。

乐清钱氏嘉靖十年《续修谱序》记载：

> 古者家必有宗，宗必有谱，所以统族属、系人心、别亲疏、明昭穆者也。然去古已远，宗祧不明，谱牒亦废。世之高门巨族，惟知声伎是侈，居室是崇而已。其于睦族明谱之道，恝然无闻，故易世之后，已丧其传代之所自；况望其能昭先德于既往，垂家范于将来乎？是以世家之志士仁人，而欲尊祖敬宗，继世传家，未始不以修谱为先务也。②

乐清钱氏指出，随着时间的推移，如果子孙后代连自己的本源所自都忘记了，也就难以将宗族繁衍、光大的重任寄托在他们身上。为了避免这种情况的出现，就要将修谱摆在首要的位置。

清嘉庆蒲岐何氏《重修何氏宗谱序》记载：

> 国朝顺治年间，累遭兵寇，族谱散失，惟其献、其策公迁大荆高地者尚存千百于什一。其裔孙郡庠生郁南，寻水木之源本，痛文献之无征，与叔守采不惮奔走跋涉，往大荆觅真本者至再。嘉庆辛未春始

---

① 郑笑笑、潘猛补主编：《浙南谱牒文献汇编》第三辑，香港出版社 2008 年版，第 9 页。
② 钱志熙编：《乐清钱氏文献丛编》，线装书局 2010 年版，第 280 页。

得之，其视禹凿龙门得玉简之书，同一可喜事。但住蒲岐者，其谱失传已百余年，谁为某祖之子孙，孰子孙而承其祖，其事非同夏五郭公之可阙疑也。于是，郁南诸君又忧之，因细向高曾祖墓志考究再三，得其真派，又向《城南千户彪公碑记》手录以归，并族谱支派，亲自厘定，乃付剞劂氏。

……郁南诸君于宗谱散失后，访而得之，修而明之……后之子孙不至数典而忘祖者，端赖此也。[①]

蒲岐何氏为了使子孙不至出现数典忘祖的情况，郁南诸君才如此煞费苦心的收集、修撰族谱。

（二）教化子孙，亢宗善后

对于一姓宗族来说，要想保持持久、旺盛的生命力，要想族脉永续，不仅追述自己的本源所出、牢记先祖的功业品德是必要的，而且因为宗族发展的未来寄托在子孙后代身上，所以他们重视修谱的另一个目的，是要启示、教化族中的子弟，要让他们将先祖的品行、风范继承下去，并发扬光大。

明清时期，温州每姓宗族的谱牒文献中都有关于教化子孙的记载。如明朝王光经写的《永嘉陈氏重修谱序》中就言简意赅地指出：

谱义训其子孙知亢宗而善后也。[②]

明朝李贞为永嘉苍坡《李氏大宗谱》所写之《谱序》记载：

夫谱籍以奠世系，明昭穆，明亲疏，序长幼，别男女，纪嫡庶，合族属，尊宗敬祖，知其生死，识其坟墓，述其志业，表其德行，以达孝悌之道而衍世泽闻望者也。[③]

与王光经简明的表述不同，在这里李贞说出了修谱的多方面目的，自然其

---

① 蒋振喜选编：《乐清谱牒文献选编》，线装书局 2009 年版，第 210 页。
② 郑笑笑、潘猛补主编：《浙南谱牒文献汇编》第三辑，香港出版社 2008 年版，第 36 页。
③ 同上书，第 74 页。

中也包括教化子孙。孙锵鸣所写《鲤岙重修陈氏宗谱序》记载：

> 谱之作也，岂徒为数典不忘祖哉？盖将以劝孝弟焉。陈氏之先，其世德既有征已！继自今，士愿而农朴，其益思绳绳继继，如京兆之杜，世为望族，浦江之郑，代称义门，庶无负玉坡修谱之深意哉？是为序。①

孙锵鸣在序中更多地强调了修谱的目的是启示子孙，光大门楣。

将修谱启示子弟含义表述得更为详细、更为深刻的，是黄体芳《灵溪河口董氏宗谱序》的记载：

> 尝谓国有史而家有谱。谱者所以溯源流，序昭穆，辨亲疏，论尊卑。名字生卒、所娶姓氏、所生男女与夫茔域方向莫不备载，则谱之攸关大矣哉！虽然，而其义有三：序其年齿而书之，所以长长也；标其爵秩而荣之，所以贵贵也；叙其行实而彰之，所以贤贤也。三者俱备，然后昭穆序焉，名分严焉，劝戒昭焉。俾入庙观谱者，识长长之义，咸知所以尊祖焉；识贵贵之义，咸知所以尊王焉；识贤贤之义，咸知所以尊圣焉。夫能尊祖、尊王、尊圣，而其族不昌、家不大焉，未之前闻。②

黄氏认为，通过修谱对于一个宗族来说不仅可以收到教化子孙尊祖的效果，还可以收到尊王、尊圣的效果。如果一个宗族的子孙能够做到尊祖、尊王、尊圣，那他的德性、行为、志向就会完全符合当时社会的价值取向和发展要求，他的仕途、人生就会非常的顺利，有了这样的孝子贤孙，这个宗族还怕会不昌盛壮大吗？

还有一些宗族也在宗谱中明确表达了修谱是为教化子孙的目的，如徐象严为永嘉枫林《徐氏宗谱》所撰之《续修枫林徐氏宗谱述言》的记载：

---

① （清）孙锵鸣撰：《孙锵鸣集》，胡珠生编注，上海社会科学院出版社 2003 年版，第779 页。

② （清）黄体芳撰，俞天舒编：《黄体芳集》，上海社会科学院出版社 2004 年版，第156—157 页。

　　且夫谱者，家乘也。书法谨严，重同国史。果秉董史之直笔，书忠孝节烈，褒以美名，可为后世子孙劝；书奸邪背逆，严加诛贬，可为后世子孙惧。……我徐氏自南宋迄今，子姓蕃昌，散居瓯南北及两浙江淮间者，以亿万计。苟无谱以维系疏远，势必至于涣离，视同秦越而罔识宗亲。今枫林续修宗谱，以总其成，广示以尊祖敬宗收族之义，以号召千万里一本宗支，俾各得人伦系统，尊所尊，亲所亲，皆有等威，以明长幼而叙彝伦，则疏逖者尚知亲睦，彼期功强近之亲，宜益加敬爱，知葛藟之庇本根，当不至衅起阋墙而忘外侮也。

　　今者编辑礼成，上追东海源流，世德深远，欲宣扬千万言而不足者，概括以四字而靡遗，夫亦曰"教学明伦"而已。由是徐氏孙子，士知伦而食旧德，农知伦而服先畴，工知伦而守矩矱，商知伦而崇货殖，妇女知伦而效贤良。萃宗族而讲明伦，则孝弟之心油然而生，齐家、治国、平天下，胥是道矣。①

　　在这段文字中，徐象严将徐氏修谱的目的、作用进行了逐一分析。他主张修谱对于一个宗族来说，就如同国家修史一样，是一件非常重大的事，要同样秉承秉笔直书的精神，将族中的善恶事项都包括进来，以起到从正反两个方面劝诫子孙的作用。而且通过修谱，可以使世系日益疏远的子孙不至于视同秦越。通过"明长幼"、"叙彝伦"，使宗族内部兄弟不要反目内讧而忘记一致对外。通过"教学明伦"，使族中子弟无论从事的是士农工商中的哪个行业，无论男女老幼，都可以做到明礼，这是能够小到齐家，大到治国、平天下的根本所在。

　　邵德辉所写《重整宗法碑志》② 记载：

　　窃闻国有史，宗有谱，史详国政则寓褒贬，谱详宗法而重劝惩，是以名门右族之家，其所重者在谱，而名门右族之家尤所重者在于修其谱。当谱之作也，首纪祖宗遗法，而次功名。及谱之修也，再讲祖

---

①　郑笑笑、潘猛补主编：《浙南谱牒文献汇编》第三辑，香港出版社 2008 年版，第 127—128 页。

②　清光绪三十四年（1908）七月刻，现置永嘉县碧莲镇邵园村邵氏宗祠，参见吴明哲编《温州历代碑刻二集》，上海社会科学院出版社 2006 年版，第 235 页"附注"。

宗遗法而次事业。盖国史作则乱臣贼子惧，家乘修则鲜耻寡廉者愧焉。①

邵氏认为宗谱的作用主要在于通过记载一个宗族的宗法，来达到劝诫、教化子孙的目的。而且对于"名门右族"之家来说，他们不仅重视宗谱，更为重视宗谱的修撰。因为每当宗谱修撰时，他们都是首先将先祖的规训记载下来，其次是记载子孙取得的功名业绩。通过这样的修谱方式和原则，就可以教化族中子孙要非常注意自己的言行举止，要时时以宗法规范来警示自己应该做什么样的事情才会被记入宗谱。

生活在明清时期的温州各姓宗族，正是通过对子孙的谆谆教化，希望可以达到亢宗善后的目的。

（三）忧吊喜庆，团结同族

对于一个宗族来说，本深枝茂，族大叶繁，是其兴盛发展的标志，是一件好事。但也会遇到族大难收、子孙形同陌路、不能相识的问题。明清时期的温州宗族社会，就有这样的案例出现。

明朝侯一麟所写的《茗岙陈氏谱序》记载：

> 夫陈氏，吾帮巨族也，族指最繁，其居两源与郡城者，散处至名字不相闻，仪容不相识者有矣。……
> ……夫俗渐风漓，世递而替，予观乡间比比然也，见利而趋，遇害而避。②

侯一麟写到的茗岙陈氏族众还只是散居于两源和郡城两地，就出现了形同陌路、互不相识的情况。随着时间的推移，这种情形变得愈加严重，竟至出现了同姓之间因为利益才会相趋，遇到困难竟然相避的事情。对于需要依靠合同族之力才能生存、发展的宗族来说，明清时期温州宗族社会出现的这种情况，不能不说是一个非常反常、非常功利化的倾向。如果任其发展下去，很难想象将会是怎样的一种情形。周汝楫在所写的《刘氏重修谱

---

①　吴明哲编：《温州历代碑刻二集》，上海社会科学院出版社 2006 年版，第 234 页。

②　郑笑笑、潘猛补主编：《浙南谱牒文献汇编》第三辑，香港出版社 2008 年版，第 61 页。

序》① 中就进行过这样的设想：

　　尝思万物本乎天，人本乎祖。祖也者，犹木之本、水之源。本固
则枝茂，源远则流长。所为箕裘克绍而光裕无穷者也。然不有谱以联
之，则祖宗已远，坠绪就湮，将何以合族属而敦一本乎。……谱不作
则祖不尊，谱不作则亲不笃，且谱不作则泽不绵功易朽，无以式廓，
即无以丕基。②

根据周氏的设想和描述，在宗族社会中一个宗族如果不重视修谱，无谱可
依，其发展就没有未来可言。所以，各姓宗族必须重视修谱，以使同族子
孙即使繁衍数代，也要清楚地知道自己的本源所自，并在先祖余荫的号召
下相识、相睦、相互团结，共同将本姓宗族发展壮大。

　　陈璿在《答谢子瑀问族谱式》中对于族谱能够"统子孙"，团结同族
的作用进行了分析：

　　夫族谱者，所以纪世系，统子孙，虽昭穆之异序，迁徙之星居，
未尝不若指诸掌也。且族之为言属也，属犹骨肉之谓。先王虑夫世远
裔流，宗殊谊疏，因以族联之，欲其如骨肉以相亲耳。③

陈璿指出，有了族谱的定期修撰，即使宗族的子孙四散迁居各处，也能够
对于相互间的房支世系关系一清二楚，也能够实现骨肉相亲，不会形同陌
路。曾棨在《鹤阳谢氏族谱序》中也表达了同样的观点：

　　族而有谱，所以正苗裔，合族属，明长幼，笃恩义。故有谱则一
姓之子孙可以借此相亲相睦于无穷，无谱则曾不及数传之后忧不吊，
喜不庆，遂相视为途人矣，可胜慨哉！④

---

① 周汝楫撰于道光二十四年。
② 《彭城郡刘氏宗谱》卷一，2011 年重修本。
③ 张如元：《永嘉鹤阳谢氏家集考实》，浙江大学出版社 2007 年版，第 134 页。
④ 同上书，第 172 页。

所以，为了使同族子孙在数传之后，还能够忧相吊、喜相庆，团结互助，相亲相睦，各姓宗族必须重视族谱的定期、及时修撰。

《温州邓氏族谱》之《先祖示训八条》记载：

> 族谱所以敬祖宗而明统绪，辨昭穆而别亲疏，不为不重，各房当写一付，不时观览，使知某房是吾期亲，某房是吾房亲，某房是吾小功缌麻，譬之于树，则由根生干，干生枝，枝生叶，折一枝细看，又皆各有枝叶，次第相生而不乱，如此则孝弟之心油然自生，岂有至亲视如途人也哉。[①]

邓氏宗族形象地解释了族谱对于敬宗收族、团结族众的作用，教化子孙要在对族谱的时时"观览"中，不断提醒、牢记自己的同脉族亲，从而避免出现视至亲为路人的情形。

乐清万岙《陈氏族谱序》记载：

> 夫人之生也，始于父母之身，一分为兄弟，再分为子孙，传世愈远，而派益分，派分则情疏，情疏则服尽，久而莫知其尊卑之行，相视如路人矣，此谱不可不作也。[②]

万氏同样为防范数代之后，子孙"相视如路人"的情况出现，明确要按时修谱。《平阳县志》卷八十三《蔡氏重修族谱序》的记载，则很好地证明了重视修谱能够达到忧吊喜庆、团结同族的效果，即：

> 平阳多巨族，尚论其盛，则未有加于蔡氏者也。……
>
> ……其合族之人，服虽穷、亲虽尽，而岁时伏腊，未尝不相往来，冠婚丧祭，未尝不相赴告，患难缓急，未尝不相扶持，岂不以谱之立乎。[③]

---

① 《温州邓氏族谱》，2002 年重修本，第 146 页。

② 蒋振喜选编：《乐清谱牒文献选编》，线装书局 2009 年版，第 126 页。

③ 苍南县历史文化研究会据符璋、刘绍宽等纂修，民国十四年铅印影印本《平阳县志》的影印本，2014 年，第 3310—3312 页。

（四）移民社会，异地生存

温州作为一个典型的移民社会，移民文化元素对于其地域文化的形成、发展产生十分重要的影响，这同样体现在温州族谱的修撰方面。

元朝时李孝光写的《淀溪李氏宗谱序》记载：

> 孝光少日耳熟祖父之言，上世可稽者仅四五世。而谱牒云亡，不必均在鼎革之代，即客寓他乡，蓬飘梗泛，未暇及此；冷淡生活者，世亦罕见。①

在李孝光的记忆中，其家族的世系脉络到祖父时向上可以清晰考证的仅有四五代。之所以会出现这种情况，是因为谱牒的散佚。造成谱牒散佚的原因，一是改朝换代这样剧烈的社会变革，二是那些因为各种情况被迫四处飘零迁徙的宗族，在生存尚成问题的时候，也就没有能力顾及族谱的安全。后者即是移民文化对宗谱能否被完整保存、定期修撰所产生的不容忽视的客观影响。

对于那些历经辗转、迁徙的宗族而言，颠沛流离的生活在客观上容易造成族谱的散失不全，但只要条件许可，他们势必会把族谱的修撰工作重新提到全族事务的日程上来。原因之一就是这些宗族迁到一个新的陌生之地，要想在当地站稳脚跟、生存发展下去，最为易于凭借的力量还是那些有着血缘关系的同姓宗族成员。尤其是身处温州这种与外界山水阻隔的地域环境，迁徙而来的各姓宗族会更加深刻地体会到团结同宗势力的重要和必要。所以，等到这些宗族在温州繁衍、生息一段时间后，生活逐渐安定下来，积累了一定的财力、物力，已经具备了修谱的条件，他们就会尽力地完成修谱、续谱的工作，以达到通过团结同族，实现在迁徙之地生存、发展、壮大的目的。迁徙到温州的清河张氏宗族，在宗谱的修撰过程中，就经历了这样的过程。对此，在《新修清河郡华表张氏宗谱序》中有如下的记载：

> 兹因析烟年代久远，沧桑之变，族亲即使陌路相逢，焉能认识

---

① （元）李孝光撰：《李孝光集校注》，陈增杰校注，上海社会科学院出版社 2005 年版，第 73 页。

乎！明清以来，兵燹之难，战火连年，风雨为患，灾荒不断，族裔无顾寻根问祖，有负先祖之训也。然今太平盛世，政通人和，文化向荣，物阜而民富，族内有识之士，故能再度倡修谱牒之举，务必正本清源，考证先祖之原宗哉。①

清河张氏作为中国历史上中古时期士族群体中的一分子，是当时名副其实的门阀贵族之家，所以他们更加懂得族谱的重要性和意义。对于族谱的修撰，自然是格外重视。明清时期，灾祸连年，张氏子孙无力顾及族谱的安全。因为没有了族谱的记载和维系，以致同姓之间出现了形同陌路、互不相识的情况。等到政局一旦稳定，张氏子孙有能力修族谱的时候，他们就把重修族谱之事提上了议事日程。洞头九亩丘《纪氏宗谱序》记载：

> 谱牒之作，所以序长幼、辨亲疏、明昭穆而联宗族。虽迁居异处或散万里之遥，其源流不混，一本至亲而不至秦越于途人矣。是族不可以无谱，有谱不可以不修明矣。②

洞头纪氏的族徙经历，亦使之深刻认识到，族谱对于迁居、散处之族的重要性。

从上述分析可以看出：移民文化与宗谱之间的关系非常微妙。迁徙流离的生活必然导致族谱的散失亡佚，但迁移到一地后，一姓宗族的生存、发展又必须依赖宗谱，因为只有通过重新修谱，才能再次凝聚、团结同族的力量，才能实现在迁徙之地的异地生存和发展，所以只要条件具备，那些迁移的宗族必定会重新修谱。

二　严谨、务实的修谱原则

修谱对于一姓宗族来说，是一件非常重大的事情。在族谱修撰时，每个宗族都会有自己的特定修谱原则。

孙衣言手定《盘谷孙氏族规》记载：

---

① 引自陈正焕编撰《钝笔杂钞》，2004 年 12 月印刷本，第 439 页。

② 王和坤编：《洞头县谱牒文献汇编》第 1 辑，吉林文史出版社 2014 年版，第 86 页。

修谱为族中第一要事，每五年即将续增之谱刊印一次。①

瑞安孙氏是清朝后期温州的名门望族，在孙氏看来，修谱是本姓宗族中最为重要的一件事情。其对修谱的重视，从族规中每五年就要将续增之谱刊印一次的规定可以得到证明。对于一个宗族来说，每年都会有成员出生、去世，都会有娶妇嫁女等种种人员上的变迁，所以修撰、刊印的时间间隔越短，信息记载的就会越详细、清晰、准确。每五年刊印一次的频率，足以表明一个宗族对于修谱的重视程度。明清时期温州的大多数宗族虽然不能做到如孙氏那般对族谱的续增刊印之勤，但一般三十年一大修的传统还是能够保证的。

永嘉塘头《林氏宗谱》之《凡例》明确规定，族中成员取得的成就不同，宗谱对他们的收入原则也不同，即：

> 谱与史同有褒贬。谱虽未能如史之简与严，然亦不可滥予。国序、乡庠以及贡举，文行兼优者，书之以为族光；不然，则录其爵；如无爵，有一善足取者，亦录之；再不然，则录其名以志世代云。②

林氏认为，宗族修谱要秉承如国家修史一样的严谨态度，要有收入标准和原则，不能随意滥入。第一等被收入者，是那些在国序、乡庠中读书，参加过贡举等科举考试的人。这些人文行兼优，既有学问，又有品行，收入这类人可以为全族增光。比这类人低一等被收入者，是那些学行欠佳，但有官爵者。如果既没有学识，也没有官爵，但有一个方面非常出众，值得族众学习，也可以被收入。最后一等，是那些实在没有什么地方值得收入者，就只能是仅将其名字写入族谱，用以表明世系传承的脉络而已。这样的收入原则，对于林氏子孙无形中起到了一种正向激励作用，试想大家同为林氏子孙，谁不希望在族谱中留下浓墨重彩的一笔呢！

永嘉苍坡《李氏大宗谱》之《计开族规条例》规定的入谱原则是：

---

① 孙延钊撰，徐和雍、周立人整理：《孙衣言、孙诒让父子年谱》，上海社会科学院出版社2003年版，第191页。

② 郑笑笑、潘猛补主编：《浙南谱牒文献汇编》第三辑，香港出版社2008年版，第98页。

余族传今千有余载，伦理之间，不可不正。然欲正伦理，莫先严谱牒。谱牒乱修，则父子、兄弟、夫妇之道混而纲常败坏，何以传宗支，端后嗣，而培风化者乎？……

一禁：妻妾假装胎腹，私买别姓婴孩，冒充亲子者，不准入谱。

一禁：典妾在外，与本夫同寝，混生子嗣者，不准入谱。

一禁：兄夺弟室、弟占兄嫂生子者，不准入谱。

一禁：招抚异姓，淆乱氏族者，不准入谱。

一禁：娶同姓为婚生子者，不准入谱。

余等两地宗谱，自光绪十二年开修，缘族大丁多，恶习相沿，曾经呈明宁县主上数项，严禁恶习。蒙批"具修宗谱，应由房族长主事，即异姓乱宗等事，亦应随时呈究，毋庸率请给示"等谕。至十四年春，始立"叙伦"匾严禁，即将前五项规条开列匾内，以为后世子孙炯戒。不料族内有豪强之家，意欲倚势硬修，盗去先生向荣家正草宗谱，捣毁余等司事遵祯家门窗板壁器物等项，并敢遍抬恶鼓，希图强修。余等阖族会众阻禁，又已送呈沈县主，沐批"异姓乱宗，大干例禁。李动妹等欲将抱养之子强修入谱，已属非是。又敢盗谱捣毁，更属蛮横而无礼，著即邀仝房、族长，晓以禁令，妥为理处，毋任违延，切切"等谕。续又蒙批："李动妹等抗不遵理，姑候饬差吊还宗谱，严行谕禁。等因。"①

苍坡李氏修谱的原则有二：一是严谱牒、正人伦。李氏认为，只有在修族谱时严格对待，将那些血缘关系不清、不洁的人排斥在族谱之外，才可以保证李氏宗族纲常、伦理、风化的纯洁。但在实际修谱过程中，随着宗族的繁衍，出现了族大众多、利益纠葛、关系复杂的情况，所以要想做到这一点，并不十分容易，甚至仅靠李氏宗族自己的力量已难以完成，所以李氏修谱的第二个原则，就是要借助官府的力量。李氏对于宗族中那些被称为"异姓乱宗"的李动妹一干人等做出的强修、恶意盗谱、捣毁等蛮横无理的举动，多次呈请县主，并得到县主的批示干预。地方政府之所以会这样做，是因为明清时期政府推行乡约精神②，地方宗族与政府的利益需

---

① 郑笑笑、潘猛补主编：《浙南谱牒文献汇编》第三辑，香港出版社 2008 年版，第 76 页。

② 乡约的相关内容会在下文中单独论及。

求相一致，政府下谕帮助地方宗族解决族内事务，实际上也是在帮助自己。只有在宗族内部实现了世系传承的纯正、清晰、有序，族众间关系融洽、和睦，才会有益于地方社会风气的教化、治理。

明清时期温州宗族在宗谱修撰过程中，还普遍存在假托始祖的现象。为了使自己的宗族看起来世系久远，姓出"名门"，很多宗族都将自己的始祖追溯至遥远的三皇五帝时代。对于这样枉托假冒的行为，清朝时陆象震在《乾隆瑞安县志》卷九"艺文·劝罢乡贤通谱文"中曾进行过严厉批评：

> 尝慨天下之人，不能强自振立，乃耻世系起于微贱，往往附右族，托昔贤，通谱奉祀之。陋习遂相蹈袭，而不以为怪。于是谱牒备极夸扬，非鬼渎于馈祀。动曰："吾祖秦汉时某官也，唐宋时某爵也。"不则曰："某先儒之后也。"
>
> ……故人生本乎祖，明有亲也；吹律而定姓，言有别也。吾祖人之祖，吾祖必父人之父，则谓辱及其先。吾尊人之祖，必且以为胜吾祖，则谓贱其所自出。
>
> 辱先不仁，贱亲不孝。吾思布衣之士，虽未能光先业，耀家声，苟知自亲其亲，自祖其祖，而簋弗替，杯棬长存，犹可无得罪于吾祖吾宗也云尔。①

在陆氏看来，明清时期的温州宗族之所以会在修谱时出现大量伪冒、假托先祖的行为，是因为那些人不仅自身不努力，还虚荣心作祟，对自己的真正出身感到自卑。陆氏进一步指出，他们这样做就是在辱没、低贱自己真正的先祖，是一种不仁不孝的行为。陆氏还指出，作为平民百姓，只要自己能够奋发图强，即使没有取得可以光宗耀祖的高官显宦，也可以活得坦坦荡荡。只要能够做到虔诚地、尊敬地按时祭祀先祖，也是对他们精神的一种继承，至少没有对不起自己的先祖。这种如实、客观的修谱原则，正是温州地域文化中务实精神的一种具体体现。

---

① （清）陈永清修，章昱、吴庆云纂：《乾隆瑞安县志》，宋维远、李赐华点校，中华书局2013年版，第319页。

三　对族谱管理的重视和规式化

　　每个宗族的族谱修撰完成后，日常的保存、管理也是一件非常重要的事情。当时的温州宗族对于族谱如何保管等事宜，高度重视，并在族谱中进行了详细规定。

　　龙湾《李浦王氏宗谱》之《凡例》记载：

　　　　一、新刊宗谱三部，每部计若干本，归大、三、五三房藏贮，毋许异姓并同姓非宗之人借看。如违，察出议罚。

　　　　一、宗谱存贮之家，每夏必虔诚请晒，免致霉蠹。如后世务农不能管理者，著即交祠，另选接贮；毋许私相接受。违误议罚。

　　　　一、宗谱刊定字样，毋许用笔涂改，并私增等弊，验出议罚。①

王氏宗族对于新修的三部宗谱分别交给三个房支存放，规定不但异姓之人不能借走观看，就是同姓不同宗之人亦不可以。负责存放宗谱的房支，每到夏天天气晴好的时日，都要虔诚地将宗谱请出进行晾晒，以免出现发霉虫蛀之害。如果家中发生变故，自己不再有能力继续保存族谱，也要通过宗族管理组织重新选择存放之家，不能私下擅自交付他人保管。宗谱一旦修订，里面的内容个人没有权力私自进行涂改、增添。如果违反以上规定，就会受到惩罚，这些规定无不体现出族谱管理的私密性、神圣性、严肃性、集体性。

　　《永场前街陈氏宗谱凡例》规定：

　　　　一、谱牒最重，不许借观。凡外姓亲戚朋友，只许在我陈氏之家看读，以杜盗抄。如违查知，斥革毋贷。子孙须宜凛之遵之。

　　　　一、修谱之期以三十年为限，取三十年为一世之义也。或五十载一大修，以示继往开来之统。各存谱之家，须宜送交修谱之局，倘有一房不交，藏匿于家者，即以盗卖谱牒为论，合族攻之可也。②

---

① 郑笑笑、潘猛补主编：《浙南谱牒文献汇编》第三辑，香港出版社 2008 年版，第 34 页。
② 同上书，第 37 页。

永场陈氏在族谱借阅方面的管理规定，和上述王氏宗族相同之处，是族谱不能外借；不同之处，是陈氏的外姓亲戚朋友可以在陈氏族内观看，这比王氏的规定要宽松一些。陈氏还规定在族谱按期重修之时，每个存谱之家都要将自己保存的旧谱交出，否则就会受到阖族的攻击。这说明族谱修成后，虽然由族内的几户人家分头负责保管，但存谱之家只负有保管的责任，并无所有的权利，族谱属于全族共有，属于公共财产，具有集体性。

永嘉塘头《林氏宗谱》之《凡例》规定：

> 一、谱牒关系甚重。一恐失落盗卖，二防涂改添注。须择忠厚者藏之，不必泥宗子有爵之家，可也。
> 一、谱恐霉蛀。议定每夏晴会众面晒；如违，藏谱之家重罚。①

族谱是一个宗族的重要"财产"，为了保证族谱存放的安全，林氏明确规定了藏谱之家的首要入选条件，就是为人要忠厚，至于是不是宗子、官宦之家并不重要。为了防止族谱发霉虫蛀，则规定藏谱之家必须在夏天晴好的时日要在族众面前晾晒族谱。如果做不到这些，就会受到重罚，再次说明了族谱的重要性、集体性。

宗族对于藏谱之家，保管失责者，处分最重的，莫过于苍南董氏。据马站镇小姑村《董氏祖训》之"谱牒当重"条记载：

> 谱牒所载，皆宗族祖父名讳，孝子顺孙，目可得睹，口不可得言。收藏贵密，保守贵久。每岁清明祭祖，宜各带所编字号原本，到宗祠会看一遍，祭毕，仍各带回收藏。如有鼠侵、油污、磨坏字迹者，族长同族众即在祖宗前量加惩诫，另择贤能子孙收管，登名于簿，以便稽查。或有不肖辈，鬻谱卖宗；或誊写原本，瞒众觅利，致使以伪混真，乱妾支派者，不惟得罪族人，亦且得罪宗祖，众共黜之，不许入祠，仍会众呈官，追谱治罪。②

董氏祖训对于藏牒之家出现的收藏保管不当、卖谱牟利行为等，根据罪行

---

① 郑笑笑、潘猛补主编：《浙南谱牒文献汇编》第三辑，香港出版社 2008 年版，第 98 页。
② 钱克辉主编：《苍南谱序族规家训选编》，线装书局 2015 年版，第 260 页。

轻重，制订了不同程度的处罚措施，最为严重者不仅会被开除出族，还要被送官治罪。

《瑞安沈氏宗谱》规定：

> 宗谱既已告成，当择谨慎族长及贤良子孙收掌，殷勤晒视，毋致蠹蚀鼠伤，或遇非常变故时，当先保护宗谱为切，要如有族中子姓查阅支图等事，掌谱者亦不得执吝。①

沈氏规定只有做事谨慎、贤良的子弟方可保管族谱，同时也要及时晾晒查看，以防虫蛀鼠咬。此外还规定，如果遇到非常变故，必须先要保护抢救宗谱。较为不同的是，在族谱借阅方面，瑞安沈氏比较大方，如果族中子弟要查阅，保管族谱者不能吝啬不给看。与瑞安沈氏相类似的，还有苍南龙港平等张家堡《杨氏族规》的规定：

> 宗谱当择谨慎族长及贤良子孙收掌，殷勤晒视，毋致虫蛆鼠伤，或遇非常变故，当先保护宗谱为切。如有族中子姓查阅支图，掌谱者亦不得执吝。②

瑞安沈氏、苍南杨氏虽然规定族中子弟查阅宗谱时，掌谱者不能吝啬不予看，但也并非意味着可以随意观看，而是要有一定的约束和限定，如苍南宜山浃中堡《苏氏族规》的规定：

> 藏谱者不许私自借人，倘族人有公事吊谱，必须会同房族长面议，断定还谱日期，并立约据交藏谱之家，方许借用。③

又苍南《灵溪庄氏家规十二条》规定：

> 谱立祖，登记祖先父及后裔子孙最确。此书不可狎，须安置洁净

---

① 沈永主编：《瑞安沈氏宗谱》，2009年重修本，第84页。
② 钱克辉主编：《苍南谱序族规家训选编》，线装书局2015年版，第118页。
③ 同上书，第234页。

之处，春秋最严，时祀之辰，当登几上，闲时不可擅开。须吉日及盥洗，方可披阅。①

庄氏宗族对于族谱的保管环境、开阅时刻及要求都做出了明确规定。

为了更好地管理族谱，很多宗族还将族谱管理规式化，特地制订了专门的"阅谱规式"、"藏谱规式"等。如《刘氏宗谱》之"家训·阅谱规式"对于族谱如何管理的记载：

> 谱之所载世次后先，或百余年或数百年永为子孙展阅，宜袭藏家庙洁净严密处，族之老成掌之。或有阅谱，定期于朔望之辰，长幼齐集宗祠，焚香致祝，然后启谱。……他人借观，尤须自先敬慎，不得徇情随便携去，有亵祖宗，且杜抄窃抹涂之患。②

刘氏宗族在"阅谱规式"中对于族谱的存放地点、掌管人员、借阅等都有非常明确、严格的规定，尤其是对于阅谱的规定，真的是要做到沐浴更衣，焚香祷告，要以非常虔诚的态度对待。而《刘氏宗谱》之"家训·藏谱规式"对于如何存放族谱则进行了更为具体、详细的规定：

> 其藏法宜用版笥，藿香草和樟脑合包置笥中，以避虫鼠之类。霉地勤晒，以免朽坏之患。③

刘氏宗族之所以如此重视族谱管理，在其家训中也有明确交代：

> 谱牒者，其事迹非一人之故，而谱祖宗之行实也。其序跋非一家之文，而群名公之巨笔也。其纂辑非旦夕之劳，而竭数年之心血也。故以一人之事或可轻，而谱祖宗之行实不可不尊。以一家之文或可忽，而群名公之巨笔则不可不重。以旦夕之劳或可忘，而竭数年之心

---

① 钱克辉主编：《苍南谱序族规家训选编》，线装书局 2015 年版，第 386 页。
② 《彭城郡刘氏宗谱》卷一，2011 年重修本。
③ 同上。

血则不可不珍藏保护也。吾族其可不知乎？故曰谱牒当重。①

概括而言，明清时期的温州宗族对于族谱的日常管理非常重视，每姓宗族都制订了自己的管理规定。有一点需要指出的是，虽然各姓宗族管理族谱的规定有所差异，但共性之处也非常明显：一、要选择忠厚、谨慎、可信之家作为存放地点。二、负责存放者要及时晾晒、查看，以防族谱发霉、虫蛀、鼠咬等。三、族谱不能随意借阅、翻看。四、遇到突发变故，要首先保护、抢救族谱。尤其是一些宗族制订了专门的"阅谱规式"、"藏谱规式"，更体现了明清时期温州宗族对于族谱管理的重视程度和追求管理时的有据可依。

第三节　族产

一　族产管理的规约化

族产是明清时期温州宗族社会的重要组成部分，包括全族共同生活领域中的族田、水域、山林、墓地等。为了能够有效地管理、使用这些族产，每个宗族在族约规训中对其管理方式、使用原则等均进行了非常明确的规定，可以说是实施了规约化管理。

英桥王氏之《宗族自治规约卷三》规定：

> 大宗众田，初由我高高祖介翘公暨二派幼功公报升荡业所致，今成膏腴田，计一百二十亩，向由五派轮值办祭，并宗众使用。②

这里120亩的大宗众田，其实就是王氏宗族的族田。每年由王氏五房的子孙轮流管理，并负责用其收入支付宗族祭祀时所需费用的支出。又：

> 各河及浦沥不许下泥筑堘，竭泽以捕鱼虾，并下药毒鱼，致损水利及卫生。

---

① 《彭城郡刘氏宗谱》之"家训·谱牒当重"，引自《彭城郡刘氏宗谱》卷一，2011年重修本。

② 卢礼阳编校：《王毓英集》，中国文史出版社2011年版，第206页。

鹅鸭不许散放上下河内，致污食水，以生病疫。上河议放先生桥外及兴仁堂土地殿对直北首，下河放在南潭河口，亦两方俱利之道。①

这段规约明确规定了族众在平时生产、生活中必须遵守的原则性问题：一是不允许为了个人眼前的一己私利，做出违背自然生态规律，采取极端方式捕获鱼虾的行为。因为这种行为不仅会影响子孙后代的生计问题，还会直接影响到宗族生存环境的安全。二是明确规定了鹅鸭等的放养水域，以保证与日常生活用水的水源分开，保障饮用水的安全。这种生态、环保的生存观念，确实是十分进步和值得提倡的。

今天，在温州地区的一些村落中还会经常见到类似的公约告示。如笔者2014年12月在温州瓯海区的山林小溪边，无意间看到一则雄溪村委会张贴的禁约，内容如下：

为了保护自然生态环境，对小溪的观光鱼实现保护，严禁下水捕鱼、毒鱼、电鱼、炸鱼行为，违者罚款500—1000元。

今天这些禁约的存在，一方面说明明清时期温州宗族通过规约进行自治的方式仍在温州地域社会中发挥着作用，说明这种方式的有效性和当地民众对它的认可。但另一方面也说明那种短视、极端的恶劣捕鱼手段和行为并没有消失。说明无论古今，只要有人群聚集的地方，只要有利益的需求，就会有不法不端行为的存在，就需要制订规约等约束性条文，以实现共生，这是一种相伴而生、不可分割的关系。

王氏《宗族自治规约卷三》还规定，族产可以用于救济族人，即：

社学、堂河、众社仓及都内分存食谷，每值五月中旬日内，须照谷数出借十地下户，以资缓急。其谷银由中户出票担认，准于十月下旬连本利依数交缴无欠。②

虽然同属于一姓宗族，但每个家庭之间的经济状况千差万别。每年到了五

---

① 卢礼阳编校：《王毓英集》，中国文史出版社2011年版，第207页。

② 同上。

月中旬，青黄不接的时候，一些人家将面临吃不上饭的生存问题。规约规定族内储存的属于宗族集体所有的粮食只要有担保，就可以先借给贫困之家应急之用，等到十月秋收之后连本带利如数还清就可以了。

乐清盘谷高氏宗族为了管理好本族的族产，也有自己的规定。如在山约中对如何管理本族山林，规定如下：

> 复祖宗之旧制，溥庶类之余恩。萌蘖勿伤，山林有禁；剪残勿事，研盗有条。果其草长丛荣，亦均分而按户；若其狗偷鼠窃，宜合力以同攻。①

对属于高氏宗族所有的山林间自然生长起来的草木资源，高氏族众不能进行任意砍伐，而是要按户均分。如果私自偷伐，就会受到全族人的攻击。而乐清盘谷高氏《咸丰三年立样山箕草帮样草稿》，则更为明确、具体、详细地记载了是如何对本族所拥有的族产——山林资源实施管理的：

> 立帮样字某某等。兹因阔地样山诚一村财源，风化攸关，但族大支繁，不无顽梗。某等同众情愿立字帮样。东至旺林南北两岸、西至皇坎山为界，箕草杂树茂盛。面订：候来年八月开研之日，众给某等昼夜轮守工力钱若干文，倘轮守不严，箕草被人窃去，每担赔钱三十五文。树木验大小，每株议赔。若某等私心自窃，被众获着者，罚钱二千文。如不允罚，情愿将自己坐分之山悉听众边革去，永无纠缠。众边编号分研，一并守山，工金无分。若有他人盗砍箕草松木等项，被他人获着，由某等怠玩轮守，愿罚钱四百文归众，以成规例。自帮样之后，各宜严守，毋致自干。庶箕草畅茂，杂树缤纷，群羡地运重兴矣。
>
> 恐后无凭，立帮样字为照。②

高氏族大丁众，难免良莠不齐，所以对于归全族所有的山林资源应该怎样

---

① 参见乐清《盘谷高氏宗谱》之高辂《合族植木样山约》，引自郑笑笑、潘猛补主编《浙南谱牒文献汇编》第一辑，香港出版社2003年版，第308页。

② 郑笑笑、潘猛补主编：《浙南谱牒文献汇编》第一辑，香港出版社2003年版，第311页。

砍伐，族众当面进行了详细约定。在全族约定的允许进山砍伐时限之前，既可以选择出资雇人看守，也可以轮流自己看守，但无论选择哪种方式，如果其间出现被盗砍的现象，守护者都要接受一定程度的惩罚。为了日后约定的有据可查，特此立下这张字据。

二　族产纠纷处理的章程化

同姓宗族子孙，虽然是由一个共同的先祖繁衍发展而来的，但在实际的生活中，不可避免地会出现因为族产引发的各种纠纷。针对于此，明清时期的温州各姓宗族也有自己的处理方式。

清朝时叶云昭为瑞安南阳郡叶氏所写的《叶廷大股下涂园记略》，就记载了叶氏宗族对于族产纠纷的处理过程和方式。现详细引录如下：

> 越新横塘而东，为老人园，大宗享馂纳粮之费，咸取给于是。老人园之下为老围、四方围……四方围之下有涂一片，地人拦筑无资，仅蓄涂草以供刍秣之需，任场主屡催，以荒歉频仍，不报升，亦不认垦焉。先是，南围之南有养贤数十亩，被族人陆续出卖，于是有志上进者，哈焉气沮。我祖考琅山公与伯祖缙光公邀集族众，议以此涂做抵，所有拦筑升垦之资，惟二公是任，且储其岁入之租以鼓励后进，遂名之曰养贤园。……同治年间，堂伯母李氏耸族人出争，族中业农者多以养贤为非己之利，挟众强卖，以为构讼之资。我府君折以公理，无如无识者不卖不休。构讼数年，卒去其园之强半焉。吾府君以谊关一本，讼则终凶，因以下截已报百亩之涂除坛地给与介眉外，其余照地数十亩让归大众，以一家之利为合族之利，可谓公矣。……适场大使张锡九莅任，贪污盘剥，无利不搜，违例给单，荒涂征税。著大宗族长补报照地横三百二十号，分给各房以为祀产。章程甫定，爰族侄银槐、式吉、呈木、银标等相率盗叶廷大子母之股涂，几消灭矣。幸而祖宗有灵，俾余侦得隐情，立往海安向场大使孙联奎认报。联奎外信刁承蔡希俊之舞弊，内听蠹书余衣德之把持，受贿累累，认贼为子，将涂判与朱姓。余竭力转旋，奈联奎婪索报费，欲壑难盈。予拟上控郡尊，又怵绵力之不足以抗，因邀本房新贵、六房寿采二人筹措报费，不数日内得洋近二百元，送邀联奎。联奎含笑受之，而涂仍判还叶姓。于是重订章程，垂诸家乘，俾后之览者，缘是以识报涂

之颠末。……

附《章程摘略》：

> 自大横塘以上，均属大宗，分房值祀。和房横计六十三号，义房横计三十五号，仁房横计十三号，坤房横计三十四号，忠房横计三十五号，性房横计六十一号。云昭酬劳十号，其余酬劳共计四十六号。大横塘以下系光绪三十年间接报草涂。合族议定此截不作祀产，房内诸人有出洋一元以为报费者，给以涂横计一号，直计一百五十号，各归各管，不许越房侵占。此截以下，仍为祀产，后之接报者不得援以为例也。①

叶氏先祖为了鼓励族中经济条件欠佳而有志上进的子弟，曾特意设立了养贤田数十亩进行资助，后来这些田地被族人陆续卖掉。到琅山公与缙光公时，即以地人无力报升认垦的涂田作为养贤园。无奈族中之人因为各自所站立场不同，对养贤园所持态度并不一致。如那些务农人家，因为家中无人读书仕进，自然也就不会享受到养贤园带来的好处。再加上别有用心之人的挑拨，所以他们主张将养贤园卖掉，费用另行安排。于是针对养贤园的去留问题，族中出现争执，最后选择了对簿公堂。面对贪财好贿的地方官，只能凑钱打点。几经周折，终于有了结果，叶氏对于被重新判定的涂田，订立章程进行管理，也是为了使后世子孙明白涂田报升的来龙去脉。想想叶氏在这其中经历的曲折和付出，可见一族事务处理之艰难。

叶氏宗族通过订立章程对族产纠纷进行处理的方式，应该在明清时期的温州宗族社会中普遍存在。概言之，无论族产管理的规约化，还是族产纠纷处理的章程化，都说明明清时期的温州宗族在族产管理方面注重追求有章可循、有据可依。

第四节　规训

宗族社会之所以能够在中国历史上存在、维续很长的一个时期，与每

---

① 郑笑笑、潘猛补主编：《浙南谱牒文献汇编》第三辑，香港出版社 2008 年版，第 214—215 页。

姓宗族都制订有严格的族约、族规、家训等规训内容密不可分。因为这些规训，从为人之道、持家之道、处事之道、为官之道等诸多方面，为族人指出了具体地可以遵循的路径，约束、规范了他们的行为。而在不同的地域、不同的宗族，他们的规训又各不相同，具有自己的特色。

一　敦礼秩德：规训与乡约结合

《说文解字》对"训"字的解释为"说教也"①，意即规劝、告诫、教化。冯尔康在《中国宗族史》中，对于"族规家训"的定义为：

> 族规家训，是指宗族内部由祖先遗留或族人共同制定的要求族人实行的规训，它往往刊刻在族谱中，具有宗族成文法的效力。②

也就是说，在一个宗族内部，该宗族如何运转、宗族成员举止行为的标准是什么、相互之间的利益关系如何处理等，都会有本族内公开的、大家都认可的准则。而且这个准则是每个宗族根据自己的实际情况制订的，在宗族内具有法律一样的效力。

关于规训出现的历史，冯尔康认为：

> 中国族规家训的形成和完善伴随着宗族制度的发展。大致来说，训、诫（戒）源远流长，在宋代以前已相当发展，主要的形式为家训；宋元时期家族制定规训者增多，除个别义门宗族制定族规外，一般的形式是家法；族规的大量出现则在明代。③

冯氏进一步分析指出：

> 明清族谱在体例方面与宋元时代的不同点之一是大量把族规家训刊入族谱，这是政治社会化的结果，也是士大夫的佐治行为。④

---

① （汉）许慎撰：《说文解字》，中华书局1963年版，第51页。
② 冯尔康等：《中国宗族史》，上海人民出版社2009年版，第235页。
③ 同上书，第240页。
④ 同上书，第265页。

冯氏在这里明确提到，明清宗族把大量规训内容写入族谱是"政治社会化的结果"，是"士大夫的佐治行为"，这是针对明清时期宗族制订规训与政府大力推行乡约相结合而言，即宗族乡约化。常建华则认为：

> 宗族乡约化，是指在宗族内部直接推行乡约或依据乡约的理念制定宗族规范、设立宗族管理人员约束族人。它可能是地方官推行乡约的结果，也可能由宗族自我实践产生。①

笔者认同常氏的主张，其也适用于明清时期温州宗族社会的实际情况。

明清时期，关于政府推行乡约的记载，如明代万历时王樵所作《金坛县保甲乡约记》的内容：

> 成祖文皇帝又表章《家礼》及取蓝田吕氏《乡约》列于性理，成书颁降天下，使诵行焉。噫，二百余年治平之美，岂无自而然与。②

明成祖推行《家礼》、《乡约》，是想借助宗族势力实现自己对于基层社会的有效治理。宗族同意并辅助政府推行《乡约》，是想借助政府赋予的权力强化族长等管理者对于宗族内部事务决策、管理的能力。即如冯尔康在《中国宗族史》一书中对于与乡约结合后规训效用的分析：

> 族规家训赋予祠堂族长以宗族司法权力，他们依据家法对族人管理，更加直接地干预族人的日常生活。③

明清时期，温州推行乡约的具体情况，史料中有不少明文记载。如文林在温州担任知府期间，就曾积极推行《蓝田吕氏乡约》，把乡约与宗族的规范进行结合，以期收到教化风俗的佐治目的。他在《文温州文集》卷之八《族范序》中说：

---

① 常建华：《明代宗族研究》，上海人民出版社 2005 年版，第 258 页。
② 《古今图书集成·明伦汇编·交谊典》卷二十八《乡里部》，《古今图书集成》，第三三三册，中华书局影印本，第 19 页。
③ 冯尔康等：《中国宗族史》，上海人民出版社 2009 年版，第 265 页。

　　　　因檄下诸邑咸为约，用协于道。然而大家豪族，险绝万山，安能
　　月诣邑中为约。又族之大者，聚不下千人，足自为约。……夫乡约，
　　所以秩德；族范，所以敦礼。秩德则风俗可醇，敦礼则法守鲜败。入
　　邑而闻约，归族而守范，远近将同途，贤不肖当有间矣。①

在这里，文林很清晰地讲明了自己对于治下民众的管理方法，就是要实现
乡约与族规的完美结合。不仅要求生活在邑中的那些人遵守政府订立的官
方的乡约，还要求那些生活在偏远地域、族大丁强的宗族制订自己的族
规，而且族规要服务和服从于政府制订的乡约的要求和宗旨，要为政府的
地方治理起到辅助作用。这样无论你是入邑，还是归族，都会受到统治精
神实质相一致的规约的约束，而温州地方社会的治理自然就会出现一派明
德守礼、遵纪守法、民风淳厚、祥和安治的和睦景象。

　　明清时期温州宗族乡约化的具体案例，如英桥王氏。关于王氏将族约
呈报地方政府及政府予以批示的史料引录于下：

　　　　申举族约呈：温州府儒学生员王□等呈为九两必以族而得民，大
　　学八条于恩，而族众之情当约以礼，使弭讼息争，亦有裨于风化，缘
　　某东厓少参留心合族肇建，而颁行教范，乃演著录条约训，凡有纷
　　争，则聚听于祠，以凭裁惩。岂曰为政于家，抑亦因人成事，颇刑乡
　　族，但人情易至于玩怠。有人岂能遵行之无斁，欲申夙兴起祗承德
　　意，敢不奉以周旋，乞详示批允，付族正司讼司科。②
　　　　府县告示：温州府为振举族约，以敦民风，孝友施于有政，睦族
　　范化攸系，匪惟缙绅家，未免虚循故事，诸生王某等来仰，族正王某
　　等收照，以便遵守，无异心，倘能敦族辑众，必致讼有奉，行善可稽
　　录，即登约簿呈丁宁诚谕，勿使心服，果系累恶，族正司讼司科各宜
　　正心率物，毋得因而偏党行私，有乖舆情。永嘉县为振举族约，以敦
　　民风，事照无讼为贵，维尔大家有此盛举，不销息斗争为官司省事，
　　拟合出给照，依族约具载事理，着实举行，训以远罪寡过，有不平
　　事，具白或理直受抑，宗祠不能平者，赴并押花字乃为准行，仍许族

①　（明）文林撰：《文温州文集》，浙江巡抚采进本。
②　（明）王激纂：《［温州龙湾］王氏族约》一卷，1937年永嘉乡著会抄本。

正，事大者本县提问，小者恃顽不服训诫者，指实呈来，以凭尔家立法及有司做兴之意，务要族众表率乡间，以副尔家诸贤达，至示者。①

史料中记载的王氏将族约呈报当地政府及政府予以批示之目的，正如前面的分析，是二者间欲互相借助，各有所图。

明清时期温州宗族在规训中明确写入乡约内容的，史料多载有之，如苍南《新陡门杨氏条规录》的记载：

> 一、乡约当遵。孝顺父母，尊敬长上。和睦乡里，教训子孙。各安生理，毋作非为，此乃圣训。凡为忠臣、为孝子、为顺孙、为盛世良民，皆由此出。无论贤愚，皆知文义，只是不肯着实遵行，故自陷有过。今于宗祠内，立乡约仪节，每逢朔望日，或八节日，族长督率子弟，齐集听讲，各宜恭敬，庶不负圣朝教育。时刻体认，共乐升平，是为良民。②

苍南《宜山塘西薛氏祖训》记载：

> 七、乡约当尊。孝敬父母，尊敬长上，和睦乡里，教训子孙，各安生理，毋作非为，这六句包尽做人的道理。凡为忠臣、为孝子、为顺孙、为圣世良民，皆由此出，无论圣愚，皆晓得此文义。只是不肯着实遵行，故自陷于过恶。祖宗在上，岂忍使子孙辈如此？今于宗祠内，仿乡约仪节，每朔日，族长督迁子弟齐赴听讲。各宜恭敬体认，共成美俗。③

苍南杨氏、薛氏宗族的乡约化，精神实质是一样的，都是将"乡约当遵"明确写入宗族的规训之中，并定时率领、督促族中子弟学习，以很好地贯彻乡约精神，有利于宗族的发展。

宗族自觉地订立、推行乡约，对于本姓宗族的发展确实起到了明显的

---

① （明）王激纂：《［温州龙湾］王氏族约》一卷，1937年永嘉乡著会抄本。

② 钱克辉主编：《苍南谱序族规家训选编》，线装书局2015年版，第119页。

③ 同上书，第336—337页。

推动作用，如方坚铭在《"永嘉场"地域文化研究：以明代永嘉场为考察中心》一书中的分析：

> 《王氏族约》是理解英桥王氏的关键，王澈把乡约推行到本族，制定族约，其内容翔实，切实可行，影响后世深远。王氏族约对英桥王氏成为著名东瓯望族，起着至关重要的作用。①

二　对规训执行的重视和严苛

明朝时温州籍官至内阁首辅的张璁②曾经说过这样一段话：

> 余闻之，君子论氏族者不在乎世禄之夸荣，而在世德之继美。盖世禄之荣或可侥致，而世德之美非孝子哲孙绳其祖武者不能也。③

在张璁看来，能够称得上氏族的族姓，不在于这个家族多少代有多少人做过什么职位的官爵，而在于这个家族世世代代长久传承、沿袭下来的德行、家风。因为高官显宦可能由于某种机缘会比较容易得到，而要想拥有为世人称道并认可的德行、家风，没有几代人对于家族规训的尊奉施行，是不可能做到的。明清时期的温州宗族，确实非常重视对于规训等的执行。

在明朝章纶写的《明江西按察副使士英公④墓志铭》中记载：

> 祭毕宴享及朔望聚会，必令子弟读《家规》以戒饬子侄辈。……阖族几三千指，无不悦服，遵其教戒。⑤

---

①　方坚铭：《"永嘉场"地域文化研究：以明代永嘉场为考察中心》，浙江大学出版社2012年版，第210页。

②　张璁（1475—1539），字秉用，号罗峰，后因避明世宗朱厚熜讳，由世宗赐名孚敬，字茂恭，永嘉（今温州市龙湾区普门村）人。官至内阁首辅。

③　（明）张璁撰：《张璁集》，张宪文校注，上海社会科学院出版社2008年版，第480页。

④　"成化辛卯秋八月己丑，江西按察副使致仕永嘉朱公卒……公讳良暹，字士英。"引自郑笑笑、潘猛补主编《浙南谱牒文献汇编》第三辑，香港出版社2008年版，第119页。

⑤　郑笑笑、潘猛补主编：《浙南谱牒文献汇编》第三辑，香港出版社2008年版，第120页。

朱氏宗族抓住每一次祭祀、聚会的时机，规定子弟必须诵读本族的家规，以达到时时教导、劝诫、监督子弟言行的目的。果然朱氏阖族上下，都能够很好地遵奉本族的族规。采取类似做法的还有英桥王氏，在其《宗族自治规约卷三》中记载：

> 春祭时读宗训原文一篇，先于正月朔日至五日每日下午一句钟，由值年召集子姓绅耆演讲宗训，以晓众子弟族人。①

英桥王氏的规定更为具体、详细，除了要求春祭时要全篇诵读宗训外，还会提前由族中当年的负责人组织宗训的讲解活动，以便族人更好地理解宗训的精神。

没有规矩，不成方圆。没有一个姓氏可以轻而易举地成为名门望族，在名门望族荣耀的背后，都有本姓宗族制定的规训内容及对其奉行的一丝不苟。所以，对于族中不能严格奉行规训的行为，各姓宗族必然会进行严厉处罚。

清朝时温州的地方望族瑞安孙氏之孙衣言在手定《盘谷孙氏族规》中规定：

> 族中……或无故不来听讲祖训者，或对于祖训明知故违者，均暂不准参与大祭并停止轮值众产一次。俟悔改时，查明属实，即令在祖堂前焚香叩头，及各族尊前自陈过失后，于次年照常与祭，其众产则俟下届方许轮值。②

从史料中可以看出：孙氏宗族为了使族中子弟能够及时、明确地了解族规，并按族规的要求去行事，非常注重对族众宣讲族规祖训。对于那些无故不来听训，或故意违犯祖训的行为，孙氏会给予暂时剥夺其参与宗族祭祀权利及经济上停止轮值众产的处罚。

瑞安孙氏对于宗族规训的重视和严格执行，还表现在孙氏将之与族中

---

① 卢礼阳编校：《王毓英集》，中国文史出版社 2011 年版，第 205 页。

② 孙延钊撰，徐和雍、周立人整理：《孙衣言、孙诒让父子年谱》，上海社会科学院出版社 2003 年版，第 191 页。

子弟的婚嫁大事联系在一起。同是在孙衣言手定之《盘谷孙氏族规》中记载：

> 丧事以节俭中礼为度，婚嫁宜择门户相当，嫁女娶妇，须查其家世声誉及对其子女有无教法。凡婚嫁规制，预为一牌，悬于祠门，其欲与我结姻者，令其先来祠读族规一次，能用我法，方许通媒，其不乐从者免议。①

孙氏族中子弟择偶时除了要门当户对外，更为强调地是想与孙氏结姻的人选，必须亲自到孙氏的宗祠中诵读孙氏关于婚嫁的规制，如果认同并能够遵守，方可实现两姓的结合。否则，一切免谈。

想必像孙氏这样，不但严格要求本姓子弟遵奉族中规训，还要将之扩展到与己相连的婚姻圈的做法，在明清时期的温州应该不止其一家。也足以说明，温州当时的宗族对于规训执行的重视和一丝不苟，说其达到严苛的程度也不为过。

三 规训对族中子弟的教化作用

明清时期的温州宗族既然如此重视规训，并严格执行，那么对族中子弟的教化起到了什么样的作用呢？下面稍引几例，进行分析。

明朝《王叔杲集》之《〈家礼要节〉序》记载：

> 夫礼非强世，因人情而为之节文，以为民防者也，故能止邪于未形，使民日徙善远罪而不自知。②

在王叔杲看来，通过制订宗族规训、教化族众学礼遵规，就可以使族众在不知不觉中养成一种良好的日常行为习惯。而且因为族规的教化精神、宗

---

① 孙延钊撰，徐和雍、周立人整理：《孙衣言、孙诒让父子年谱》，上海社会科学院出版社2003年版，第191页。

② （明）王叔杲撰：《王叔杲集》，张宪文校注，上海社会科学院出版社2005年版，第182页。

旨和国家的统治要求相一致①，所以族众不违背族规，就不会触犯国法，从而收到防微杜渐、防患于未然的社会治理效果。

龙湾《东嘉英桥王氏族谱》之《东嘉王氏族约》记载：

> 汇训第五　叙曰：国有政，家有训，众之纪也。纪失则众涣，其犹水之无坊与！有家则罔训，何以闲之？述汇训。②

英桥王氏认为，国之政令，家之规训，是国家、宗族对于国民、族众的纪律规范。如果没有这些约束，民众就犹如没有堤坝的洪水，涣散不可治理。所以，每一个宗族一定要有自己的规训。

永嘉苍坡《李氏大宗谱》之《族规》记载：

> 孝弟忠信礼义廉耻之族，则为世家，否则，虽侈居名公巨卿之后裔，而箕裘早坠。③

苍坡李氏认为要想成为一个世代传承的名门望族，就必须在家族中倡导"孝弟忠信礼义廉耻"的规训观念。否则，即使族中有人官至"名公巨卿"这样的高官显宦，其后代也难保族运永昌。

泰顺《泗溪林氏族谱》之《袭庆堂志》记载：

> 《易》曰："积善之家，必有余庆。"夫善者何？孝与忠之谓也。夫孝者，天之经也，地之义也，民之行也。故以孝事君则忠，以敬事长则顺。④

---

① "浙江是明代乡约与宗族结合明显的省份。前面提到文林先后于成化、弘治年间在永嘉、温州的宗族中推行乡约，嘉靖时在永嘉仍存在宗族乡约化的情形。永嘉王氏在明代出了不少官员，是当地望族。"引自常建华《明代宗族研究》，上海人民出版社 2005 年版，第 265 页。也就是说，英桥王氏因为积极配合政府的官方要求制订本宗族的规约，从而约束、教化了王氏子弟，才使该姓宗族能够人才辈出。

② 郑笑笑、潘猛补主编：《浙南谱牒文献汇编》第三辑，香港出版社 2008 年版，第 29 页。

③ 同上书，第 74 页。

④ 郑笑笑、潘猛补主编：《浙南谱牒文献汇编》第一辑，香港出版社 2003 年版，第 158 页。

与永嘉苍坡李氏"孝弟忠信礼义廉耻"的族规精神相比，泗溪林氏宗族的要求更为明确、简单、易懂，就是要求族众做到中国封建社会中儒家文化教化的精髓——忠、孝二字即可。在林氏看来，行孝道是天经地义的事情，是作为国之臣民必须遵循的行为准则。只要能够做到为亲尽孝，为国尽忠，就是在行善，就必然会得到族运昌盛的好结果。持有类似观点的，还有明朝邵偁所写之《翁氏族谱序》的记载：

> 能世其家者，必世其德，德而世积，族乃有昌。①

邵氏所说的"德"，其实就是林氏族谱中提出的"善"，二者都是要求族众做一个遵守封建伦理纲常的"顺民"，只有遵族规、守国法，才会有好日子过，才会族运永昌。

除了上述这些比较宏观的、概括性的关于规训对教化族中子弟所起作用的文献记载外，还有一些更为具体性的记述。如《项乔集》卷八《项氏家训·毋作非为》的记载：

> 非品官、举监、生员②，不许用仆人擎大雨伞。其余家富年四十以上者，方许用仆人执伞。违者附过。③

项氏的这则家训规定，族中只有做到有品级的高官和能够以举人资格到国子监读书者，才可以由仆人给擎雨伞。其余族众，只有那些家境富裕且年龄一定要达到40岁以上的人，才可以享受类似的待遇。这表面上使仆人擎伞成为一种身份、地位的象征，其实是对读书、做官者的推崇、宣扬，意在鼓励族中子弟读书入仕。所以族中子弟要想享受这样的殊荣，自然会刻苦勤读、科举入仕。

龙湾永强《前街陈氏宗谱》之《家训十篇》记载：

---

① 郑笑笑、潘猛补主编：《浙南谱牒文献汇编》第三辑，香港出版社2008年版，第27页。

② 明代"举监生"，是指参加会试落榜之举人，由翰林院选择入国子监读书。

③ （明）项乔撰：《项乔集》，方长山、魏得良点校，上海社会科学院出版社2006年版，第517—518页。

七曰训子弟以禁非为。 且人生十年曰幼学，二十曰弱冠，血气未定，知识渐开，训导惩戒之方，莫切于此。大凡子弟之率不谨，皆由父兄之教不先。所恃为父兄者，启其德性，遏其邪心，广其器识，谨其嗜好。……与其追悔于事后，孰若严训于平时。……庭训素娴，子弟克肖，则国家宾兴令典，自致显扬。既光大门间，垂裕后昆，父兄俱有荣焉。①

陈氏认为，在族中子弟的教育方面，最为关键的一点，是要做到教育在前，即在子弟幼年刚开始学习知识、道理时，族中的长者有义务、有责任将那些在陈氏宗族看来可为和不可为的道理告诉他们，使他们在家族规训的教化下慢慢成长为一个知书达理、守族纪遵国法者。这样的子弟长大后，既不会做出"非为"的行为，还可以光大门楣。陈氏这种教育在前的做法，确实应该大大提倡。

正因为规训对族中子弟的良好教化作用，才可以使明清时期的温州地域出现众多的大姓宗族，如永嘉枫林徐氏认为自己族运永昌达八百年之久的原因就在于对祖训的宣扬和恪守，即：

窃谓欲为望族者，必自礼教始矣。礼教如何？曰尊祖而已。尊祖如何？曰尊祖训而已。祖训所垂，无一不备载谱首，可考而知。每春秋二祭，少长咸集，或于月之朔望，集族之耆老子姓，令族长宣读祖训一过，咸使闻知，遵奉而行，罔敢失坠，则尊之至也。尊祖故敬宗，敬宗故收族。族之中，其晨夕相见、鸡犬相闻者，固当居同而志壹矣。其迁徙者，虽远而至数十百里之外，数十百年之久，犹当追忆其身之所自出，而懔懔然以数典不忘为本。②

徐氏宗族正是因为无论身在族居地，还是在迁徙地的子孙，都能做到对祖训的谨遵恪守，才使得徐氏宗族族运流长。

---

① 郑笑笑、潘猛补主编：《浙南谱牒文献汇编》第三辑，香港出版社 2008 年版，第 46 页。
② 宣统徐氏《贞一房谱》，徐氏本族藏本。

第五节　族学

今天的世人提到温州，第一印象除了发达的民营经济、遍布天下的温商，似乎再也很难想到其他值得一提之处。其实，温州也是一个有着悠久文化传承、历史上人才辈出的地域。

科举制是在我国历史上存在了一千多年的官方取士用人制度，和中国封建社会两千多年的存续长度相比，科举制度能够延续使用一千多年，足见它的生命力和适用性。所以，以科举制下的科考考取数量来衡量一个地域的人才情况，应该是一个相对客观、可信的标准。李世众在《晚清士绅与地方政治——以温州为中心的考察》一书中，这样描写温州历史上的科举情况：

> 隋时温州无进士，唐时仅有 2 人。南宋温州中进士人数却多达1108 人，与其他府州相比具有压倒性的优势。[①]

不难看出，温州人才辈出的情况出现在南宋定都临安之后。其实，从南宋开始，温州人才济济的情况就一直相沿不辍。

温州在宋朝及以后，之所以人文鼎盛、人才辈出，与温州钟灵毓秀的山水环境有关。据史料记载：

> 白鹿城[②]也，高山峙其东，大海环其北，截嶪潆纡，钟灵孕秀，盖必有钜姓出其间者，昔所称小邹鲁。[③]

《弘治温州府志》卷十《人物》记载：

---

① 李世众：《晚清士绅与地方政治——以温州为中心的考察》，上海人民出版社 2006 年版，第 91 页。

② 传说温州旧时在筑城时，有只白鹿衔花疾奔而来把花吐在城墙上，然后化作一团祥云飞入天际，白鹿跑过的地方，一片鸟语花香。人们从此称温州为白鹿城或鹿城。

③ 参见（明）龙膺撰《茗岙陈氏谱序》，引自郑笑笑、潘猛补主编《浙南谱牒文献汇编》第三辑，香港出版社 2008 年版，第 62 页。

夫有是山川则有是人物。

历唐逮宋，人物浸盛。①

这几则史料说出了温州的地理环境与温州在历史上能够被称为"小邹鲁"之间的关系。正是有了这样优美、富有灵性的自然环境，才会有"人物浸盛"局面的出现。

但笔者想要进一步指出的是，自然环境固然是温州南宋之后人才辈出的原因之一，可温州也不是从南宋开始才有这样的山水环境，所以其中最为关键的因素，当与温州宋朝以后的教育有关。冯尔康在《中国宗族史》一书中曾写道："明代族学事例最多的省份是浙江"②，自然也包括温州在内。明清时期的浙江地方宗族之所以会如此重视族学，原因之一与当时的官府导向有关。对此，冯尔康在《中国宗族史》中亦进行了分析：

> 清代奉行以宗族制度推行孝治的政策，族学是宗族制度的内容之一。雍正皇帝解释康熙帝"上谕十六条"的《圣谕广训》指出，人民"笃宗族"的具体措施是："立家庙以荐蒸尝，设家塾以课子弟，置义田以赡贫乏，修族谱以联疏远。"把设家塾作为与立祠堂、置义田、修族谱平列的笃宗族手段，如此重视族学前所未有。清政府将族学作为义产予以倡导并加以保护，在旌表乐善好施的政策中，设家塾被视为义行，也会受到旌表。③

从冯氏的分析中，很明显地可以看出当时官府对于兴办族学的大力提倡和奖励。封建官府与地方宗族的本质利益诉求一致，对于官府大力提倡的族学，各姓宗族自会十分重视。族学的大量兴办，对于一个宗族来说，必然的一个收获就是族中子弟会知书达礼、崇文向善、科举入仕者绵延不绝、人才辈出。明清时期温州宗族对于族学的重视，具体体现在以下几个方面。

---

① （明）王瓒、蔡芳编纂：《弘治温州府志》，胡珠生校注，上海社会科学院出版社2006年版，第233页。

② 冯尔康等：《中国宗族史》，上海人民出版社2009年版，第253页。

③ 同上书，第255—256页。

一　重视读书：宁减积粟千钟，也要拥书万卷

在明清时期温州的地方文献中，关于宗族大姓重视读书的记载，不胜枚举。如乐清万桥《万氏宗谱》收入万宗旦所写的《勉光宇叔从学》诗：

> 门第萧条亦有年，儒风特望振前贤。三更灯火休虚却，万卷诗书要勉旃。风外黄槐声细细，月中丹桂影娟娟。文衡见说时南下，好向云衢早着鞭。①

万宗旦在诗中明确表达了自己的观点，即万氏要想改变目前门第萧条的局面，只有依靠族中子弟及早地奋发读书。

龙湾沛国朱氏之朱凤翔②则写了一首名为《读》的诗，来强调读书的重要性，即：

> 啸傲芸窗频击节，读书之外无他业。寒庐不屑乞余光，唯解囊萤与映雪。③

在朱凤翔看来，读书是唯一的可以作为事业来做的事情。为了读书，是可以效法古人囊萤映雪取光的刻苦精神。

瓯海茶山徐氏之《祖训十则》的第九则，亦是关于重视读书的内容，即：

> 九重学：四民之道，重在读书。圣贤之兴，礼仪之畲。品由是定，心复其初。一旦得志，光大门闾。荣增宗祖，道路传胪。④

---

① 郑笑笑、潘猛补主编：《浙南谱牒文献汇编——诗词篇》，香港出版社 2007 年版，第 265 页。

② 朱凤翔（1663—1736），字次云，号文翰。龙湾永中人。清康熙间郡庠生，参见郑笑笑、潘猛补主编《浙南谱牒文献汇编——诗词篇》，香港出版社 2007 年版，第 282 页。

③ 郑笑笑、潘猛补主编：《浙南谱牒文献汇编——诗词篇》，香港出版社 2007 年版，第 282 页。

④ 郑笑笑、潘猛补主编：《浙南谱牒文献汇编》第三辑，香港出版社 2008 年版，第 13 页。

瓯海徐氏宗族认为：士农工商四业之中，读书要放在首位。通过读书，可以决定一个人的品行，可以决定一个人的成就，可以光宗耀祖。

楠溪江珍川朱氏家族有一篇《如在堂记》的文章，把其重视读书，期望子弟科名有成的殷切之情描述得淋漓尽致，即：

> 使我拥书万卷，何减积粟千钟，然而后之子若孙，苟不忘此意，必将奋志诗书，骧首云达，上以绳其祖武，下以贻厥孙谋，无忝先世科甲之荣，丕振前朝理学之绪，则不惟有光于先祖，亦且善述乎大宗矣![1]

在楠溪朱氏看来，如果能够藏有万卷诗书，绝不惜以千钟积粟的家财换取。朱氏告诫子孙要牢记这种宗族精神，要发奋读书，因为读书不但可以光宗耀祖，更可以将朱氏宗族发展壮大。

苍南《李氏祖训》记载：

> 八、择师传：盖名门，以诗书为尚。择师教子其大事也，隆师重学，其大端也。能如是，则子弟虽愚，必明矣。[2]

苍南李氏对诗书传家的重视，具体表现在对老师的严格选择。李氏认为选择一位恰当、称职的老师教育族中子弟，是直接关系到本族子孙教育效果的大事。同样通过择师可以视见其重学的还有苍南张氏，在《张氏新增家训十六则》中记载：

> 六、重师传。……欲望子弟读书可乎哉？是宜择师教子，以礼接之，勿计锱铢，勿邻锱铢，如君然，如亲然，至忠且敬，毋稍怠慢，不易姑息爱其子，不以功课限其师，慎始敬终，有如无已，然后子束于法，师感其诚，授者有心，受者亦不至自懈而自肆，即至愚不孝，鲜有不能渐进者，况娃子弟哉？择师者，其自思之。[3]

---

① 朱光拣撰：《追远堂记》，引自永嘉珍川朱氏《科竹房家谱》2012年再版，第201页。
② 钱克辉主编：《苍南谱序族规家训选编》，线装书局2015年版，第65页。
③ 同上书，第168页。

张氏家训的记载非常明晰地阐述了其尊师重教的理念。具体做法是要心怀尊敬之心，以侍尊侍亲的礼仪聘请、善待老师，这样老师就会竭心尽力地教育族中子弟，子弟也会在宗族尊师的精神影响下，尊敬老师、认真读书。

苍南灵溪厅基村《潘氏族训》记载：

> 二曰书礼当尚。人家无论贫富，须是教之读书，教之学礼。读书则启聪明、广闻见，大则足以亢宗，小则亦免于没字碑之诮。习礼则谨名分、善酬接。谨名分，则不致干犯；善酬接，则不至村野，故家风范所赖以维持者，不少也。
>
> 三曰师友当择。黄山谷先生有言：人生须辍生事之半，敬养一佳士以教子弟。而王荆公尤注意于童子句读之师。二大儒岂无见而云？窃睹诸富室，他费虽靡而不惜，独于延师，则锱铢以较。又不知择人师，则惟词章是急。至训蒙师，尤以为不必过求。苟其人善饮博媚，软适己意，则取之。不知学业之是非、心术之邪正，皆由于最初入门时，而师道不立，子弟被误者多矣。[①]

苍南灵溪潘氏宗族对于读书的重视，体现在其关于知书懂礼对宗族发展、维系作用的认识及对于塾师选择的看重，尤其是潘氏认识到启蒙塾师的选择更应慎重。

瑞安孙氏之孙锵鸣则在"家书"中，多次叮嘱自己的子辈要努力读书。如在"谕孙诒钧等儿书"中的记载：

> 总以读书增长学识为根本，切勿悠悠忽忽、虚度光阴也！[②]

孙氏以平实、简洁的言语告诉儿辈，唯有好好读书、增长学识才是立世的根本，千万不要稀里糊涂地虚度了自己的光阴。又"谕孙诒泽书"记载：

---

① 钱克辉主编：《苍南谱序族规家训选编》，线装书局 2015 年版，第 350 页。

② （清）孙锵鸣撰：《孙锵鸣集》，胡珠生编注，上海社会科学院出版社 2003 年版，第 290—291 页。

　　在寓切时常观书习字，第一要有恒心，务自奋勉，毋负我望！①

这里孙氏则是具体教给儿子读书的方法，一是要抓住点滴时间，时刻不忘读书之事。二是要有一颗恒心，要自觉地勤奋读书。想必这些浅显的道理，孙锵鸣的儿辈是知道的。但要想真正做到，却不是一件容易的事。孙氏在信中经常提及，是出于时时提醒、刻刻督促的良苦用心，足见父辈对于儿女读书之事的重视和殷殷期盼之情。

　　七甲项氏作为温州永强的名门望族，也十分重视读书。项乔在《谕上金陈亲家教子》中这样写道：

　　令郎读书，惟立志是第一义，其次乃在择师。所谓志者，志在必期，发身科甲，为祖先增光荣，为国家立事业也。志立，则自肯读书。若己无真志而不肯读书，虽父兄师保日临于上，虽口中时刻不离子曰子曰声音，能保其心不在鸿鹄也哉？不知令郎已自肯读书未也？若己能立志，自肯读书，即前所授，良师已有在矣。②

项乔看似在教给自己的亲家如何教育其子读书，实则表述的是项乔自己对于读书的观点。在其看来，读书好坏的关键，是儿孙自己要从心里立下读书的志向，并且这个志向是要科考必中，这样就可以荣身、耀祖、报国。一旦立下了这样的读书志向，儿孙自然会发奋苦读。否则，即使长辈、老师在旁边严厉督促，也无济于事。非但如此，在项乔看来，唯有读书才是可以传之万世的成就，即其所谓的：

　　天下之生久矣。惟知学问者，入则为乡贤，出则为名宦，可与天地同老，与日月争光。③

至于其如此主张的缘由，项乔是这样解释的：

_____

①　（清）孙锵鸣撰：《孙锵鸣集》，胡珠生编注，上海社会科学院出版社 2003 年版，第 301 页。

②　（明）项乔撰：《项乔集》，方长山、魏得良点校，上海社会科学院出版社 2006 年版，第 422 页。

③　同上书，第 551 页。

学问之道无他，在明此人伦而已，曰明善、曰明德、曰明经。善德是虚位，经书是注脚，其实只是明此人伦。人伦之实，只是孝弟信。君子之自修是这个，其教子孙亦只是这个。明，不独是考究诵读之谓，在戒慎戒惧，自知自求气质之偏蔽而克去之。不以一朝之忿忘其身以及其亲，不以诸般之欲败其名而丧其节，则人伦明于上，小民亲于下，便是明善，便是明经，便是明明德于天下。①

项氏重视子弟读书的主张，还见于下面的文献记载。如《继述堂文钞卷一·家训》之记载：

俗有以千金嫁女，未闻以千金教子。嫁女以千金，不过侈一时妆奁之观美，不若移千金教子，而令其成名之为愈也。余家虽无恒产，必不重女轻男，以贻失教之讥。②

面对当时温州社会中盛行的宁肯以"千金嫁女"，也不舍以"千金教子"的怪异风俗③，项乔表示大为不解。在项乔看来，以千金嫁女是博取一时虚荣的肤浅、短视行为，不若将这些钱投入供子女读书的事业中，使之成才、光大门楣。所以，尽管当时项氏的经济条件并不十分优越，却是非常重视对子弟读书的投资。为了项氏宗族成员在实际行动中能够更好地贯彻自己主张的这种"千金教子"的重视子弟读书的精神，项乔在家训中明确规定：

吾温风俗，百金嫁女犹谓不足，十金教子则鼻大如靴，此倒行而逆施之，安得子女长进？今后各家须多出束脩，延明师教子。贫家十三岁以上，富家二十岁以上不能举业，方可务农。其不通《孝经》、《小学》、《四书》及家训、家谱者，不许入祠陪祭。其男女许聘，资不过二十两以上。凡嫁女，尽归其聘资外，其首饰衣物等

———————

① （明）项乔撰：《项乔集》，方长山、魏得良点校，上海社会科学院出版社2006年版，第551页。

② 卢礼阳编校：《王毓英集》，中国文史出版社2011年版，第12页。

③ 本书会有专门一节论述温州的厚嫁奁之风。

费毋得过百两。①

在这则项氏家训中，项乔不但再次抨击、否定了温州风俗中宁可以重资嫁女，却不舍花钱教子的"倒行逆施"行为，也对项氏全族的婚嫁费用标准和子弟读书的要求，进行了详细、具体的规定。读书方面：一是要求每家必须不惜花费重金聘请名师来教子弟读书；二是项氏宗族子弟，如果生在贫苦之家，要到13岁以上；如果生在富裕之家，要到20岁以上，才可以视其读书的具体情况确定是科举入仕，还是务农；三是族中子弟如果没有读过书，不通晓最基本的儒学经典，不识得家谱、家训，就没有进入宗祠祭祀的资格。有了这样的宗族教育意识和精神，有了这样培养宗族子弟读书的决心和力度，也就不难理解为什么七甲项氏能够人才辈出且成为当地的名门望族了。

二　重视修建族塾，"以陶后进"

明清时期温州宗族对于族学的重视，还表现在族塾的修建方面，也就是要为族中子弟尽力提供、营造一个惬意、适宜读书的场所和环境，以使之成才。

胡宁久在《东山书塾记》中，介绍了茗屿胡氏修建读书楼的相关内容，即：

> 茗屿胡氏旧有读书楼在居之东，极其幽静，乃先进叔珪翁所置也。尝延师以诲子弟，由是族属衣冠济济，咸知以礼律身。至卓斋公遂为举子，儒风益盛，于斯楼有光。……先世修周孔之业，吾宗绳绳，颇知大义，向也礼教不及前人，盖由家学失传之故耳。今宜续建精舍以陶后进，庶几书香不泯，愿克肖者听。……量出田租若干石，以为累岁延师教育之费。……
>
> ……学校为育才之区，而家塾实首教之地。②

---

① （明）项乔撰：《项乔集》，方长山、魏得良点校，上海社会科学院出版社2006年版，第517页。

② 吴明哲编：《温州历代碑刻二集》，上海社会科学院出版社2006年版，第107页。

茗屿胡氏宗族在历史上之所以曾经出现"族属衣冠济济，咸知以礼律身"、"至卓斋公遂为举子，儒风益盛"的情况，与当初胡氏先祖修建环境优雅的读书楼，并延师督促子弟读书有关。后来因为家学失传，使家族风光不再。胡氏现在重新意识到要想再现当年那种人文鼎盛、人才辈出的景象，必须重新重视家学的传承，重新修缮读书场所，并且要拿出一定数量的田租作为宗族的教育费用。胡氏宗族还认为，学校教育对于子弟成才固然有用，但家塾教育是族中子弟接受启蒙教育的地方，是关系到宗族子弟能够成才的基础，更应该被全族重视。茗屿胡氏的例子足以说明，一个宗族的教育水平与该宗族是否建有自己的族塾关系至重。

乐清高友玑①写有《南屏书院记》，记载了自己修建南屏书院的情况：

> 卜地于白鹭屿之阳，创家塾焉，匾曰"南屏书院"。前堂后室，左右斋舍，环以四垣，以为教读之所；拨十二都等田一百亩，岁收租粒以为束修之礼；其差赋与修塾之费亦自田出，毋累子孙；塾东西有园以供斋蔬，后有屿，前面山，以备樵爨。此予之待师，礼虽薄而意则勤也。师苟以作人为念，若我子孙，若我族人，若我乡人，凡有志来学者咸受之。教以孝弟忠信、修身慎行之道，以植立身之本；经史词章、博古通今之学，以资发身之用。②

南屏书院作为高氏宗族的族塾，不但精心选择了修建地点、设计了院落布局，而且还拨出专门的田地以确保聘请教师、修建族塾等费用的支出。高氏宗族的族塾还划出了专门的菜园和樵砍的山林，可谓考虑周全，也足见其对于读书一事的重视程度。能够来高氏族塾中上学的人，可以是本族子弟，也可以是乡里民众，只要是立志来读书者，全部接收。在教学内容上，既要教给学生做人立世的道理，也要传授经史子集等参加科举考试的本领。

平阳朱氏之《回澜社学记》记载：

> 朱仰山先生建祠既成之次年，于西偏清绝处复构一学社，颜曰

---

① 高友玑（1461—1546），字肃政，号南屏道人。乐清高岙人。
② 吴明哲编：《温州历代碑刻二集》，上海社会科学院出版社 2006 年版，第 378 页。

"回澜"，取回狂澜于既倒之意。……

　　……社址去斋居数百武，无市井嚣尘之扰，而四周山环江抱，云天倒映，鱼跃鸢飞，加以七星之墩，九曲之水，岸草汀莎，落英点缀，鸣声上下，稻花送香，风晴雨雪，四时成趣。……

　　先生强仕，止好读书，逍遥林泉十余载，乃不吝悭囊而置社学，为族内贤子弟教养计，其为贻谋至深远矣。①

朱仰山精心选择了社学的修建地点，营造了学内环境，选取了意味深长的社名，这些无不寄托着他对于族中子弟读书成才的殷殷期盼之情。

　　在《乾隆瑞安县志》卷九"艺文·赟筥书屋记"中，则描述了季德几②通过修建书社寄托自己希望子孙通过读书能够养德置身荣显的厚望：

　　唯欲子若孙知先世以诗书之泽，故能以独茧之绪，绵绵至今，有以嘉赖后人也。为子孙者，果能视此引之弗替，聚书其间，勖而读之。由书而知种德，由种德而有读书之资，由读书而致显荣，反覆相因，其机冥合，然后目击道存，心修德立，而长有书舍之名矣。噫！圣贤方册，载道之器也。书之所在，吉凶之成迹、典礼之会通萃焉，有志子孙舍是奚求焉？传曰："君子多识前言往行以蓄其德。"此之谓也。③

季德几告诫子孙，自己的先祖就是因为读书才会将家族传承不辍。而季氏宗族的未来就要靠这些子孙了，所以希望他们要深切懂得读书、种德、致显荣三者之间的因果互动、互相促进之关系。

　　明清时期的温州，也有一些宗族在修建族塾时，并没有单独选择一个地方，而是将族塾放在宗族的祠堂内。比如清朝时乐清里湖翁氏之《里河翁氏祠堂记》的记载：

---

① 郑笑笑、潘猛补主编：《浙南谱牒文献汇编》第一辑，香港出版社2003年版，第183页。

② 季德几，又作季德基。

③ （清）陈永清修，章昱、吴庆云纂：《乾隆瑞安县志》，宋维远、李赐华点校，中华书局2013年版，第388页。

　　今富家巨族，其善处置者亦有足取。中为正堂，以处神位，两厢及四角则造楼房，为子弟读书处。则一宅两用，一举两便，亦未有善于此者。古诸侯之庙，行聘诸大事固在乎此，必为尽善。若今人宗祠，备书楼于两厢，上以妥祖考，下以谷子弟，亦岂大逊于诸侯之庙也矣！①

翁氏宗族将祠堂、族塾、藏书楼等修建在一起，确实是一举几便的聪明之举。一是可以节省宗族的财力、物力、人力，尤其是对于那些经济实力并不雄厚的宗族，好处更为明显。因为他们不用花费额外费用，就可以解决子弟的读书问题。二是宗族子弟在先祖神灵的护佑下，在时时心怀对先祖尊奉、敬畏之情的心境下，攻读圣贤之书的效果肯定事半功倍。三是被供奉在祠堂正中的先祖们，每天听着子孙辈朗朗的诵读声，想必亦是非常欣慰吧。

　　又《平阳县志》卷八十一《平阳林氏祠学记》记载：

　　立一祠……率族人以祭，疏者可以复亲，远者可以不散。富强者必不敢以是私其身，而贫弱者必有所仰济矣。其族宁有坏乎。况于有学，以为之教。有先贤之祠，以为之则。其为族人虑者，可谓备矣。林氏之嗣人祭于祠学，于学而能修其身，睦其亲者，善为人后者也。②

平阳林氏修建祠堂是为了凝宗聚族，使疏者、远者亦相亲相敬。立学于祠，是为了更好地教化子孙后代、光大门族。

　　明清时期的温州宗族大姓之所以如此重视族塾的修建，是因为这里面寄托了他们对子孙辈读书的无尽希望。在科举取士的明清社会，唯有督促子弟读书，为他们精心打造读书之所，族中子弟才会有更多的机会科甲荣身、光宗耀祖、光大门庭。此外，族学的教化作用，还体现在族内自治方面，如英桥《王氏族约》之《义塾纪略》的记载：

---

　　① 郑笑笑、潘猛补主编：《浙南谱牒文献汇编》第三辑，香港出版社 2008 年版，第 187 页。
　　② 苍南县历史文化研究会据符璋、刘绍宽等纂修，民国十四年铅印影印本《平阳县志》之影印本，2014 年，第 3170 页。

予家自行族约以来，既无状至有司，每朔望来诉于祠率寡，赖者为多予尝失教，以至是乎，于是就祠右立义塾。①

三 塾师聘请原则：德才兼备，德居首位

明清时期的温州宗族对于族学的重视，除了督促子弟读书、修建族塾外，还表现在对于族塾所聘请塾师的标准上，因为塾师聘请的好坏直接关系到族塾的实际教学效果。

林氏在《平阳林氏祠学记》中就明确提出了自己聘请塾师的原则，即：

> 祠之前为学，聘乡人之贤者为师，使族人子弟就学焉。②

林氏聘请塾师的原则，只有"乡人之贤者"短短几字。这看似简单的要求，却包含着非常丰富的内容。因为在一个地域社会中，能够被乡里认可为"贤者"的，是要具备学识、品行之德才兼备的人。

永嘉《岩头金氏宗谱·家规》中对于塾师的聘请原则是：

> 每岁延敦厚博学之士以教子弟，须重以学俸，隆以礼文，无失故家轨度。③

岩头金氏对族学老师的聘请原则是"敦厚博学之士"，即首先要品行好，有师德；其次要有学问，有师才。因为在金氏宗族看来，聘请塾师教授子弟，传授知识只是工作内容的一部分，老师能够在德行方面给学生以榜样、引导，则是更为重要的工作内容。

通过上述对林氏、金氏宗族聘请塾师原则的分析，可以将之概括为：德才兼备、德居首位，即在德才兼备的基础上，更看重师德。想必这样的聘请原则也是明清时期温州各姓宗族聘请塾师的共性原则。冯尔康在《中

---

① （明）王激纂：《［温州龙湾］王氏族约》一卷，1937 年永嘉乡著会抄本。

② （清）孙衣言撰：《瓯海轶闻》，张如元校笺，上海社会科学院出版社 2005 年版，第 1083 页。

③ 李鸿初、金则湘等纂修：《［永嘉岩头］金氏宗谱》不分卷，1943 年抄本翻拍本。

国宗族史》一书中曾有过类似的论述：

> 总而言之，宋元时期的族学是宗族管理的重要内容。族学的设置以招收贫困无力族人子弟读书为宗旨之一，重在基础教育，强调伦理道德礼仪的教育，对多数族人并不一味强求走科举之路，而是在读书后学习一技之长，都说明教与养一起发挥着收族的作用。①

冯氏对于族学"强调伦理道德礼仪"教育的分析，与明清时期温州宗族聘请塾师时德才兼备、德居首位的原则是一致的。

明清时期温州宗族聘请塾师除上述德才兼备、德居首位的共性原则，在一些特别重视族学教育的宗族，还有自己更为严格和特殊的要求。

孙衣言手定《盘谷孙氏族规》记载：

> 予定有训蒙教法，族人可取用，延师时，先将教法与之约定，如胜任者，方可订请。每先生授书及学生还说之时，族正及本家父兄，可亲临听讲，其不合我训蒙之道者，礼解以去可也。②

瑞安孙氏作为清朝后期温州的名门望族，对于族中子弟的教育制订了一套要求和标准，而且这些都要被严格地执行、贯彻到对族内子弟的教育行动中去。所以在聘请族师时，孙氏事先将自己家族的教育要求和标准与应聘者沟通，如果被聘请者可以领会孙氏家族教育精神的实质，才会被聘用。聘请后，在具体授课过程中，族中的负责人和孙氏的长辈要去学堂亲自监督、检查塾师在讲授时是否真正贯彻了孙氏家族教育的精神，如果没有做到，就会被解聘。这样的案例，一则足见孙氏对于族学的重视和严格，二则也说明在当时社会要想以塾师的职业混碗饭吃，的确是相当不易的一件事情。

---

① 冯尔康等：《中国宗族史》，上海人民出版社 2009 年版，第 194 页。
② 孙延钊撰，徐和雍、周立人整理：《孙衣言、孙诒让父子年谱》，上海社会科学院出版社 2003 年 7 月版，第 191 页。

第三章

明清时期温州宗族的族内自治

　　明清时期生活在温州这方地域上的各姓宗族，面对这里独特的地域环境、生存条件、地方官府的治理能力、纷繁复杂的族内事务等，每姓宗族要想实现平稳、顺利的繁衍、发展，要想有一个和睦的宗族氛围，必须重视并进行族内自治。本章对于明清时期温州宗族进行族内自治的必要性，为了更好地进行族内自治以什么样的标准才能选到一位称职的族长及在进行族内自治时比较典型、有特色的几个方面，逐一进行了分析。

第一节　进行族内自治的必要性

一　"补官治之不及"

　　明清时期的地方官府对于社会的治理能力，并未深入、普及到基层乡村。对此，学界已有论述，如日本学者中岛乐章认为：

　　　　官府对乡村社会秩序维持不充分，也是不可忽视的问题。明朝依赖里甲、老人制，来负责征税、处理纠纷和维持治安，官方权利多通过里甲组织在乡村中发挥作用。明代中后期以降，在整个社会流动与秩序变迁中，维持这种形式的乡村秩序，已非常困难。……正因为官府统治力不充分，宗族有必要补充官治，负责维持乡村秩序。①

温铁军主张：

───────────────

　　① ［日］中岛乐章：《明代乡村纠纷与秩序》，郭万平、高飞译，江苏人民出版社 2012 年版，第 168 页。

国权不下县，县下惟宗族，宗族皆自治，自治靠伦理，伦理造乡绅。①

而明清时期温州地域社会的自身条件和现状，使其更难以得到官方的有效帮助，所以必须进行族内自治。

关于温州宗族自治的具体原因，可以分为如下方面：首先是温州地处偏远、交通不便的地理位置和地形条件，如史料记载的：

在浙东极处，枕江界溟，天设奇胜，危峰层峦，环控四境，蟠幽宅阻，一巨都会。②

温州这样的地理位置和地形环境，使地方官府的治理确实难以直接覆及每一个乡村。其次是明清时期的温州，倭寇匪患猖獗，并非太平盛世。仅孙锵鸣在自己文集的"东瓯大事记"中，就多次记载了倭寇入侵的事例，如：

（世宗嘉靖）三十六年（1557），倭犯乐清、瑞安。③
神宗万历二年（1574），倭来寇。④
（神宗万历）十年（1582）三月己卯，倭来寇。⑤
（神宗万历）三十七年（1609）四月，倭来寇。⑥

再次是温州艰涩、贫瘠的地域物产条件，如文献记载的："土薄水浅，禀

---

① 吴雪梅：《回归边缘：清代一个土家族乡村社会秩序的重构》，中国社会科学出版社 2009 年版，第 2 页的注释。

② （明）王瓒、蔡芳编纂：《弘治温州府志》，胡珠生校注，上海社会科学院出版社 2006 年版，"王序"第 1 页。

③ （清）孙锵鸣撰：《孙锵鸣集》，胡珠生编注，上海社会科学院出版社 2003 年版，第 526 页。

④ 同上书，第 527 页。

⑤ 同上书，第 528 页。

⑥ 同上书，第 529 页。

性脆弱"①、"温居涂泥斥卤，土薄艰艺"② 等，使各姓宗族之间为争夺生存空间和资源，械斗之事时有发生。所有这些问题，是不能寄希望于治理能力未能深入基层地方社会的政府来妥善解决的。所能依靠的，就是进行族内自治。对此，陈支平曾经进行过分析，其指出：

> 封建官府不能有效地保护在册百姓，社会的政治、法律环境一团混乱。
>
> 在这样的情况下，福建民间所相信的是自身的实力，自身实力的强弱，将直接关系到社会、政治、经济诸方面权益的大小。③

陈氏在分析中指出，当时的福建家族面对封建官府的无效治理能力，要想保护自己的利益和生存，"所相信的是自身的实力"，而且这个"自身实力的强弱"会直接关系到本姓家族在各个方面的利益得失。虽然陈氏分析的是明清时期福建家族社会的情况，但"温州居闽、浙之交"④，地理位置上和福建毗邻，在很多方面具有共性，所以陈氏的分析同样适用于明清时期温州宗族社会的情况。陈氏所谓的"自身的实力"，对于明清时期温州的宗族而言，可以理解为他们的族内自治能力。基于上面的分析，所以明清时期的温州宗族非常有必要进行族内自治。

在明清时期温州的地方文献中，就有很多关于宗族自己认识到必须进行族内自治以补官治之不足的记载。如英桥王氏《继述堂文钞卷一·附继述堂传家实录》的相关内容：

> 乡间利害兴革之权，虽操之官府，而提倡之责，实由于地方之自

---

① （明）王瓒、蔡芳编纂：《弘治温州府志》，胡珠生校注，上海社会科学院出版社 2006 年版，第 12 页。

② 参见南宋陈谦成于嘉定九年之《永宁编》，转引自俞光编《温州古代经济史料汇编》，上海社会科学院出版社 2005 年版，第 2 页。

③ 陈支平：《近五百年来福建的家族社会与文化》，中国人民大学出版社 2011 年版，第 23 页。

④ 参见《东瓯逸事汇录》卷一《地理》之"海疆孔道"条，引自陈瑞赞编注《东瓯逸事汇录》，上海社会科学院出版社 2006 年版，第 4 页。

治。自治者即所以补官治之不及也。①

王氏在这里直接、明确地指出，地方宗族社会的"利害兴革"，关键在于"地方之自治"，而且宗族实行自治就是为了弥补官治之不及。王氏在《继述堂社会谈约编·社会与地方自治之关系》中，也表述了同样的观点：

> 自治者，所以辅官治之不足者也。其范围甚广，事业甚繁，一切兴利除弊因革权宜，莫不出之地方之自治。而地方之自治，实与地方社会有密切之关系。盖以地方社会之组织，其先亦由地方中多数人自治结合而成，从此逐渐进行，由小而大，由狭而广，意气孚而团体益坚。②

王氏在这里不仅继续阐述自己关于进行地方自治是为了补官治之不及的观点，还进一步指出宗族进行自治的范围非常广泛，包含内容非常丰富，几乎和宗族有关的一切事宜均是通过宗族自治来完成。至于宗族为什么能够实现这样的自治，王氏指出是因为其在自身发展过程中逐渐形成了一个自治组织，而且随着实战经验的不断积累，这个组织变得日益成熟，可以发挥的作用日趋明显。

本书认为，明清时期的温州宗族之所以能够成功地进行族内自治，与当时的宗族及其代表性人物所秉持的一个信念有关，即他们认为：

> 王道始于乡，儒生穷时须先修行于乡，或兴利除弊，或排难解纷，当补官治耳目所不及，一得志则推放皆准矣。③

当时各姓宗族中的读书人，他们像生活在中国封建社会中的一般士子们一样，抱着读书就是要"齐家治国平天下"的志向。但齐家、治国、平天

---

① 卢礼阳编校：《王毓英集》，中国文史出版社 2011 年版，第 21 页。

② 同上书，第 250 页。有自治组织，也是温州民间社团发达的原因之一。

③ 参见《继述堂文钞卷一·训徒十六则》，引自卢礼阳编校《王毓英集》，中国文史出版社2011 年版，第 24 页。

下，是一个漫长而又遥远的"征途"，在讲究务实精神的温州士子们看来，这个过程要一步步根据实际条件去践行。比如当自己还处于读书于乡里的阶段，就可以先从"齐家"做起，一则可以弥补地方官府在治理地方社会能力方面的不足，二则可以通过这些社会实践锻炼自己的施政能力，一旦时机成熟有了施展的机会，这些曾经在乡里社会进行族内自治的经验、教训就完全可以被借鉴、推广到更高、更广阔的治国、平天下的舞台上去。明清时期温州宗族中的读书人正是秉持着这样的读书抱负和信念，才使当时的宗族社会成功实现了自治。

二　瓯郡多自然灾害，唯借自治以自保

温州地处中国东南沿海，属于亚热带季风气候。一方面，因为气候温暖湿润而得名为温州；另一方面，却要遭受季风气候带来的水患之灾。自古以来，温州因为降水量充沛，常常爆发山洪，更因为滨海，不可避免地还要面临另一个致命的自然灾害，那就是台风。在温州的地方文献中，关于因为山洪、台风而遭遇的损失、伤害，不胜枚举。

《沙城镇志》记载：

> 温州东郊经南宋乾道二年洪水洗劫，人畜俱殁，一片废墟。①

"洗劫"、"俱殁"、"废墟"，将沙城在南宋遭遇洪水之害后的境况简洁、形象地描述了出来。

《平阳县志》卷六十九《风潮赋》记载：

> 平阳县地濒海，前代屡遭水患，载籍无考。自宋以来，至元大德元年丁酉七月，飓风海溢，漂荡民居、田地、盐灶，以万千计，溺死人民不可胜数。②

又《平阳县志》卷十三《食货志二·蠲赈》记载：

---

① 沙城镇志编纂委员会编：《沙城镇志》，中华书局 2014 年版，第 60 页。
② 苍南县历史文化研究会据符璋、刘绍宽等纂修，民国十四年铅印影印本《平阳县志》之影印本，第 2685 页。

> 明太祖洪武八年，大风雨，海溢死者，二千余人。①

不难看出，在元明时期，平阳经常遭受海溢之患，受灾人数众以千数。

《嘉靖永嘉县志》卷九《灾异》记载：

> （宋孝宗乾道）二年秋八月，大风雨，海溢，死者二万余人，胔
> 骼七千余。……
> （皇明）洪武八年秋七月，大风雨，海溢，居民死者二千余，海
> 上防倭官军尽溺。……
> （嘉靖）三十三年秋九月，大水，溪乡居民多淹没，荡去田地数
> 千亩。②

从上面撷取自《永嘉县志》的几则史料可以看出，温州从宋至明曾多次
遭受洪水、海溢之患，人员死伤、田地荡毁甚多。

《继述堂卷三·记瓯郡水灾》记载：

> 就东瓯一隅而言，上下六十年间，水患之奇异深重，一见于咸丰
> 三年六月中旬日，一见于宣统三年七月上旬日，而吾以一身生乎其
> 间。前此之患，父老相传，平地水溢七八尺近丈不等，旬有二日始
> 涸，民惨其鱼者甚众；今此之患，栝（按：当为括）苍山民随溪流
> 而下，浮尸瓯江，动以数千计。……
> 时宣统三年七月初十日记。③

王毓英④在这则材料中先用"奇异深重"概括温州当时发生的"水患"，

---

①　苍南县历史文化研究会据符璋、刘绍宽等纂修，民国十四年铅印影印本《平阳县志》之影印本，第 496 页。

②　（明）王叔果、王应辰编纂：《嘉靖永嘉县志》，潘猛补点校，中国文史出版社 2010 年版，第 168—170 页。

③　卢礼阳编校：《王毓英集》，中国文史出版社 2011 年版，第 53—54 页。

④　王毓英（1852—1924），字学训，号隽顾，一作俊卿，永嘉县永强镇（今龙湾区天河镇）人，参见卢礼阳编校《王毓英集》，中国文史出版社 2011 年版，第 53—54 页之卢氏"编校说明"。

紧接着又具体描述了两次特别严重的水患发生时的悲惨情形。一次发生在咸丰三年，肆虐的洪水淹死了大量的百姓，以致出现"民惨其鱼者甚众"的悲惨景象。另一次发生在宣统三年，数以千计的山民被洪水淹死后尸体顺溪流漂入瓯江。时至今日，仅仅看着这些文字性的记载，就可以想象出当时的水患之灾是何等的严重，生活在当时的民众处境是何等的艰险。

《孙锵鸣集》卷二十二"专著四"之"东瓯大事记"中，也记载了多次的水患灾害：

> 宣宗宣德元年（1426）五月，永嘉、乐清飓风急雨，坏公私廨宇及坛庙。……
>
> 六年（1431）六月，[温州] 飓风大作，坏公廨、祠庙、仓库、城垣。①
>
> 八年（1495）二月壬申，永嘉暴风雨雹，大如鸡卵，小如弹丸，积地尺余，白雾四起，毁屋杀黍，禽鸟多死。②
>
> （神宗万历）三十五年（1607）夏，旱；闰六月，大雨五日夜不止，水暴溢，平阳三港尤甚，民溺死以千数。③

孙氏"飓风急雨"、"飓风大作"、"暴风雨雹"、"水暴溢"的文字记载，形象地描绘出明清时期温州一次次灾害发生时的景象。这样的灾害给当时当地百姓的生命、财产、生产、生活等诸多方面带来的灾难，不难想见。

又《孙锵鸣集》"补遗"收入其所写"谢南浦公李安人墓志铭"的记载：

> 咸丰三年，大雨倾盆，飓风陡作，一连十二日，城乡水深数尺，人几为鱼，屋舍倒塌者无数，郡学宫亦倾圮。时粤匪猖狂，军书旁午，官守未能给帑修理。岁丙辰，公见而叹曰："冠裳之地，何可任

---

① （清）孙锵鸣撰：《孙锵鸣集》，胡珠生编注，上海社会科学院出版社2003年版，第523页。

② 同上书，第524页。

③ 同上书，第529页。

其倒塌乎?" 即禀诸县、府、道各宪,独力捐修。①

这次的情况可谓祸不单行,不仅水患严重,还遇上匪寇猖獗,对于这样的天灾人祸,当时的地方政府未能及时、有效地出面赈济、保护。作为地方大族的谢南浦公李安人②,只能依靠自己的力量进行自救。

面对温州如此频繁、严重的自然灾害,在地方官府基层治理能力有限的情况下,当时当地深陷其中的各姓宗族,要想尽快地从自然灾害中摆脱出来,尽早地恢复生产、生活,他们唯有依靠宗族自身的力量进行自救才能自保。这是他们在当时当地别无选择的选择,也是最为切实可行的选择。

第二节　族长选择标准:"立贤不以长"

要想进行有效的族内自治,选择一位称职的族长至为关键。在中国封建社会的传统观念中,族长的选择一般应该遵循"立嫡以长"的原则,正如程颐之主张:

> 若立宗子法,则人知尊祖重本。人既重本,则朝廷之势自尊。③

也就是说,在中国的封建宗族社会中,最为讲究的是长幼有序,是嫡庶的出身。但明清时期的温州宗族在选择族长时,却没有遵循这样的原则,他们对本族族长的人选持有不一样的标准。

林森在为平阳林氏所作之《重修林氏家训并序》中,这样描述林氏对于族长一职职责、作用的认识和选取要求,即:

---

① (清)孙锵鸣撰:《孙锵鸣集》,胡珠生编注,上海社会科学院出版社 2003 年版,第781 页。

② 谢南浦公讳钦栋,字配苍,号南浦。父讳恭岸,号朴轩,李安人是父三续之妻,生于嘉庆己巳十一月十五日卯时,卒于光绪己卯九月十三日巳时,享寿七十有一。参见(清)孙锵鸣撰《孙锵鸣集》,胡珠生编注,上海社会科学院出版社 2003 年版,第 780—781 页。

③ (宋)程颢、程颐撰,潘富恩导读:《二程遗书》,上海古籍出版社 2000 年版,第294 页。

　　族长乃系合族之主，秉祖之命，代施教化，以规族之不正也，岂
等寻常之举？而不得其人焉，可乎？分有尊卑，族长不许论分；齿有
少长，族长不容拘齿。惟取其才识敏达、天性刚决者为之，虽三尺鲁
元，亦得主其职也。每遇族中有事，一切听其主张，任其节制。是则
曰是，不可因循；非即曰非，不必忌讳。①

在林氏看来，族长是全族的灵魂、领袖人物，是代表先祖对族内事务进行
治理，族长选择恰当与否，直接关系到本族命运的兴衰。所以，选族长是
一件大事，必须高度重视，要所选得人。那什么样的人才能胜任林氏宗族
的族长一职呢？林氏认为：不论尊卑少长，只要有真才实学、能力强、能
够决断一族事务者即可。而且族长一旦选定，就有权决定族中的一切事
务。而且族长在具体处理族中事务时，是非曲直要有自己的判断。林氏宗
族选取族长的标准，在讲究长幼有序、昭穆有别的宗族社会，可以说是非
常有特色，亦是温州地域文化中务实特性的具体体现。

　　英桥王氏《宗族自治规约》卷三记载：

　　吾族祖训：立贤不以长，遇族有大小公益事宜，当由值年派会集
各派绅士公议办理。每派一二人。②

王氏选取宗族管理者的标准，简单明确，即"立贤不以长"，也就是注重
个人的实际才能、品行，不论长幼。而且在具体处理族内事务时，也不是
族长一人独断，而是要集体讨论决定。

　　《刘氏宗谱》的族规规定：

　　族内举族长，不论年龄高卑，必须昭穆居长、正直无私，方可选作。③

刘氏宗族选取族长的主要标准同样是不注重长幼尊卑，而是注重个人的品
行和处事能力。

---

① 郑笑笑、潘猛补主编：《浙南谱牒文献汇编》第三辑，香港出版社 2008 年版，第 355 页。
② 卢礼阳编校：《王毓英集》，中国文史出版社 2011 年版，第 206 页。
③ 《彭城郡刘氏宗谱》卷一，2011 年重修本。

瓯海林氏之《林氏族谱规条》规定：

> 宗子……如果不肖，教不成人，或轻率放荡，或耗费家财，无廉无耻，不孝不义，则择贤智子孙助之。助而不改，易之可也。①

林氏对于宗子的选择先尽力遵循中国宗族社会的一般宗法精神，但如果其本人确实不争气，在屡教、屡助不改的情况下，即可以由贤智的子孙取而代之。林氏宗族这样的宗子选择原则，想必亦同样适用于他们对族长的选择。

综观上述几姓宗族选取族长的标准，虽然有些差异，但其精神实质相一致，那就是"立贤不以长"，即不论尊卑、长幼，只要有真才实学、品行好，具备处理全族事务的能力，就可以被选为族长。

一族事务纷繁复杂，除了族长之外，还要选出族副、族正等组成一个领导班子，以共同完成处理宗族事务的重任。对于族长之外其他宗族管理者的选择标准和原则，在温州宗族文献中也有相关记载。《项乔集》卷八《项氏家训·毋作非为》记有：

> 设有德有风力者一人为族长，以亢宗祊，不拘年齿。若宗子贤，即立宗子为族长。宗子不称，别立族长。宗子只主祭祀。设质直好义、达时务者四人为族正，以辅族长；设知书理、通古今者一人为司礼，二十人为礼生，专管礼仪。②

项氏宗族被列入家训的宗族管理者的职位有族长、族正、司礼、礼生。因为每个职位的具体职责不同，所以选择标准也不相同。族长要负责主持宗族内部的所有事务，选择标准是不论年龄大小、族内出身，唯有品德、有决断能力者即可以担任。族正辅助族长处理宗族的具体事务，所以要选择品行正直、热心肠、了解时事者担任。因为礼是治家的根本，所以还单独设有司礼、礼生等职位，并列出了相应的选择标准。

---

① 郑笑笑、潘猛补主编：《浙南谱牒文献汇编》第一辑，香港出版社 2003 年版，第 76 页。
② （明）项乔撰：《项乔集》，方长山、魏得良点校，上海社会科学院出版社 2006 年版，第 516 页。

瑞安孙氏的宗族领导班子在孙衣言手定的《盘谷孙氏族规》中是这样记载的：

> 族中推年辈最尊者一人为族长，年辈稍次者二人为族副，择读书好学、年力富强者四人为族正，设管仓、管库、帐房各一人，由族正慎选充任，受族正之指挥监督。
>
> 族长既为年辈所拘，未必皆有名望之人，不妨但令坐拥虚位。如行为不正，不足为族人重，则族正邀同族副，到祠告于祖宗，于族副中择一代之，另推一人补足族副。
>
> 族正每年以二人轮值，总理一族之事，每年正月择吉日集子姓于祠中，宣讲祖训，务在详明剀切，使族人皆能感动。①

孙氏对于族长的选择标准，在表面上选举族中年辈最尊者为族长。如果这位族长本人有能力胜任该职位应该担负的责任，就由他来行使族长的实际权力。如果他只是有辈分之尊，没有管理宗族的实际才能，那就只让其担个名分，不得掌握实际权力。孙氏还规定，如果族长的行为不端、德性不正，不能得到族众的尊重，就要从族长的位置上替换掉。族正真正负责处理族中的日常事务，所以要挑选有学识、年轻力壮者担任。族正下面分设的管仓、管库、账房职位，资料中虽未明确列出选任的标准，但想必也是要挑选族中得力能干者为之。仅就资料显示的内容看，孙氏宗族的领导班子职位设置得更细，人员数量更多，分工更明确，从一定程度上也说明宗族事务的管理确实不是一件容易的事情。

英桥《王氏族约》记载了族中分管各项事务人员的设置情况，即：

> 礼二人，以淳朴好古者为之。率礼生习仪，祭时有失仪者纠之。
>
> 司恤二人，以慈和惠顺者为之。凡族人穷独鳏及婚嫁能成礼者，则白族长，议赈给。……
>
> 司事六人，择族人勤敏者为之。宗祠有事则供命。……
>
> 礼生　通赞二人　引赞二人　司爵馔八人　读祝一人　司牌二人

---

① 孙延钊撰，徐和雍、周立人整理：《孙衣言、孙诒让父子年谱》，上海社会科学院出版社2003年版，第190—191页。

司钟鼓二人

宗庙以有事为荣，凡此礼生，务宜闲习礼仪，以序其事。其漫事者，司礼谕而责之。①

王氏宗族在族内管理上，不仅设立了诸多的职务，制订了相应的选择标准，而且对于任职者的管理也非常严格。

温州邓氏宗族《家规》之"立族正"条记载：

族正者辅翼族长，经理宗族之事也。盖族长以世次年齿轮值，恐其才疏识浅，不能约束子姓，故必于族内不论世次，有立身正直，通达明辨者，或三人或四人举而立之。倘族有屈直事，不得擅自鸣官，当先诉知族长，族长传论族正会集公所。使两造直言，族长族正相为可否，从公处断，务须分别得宜，不可挟私偏向，倘不服，鸣鼓其攻，解祠治责。②

邓氏宗族在族长的选择上，遵循了传统的"立嫡以长"原则，但同瑞安孙氏一样，为了弥补有些族长之才能不堪管理宗族事务大任的弊端，特选族正作为"辅翼"。而族正的选择标准即非常务实地采取了不论世次，只看品行、才干、能力。

概括来讲，明清时期温州地方宗族在选择族长及族中其他职位的管理者时，基本采取的都是"立贤不以长"的标准。至于其中的道理，如龙湾东嘉英桥王氏之《东嘉王氏族约》记载的那样：

齐家不易，任事维贤。任匪其人，众且不协，矧曰诲化？③

所以，明清时期温州宗族选取族长的这种"立贤不以长"的标准，既是在当时社会现实生存环境逼迫下的生存选择，也是温州地域文化中务实精神的切实体现。

---

① （明）王激纂：《［温州龙湾］王氏族约》一卷，1937年永嘉乡著会抄本。

② 《温州邓氏族谱》，2002年重修本，第150页。

③ 郑笑笑、潘猛补主编：《浙南谱牒文献汇编》第三辑，香港出版社2008年版，第29页。

第三节　族内纠纷处理原则："居家戒讼"

在宗族社会中，伴随着时间的推移，各姓宗族都会不断发展、繁衍，生活在一起的族众不可避免地为了争夺生存利益，为了生活中的琐事，总会发生各种矛盾、纠纷。在这种情况下，当事者是诉诸官府，还是寻求其他渠道解决？在明清时期温州的宗族文献中，有很多关于族内事务禁止讼官，必须在族内裁决的规定。冯尔康在《中国宗族史》一书中，也提及了这种现象，即：

> 宗族内部常因田土、户婚等发生纠纷，为了维护宗族内部的秩序，宗族规约赋予祠堂族长处理族内争端的司法权力，并禁止族人告官，要求族人在族内解决矛盾。①

下面即从明清时期温州的宗族文献中撷取一些事例，进行具体分析。

瓯海东嘉林氏林必成所写之《林氏族谱规条》记载：

> 若去后人口多众，分财异居，必当生请族长、房长，量其房内均分，各要利便，不得以尊凌卑，毋得长房多占，有负祖宗之恩。如有此等之事，族长、房长同于祠堂内告诸祖宗，喻之以礼，改过者明正其罪以痛责之。不许赴官，贻笑于人；反行妄用财货买嘱，以伤和气。贫富有命，各遏贪心。②

随着宗族人口的不断增多，分产析居是必然的事情，即原本生活在一起的林氏族人，现在要分家"异居"，各自另起炉灶，于是就必须面对一个现实的棘手问题，即"分财"。为了防止分家时财产分配不均，林氏族谱明确规定：要由族长、房长根据实际情况进行均分。如果一旦出现多占现象，也是由族长、房长在祠堂内，秉承先祖的意愿进行决断。无论如何，不许因为分家问题对簿公堂。因为这样会丢先祖的脸面，会让本姓宗族受

---

① 冯尔康等：《中国宗族史》，上海人民出版社 2009 年版，第 244—245 页。

② 郑笑笑、潘猛补主编：《浙南谱牒文献汇编》第一辑，香港出版社 2003 年版，第 74 页。

到世人的讥笑。

王光蕴为永嘉罗浮林氏所写《明寿官壶峰林翁①墓志铭》记载：

> 林族聚而支繁，翁绳以理法，子姓有过，面讦无隐，多敬惮。有构争，力为排释，不烦有司。姻属交与，举疏远不遗，即厚望，应之无倦。②

罗浮林氏之林祥在族内治理中采取了法理并重的方法，而且比较公正，所以在族众中拥有一定的威信和地位。面对族内族众之间的各种矛盾、纠纷，林祥都是自己尽力去排解，不去麻烦官府。

很多宗族除了规定族内事务不要告官之外，和族外人的争夺，也要尽量自己解决。如孙衣言手定《盘谷孙氏族规》记载：

> 族人有妄作为非者，告于族长副及族中之有爵位者，以家法治之。其有口角细故及因户婚、田土而诟争者，如据实在族正处具禀，族正会同察核，别其是非曲直，以祠规批出，揭于祠门之前，无许轻行涉讼。族人与外姓争，则以理为之劝解。若族人理直，为外姓所欺，则以祠规具呈，为之公禀，务令息讼而已，毋求胜人。③

孙氏对于族中子弟的非为行为、族内纠纷和争端的处理方式，也是坚持要在族内自我解决，不许诉诸官府。对于本族和外姓之间的矛盾，首先采取讲道理的方式去沟通，即使遇到本族族众理直的情况，也不要得理不让人，而是要尽量"息讼"，不要打官司。

明清时期的很多宗族，明确将"居家戒讼"写入族规家训之中，如浙南黄氏宗族之《家训》的"戒争讼"条，明确规定：

---

① "林翁讳祥，字时简。里有罗山，状壶，因号壶峰。"参见王光蕴所写《明寿官壶峰林翁墓志铭》，引自郑笑笑、潘猛补主编《浙南谱牒文献汇编》第一辑，香港出版社 2003 年版，第262页。

② 郑笑笑、潘猛补主编：《浙南谱牒文献汇编》第一辑，香港出版社 2003 年版，第263页。

③ 孙延钊撰，徐和雍、周立人整理：《孙衣言、孙诒让父子年谱》，上海社会科学院出版社 2003 年版，第191页。

争讼非立身之道。凡事必有失，讼则终凶。宜以忍让处之为尚，勿致有断情义之路，倾家荡产之悔。①

黄氏直接指出，争讼不是立身处世的方式。争讼的最后结果必是两败俱伤，倾家荡产，与其如此，不若"忍让处之"为上策。

瓯海茶山《东海郡溪滨徐氏宗谱》之《祖训十戒》记载：

四争讼：居家戒讼，明训在耳。譬如交战，久战必死。无奈上场，须遵正理。理正无虞，自有历史。虽即如此，安分最是。②

茶山徐氏更是将"居家戒讼"清晰地列为祖训十诫之一，以便让子孙铭记。因为徐氏懂得，对簿公堂，无论胜负都会付出代价。而且徐氏相信，世间的是非曲直，不必争得一时的胜败，随着时间的流逝，自会有一个公论。作为普通百姓，做到安分守己，才是最为重要的事情。

邓氏宗族在《邓氏家训》中规定：

争讼不可不戒也，讼则终凶，古人所戒，即有外人拂逆，亦且以惜财忍气为念，况族人乎。嗣后倘有财产不明，或以非礼相加，务先各之尊长，婉言剖晰，得所明白，即宜和好。切勿偏听讼师，轧往控官，即讼而得胜，先己伤残一本，深可痛心。凡我宗人，所言深戒。③

邓氏宗族的观点与黄氏相似，都认为讼之官府，无论胜负，结果都是"终凶"。所以告诫族人一定要牢牢记住，遇到问题，一是要先禀明族中管事者，尽量在族内和解，二是要本着忍让之心处之。

同样秉持怀忍让之心而要"居家戒讼"的，还有苍南马站岱岭垟家边的林氏宗族，在《林氏族规》中明确规定：

八曰戒争讼。与乡里人讼，徒倾财产；与宗族人讼，自贼本根。

---

①　《浙南闽东黄氏联谱》，2004 年重修本，第 26 页。
②　郑笑笑、潘猛补主编：《浙南谱牒文献汇编》第三辑，香港出版社 2008 年版，第 13 页。
③　《温州邓氏族谱》，2002 年重修本，第 151 页。

饱无厌之胥吏，结不尽之祸胎。谚云：始而争气，继而受气，终则无气。诚哉是言也！故凡事当守一忍字，忍气自和气，而喜怒悉乎。①

林氏宗族之所以告诫族众"凡事当守一忍字"，是因为怒而与乡里人争，与宗族中人讼，不仅耗费钱财，而且即使一时胜诉，也不利于长久的乡里宗族关系与稳定，尤其对于多聚族而居的宗族社会而言，"戒词讼……以完宗族情分"。②

腾氏宗族在《腾氏族规》中规定：

> 争斗乃最不仁之事，今族中子孙各宜含忍。谚云："忍得一时气，解得百日忧。"其果有不可忍之事，许禀尊长，分辨是非。若有强梁子孙，不先禀明尊长，竟自告官者，合族共斥之。③

腾氏宗族对于本族遇到问题时的解决方式，可谓能忍则忍的原则。即使遇到难以忍耐的事情，也要先请示族中的主管者，如果擅自告官，就会受到全族的斥责。这也是将"居家戒讼"精神执行得非常彻底的例子了。

本书对于明清时期温州宗族这种"居家戒讼"的处理族内外事务、纠纷的方式，在一定程度上是赞同的。一是因为宗族的内部事务，本就多为清官难断的家务事，相较于官府来说，族长、房长等宗族管理者更加了解、掌握本姓宗族内部的各种情况、细节。而且如上节的分析，明清时期的温州各姓宗族对于族长等宗族管理者的选择标准，是坚持"立贤不以长"，被选出的宗族管理者具有处理这些问题、纠纷的能力。二是因为宗族的内部纠纷，只要不诉诸官府，不对外公开，就是一族人的内部矛盾。在处理时，可以因为同族的情谊，将问题的轻重程度人为地淡化，会在情理之中找到一个折中解决的办法。可一旦对簿公堂，就是把问题摆到了一个公开的、政府的层面，从某种意义上讲，也就是把问题、矛盾扩大化、公开化了，那官府只能依法办事。最后即使官府进行

---

① 钱克辉主编：《苍南谱序族规家训选编》，线装书局 2015 年版，第 29 页。

② 参见《苍南灵溪渎浦汤家垟宗谱族规》，引自钱克辉主编《苍南谱序族规家训选编》，线装书局 2015 年版，第 30 页。

③ 《浙南滕氏谱书》，2009 年本，温州市图书馆藏。

了判决，对于当事的同族族众双方也是会真的伤了同宗情意，不利于以后的相处、发展。更不要说诉诸官府过程中投入的各种花费、辛苦等。三是因为宗族内部纠纷由各姓宗族自己解决，减轻了地方官府的工作压力，更何况当时的地方官府确实没有这个实力和能力去实施对于地方基层事务的管理。

在温州明清时期的宗族社会，很多宗族之所以主张族内纠纷要自己解决，要"居家戒讼"，除了上述分析的几个原因，也和当时各姓宗族中确有能够解决这些族内纠纷的士绅有关。也就是说，族内一旦有矛盾出现，不用到官府去，在族内确实可以得到比较合理的、为族众信服的处理。如《陈益之父①行状》中记载的：

> 乡间信服其谊，争讼多不之官府，得公一言，即时解散，斗狠为是益稀少。公虽早弃书学，所为常与理造，经界行县选公平比乡之赋，至今称其均一。……家园有竹万个、二古梅，公常笑傲其间，陶然自适，万事不以挂念，客至无不倾倒，皆叹其古君子也。②

陈益之父凭借自己的作为、能力，在乡里族众中享有威望，为大家信服。所以，一旦陈氏族中出现纠纷、矛盾等，大家不是选择到官府去，而是会主动请陈敦化主持公道。在他的劝解下，大家心悦诚服，乡里的风气都为之改善了。

在温州当时的宗族士绅中，更有甚者，能断地方官府不能断之难。如《〈陈黻宸集〉补编·邬道源先生家传》中的记载：

> 邑人某，兄弟构讼，有司不能治，先生晓以大义，为陈往昔故事，娓娓无倦容，因泣下，某相顾怃然亦泣下，遂不复讼。③

---

① 即陈敦化，其先家福唐，五季乱，徙横阳，又迁永嘉鹏飞里。参见（宋）薛季宣撰《薛季宣集》，张良权点校，上海社会科学院出版社 2003 年版，第 525 页。

② （宋）薛季宣撰：《薛季宣集》，张良权点校，上海社会科学院出版社 2003 年版，第525—526 页。

③ 陈虬、宋恕、陈黻宸撰，胡珠生编：《东瓯三先生集补编》，上海社会科学院出版社 2005 年版，第 416 页。

第四节　实施族内救济秉承的精神：能庇其族人，方能道济天下

在明清时期温州的宗族文献中，有大量关于救济族人的记载。之所以会出现这样的情况，可以用朱鸿增在《读〈义田记〉书后》中的言论进行回答，即：

> 设施次第，则义田最是第一着，天下固未有不能庇其族人而能道济天下者也。①

在明清时期温州宗族人的眼中，如果对同姓有难之人都不能心怀同情之心，不能进行有效的帮助，就不会成就更大的事业，正所谓不能"齐家"，焉能"治国平天下"。

明清时期温州同族中对于族人的救济，包含很多方面的内容。比如对于族中贫困者死后葬地的帮助，就是非常重要的一个方面。因为在中国人的观念中，一个人无论生前生活得如何，死后至少要能够入土为安。但当时的现实情况是很多族人会贫困到死无葬所的程度，所以在很多温州宗族的族谱中都有关于为族中贫困者提供葬地的记载。如瓯海茶山《东海郡溪滨徐氏宗谱》之《世系小传》中记载的：

> 第九世巍，字廷雍，号节庵。生明天顺戊寅，卒明嘉靖辛亥。……平生以简约创立，于义所当施者，略不少吝。如建宗祠，设书塾，以至桥梁、道路，靡不修葺。或贫而无依者，生则出粟赈之，死则买棺殡之及舍地为义冢葬之。②

徐廷雍生前虽然自己生活节俭，但对于族中的公共事务却非常热心、慷慨，建宗祠、修族塾、修桥铺路等，无不尽心尽力而为。尤其是对于那些

---

① 陈光熙编：《明清之际温州史料集》，上海社会科学院出版社2005年版，第512页。

② 郑笑笑、潘猛补主编：《浙南谱牒文献汇编》第三辑，香港出版社2008年版，第14—15页。

贫而无依的苦难同族，不仅在他们生前进行救济，还在死后为其置办棺椁，并自己拿出土地供之安葬。

《项乔集》卷八《附训上·请立族约以守官法》记载：

> 照得黄岙坟山一片，为地不多，今传之六代，子孙不问昭穆，遇空便葬，有孙踏祖公头上者，伤断山龙脉者，所关非细。今焕已叨食廪有年，诚愿从族众择取相应山一片，自出廪银买之，专听族中贫难及原无葬地者葬之。其祖坟除已先作寿圹者听其祔葬外，以后虽有力者不许再葬此山。如违，许族长、正、司礼及一应族人告官问罪，仍责令迁葬，不得姑息。又如此，庶不惟生者知礼，即死者亦瞑目矣。①

项乔对于族人无序乱葬的情况，采取了由自己出资另行购买山林，以供族中贫困及无葬地者安葬的方式。又《李浦王氏家庙勒石》②记载：

> 抽田七亩出息，贫者殡葬酌助并无主义冢祭扫。倘不敷用，合族按亩指派。③

李浦王氏则是规定要从经济上帮助族中贫者殡葬及进行无主坟墓的祭扫。

此外，在遇到自然灾害时，对族中困难者进行帮助也很重要。明朝时朱良所写之《士用公④墓志铭》记载：

> 克勤克俭，家业日进而广。富而好礼，乐于施与。永乐癸卯，岁歉人饥，处士惕然尽发私廪以赈给，蒙惠者众。正统辛酉，处士又捐粟输于官而备荒岁。遇炎夏，常于通衢傍设棚却暑，给浆瀹茗，以疗

① （明）项乔撰：《项乔集》，方长山、魏得良点校，上海社会科学院出版社2006年版，第541页。

② 清嘉庆十七年（1812）七月刻，参见吴明哲编《温州历代碑刻二集》，上海社会科学院出版社2006年版，第154页"附注"。

③ 吴明哲编：《温州历代碑刻二集》，上海社会科学院出版社2006年版，第155页。

④ "处士姓朱氏，讳观，字士用。"参见郑笑笑、潘猛补主编《浙南谱牒文献汇编》第三辑，香港出版社2008年版，第115页。

行旅之烦渴。……中年厌家事繁杂，命其子守祖奉祀，自迁于乡之杏垟，创置别墅以居。①

朱观由勤俭起家，逐步积累起家业财富。但在遇到歉收之年时，却慷慨地赈济那些贫苦之人。此外，他还将自己家的粮食捐给官府，以备荒年之用。

又《明嘉靖间永嘉王澈赈饥》记载：

> 乙巳，郡大饥，富家咸腾谷值，牟大利，公独减价以粜。既复叹曰："减价非不利，无钱之家张口待哺者，独非乡人耶？吾安所利之？"乃命二子移粟宗祠，作粥糜。其法：先期戒仆役，预器用。日哺时作粥，达旦具。乃晨，鸣鼓召饿者，至则扃大门，鳞次跃坐堂庑间，妇女幼稚别为区。坐定，以次颁粥，食罢，鸣鼓出。续至者用印臂为号，俾弗溷焉。午讫事。少选，涤器舂米，注水聚薪，乃哺又作粥，如是者凡二月。诸奉命调度者，旦夕勤剧，不敢问他事。②

王澈在灾荒之年，不仅没像其他人那样趁机涨谷价谋取暴利，反而降低谷价出售。他还带领两个儿子用这些粮食在宗祠中煮粥赈济荒民达两个月之久，这是十分难能可贵的善举。

对于族中这些好善乐施的士绅，人心自有公道。明朝吴朝凤为瑞安卓氏所写之《安固文峰卓公先生百行碑》记载：

> 乡评③谓文峰卓先生者，故家能子，州里惠人也。……施诸乡党也，则视姻故无异，恤其流移，周之殡葬，与之排难解纷，私惠不留焉。凡是布载于乡评家乘，无间然者。伟哉文峰！谓之故家能子，州

---

① 郑笑笑、潘猛补主编：《浙南谱牒文献汇编》第三辑，香港出版社2008年版，第115页。

② 参见《东嘉英桥王氏族谱·参议公传》，参议公指王澈，转引自俞光编《温州古代经济史料汇编》，上海社会科学院出版社2005年版，第598页。

③ 乡评曾经是中国古代选拔人才的重要依据，在《世说新语·言语第二》中记载："王武子、孙子荆"，刘孝标注引晋孙盛《晋阳秋》：乡人王济，豪俊公子，为本州大中正，访问弘为乡里品状，济曰："此人非乡评所能名，吾自状之。曰：'天才英特，亮拔不群。'"引自（南朝宋）刘义庆著，（南朝梁）刘孝标注，余嘉锡笺疏《世说新语笺疏》，中华书局1983年版，第93页。

里惠人，亶其然乎?①

乡评是乡里社会对居住在地方上士绅言行举止的综合性评价，虽然不具有官方效力，却被宗族社会广泛认可、接受。卓文峰被乡评为"州里惠人"，短短四字，足以概括他为族众所做的贡献和大家对他的认可。

在明清时期的温州宗族中，虽然救济族人的行为非常多见，但这些行为并非没有原则、不分对象、不分情况的随意救济。在孙衣言手定《盘谷孙氏族规》中记载：

> 族中有年老贫乏者，由族正会同族长，酌量情形，随时拨款周济；其因少而无端废学，或长而游惰失业，以致穷困不能自立者，不在此例。②

孙氏规定：对于族中"年老贫乏者"，要由族内管理者根据实际情况进行救济。对于那些因为不学无术、不求上进、游手好闲而贫困者，则不在救济的对象之列。孙氏的这种救济原则非常正确，也是直到今天我们都应该提倡的。如果无原则地进行救济，对于施救者来说，因为没有帮助到应该帮助的人，无异于浪费自己的钱财和善心；对于那些不该被救济的人而言，非但不是在帮他，反而是在害他，所以同情和施救之心是不能无原则乱用的。

第五节　约束族众行为，以睦族宁乡

在宗族社会中，大家共同生活在一个村落、一方地域，要想处理好族众乡里之间的关系，形成一种比较和睦、融洽的社会氛围，就必须对族众的行为进行约束。明清时期温州的地方文献中，就有很多关于这方面内容的记载。

---

① 郑笑笑、潘猛补主编：《浙南谱牒文献汇编》第三辑，香港出版社 2008 年版，第 282—283 页。

② 孙延钊撰，徐和雍、周立人整理：《孙衣言、孙诒让父子年谱》，上海社会科学院出版社 2003 年版，第 191 页。

如《明嘉靖间张璁子侄占田害人》所记之事：

> 罗峰翁虽入相得君，其家人常穿两截衣服，家有子侄放债踏算，占田害人。尝亲挞而面詈之，或令县官枷号，以警怙势作威者，此皆保全族人之道也。①

张璁是永强普门张氏宗族的代表性人物，曾官至明朝内阁首辅之职。他虽位高权重，但绝不会放任自己的子侄仗势非为。对于他们"放债踏算，占田害人"的跋扈行为，张璁不但自己亲自责罚，还会请官府进行处理。虽然文献资料中评价说，张璁这样做是出于保全族人的目的，但张璁作为张氏宗族的代表性人物能够做出这样的举动，客观上确实起到了警示、约束族中子弟行为，维持乡里社会秩序、促进和睦的效果。

张棡②是生活在清朝末年的地方士绅，他曾经针对当地民众急功近利的极端捕鱼方式，写过一份《为地民撰下垟〈毒鱼禁约〉》。约文如下：

> 光绪廿六年（庚子，1900 年）九月十六日　为乡人撰《毒鱼禁约》韵语一纸，辄录如右："立禁后岸，张姓合族。下垟港河，水多鱼足。不时架捕，孳生繁毓。取之无穷，供人口腹。近有恶人，心如蛇蝮。贪利一时，买药下毒。水毒伤鱼，一网催促。竭泽而渔，其刑太酷。上天好生，万物并育。奈何奸谋，尽伤水族。譬用暗箭，伤人骨肉。譬如烧山，巢倾卵覆。祸延灭门，果报定速。水火刀兵，劫运往复。及早回头，放生是福。今为立禁，不许下毒。如再排谋，被人获捉，重必鸣官，笞杖戮辱；轻则罚礼，甘心认伏，戏文一台，果酒

----

① 俞光编：《温州古代经济史料汇编》，上海社会科学院出版社 2005 年版，第 43—44 页。

② 张棡（1860—1942），字震轩，号真叟，瑞安市汀田人，家居杜隐园，晚年自号杜隐主人。终生献身教育事业，担任瑞安中学堂、浙江省立第十中学（温州中学前身）等学校教师 40 余年。由其所写的《杜园日记》，即《张棡日记》，与赵钧《过来语》、刘绍宽《厚庄日记》并称为温州近代三部日记巨著。《张棡日记》是张棡以日记体的形式，从自己的视角将温州从清光绪十四年（1888）到民国三十一年（1942），共 55 年的历史进行的记录。《张棡日记》涵盖了当时社会生产、生活、风俗、信仰、教育等诸多方面的内容，是研究温州近代历史的重要地方文献资料，所以本书中曾多次引用其内容。

　　两桌。决不徇情，无论生熟。庚子九月　日立。"①

　　在这份禁约中，张橚以犀利、通俗、直白、幽默的语言警告张氏族众，不要为了贪图眼前的一时一己之私利，采取下药毒鱼这种残忍、恶毒的捕鱼方式。这样不仅会使鱼类绝迹，而且自己也会很快遭到灭门之祸的报应。为了杜绝以后再发生这种情况，张橚为族人写下禁约：如果有人再犯，无论轻重，不管是否熟人，绝不徇私情，必然进行处罚。前文已述，在明清时期的温州宗族社会，各姓宗族十分注重和主张进行族内自治，而且他们选择族长的标准是"立贤不以长"，注重"贤能"二字，所以像张橚这样在当地有威望的贤明士绅对于族内事务以"禁约"的方式进行劝警，是会在一定程度上起到约束族众行为，促进族内自治作用的。族众的行为得到约束，乡里社会自会出现一派族睦乡宁的景象。

　　张璁和张橚对于族众横行乡里、自私自利等不睦、不和谐的行为通过采取禁止、处罚的方式进行了事后处罚式的约束，以达到睦族宁乡的效果。一些宗族则是通过在自己的族规宗训中明确订立要和睦乡里的内容，通过循循善诱的方式进行事前预防性的约束，以收到睦族宁乡的效果。

　　如在永嘉岩头金氏第十世祖金昭所写的《祖训》之"睦乡里"条中记载：

　　　　乡里不睦者有二：一则有好胜之心，一则有自利之心。好胜则一言不肯容人，自利则丝毫欲归利己。我不容人，人谁容我？利必归己，惟不如人，此争斗讼狱之所由来也。迨至经年累月，结而不解职之废，资产之空，犹不自悟。夫与受辱于爪牙，毋宁吞声于闾里。于其笼络于显家，毋宁含和于乡党。诚能以好胜而遏以平心，自利而易以公心，则各相效凌竞顿消，则出入相友，守望相助，乡里宁有不睦者乎？②

金昭对于族中出现不睦现象的原因进行了分析，他指出，就是"好胜"、"自利"之心作怪，才会出现乡里不睦、争斗讼狱的情况。如果长此下

---

① 张橚撰，俞雄选编：《张橚日记》，上海社会科学院出版社 2003 年版，第 62—63 页。
② 李鸿初、金则湘等纂修：《［永嘉岩头］金氏宗谱》不分卷，1943 年抄本翻拍本。

去，不仅耗费大量钱财，而且并不能真正解决问题。在金昭看来，这是十分愚蠢的行为，与其这样费尽心机地周旋、贿赂于官府，不如受些委屈与同族和睦相处。只要大家能够"出入相友"、"守望相助"，难道还怕自己生活的乡里社会不是一派和睦安宁的景象吗？

龙湾永强《前街陈氏宗谱》之《家训十篇》也单独列有关于要宗族和睦的内容，即：

> 二曰笃宗族以昭雍睦。《礼》曰："尊祖然后敬宗，敬宗然后睦族。"人道所以睦族为重也。夫家之有宗族，犹水之有分派，木之有分枝也，虽远近异势，疏密异形，要其本源则一，故人之待其宗族也，如身之有四肢百体，务使血脉相通而疴痒相关。……大抵宗族所以不笃者，或富者多吝而无解推之德；或贫者多求而生觖望之思；或以贵凌贱而势利汩其天亲；或以贱骄人而忿傲施于骨肉；或货财相竞，不念祖免之情；或意见偶乖，顿失宗亲之义；或偏听妻孥之浅识；或误中谗慝之虚词；因而诟谇倾排，无所不至，非惟不知雍睦，抑且妄为宗族矣。子孙独不思子姓之众皆出祖宗一人之身，奈何以一人之身分为子姓，遽相视为途人而不顾哉？……凡属一家一姓，当念乃祖乃宗，宁厚毋薄，宁亲毋疏，喜则相庆以结其绸缪，戚则相怜以通其缓急。立家庙以荐蒸尝，设家塾以课子弟，置义田以赡贫乏，修族谱以联疏远，即单姓寒门，倘有未逮，亦各随其力所能为以自笃其亲属。诚使一姓之中，秩然蔼然，父与父言慈，子与子言孝，兄与兄言友，弟与弟言恭，雍睦昭而孝弟之行愈敦，有君子表为仁里，仁人称为义门，合郡推为望族，岂不美哉？……子孙宜交相劝励，共体祖宗慈爱之心，常切水木本源之念，将见亲睦之美成就于宗族，可不效欤？[①]

龙湾陈氏认为：尊祖就会敬宗，敬宗就会睦族，尊祖、敬宗、睦族三者之间，是依次延展的关系，而睦族是其中的根本和最终之目的，所以陈氏要求族众必须做到睦族。对于族中会出现不睦的种种原因、宗族不睦带来的

---

① 郑笑笑、潘猛补主编：《浙南谱牒文献汇编》第三辑，香港出版社 2008 年版，第 42—43 页。

各种危害、怎样可以做到睦族以及宗族和睦后会是怎样的一派景象，陈氏在本书上引家训中都进行了详细的分析和描绘。

宗族和睦对于自身来说，无疑是一件好事。对于国家、政府、社会来说，也都是非常有益的。在明清时期的温州宗族文献中，就有很多关于因为宗族和睦而有利于国家发展、社会稳定及地方治理的记载。如《项乔集》卷八《附训上·请立族约以守官法》的记载：

> 窃念宗法立，国法自行；家道齐，世道斯泰。……庶宗法立，官府亦自省力矣。①

又清朝周清原为瑞安双桥虞氏所写之《重修虞氏谱序》记载：

> 夫国家之兴也有由，其衰也亦有兆，大抵在德不在力，在天亦在人。若世为子姓者，果能惇五常，笃九族，不等懿亲为路人，而孝悌忠信，爱众亲仁，则兴而勿衰，既衰亦当复兴也。②

概言之，明清时期共同生活在温州这片地域上的各姓宗族，无论采取事前预防性约束方式，还是采取事后处罚型约束方式，只有对族中子弟的行为进行约束，才能收到族睦乡宁的自治效果。

---

① （明）项乔撰：《项乔集》，方长山、魏得良点校，上海社会科学院出版社 2006 年版，第 540—541 页。

② 郑笑笑、潘猛补主编：《浙南谱牒文献汇编》第三辑，香港出版社 2008 年版，第 218 页。

第四章

明清时期温州宗族与乡里社会

明清时期，共同生活在温州这方地域上的宗族，不仅有以血缘关系为基础的同姓宗族，还有以地缘关系为基础的异姓宗族。每姓宗族与本族之外的异姓宗族、与乡里社会如何相处，宗族起到了什么样的作用等，本章从以下几个方面进行了分析。

第一节　热心兴修地方公共设施

对于一方地域社会而言，在发展过程中比较重要的事情之一，就是那些与大家的生产、生活紧密相关的公共设施的兴修与维护。如英桥王氏在《宗族自治规约》卷三中记载的：

> 横河浦沥，须依原有地点派园亩分浚之，合前项各河，皆地方水利极要所关，即吾族人命脉所系。水利不讲，恐十数年后民田变为沙堆，与呑底无异；十地沦为荒墟，与凰呑无异，非王氏之福也。凡吾族人，其敢忽诸！①

王氏明确指出，水利设施是关系到全族人命运的最为紧要的事情。如果不注重兴修，就会如呑底、凰呑的前车之鉴一样，结局将非常可怕、悲惨，所以王氏告诫自己的子孙一定要重视兴修水利。其实，水利等设施的兴修不仅对王氏宗族的发展命运攸关，对整个地方社会来说，作用也是一样。

温州地域在明朝之前就有热心修筑地方水利设施的传统，如《平阳县志》卷六十五《美陈国英修堰诗序》的记载：

---

① 卢礼阳编校：《王毓英集》，中国文史出版社 2011 年版，第 207 页。

> 温之平阳，滨海为州。州之南，为长港。港之南，有田四万余顷，皆膏腴也。当山断处，津渠通流、潮汐所往来，并海之乡田，不可稼。宋嘉定中，乡人林君居雅始为堰八十丈于津流入海之冲，外障海潮，内蓄清流，数乡之人咸赖其利。元至正三年，堰坏，屡修治弗克完。农民失业，岁以荐饥。越五年，岳侯伯仁来知是州，将召民致其役，州人陈君国英素有孝义名，闻之奋然，以为己任，乃率众趋事散财募工，晨夜戮力，营之逾时堰成。而寻复坏，众且缩手，君独劳心殚虑，百计作治，至于不遑寝食，不避风雨，靡怠益勤，竟获僝功。旧规，克复于是，乡之父老咸曰，其自今岁，且有望我无患饥矣。陈君之惠，其可忘哉，而文士遂相率为诗以称道之。予既美陈君之劳，而嘉吾乡之蒙其利泽也。故为序之，而系以歌，曰……利我农亩，前有林公兮，陈君在后。自今以始兮，岁其大有。吁嗟斯人兮，惠我孔厚。①

如《美陈国英修堰诗序》的作者元朝陈高者，之所以要歌咏记诵林居雅、陈国英，是因为二人确实为当地公共水利设施的兴修做出了重要贡献。

明清时期的温州宗族，在水利等公共设施的兴修过程中，继续发挥了非常重要而又直接的作用。在地方文献中，即有很多相关内容。

清乾隆五年（1740）所刻《永嘉乌牛义渡碑记》记载：

> 永邑三十六都乌牛村，地濒大江，右达郡城，左连乐邑，远接台宁，南通闽越，洵水陆之孔道，为往来之要途。向有渡船马衜，原系本村蒋氏砌造。至雍正三年，大水推坍，继以淤泥壅涨，石埠沉没，船木朽坏，不堪运行旅，济渡维艰。昔陆忠惠造万家桥，往来便民，颜师鲁治漳南道，车步坦适，此地岂无好善君子乐于施仁，自颓已乎？适有士民周振如、蒋炳文、周浩若、戴子裕、孙云生、戴子友、周朝珍、王荀八、王赞臣等首倡，呈请义埠义渡，蒋氏概然乐施，一时善信解囊，共成胜事。②

---

① 苍南县历史文化研究会据符璋、刘绍宽等纂修，民国十四年铅印影印本《平阳县志》之影印本，第2541—2542页。

② 吴明哲编：《温州历代碑刻二集》，上海社会科学院出版社2006年版，第134页。

永嘉乌牛村地处水陆交通要道，旧有渡船马衜，就是由地方大族蒋氏出资兴建的。因年久失修，雍正年间不能再继续发挥作用，以致往来行旅"济渡维艰"。后来是在"士民周振如、蒋炳文、周浩若、戴子裕、孙云生、戴子友、周朝珍、王荀八、王瓒臣"等的倡议下，由蒋氏出资，其他向善人士亦尽力相助，才最后共同完成工程的兴修。这里进行首倡的几位"士民"，就是居于乡里的地方宗族中的知识分子。作为读书人，他们有意识，也有责任去倡导这件事。而两次出资的蒋氏，应该就是当地热心地方公共设施兴修的大姓宗族了。

乐清《徐氏宗谱》之《徐厚堂公家传》记载：

> 公徐氏，讳佳杞，一名显祖，号厚堂……
>
> 壮年家益裕，慷慨好施舍，邻里称贷者，乐就焉，而尤汲汲于邑中利害。县城东西两溪汇注于南案山麓以入海，旧有埭，溉田数千亩，所谓屿南大埭者也。农民遇潦辄盗决，决辄一扫而溃，并埭诸村病之。公捐巨金，募工拓其址，先捷石，倍薄增庳，为下水约束，自是虽决不为害。石马村直海口，有鱼池埭遭大水数坏，堤数塞，民困于役踰百年。公更建陡门，至今以为利。……
>
> 公生于乾隆乙巳八月二十八日酉时，卒于道光乙未正月十二日巳时。①

乐清徐氏之徐佳杞，不但乐善好施，还热心于地方公共事业。当地重要水利设施——屿南大埭、鱼池埭，因为遭到或人为或自然的破坏不能正常发挥作用，百姓深受其苦。徐氏捐献巨额资金，并招募工匠进行修缮，给当地民众的生产、生活带来最为直接、实惠的帮助，是切实造福于乡里民众的善举义行。

《（泰顺）分疆录点注》卷十一《艺文上·新建回澜桥碑记》记载：

> 泰顺县北四十里有要津曰池村司，明初置巡检焉，今废，犹曰司前。其地通衢，上接括苍，下达瓯郡，南入邑城。两水合流为大界，

行者非舟不达，流驶而险，每春夏涨，舟不得渡，两涯相望而已。

居民池氏既微，继起者为陶氏。陶以世德起家，至封翁跃云先生益多义举，与仲兄武德骑尉道甄日以利人为事，每临流浩叹，欲为石梁济行旅。群谓非万金不办，迁延未果。

道光癸卯岁，翁悯校士无所，于旧文庙址倡建试院，既完且备。忌者以微嫌兴讼以事碍，邑长颟预取息而止。翁因指渡叹曰："世风其如斯乎，江河日下矣。而狂澜益骄，共济岂复有人乎？吾将独力兴此役，可名之曰回澜之桥。"

时邑人林生鹗与翁世戚。方游西粤，而翁考终易箦，以桥属其子县丞琳。及鹗官兰溪，琳以造桥既成，遗之书曰："先人遗命，今勉成之矣，不可无志，君知之稔，请详述以明初志。"因为书额，纪其实如此。

翁讳化龙，号悦耘，邑庠士。县丞，字辑瑞，号果堂。其桥阔二丈，长二十六丈零，费全八千有奇，起止月日书诸阴。①

又《重建回澜桥碑志》记载：

从来前人有未完之志，必赖后人力为之继，此固分所当为，非可以言劳也。至于变故猝加，事艰责专，有惟恐不胜其任者，若余于重建回澜桥。既成，窃不禁悲喜交集，不能无言以纪实焉！

池村百念渡，旧名君子潭，道通瓯括，要津病涉。先大父悦耘府君尝欲梁之，而未果。咸丰乙卯，先君果堂府君上承先志，捐赀伐石，经营三载而桥成。竣工甫数月，而遽圮于水。识者谓桥非其所，且砌造亦未如法。先君于是仍拟重兴，特鉴前车，踌躇持重，亦复赍志捐馆。仲弟鹤年读书知大体，谓事不可终已，遂引为己任。同治壬申春，冒雪亲赴缙云、金华相度成式，归即循溪扣沙砾于旧桥下，深十余丈，得纯石底可因为址，遂移建焉。讵知鸠工未半，而吾弟遽殁。呜呼！吾弟体素强壮，盖自兴工以来，朝思夕虑，蒙犯风雨，遂不觉疾中膏肓，致遭此变。如余多疾，年未六十精力已衰，又岂能当

---

① （清）林鹗、林用霖编纂：《（泰顺）分疆录点注》，陶汉心点注校勘，香港出版社2010年版，第461—462页。

此重任哉？惟念吾弟之志犹是先人之志，诚不能以中道止，于是勉起肩之，命儿骐、侄家树分任其劳，余特严为监督，一如吾弟成法。桥之下，为柱者三，为洞者四；桥之上，长三十六丈有奇，广二丈一尺，两旁缭以石栏；凡石长短宽厚皆有尺度；兼构亭于两涯，以为施茶憩息所。碑仍泐先大父名，承先君志也。

经始于壬申仲春，落成于丙子孟冬。共费已赀计缗钱一万四千五百贯零，而后乃今，巨工告竣。

回忆吾祖若父于邑倡建试院，于乡首建社官，于族独建家庙，美举彰彰。余小子无状，不能肖其万一。则是役之成，固吾祖若父之灵默相于冥冥中，不啻亲鉴督之、阴指挥之也，独慨吾祖、若父既不及见其事，吾弟复不获竟厥功。如余碌碌，庶几藉此以告慰九原，此所为悲喜交集而不能已于言也。爰纪巅末，用泐诸石。①

泰顺之地理位置和地形地貌，据《（泰顺）分疆录点注》记载：

> 邑地间在闽括之交，不啻坤舆之一块。……幅员二三百里，其间崇山旷谷，交错回环，诚为海表奥区。②
>
> 崇山峻岭，幽谷清溪，僻在瓯郡西南，界连八县，四面边域，群峰环绕，特为耸拔，道路亦多险阻。界以内诸山稍低，乡村星布，其中处处山重水复，民多聚族而居，虽土田少而民贫，然风俗素号敦朴，二百年未遭兵燹。③

显见泰顺在温州地域属于孤远的一方所在，且境内地形复杂、交通不便，地处泰顺北部的司前村更是深受交通阻隔之困，当地陶氏宗族"以世德起家"，有着"多义举"、"以利人为事"的族风，先后"于邑倡建试院"、"于乡首建社官"，最值得一提的是陶氏宗族四代持续两次兴建回澜桥之事。陶氏一族为了建成、建好回澜桥，在祖辈陶化龙时，即兴"欲为石梁

---

① （清）林鹗、林用霖编纂：《（泰顺）分疆录点注》，陶汉心点注校勘，香港出版社2010年版，第462—464页。

② 同上书，第10页。

③ 同上书，第7页。

济行旅"之意，后未成而亡，子陶琳继承父志，"捐赀伐石"，历经"三载"建成回澜桥。但因选址不当、"砌造"不得法，仅建成数月即毁于大水。陶琳欲重建，亦未果而亡，子陶鹤年、鸿年兄弟继承父业，鹤年为重建回澜桥，亲赴外地考察，回来后精心选址，竟积劳成疾而亡，由鸿年带领"儿骐、侄家树"合力最终完成回澜桥的重建。细思陶氏一族为地方公共设施——回澜桥的兴建，不仅付出了巨额的经济费用，而且付出了祖孙四代人的心血、汗水甚至生命的代价，在赞叹这种义举的同时，也足可见，如果没有"匹夫造一乡"的责任担当，是难以一族数代持续性地为一地之公益事业而鞠躬尽瘁的。正是本着这样的宗族传承精神，陶氏之陶琳还为乡里修建了袭庆桥，即《（泰顺）分疆录点注·袭庆桥记》所载之事：

> 吾邑在万山中，溪涧相错，每山水暴注，不啻江河之险，故虽至浅可涉，而桥尤不可废。予家世居池村，村之左有溪焉，原由西南深山，绕出村前，至君子潭与右溪合。两岸民居相望，自昔以浅故，往来只由石步。然遇大雨水涨即病涉，时有灭顶之虞。先君悦耘府君常慨然，欲为之桥，以试院、社庙、祖祀诸务交乘，势未遑及，遽焉弃养，人咸惜之。
>
> 咸丰辛亥春，琳于溪之上流三里许建双阮桥。成，因念先人夙志未逮，实琳服劳之责有所未尽也。用是鸠工庀材，卜吉，告于先君以营之。经始于是年仲春，六阅月而工竣，计费金九百两有奇。桥既成，爰为碑，额之曰"袭庆"，仍以先君名系焉。①

从史料记载中可以看出，陶氏一族为当地修建的桥梁，除了回澜桥，还有袭庆桥，而且袭庆桥的修建也是自父陶化龙至子陶琳两代才完成。

与泰顺司前陶氏宗族一样数代致力于地方公共设施兴建的，还有乐清猴山万氏宗族，即《乐清谱牒文献选编》之《重修万桥碑记》所记载：

> 天下事，创者固难，继者亦不易。昔万氏东平公之创此桥也，倾

---

① （清）林鹗、林用霖编纂：《（泰顺）分疆录点注》，陶汉心点注校勘，香港出版社2010年版，第470页。

囊运石，填港为基，横阔三十余丈，直深二百余寻。将就，始被洪涛冲坏。公复运填，已成，几遭山溜冲激。公终不惮其难，再运石三千余舟以固之，竟成四柱，跨木为梁。公自镌碑记之，肇名"万桥"。起于宋元祐二年丁卯，讫于癸酉。其间挫折艰辛，言不胜状者，非公莫能任也。故曰：创者固难。

垂六十载，烬于火。时叔永公亦捐己资，架以石。嗣后历元及明，风潮啮蚀，几不能支。宣德初，则星、则洪诸公会族发帑，方修，倏有蒲岐千兵魏迪公决欲增饰，遂倡捐银八千余两，令军士广募众缘，相与落成。化四柱为五硐，树阑楯于两旁，形势穹隆，似长虹之吸涧。越九岁，正统间工毕，勒石。

迄今四百余年，墩柱参差，脊梁凹凸，往来颠仆者不一其人。惟希火公目击心伤，不忍坐视，毅然出首，遂率同志诸公募捐鸠资，赞襄其事。事将经始，惟以良匠未得为虑，适有太平邑志松道人，精于砌砻，不取半资，公即任焉。于是鸠众工，运群材，沐雨栉风勿恤也，披星戴月弗顾也；即梯山航海亦勿敢辞也。经两载，光绪二十年告竣。计阔一丈四尺零，长二十一丈奇。雁齿井井，狮象颙颙，较之故迹更殊焉！故又曰：继者亦不易也！

是为记。

大清光绪二十年岁次甲午秋月谷旦，国学生竹溪胡养中谨撰。①

万氏宗族之于万桥的兴修，可谓历数代之艰辛。早在宋东平公初修时，不仅耗倾囊之费，而且几经洪水冲毁，终才建成。后毁于火，叔永公捐资重建。从元至明、清的数百年间，在自然风雨的侵蚀作用下，可谓屡毁屡修。万氏宗族历数代，在从宋至清的漫长岁月里，能够持续致力于万桥的兴修，正体现了宗族对于地方社会责任的担当。

下面再引几则英桥王氏宗族热心地方公共设施兴修、造福地方社会的文献资料。据《继述堂卷三·永嘉场②开通新河记》记载：

---

① 蒋振喜选编：《乐清谱牒文献选编》，线装书局 2009 年版，第 14—15 页。

② "'永嘉场'是'永嘉盐场'的简称……永嘉盐场有一千多年的制盐历史，唐代始设永嘉盐场。"引自方坚铭《"永嘉场"地域文化研究：以明代永嘉场为考察中心》，浙江大学出版社 2012 年版，第 2 页。

　　鹿城东至大罗山三十里，山之东境，地名永嘉场，今名永强镇。……

　　横河者，横贯民荡之界，上田下园，水利所关綦重，南自一都，至北宁村小陡门，沙城河计长一万四千弓，迄缘河道淤塞，偶逢旱潦，被灾深重。光绪十六年，岁荒道殣，民不聊生，乡绅陈峋、张乃鉴、何鹏南三先生，因而发议重浚，并欲开造新河，与梅冈河通，使南达瑞城，折而西北，可通温郡，非但利农，并可便商。前明张罗峰相国①，尝有志而未逮，峋等以一介书生起而行之，集众劝募，良非易事。并议通梅冈自古未通之河道，经营历十数载，购地兴工，需墨银三千圆有奇，共沿地居民按户派工，约计工夫在三万上下。后缘工程浩繁，费又支绌，中道而止，九篑功亏，洵可叹也。②

横河对于永嘉场来说，是关系至重的水利工程。后来河道淤塞，不能正常发挥作用，遇到旱涝之年，百姓深受其害。光绪十六年，乡绅陈峋、张乃鉴、何鹏南倡议重新疏浚，并欲开凿与梅冈河相通的新河，这样不仅可以灌溉农田，还可以靠水运经商。但这是一个艰巨的浩大工程，明朝时官至内阁首辅的永强张璁都没有将之变成现实，现在仅由陈峋等文人发起，最终不可避免地因为历时太长、花费过巨、工程量浩大等原因，未能成功。这一方面说明，地方士绅有自觉倡导兴修地方公共设施的意识和责任感，也有号召、组织等方面的引领力量；另一方面也说明，面对地方社会那些工程浩繁、花费巨大、颇费周章的公共设施的兴修，士绅之力又是非常有限。

　　《继述堂卷三·一都三甲浚大浦记》记载：

　　宣统纪元岁在己酉八月望后五日，天时既晴，农功已暇，潮流缩小，及时浚导，计莫善于此矣。三甲乡大事，浚河浚浦二者而已。河为民田溉灌所资，浦为荡园泄水之渎，亦即为各直河横河出水之尾闾，盖源流相通而互为表里者也。凡浦一年须小浚一次，十年须大浚一次，否则，潮汐淤塞，挟泥沙而出入，旱则易干，雨则易溢，旱潦

①　张罗峰，即张璁。
②　卢礼阳编校：《王毓英集》，中国文史出版社2011年版，第50—51页。

交病，田围为灾，不但三甲八百户苦之，即都内如庄泉、司南、荡厂十数地，罔不延害。昔之浚者，卤莽灭裂，爬支泥皮，潦草塞责而已，数十年来，旧弊相沿，莫之诘问，而水患于是益重且深矣。予虽无半亩之禾，数陇之麦，天既老我于乡，则一乡中之利所当兴，与弊所当去，揆诸地方自治之义，春秋责备，在所难辞。初，光绪己亥暨壬寅两岁，首行倡捐民田各一亩，为三五甲两处劝募浚河之先导，俱已勒石存案，至今赖之。①

对于三甲乡来说，最重要的两件大事就是浚河、浚浦，这是关系到当地灌溉、泄洪的两个大型水利工程。如果不定期进行疏浚，无论旱涝之年都要受灾，而且灾害范围殃及城乡。但过去进行的疏浚，都是敷衍了事。王毓英作为地方士绅，从内心意识到自己肩负有除此弊害、为乡里造福的责任。所以，他要倡导重新疏浚河浦的工作。又《继述堂》卷三《读前人旌表乡先生书后》记载：

忠幼先辈筑堤防以备水患，不辞辛苦艰难之力，而为地方开农务，广种植，虽耗竭家赀，亦所不惜。达至子孙继世，始克告竣，其事劳，其时久，是非具有愚公移山之坚志者，不能奏功于万一。迄今百余年来，居其地者，非特免泛滥之祸，并蒙乐利之休。②

英桥王氏作为世代生活在永嘉场的著姓宗族，在地方水利设施的兴修、维护、疏浚，农业生产等方面做出了持续不懈的诸多努力。不仅造福了王氏子孙，也大大服务了当地社会。明清时期像王氏宗族这样致力于地方公共设施兴修者，大有人在。正是有了他们的不懈努力和贡献，才有了当时温州地方社会的繁荣和发展。

在明清时期温州的宗族社会中，对于地方公共设施的兴修，除了上述这种由宗族自己直接出资、组织、倡导之外，当面对一些仅靠社会力量难以完成的公共设施时，他们还善于借助自己的身份和影响依靠政府官方的力量来完成这些事情。下面列举几例，以示说明。

《继述堂卷三·乙卯再浚大浦并添建芦礁陡门记》记载：

> 三浃大浦，上自南潭，下至草涂，江口沿长实计二千丈有奇。自前清光绪已酉大浚后，迄今七载，两坎淤积，渐形浅狭，而芦礁一闸，已酉由英募建。又不足以敷出水，入此岁来，冯夷为患，田园淹没，六种无收，偏灾屡见，四民苦之。英虽衰老而人心未死，何忍坐视？特迫于经济困难，屡经提倡不果者久矣。后遇吕公前观察渭英先生寿诞，谈故乡旧岁水霓为灾，因详述吾乡三浃水利，无款修筑为歉。公闻之，慨然愿赍二百金为助，以代兴公益。而吾乡人之感斯役者，皆能踊跃趋工，就家募捐，并按亩派浚。①

三浃大浦因年久淤积，未能定期疏浚，非但不能正常使用，而且已经成为影响当地正常生产、生活的障碍和灾难。面对于此，王氏宗族之王毓英虽年事已高，但仍感自己有责任对其进行修浚。但限于其经济实力问题，虽多次倡修而未能成功。后来在一次为吕渭英②祝寿的场合，念念不忘修浦之事的王毓英趁机提及此事，结果得到了吕渭英的慷慨捐款。在吕氏带领下，乡里民众纷纷出钱出力，最后共同完成了此项工程。与本事相关联的，还有一件事情，即《继述堂卷三·乙卯一都笑客岩砌路记》中的记载：

> 永强镇天马山麓，有笑客岩一地，系永瑞两邑商旅来往之要冲也。岩之南有大驲寺，缘前明防寇置递之处，后驲废，改为寺。寺有路亭，以便行人倦憩，行者乐焉，因以笑客以名其岩，理或然也。岩之北沿至太保亭，其路约长二千步有奇，中间仅有司南石路十数丈，余俱松土为塘，一雨，泥泞不可行，行者视为王阳畏途，士女尤惮之。所由行人怨声载道，盖历数百年于兹矣。乃英于本正间惠蒙吕公观察渭英墨银二百圆，为做芦礁二闸倡提之助，内提四圆，另行雇工铺沙。倡言吕公，砌路笑客岩一带，以鼓动地方乐助之情，而乡族之急公好义，如王钦昌、王润三、项正昌等诸君，竟不月周，皆闻风争

---

① 卢礼阳编校：《王毓英集》，中国文史出版社 2011 年版，第 55 页。
② 吕渭英（1857—1927），其始祖于南宋初迁入温州。

兴善举，已分砌其路而过半矣。①

笑客岩地处永嘉、瑞安两县的交通要冲，这条道路是否畅通，关系至重。在岩之北的道路，原多为泥土路面，面对多雨的温州气候，数百年来一直为往来商旅所怨恨。上则史料提及王毓英通过向吕渭英讲述：因为没有资金，家乡水利设施——三浃大浦，虽然废坏，但不能及时修筑的困境，结果得到吕渭英的捐资并得以修成。王毓英当时抓住吕渭英捐资修三浃大浦的机会，先是从吕渭英捐出的二百圆费用中拿出四圆，作为带头、示范以鼓动、劝导当地其他士绅参与进来，共同促成此事。这招果真奏效，工程进展迅速，完成在即。王毓英这种煞费苦心为地方乡里社会服务的精神，非常难能可贵，亦值得大加提倡。

通过本节的分析说明这样几个问题：一，是在明清时期的温州宗族社会，各姓宗族及其代表性人物，确实为地方公共设施的兴修做出了自己的不懈努力和贡献。二，是各姓宗族及其成员要想为地方兴修公共设施，不仅要怀有造福地方、服务地方的责任感、使命感，肯出钱出力、身体力行，还要拥有足够的经济实力，否则面对一些浩繁的工程也只能是心有余而力不足。三，是在当时的社会中，也只有大姓宗族才有机缘、有能力可以从地方官府获得帮助，实现兴修地方公共设施的愿望。

明清时期的温州宗族之所以会热心兴修地方公共设施，原因之一，当如《继述堂卷三·三甲浚各荡沥记》中记载的：

> 予思生平既不得志于当世，当为乡人兴水利，除水患，以弥生成之缺憾，即以补官治耳目所不周。回忆光绪壬寅，募捐浚河众田，以迄今日，历有八载，中间或浚民河，或浚横河，去秋又浚大浦，莫不身任劳怨，以尽地方之责。今乡人又以浚沥请，敢不以平日经验得力之处，出而为地方效其劳？②

作为心怀抱负的宗族士绅，他们看到自己既然没有机会通过入仕来施展自己的治世才华、大有作为，那就务实地选择实实在在地服务于乡里社会，

---

① 卢礼阳编校：《王毓英集》，中国文史出版社 2011 年版，第 56 页。
② 同上书，第 53 页。

比如热心于兴修地方公共设施，以求一生无憾，实现自己人生的价值。可以说，这些宗族士绅正是出于一种务实地对自己、对社会负责的责任感、使命感，才会有这样的举动和作为。

第二节　以"兴仁兴让"的原则，与乡里社会和睦相处

在宗族社会下，随着人口的不断繁衍，生存资源和空间不可避免地会变得日益紧张。尤其是明清时期生活在温州这方地域上的各姓宗族，面对温州"七山二水一分田"的生存现实，更易于为了生存利益的争夺而发生各种纠纷，甚至械斗相向。为了较好地处理这些问题，当时温州的很多宗族在族规家训中非常注重教育子弟如何处理与乡里社会的关系。

龙湾永强《前街陈氏宗谱》之《家训十篇》记载：

　　三曰和乡党以息争讼。……祖宗悯人心之好竞，思化理之贵淳，特布训于宗族曰和，所以息争讼于未萌也。……毋恃富以侮贫，毋挟贵以凌贱，毋饰智以欺愚，毋倚强以凌弱。……此既有包容之度，彼必生愧悔之心。一朝能忍，宗里称为善良；小忿不争，同族推其长厚。和之道其益大矣。……缓急可恃者，莫如乡党。务使一乡之中，父老子弟联为一体，安乐忧患，视同一家。……诚遵此训，宗族之式好，仁美之里，于是乎敦焉。……

　　九曰解仇怨以重身命。……乃生人气质之偏，不能变化，往往血气用事，至一发而不可遏，激怒崇朝，竟成莫解，恒相报复，两败俱伤。其起甚微，而为害甚大。……夫天地以好生为心，而惘惘之伦，不自顾惜，每至轻生，非衅起于夙昔之仇，即祸生于一朝之忿。……所易犯者，尤多纵酒。盖酒之为物，能乱人心志，使失其故常。或宾主酬酢，始以合欢，而俱入醉乡，则一言不合，操刀而相向。或睚眦之怨，本可冰释，及酒酣耳热，则一发难忍，若不共之深仇。……自今以往，皆当敬聆祖训，时时提醒，思仇与身孰重，毋追既往之仇而昧将来之患；思贫与命孰轻，毋快目前之忿而贻事后之悔。纵人或以非礼相加，似难含忍，然一念夫身命攸关，则从父兄训诲，听亲友调

和，无不可情恕理遣。①

上引永强陈氏家训中强调了关于如何处理乡里社会关系的两个原则：一是一个"和"字。陈氏认为，"和"体现的是包容之心。如果能够做到心怀包容，就不会因为区区利益之争而与人对簿公堂，就可以处理好与乡党的关系。这样在自己遇到紧急危难时，才会有人可以求助，才会出现和谐的乡里社会生活。二是要看重生命，看轻仇恨，平息愤怒。陈氏认为，很多人就是因为年轻气盛，为了些微小事而暴力相加，一发不可收拾，最终酿成不可挽回的惨剧。为了避免本姓族众发生这样的事情，陈氏告诫大家，在遇到类似情况时，要衡量一下愤怒与生命相比，哪个重要？只要能够想到这里，就不会再有人因为一念之差而犯下大错。

七甲项氏之项乔所写《项氏家训·和睦乡里》记载：

> 乡里之人住居相近，田土相连，朝夕相见，若能彼此和睦，交相敬让，不妒其富，不欺其贫。喜庆必相贺，患难必相救，疾病必相扶持，婚丧必相资助，有无必相那借。虽说异姓，有同一家，自然争端不起，作事有成。若不和睦，便相骂相打相讼，岂能长久相处？故圣祖教民和睦乡里者，欲使人人兴仁兴让以成善俗也。②

项乔从正反两方面分析了乡里社会之间，和与不和会带来两种截然不同的结果。目的是以此劝告子孙，要兴仁让之心，要与乡里和睦相处，这样一乡的风俗才会变得友善和睦。

瑞安小旦《乐安郡孙氏宗谱》之《孙氏宗谱祖训》记载：

> 一曰邻好宜修也。古者八家同井，出入有相好之欢；十千维耦，主伯有亚族之乐。所以让畔让耕，古昔皆然。③

---

① 郑笑笑、潘猛补主编：《浙南谱牒文献汇编》第三辑，香港出版社 2008 年版，第43—47 页。

② （明）项乔撰：《项乔集》，方长山、魏得良点校，上海社会科学院出版社 2006 年版，第514 页。

③ 郑笑笑、潘猛补主编：《浙南谱牒文献汇编》第三辑，香港出版社 2008 年版，第 196 页。

瑞安孙氏则认为，要想处理好与乡里邻居之间的关系，重在一个"修"字，重在大家要以"让畔让耕"的心去经营。

平阳《谢氏家训》之"重忍耐"条记载：

> 夫子曰：一朝之忿，忘亲及身，诚由于不忍也。诚观举世，多少暴烈之徒，不忍不耐，浅则祸及一身，深则倾家荡产，害及儿孙。昔张公艺九世同居，江州陈氏八百口共食，皆由于能忍。夫万事当前，忍则大可化小，小可化无，不至逞凶构讼，亦不至事后追悔。愿族房子孙，若非切己大仇，凡日常小事，忍耐为上。[1]

平阳谢氏告诫儿孙，在为人处世、与乡里社会相处时，切记把握一个原则，即万事忍为上，忍可以全身、孝亲、保全自己的宗族不至狱讼之害。

概述上引这些明清时期温州宗族规训中告诫族众怎样才可以做到与乡里社会相睦的道理，其实并不深奥，无非是劝人以和为贵、要仁让、向善、忍耐之类的内容。而这些内容之所以会被写进宗族的规训中，是因为要切实将这些道理践行到实际行动中去，是一件不太容易的事情。所以各姓宗族要以规训的形式时时警醒、告诫子孙，要本着这样的道理去生活，要注重在自己的实际生活中用心去领悟、去践行，然后就能够与乡里社会和睦相处，宗族就能够发展延续，这才是先祖订立这些规训的真正用心所在。

第三节　修建义塾，以闳地方教育

明清时期温州宗族对乡里社会的影响，还体现在他们对于地方教育的贡献方面。

在当时温州大姓宗族所修的族塾中，有一类是以"义塾"的名义出现的。在这类义塾中读书的学生，可以是本姓宗族的成员，如明朝时瑞安上望《薛氏宗谱》之《明乡大宾静庵处士薛公墓表》记载的：

---

[1]　谢刚主编：《谢氏史志·平阳篇》，香港天马图书有限公司 2007 年版，第 642 页。

设义塾，延师以教诸孙，故其孙后先祖继，补郡邑文学。①

也可以是本姓宗族成员与乡里子弟，共同在义塾中学习，如《江南陈氏义塾碑记》记载的陈氏义塾：

> 邑治西北距八十里曰镜川，川之南惟陈氏清夫世居焉。其鼻祖富十五公自唐由闽之五马宅徙居，懿德凤积，诗礼相传。至宋省元公舍基，建立义塾于聚贤堂，岁集宗党之子弟而教之。迨元季义塾湮废。戊申（弘治元年）岁，族众复兴书屋三间。乙卯（八年），临川王侯治邑，阐兴文教，将聚贤堂列为社学，清夫氏为族长，继兴义塾三间，元亨利贞四房共舍租谷七十九硕，岁积延师修脯以训阖族子弟及乡之童蒙。
>
> 正德己巳仲春。②

从上述记载可以看出：陈氏宗族一直非常重视义塾的兴建，从宋朝开始直至明朝，虽然期间历经战乱和朝代更替，义塾也时有兴废，但只要条件好转，陈氏就会坚持将义塾修建起来，并出资聘请教师教授本族及乡里子弟。

在明清时期的温州宗族社会，还有一些是各姓宗族专为乡里子弟修建的义塾。如括苍③浯溪《富氏宗谱》记载的《浯溪义塾记》：

> 括苍浯溪富雅敬，字秉礼，尚义士也。以乡之子弟多淳良俊伟，然幼不有以裁成开导之，或习于不善而味其天性之真矣。于是偕从弟秉初及弟秉诚辈，置田租百石于所居之右，临溪构屋三间两翼作讲堂，岁岁延师以教乡之子弟，凡愿学者咸得就学而无所费，人尽得之。及今十年矣，启蒙成材非一人耶。④

---

① 郑笑笑、潘猛补主编：《浙南谱牒文献汇编》第三辑，香港出版社 2008 年版，第 294 页。

② 吴明哲编：《温州历代碑刻二集》，上海社会科学院出版社 2006 年版，第 960—961 页。

③ 古县名。隋开皇九年（589）分松阳县置，以境内有括苍山而得名。治所在今浙江丽水东南。唐大历十四年（779）改名丽水。隋唐时曾为处州、括州及永嘉郡治所。

④ 吴明哲编：《温州历代碑刻二集》，上海社会科学院出版社 2006 年版，第 838 页。

浯溪富氏兄弟看到乡里子弟，因为在幼年时未能接受到良好的教育而影响了他们的成才，遂决定由自己出资、出地方修建学塾，每年聘请老师教授乡里子弟。而且只要愿意来学者，一概不收任何费用。富氏兄弟修建义塾的行为，对于乡里子弟的教化、成才，对于地方社会文气的形成，无疑起到了非常重要的作用。富氏兄弟十年如一日的坚持，为浯溪培养出一批人才。

在官方教育并不能普及到基层社会的明清时期，这些宗族修建的义塾对于当地教育的普及和民众文化水平的提升，确实起到了非常重要的作用。大姓宗族对于地方教育的推动，还表现在其他方面，比如表现在某些成员身体力行地参与到地方教育事业中去。如清末瑞安四大望族之一的孙锵鸣，在同治三年正月初二被上谕"勒令休致"①。他在切身体会到官场黑暗后，写下了"我生孤僻俗眼白，人事险巇鬼面蓝"，"誓与老农同击壤，息影不离山中庵"②的诗句以明志。这一年，孙锵鸣48岁，他决心开启一段新的人生，那就是全身心投入治学和教育中。他先后在温州中山、玉尺、龙湖等书院任教，门生达数千人，如黄绍第、黄绍箕、洪锦标、杨晨、陈黻宸、宋恕等即是其中的佼佼者。对于孙氏当时的教学情形和成绩，文献中是这样描述的："其掌教江、浙诸大书院也，翕受群材，化以时雨"，"不袭理学陈腐之言，不摭训诂破碎之说，亲受业者咸卓然有所成就。"③孙锵鸣作为清末一代大儒，将自己的后半生奉献给了温州的地方教育事业，影响范围甚至扩及整个江浙。

孙锵鸣的侄子孙诒让在其所写的《敕授武德骑尉候补卫千总云阶吴公墓志铭》中，记载了清末地方教育发生的变化：

> 光绪壬辰，朝廷始议更法，罢科举，兴学校。吾郡诸君子相与议广建学堂，以闳教育，而乐清风尚首开，志士踵起，踔励奋发，蔚然为郡邑冠。余友吴君郁哉，学行渊粹，既兴学于其乡，又以同郡贤士

---

① （清）孙锵鸣撰：《孙锵鸣集》，胡珠生编注，上海社会科学院出版社2003年版，第739页。

② 参见《开岁二日以言事罢官，将南归，叠三字韵》，引自（清）孙锵鸣撰《孙锵鸣集》，胡珠生编注，上海社会科学院出版社2003年版，第169—170页。

③ （清）孙锵鸣撰：《孙锵鸣集》，胡珠生编注，上海社会科学院出版社2003年版，第671页。

大夫举充郡中学堂监学，同寓郡城，昕夕商榷学事。①

清朝末年，在朝廷废除科举、大兴学校教育的时代背景下，生活在温州的士绅们纷纷投身到广建学堂、发展教育的队伍中。在他们的积极努力下，温州当时的教育得到了一定程度的发展。

第四节　匹夫化一乡，引领地方风气

生活在明末清初的江东太仓诗人吴伟业②曾经说：

> 世家大族，邦之桢干，里之仪型，其有嘉好燕乐，国人于此观礼焉，四方于此问俗焉。③

如吴氏所言，世家大族对于地方社会而言，就是民众学习、效仿的榜样，他们的言行举止、喜爱憎恶，足以影响一个地方的社会风气。持有类似观点的，还有清朝乾隆时人张海珊，他说：

> 其（按：指地方望族）耳目好尚，衣冠奢俭，恒足以树齐民之望而转移其风俗。④

对于明清时期的温州宗族社会来说，也不例外。生活在当时的大姓宗族的言行，就是乡里社会民众行为举止效仿的风向标，深深影响着温州地域当时社会风气的发展。

在有关明清时期温州宗族的地方文献中，多有关于这方面的记载。如明朝章纶所写《明江西按察副使士英公墓志铭》的内容：

---

① 郑笑笑、潘猛补主编：《浙南谱牒文献汇编》第三辑，香港出版社 2008 年版，第 146 页。

② 吴伟业（1609—1672），字骏公，号梅村。

③ （清）吴伟业撰：《顾母施太恭人七十序》，引自吴伟业《吴梅村全集》，李学颖集评标校，上海古籍出版社 1990 年版，第 811 页。

④ 参见（清）张海珊撰《小安乐窝文集》卷一《聚民论》，引自清代诗文集汇编编纂委员会主编《清代诗文集汇编》（五三七），上海古籍出版社 2010 年版，第 377 页。

> 或有丧不能举，婚嫁不及时者，出赙以赗给之，使各遂所愿。里有老稚饥寒过门者，必推所余，皆出乎诚。用是一乡之人亦化其德，而横逆者远矣。①

曾任江西按察副使的温州人朱士英在世时，对于乡里生活有困难者、需要帮助者，都给予了无私、真诚的帮助，正是他身体力行的引领、示范，带动、影响、教化了乡里的民众，收到了劝恶向善的效果。

项承权在为《继述堂文钞》所写的叙中，这样记载英桥王氏对于乡里教化所起到的作用：

> 我友隽颀者，亦王氏之苗裔也。……乃十试棘闱，屡荐不售，遂以韬晦老。每谓文章一道，必华实并茂，方为巨制。若徒竞浮华，不求实践，纵有佳文，返之世道人心，恐无当于万一。……一时从之游者，恒以百数，其相契于微者，亦不乏人。咸谓吾师生平重实行，薄浮靡，虽不得志于时，犹思兼善于一乡。②

王毓英作为英桥王氏宗族的代表性人物，曾经向一般士子一样追求科举仕进，在屡次碰壁后，决心放弃。在他看来，真正的学问文章是要做到"华实"并重，如果仅仅是纸上谈兵，不能付诸实用，那是没有价值和意义的。王毓英就是秉承着这样的信念过起了自己的乡居生活，以自己的实际言行深深影响了一批弟子，影响了乡里务实的社会风气。王毓英用自己的实际行动践行了读书要"华实并茂"。

宗族大姓对于地方社会教化的引领、示范作用，得到了地方官府的认可和推崇。在唐传钺写的《梅溪王忠文公书院记》中，就记载了这样的事例：

> 古有匹夫而化一乡矣，士大夫躬为德业文章之宗，虽殊方异哉，犹将闻其风而顽廉懦立，矧其乡之世未远，居相近，谓不群相慕效，以成为气运之中兴也，必非人情。此余汲汲于本邑梅溪王公之书院，

---

① 郑笑笑、潘猛补主编：《浙南谱牒文献汇编》第三辑，香港出版社 2008 年版，第 120 页。
② 卢礼阳编校：《王毓英集》，中国文史出版社 2011 年版，第 5 页。

盖欲以乡之先贤，启乡之后进，于义尤为深切著明也。……

余莅官之七阅月，庸是汲汲，爰因城西山川坛上长春道院之旧址，祛其腐秽，毁其土木淫祠，断然特卜为公之书院。公固端正名儒，邪黜而正始伸也。旧址而北，今改而东，阴暗而阳固明也。后为正栋，中立公神主一龛，岁时致祭。旁两大房舍为藏经阁，延义学师修明经术居其中。前为回廊一栋，敞之，令诸生步武接武于其间。门坊题曰"梅溪王忠文公书院"。左西为厨舍三间，左北为静修斋，凡九舍，诸生时居息焉。其左东为讲堂一厅，令师徒会文讲业于其地，壁间大书朱子《梅溪集叙》。门外旧为虚地，今砌石累阶，以为宽闲之所。其阶下为石路，纡折有度，始卜头门，榜曰"义路礼门"，见非其人，不得与游也。岁祭乏资，适新垦东门外先农坛侧田十二亩，收其租，除完公赋外，以为酒醴牲牢之需。又虑书院之岁久乏修，适二十三都一图十甲实相寺僧师徒珍性等，罪状昭著，既暴于众而火其居，有田五十亩一分七厘，地七亩，山二亩七分，均请于府宪，芮公力主之，并饬清册附卷成案，使义学岁久常新，则贤太守之遗也。所用木料，大半取之九都官山，而土石砖瓦、丹刻工匠，约计若干，不派民间一力，不募士人一钱，则拙令樽节羡耗而成之也。始事于六月初八日，告成于十二月十六日。……

大清雍正戊申（六年）年季秋，赐同进士出身知乐清县事衡阳后学人岸唐传鉎记。[1]

唐传鉎作为乐清县知县深刻认识到宗族士绅作为德业文章的代表，能够对地方社会风气的教化起到引领、示范作用，所以他想借助梅溪王忠文公端正名儒的榜样作用，来帮助自己达到"邪黜而正始伸"的地方教化、治理效果。为此，他不但为王忠文公修建了书院，精心设计了书院内的布局，还想方设法解决书院日常运转、修缮等方面的费用支出。这说明地方士绅确实可以对乡里的教化起到引导、示范作用，而且得到了地方官府的认可，不然唐传鉎也不会有如此的举动和积极的态度。

此外，宗族大姓在乡里社会的民间信仰、民俗等方面也发挥着重要的引领、示范作用。如《继述堂文钞卷一·家训》记载：

---

① 吴明哲编：《温州历代碑刻二集》，上海社会科学院出版社 2006 年版，第 449—451 页。

永强镇灵姑、讲神、妖宫、龙舟诸大谬事，为患于地方者甚矣。予生平尝恶之痛之，并禀官出示泐石，以严禁之。然禁则禁矣，奈何日久禁弛，并有不肖者流，复欲煽其死灰而燃之。此地方之大不幸也。①

温州是一个民间信仰多元、情况比较复杂的地域，如果不能进行正确引导，就会被别有用心者利用，就会危害民众，甚至发生恶性事件。比如在端午节划龙舟，本是一项增添节日气氛、与民娱乐的水上活动项目。后来因为被别有用心的地痞无赖利用，变成械斗滋事的诱因。对此，本书会有单独一章内容进行介绍，此不赘述。对于这些恶习，王毓英深深意识到它们的危害，不但自己心中痛恨，还主动请求官府出文禁之，这对于当地社会风气的治理和好转无疑发挥了积极作用。

缠足，是中国封建社会中的一种特有现象。到了清朝末年，这种情况在温州依然存在。据地方文献记载：

温俗：女足无一不缠，先生独深悲之，而苦无力以革。及终之次年冬，有诏令搢绅家劝解，子诒械乃慨然继先志，奉嫡母林安人命，大声疾呼，与从兄诒让等集金恭印数万纸，传读广劝，旬月间，一城望族解几半焉。②

孙氏父子对于妇女缠足一事，深恶痛绝，并为其废除付出了自己的实际行动。作为尊崇封建礼教的地方望族能够带头宣传、提出废除缠足一事，对于当地社会风气的影响可想而知，所以才能收到"旬月间，一城望族解几半焉"的效果。这足以证明宗族士绅对于地方社会风气教化的引领、示范作用之大。

在温州先进科学技术的引入、推广方面，宗族士绅也同样发挥了带头作用。如清朝时永嘉枫林徐氏擅长种痘之法，文献中的相关记载如下：

<hr>

① 卢礼阳编校：《王毓英集》，中国文史出版社 2011 年版，第 13 页。
② （清）孙锵鸣撰：《孙锵鸣集》，胡珠生编注，上海社会科学院出版社 2008 年版，第 762 页。

　　公讳定选，字文卿。性颖悟，博涉经史，而医道尤精，乡人延诊，虽寒暑无不至，活人无算。往往不计谢资，于贫家尤体恤焉。至于种痘之术，更能灵妙入神。同治初年，方子颖观察礼聘入署，为幼子女孙辈点痘，应手奏效。观察为之设官局于郡庙，延公董其事，襁抱而至者日凡数十起，时或局为之塞。……

　　……嗣君六：长巨川，亦精于种痘。……长孙绍游，亦业医，习种痘法，灵妙无匹。《引痘方书》云"徐姓之世习是业"者，即公之子若孙也。……徐氏故多世家也，而公家为最。①

徐氏世代习于种痘之业，而且手法精良，在徐氏的努力和方观察的帮助下，这项先进医术得到一定程度的推广。使这项医术得到进一步推广普及的，则与瑞安孙氏宗族有关，据文献记载：

　　同治乙丑，余（按：指孙锵鸣）为诸儿辈谋种痘，习知牛痘法良，外间盛行，而我温人鲜有信者，习其术者尤少。久而闻君能，邀至家，施种如法，十种十全，由是群论翕然服。②

正是孙氏的带头认可，请人为自己的子辈种痘，才使"群论翕然"，使民间百姓相信了这项医术。

　　从上面的论述中不难看出：在明清时期的温州宗族社会，大姓宗族及其代表人物是可以从大到思想、信仰、观念，小到民间风俗习尚等方面对当地社会风气的教化起到引导、示范作用。

第五节　"过位式车"：乡里社会对温州宗族作用的认可

　　在明清时期的温州宗族社会，大姓宗族与乡里民众之间相互依存。大姓宗族非常注重如何处理好与乡里社会的关系，当地民众对于大姓宗族的行为和作用也十分认可。

---

　　①　郑笑笑、潘猛补主编：《浙南谱牒文献汇编》第三辑，香港出版社 2008 年版，第 134 页。
　　②　（清）孙锵鸣撰：《孙锵鸣集》，胡珠生编注，上海社会科学院出版社 2008 年版，第 741 页。

宋朝时在温州名士薛季宣所写《陈益之父行状》中记载：

> 乡人于公之疾，日奉鸡豚祠神祷谢。死之日，咨嗟相顾，有为之流涕者。呜呼！公何以得此邪？公常自言："不能利泽于世，遗爱一乡足矣。"以匹夫而泽逮乡里，贤矣哉！①

陈益之父虽然只是一介"匹夫"，但他在世时奉行了读书之人如果没有机会治国、平天下，那就尽己所能造福乡里的处世原则，切切实实为当时温州地方社会的发展、为民众的生活带来了好处，而这一切也得到了当地民众的真心认可，不然人们就不会自发地在其生病及死后表现出如此的关切、哀痛之情。

七甲项氏是明朝时温州永嘉场的名门望族，项氏宗族成员以自己的实际行动为本姓宗族赢得了乡民的认可和爱戴。如《项乔集》之《续编·附录三　瓯东先生墓表》中记载：

> 乡人以项氏为望，丘墓所在，必有过位式车，见碑而下泪者。②

项氏宗族在当地的影响和威望已经不止于人们对其宗族中某一个成员的认可和拥戴，而是扩展到整个姓氏，整个宗族。永嘉场的民众将项氏宗族作为自己学习的榜样，而且这种认可、尊敬发自内心，不然也不会出现"过位式车"、见其墓碑落泪的行为。

瑞安孙氏作为清朝后期当地四大名门望族之一，也以自己的实际行动赢得了当地民众的认可和拥戴。据《孙锵鸣集》"附录下"记载：

> （孙锵鸣死后）乡人无贫富，闻之率黯然，或痛哭失声。盖先生里居数十年，未尝巧取豪夺富人之一丝一粒，而恒自损以周他急。晚年因掌教大院，所入钱稍多，稍置稻田。每遇岁稍歉，粜粟必减时直

---

① （宋）薛季宣撰：《薛季宣集》，张良权点校，上海社会科学院出版社 2003 年版，第 526 页。

② （明）项乔撰：《项乔集》，方长山、魏得良点校，上海社会科学院出版社 2006 年版，第 817 页。

之半以惠告朵之贫人，故贫富之稍良者皆甚德之。①

孙锵鸣去世后，乡里民众无论贫富都发自内心地为之哀悼，这是大家对其德行的肯定，是他在世时以实际行动为自己死后换取来的认可和哀荣。

民众对平阳彬桥朱氏的认可和敬戴之情，则表现在对其祖先名字的避讳上。据《浮沚集》卷七《朱君夫人陈氏墓志铭》记载：

> 朱氏世家平阳杉桥里。……杉桥朱氏者，有厚德，能仁其邑里。其祖有名钱者，里人为讳之，不曰钱而曰金帛，至今不改。此岂有禁令服丛哉。②

避名讳在中国的历史上并不少见。为尊者避讳，那是一种法律意义上的必须，是不能进行选择的选择。为亲者避讳，那是一种出于血缘关系的尊重，是一种宗法社会中的礼节。为贤者避讳，则是出于对其言行的认可和尊重，是出于自愿。平阳彬桥朱氏之例，因为一个姓氏的善行厚德、造福乡里，民众主动为其成员避讳的行为，自然属于第三种。可以试想一下，要有怎样的德行，才能使当地民众自觉为之避讳。这正是地方社会民众对宗族大姓之嘉言善行、惠及乡里行为认可的有力证明。

---

① （清）孙锵鸣撰：《孙锵鸣集》，胡珠生编注，上海社会科学院出版社 2008 年版，第 761 页。

② （宋）周行己撰《浮沚集》，引自上海古籍出版社 1987 年据文渊阁本《四库全书》影印本，第 1123—672 页。

第五章

明清时期温州宗族与地方官府

　　明清时期生活在温州宗族社会中的各姓宗族，与代表封建政权对这里进行治理的地方官府之间，是一种什么样的关系呢？本章将从三个方面进行分析。

第一节　宗族自治权的有效行使需地方官府的支持

　　明清时期生活在温州的宗族，虽然在地方拥有很强的势力，但在实际的宗族自治过程中，遇到很多问题时仍然需要借助于地方官府，需要得到地方官府的支持。

　　七甲项氏作为永强当地的大姓宗族，在枝叶不断扩展、宗族实力不断壮大的同时，面临一个现实问题，就是宗族墓地的日益紧张和族众的无序乱葬。在解决这个问题的过程中，项氏就向地方官府寻求了帮助。史料中对这件事情有如下记载：

　　　　（项氏）照得黄奁坟山一片，为地不多，今传之六代，子孙不问昭穆，遇空便葬，有孙踏祖公头上者，伤断山龙脉者，所关非细。今焕已叨食廪有年，诚愿从族众择取相应山一片，自出廪银买之，专听族中贫难及原无葬地者葬之。其祖坟除已先作寿圹者听其祔葬外，以后虽有力者不许再葬此山。如违，许族长、正、司礼及一应族人告官问罪，仍责令迁葬，不得姑息。又如此，庶不惟生者知礼，即死者亦瞑目矣。

　　　　为此具呈，伏乞俯念风化所关，详示批允，付与祖父榜示，永为遵守施行，须至呈者。

　　　　嘉靖二十九年十二月十六日具呈。正月初六日奉温州府知府丘

（玳）批：据此看得所呈实关风化，有补君民，相应准行，拟合给照。为此贴仰本告照依帖文内事理，即将前项情节赍赴诰封员外郎及参政项（乔）查照，榜示施行。如有不遵故违者，听其送府，以凭重治不恕。

　　永嘉县知县齐（誉）批。①

史料表明：项氏随着人口的不断繁衍，原有的黄岙坟山已不能满足族众对于葬地的需求，以致出现了无序乱葬的情况。为了解决宗族的葬地问题，项文焕自己出资另买了一块坟山，供那些无地可葬者使用。并对原有黄岙坟山的埋葬制度进行了详细规定，不许族众再行乱葬。如果违犯，就会受到相应的处罚。为了使这个规定在宗族中实际执行时能够收到比较好的效果，项氏专门将其上报给地方官府，请求官方批准。因为项氏的请求符合地方官府的统治精神，所以很快就得到批复，并要求项氏张榜公布，立即施行。官府还规定，如果有人再故意违犯乱葬，就会被送交官府，并受到重重的处罚，绝不宽恕。

　　这则材料中项氏向地方官府寻求支持之处有二：一是在项文焕自己出资购买新的葬地后，对原有葬地的埋葬制度进行了重新规定。为确保新规定的施行效果，在族训中明确规定"如违，许族长、正、司礼及一应族人告官问罪"，也就是要由官府出面来治罪。二是将族中新的埋葬规定直接上呈地方政府，请求官方的批准。项氏宗族借助官府力量进行族内治理的事例说明，虽然当时处于宗族社会，各姓宗族在地方拥有很强的势力，但只有得到官方的批示和支持，宗族自治权力才具有法律意义上的权威性、有效性，也才会被更好地执行。就如常建华在《明代宗族研究》中分析的那样：

　　　　明代中后期兴起的制定族规，是国家正式法律体系之外的另一具有民间司法性质的系统……制定族规首先面临的是合法性问题，对于宗族而言，其合法性在于是否得到政府的认同；就政府来说，其合法性则是族规必须与国家法规一致，有助于政府对基层社会秩序的控

---

① （明）项乔撰：《项乔集》，方长山、魏得良点校，上海社会科学院出版社 2006 年版，第 541 页。

制。这样就产生宗族申请、政府批准族规的现象。①

也说明：

> 宗族能否组织化行使类似乡约和保甲的权力，最终的决定权操在政府手中，需经政府授权。②

又清朝瑞安林垟所写《郑氏家谱》之《请禁郑长池碑》记载：

> 特授浙江温州府瑞安县正堂加五级记录十二次张为佥祈示禁等事：
>
> 据生员郑梦兰呈称：生屋后有放生池一个，土名郑长池，每逢亢旱之际，数千余家俱食此池之水，现有一班地恶及无知小厮等，乘此池干水涸，不时纠聚多人落水探捕鱼虾，使水混不堪汲饮，罔顾地方食水。屡行训阻，无如伊等凶顽成性，置若罔闻，面斥莫制。不已，佥请示禁等情，据此合行出示严禁。
>
> 为此示仰该都军民人等知悉：该处郑长池所蓄之水，附近居民藉以汲饮，自应彼此顾惜，以资食用之需，池内所长鱼虾，毋许捕捉，致污食水，自示之后倘敢故违，一经呈控，定行重处，断不宽贷，各宜凛遵毋违。特示。
>
> 嘉庆十三年三月十八日给。③

郑长池是郑氏族众的一处公共水源，后来在池干旱之时发生了地痞无赖在里面乱捕鱼虾，致使池水浑浊不堪饮用之事。虽然郑氏自己多次劝诫、阻拦，但没有收到效果。无奈之下，只能向官府求援。最后官方给予明确批示：不许再行下水捕捉鱼虾等，如果有人胆敢明知故犯，一旦被送交官府，必将严惩不贷。这个例子说明，各姓宗族在地方自治方面，能够有效发挥权力的程度有限，在必要时，需要得到官府的支持。

① 常建华：《明代宗族研究》，上海人民出版社2005年版，第335页。
② 冯尔康等：《中国宗族史》，上海人民出版社2009年版，第240页。
③ 郑笑笑、潘猛补主编：《浙南谱牒文献汇编》第三辑，香港出版社2008年版，第197页。

　　上引两则是宗族自治请求和官府统治利益一致，得到官府批示、支持的案例。也有地方官府和宗族之间意见不一致、没有得到支持的情况。张棡在日记中就记载了这样的事例，即：

　　　　（在光绪廿八年，即 1902 年）二月初六　余（按：张棡）谓本年筑塘，民情踊跃，不多费钱，惜官场视为具文，不能实心倡办，予等又人微言轻，殊觉力不从心为可恨耳。①

　　张棡作为生活在当地的一名一般士绅，怀有服务地方社会的责任心，但因为自己在经济实力、地方威望、影响和号召力等方面欠佳，使之不足以主持一些和地方公共事业有关的比较大的事情。如果在这种情况下，得不到地方官府的支持，注定必将以失败告终。以这次修筑堤塘之事为例，本来时机不错，乡众的积极性很高，就因为地方官府不重视，没有给予支持，最后未能办成。这个事例再次说明，宗族在地方自治过程中，确实需要得到地方官府的支持。日本学者濑川昌久也持有类似的观点：

　　　　宗族组织通过科举和征税机构，与国家统治构成相互补充关系，对于大宗族来说，与国家的合作极其重要。②

第二节　地方官府治理基层社会需宗族势力的协助

　　对于明清时期地方官府和大姓宗族在对地方基层社会进行控制和治理时，谁更有效的问题，陈支平在《近五百年来福建的家族社会与文化》一书中进行过这样的分析：

　　　　乡族势力对于地方事务的控制和管理，实际上是家族制度下的基层社会自治化的进一步扩展，正因为如此，中国封建社会晚期的基层社会统治体制，可以分为"公"与"私"两大系统，即国家与乡族

---

① 张棡撰，俞雄选编：《张棡日记》，上海社会科学院出版社 2003 年版，第 90 页。
② 参见［日］濑川昌久《中国人的村落与宗族》，转引自［日］中岛乐章《明代乡村纠纷与秩序》，郭万平、高飞译，江苏人民出版社 2012 年版，第 167 页。

（家族）的双重统治。随着家族制度、乡族势力的不断发展，国家政权对于基层社会的统治，大体只能维持间接的统治，明清两代的封建官僚政治已越来越丧失其有效的社会控制能力，对于民间基层社会实际上是无能为力的。正是在这种历史条件和社会变迁中，"私"的统治体制不断地得到了强化，家族组织、乡族组织以及乡绅阶层空前活跃，从而对民间基层社会实现了全面地控制。①

在上述情况下，地方官府对于乡村社会的治理必然要借助于宗族的势力来实现。温州与福建毗邻，情况大体类似。下面即通过几则实例，来看一下明清时期的温州地方官府如何借助宗族的协助实现对于基层社会的治理。

征收赋税，是历代封建地方政府的主要行政职责之一。明清时期温州的地方官府能够顺利完成这项工作，要感谢那些当地的宗族大姓，因为他们在自己的族规家训中都明确规定族众要按时缴纳赋税。如明朝时永嘉枫林《徐氏宗谱》之《族范》规定：

> 五、急户役。有田有赋，国之常典……吾党比在城之民尤宜汲汲办纳鞭银，户长追催，各宜及时省督。语云："若要安，先解官。"毋或坐视以取罪谴。②

徐氏在族范中教导族众，作为皇权统治下的平民百姓，缴纳租税是必须尽到的义务，而且要及时缴纳。因为只有先把官府要求的事情做好了，自己才能过上平稳、安心的生活。这样的宗族规范内容，无疑起到了协助地方官府完成完粮纳税统治任务的作用。又苍南马站镇小姑村《董氏族规》记载：

> 四、田粮，须年清年拟，切不可挨延拖欠，自干罪戾。③

---

① 陈支平：《近五百年来福建的家族社会与文化》，中国人民大学出版社2011年版，第86页。

② 郑笑笑、潘猛补主编：《浙南谱牒文献汇编》第三辑，香港出版社2008年版，第130页。

③ 钱克辉主编：《苍南谱序族规家训选编》，线装书局2015年版，第259页。

宗族大姓除了督促族众按期完成应该缴纳的各种赋税外，还会在官府出现困难时主动提供帮助。如明朝时瑞安大日村《孔氏宗谱》之《故处士朴庵孔公墓志铭》的记载：

> 正统戊子，岁饥，遂出粟以三百石助官，以赈歉艰。①

在基本靠天吃饭的古代农业社会，遇到自然灾害，出现饥荒之年，是常有之事。如果灾害程度比较严重，仅凭地方官府难免会无力应付，所以很多宗族会主动捐粮捐资帮助官府。无论对于地方官府，还是对于受灾的民众，这种行为都是善莫大焉的好事！

上述两则史料记载了明清时期的温州宗族从主观意识上主动帮助地方官府施治的行为，同样地方官府在治理遇到困难时，也会主动向宗族寻求协助。如瑞安双桥《虞氏宗谱》之《杂记》的记载：

> 石岗陡门。陡门在韩田，为帆游、崇泰、清泉三乡水利之冲。
>
> 岁久浦淤，陡门塌坏，旱潦为患。郡守何文渊访隐士虞原璩，议而修之，民赖其利。
>
> 送何东园公之京。郡守何东园公考满之京，乡缙绅赠以别卷，末虚一页，求瑞安隐士虞环庵书焉。环庵索笔大书十八字，云"恭宽信敏惠，廉明七字全，借问谁人是？郡守何"，遂掷笔及卷于诸缙绅，即时送上。何公自首卷阅将竟，不发一语。至末，取笔自填己讳"文渊"二字于后，笑曰："此必瑞安虞环庵笔也。吾岂敢当哉！"乃优礼诸缙绅而退。……
>
> 东园何公，时或辨难经史，商确（按：当为榷，商量的意思）政务，每造草庐亲访。一夕，忽乘单舸至双桥，公亟出迎。何公谓曰："此地不易到。"②

在这则材料中，显示了这样几件发生在地方隐居士绅虞原璩与郡守何文渊之间的事情。一是在石岗陡门废坏为患、需要修理之时，何文渊主动去造

---

① 郑笑笑、潘猛补主编：《浙南谱牒文献汇编》第三辑，香港出版社 2008 年版，第 271 页。
② 同上书，第 224—225 页。

访虞原璩，共同商议如何维修这个水利工程。最后合力修好，造福于民。二是何文渊任职期满要去京城，当地的士绅们写卷以赠，最后一页请虞环庵书写，而虞环庵也没有让大家失望，写的内容众人都很满意。尤其是虞环庵在卷尾留白让何文渊自填己讳及何自填后一笑所说的话语，无不透露出何虞二人间的关系极其不一般。三是何文渊在温任职时，无论是读书过程中有什么疑惑，还是工作过程中遇到什么难题，都会主动登门向虞环庵请教。史料中关于虞何之间几件事情的记载，说明了地方官在治理地方时需要宗族的协助，而且必要时会主动登门拜访求助。尤其是史料末尾的"此地不易到"一语，更可说明地方官在温州执政时对于宗族士绅非常依赖，即使虞居于"不易到"之处，何也会不辞辛苦来访。

对于明清时期温州的地方官而言，除了在上述一般地方性事务的治理方面需要宗族士绅的协助外，还有一个特殊的方面更是需要宗族的协助，那就是倭寇和匪患，这是地方官非常棘手而又必须面对的问题。

温州因为地处中国东南沿海，明清时期经常遭受倭寇的侵扰。又因为地处浙闽交通要道，也会经常受到战乱匪患的祸害。要解决这个难题，地方官府更需要宗族的协助。而当时的宗族，确实为地方官府提供了很大的帮助。

永嘉苍坡《李氏大宗谱》之《人物》记载：

> 第十四世，行开八，讳从逊，字克善。……公之季弟亦气干，未仕。岁丙子十有一月二日，元参政阿剌罕公、右丞董文炳公帅师压境，公及季匿山林间。二公知，以军令号召出安乡井，义不就。众曰："二公不出，其如乡井何？"季遂犯难至军门见，则就永嘉丞，领安辑之寄，相与抚绥，审机应变，兵汔不扰。未几，宋将陈虞之公兵溃，栖于芙蓉北岩，大兵攻之，玉石俱焚。赖季周旋护□，乡人幸以存活。①

李从逊及其季弟面对压境的元军，最初的选择是隐匿山林。后来为了保全乡里，才被迫出山任职。在具体做事过程中，他们利用职务之便，千方百计帮助乡里。尤其是在陈虞之兵败后，幸亏李氏从中周旋，才得以保住乡

① 郑笑笑、潘猛补主编：《浙南谱牒文献汇编》第三辑，香港出版社2008年版，第81页。

亲们的性命。这则史料一方面说明宗族士绅在保卫乡里社会方面的作用确实不可低估，另一方面也说明官方势力要想实现对于地方基层社会的控制确实需要宗族势力的协助，不然压境的元军统帅也不会以军令的方式强迫李氏出山入仕。

《（泰顺）分疆录点注》卷十《杂志·时变》记载：

> 崇祯九年，闽贼沈可耀诡称倭奴，率众数百入境，流劫至仙居，兵勇败回。屯据三日，势将薄城。生员林宗椿请于县，率乡兵击之，贼却走，椿截桥欲尽歼之，桥朽断，失足坠，被杀。贼惧，不敢深入，徐从一都走景宁而去。及府中派兵至，贼已遁。越月，贼党陈其忠复从翁山下屯南峤，生员夏应凤率乡兵出不意攻之，杀贼十二人，擒六人，余贼遂遁归翁山而去。①

明朝崇祯年间，在泰顺地方社会抗击贼众入侵的过程中，生员林宗椿、夏应凤先后发挥了重要的率乡兵击退敌人入侵的作用。尤其是在官军不敌、城将不保的情况下，林宗椿的作用更加突出。

又清朝泰顺《罗峰潘氏族谱》之《鳞长潘先生传赞》记载：

> 鳞长潘先生讳鳌，字万我，罗阳东隅人。生而颖异，性刚直。少补博士弟子员，有奇才大节，为士林领袖。年逾服政，贡入成均，考授司马。在京师，丰采议论，辟易流辈，名公卿皆虚左以待。寻以疾归里，盖卓然迈俗高士也。……
> 康熙二年，山寇聚乱八都，地方当闽浙之交，蹂躏最甚。势将抵治，驻防王君九成以兵寡束手。先生不忍坐视，捐资募勇，统众以御，渠魁受擒，余党解散。总戎欲白于朝，辞不受。由是两地宁谧，实先生之力也。……
> ……（康熙）十三年耿变，从贼入泰。……是岁冬，伪帅厚敛横征，复预追明年饷。邑人彷徨，先生倡议请缓，词极恳切，遂停征，乃得免于流离。十五年，耿逆余孽窃据泰之六、七、八都，横肆剽

---

① （清）林鹗、林用霖编纂：《（泰顺）分疆录点注》，陶汉心点注校勘，香港出版社2010年版，第383—384页。

劫。先生请师助饷，躬冒矢石，以力拒之，邑赖以安。①

潘鳌有才，却选择了从仕途归隐乡里。因为家乡地处闽浙之交，所以屡屡遭受山寇、叛贼的侵扰。面对这样危难的局势和地方官府的无力抗击，潘鳌充分发挥了士绅保护乡里的作用。先是康熙二年，山寇为乱甚巨，官府兵力不足，潘鳌自己出钱招募兵勇，并亲自带军迎敌，最后取得胜利，使当地民众得以过上安宁的生活。第二次是康熙十三年，面对叛军的横征暴敛，因为潘鳌的力请缓征，乡人才免于流离失所。第三次是康熙十五年，面对耿逆余孽的劫掠，潘鳌不但主动向官府请求帮助，还再次冒着危险亲自带兵抵抗，保障了乡里社会的安全。潘鳌的行为，不但保障了乡里社会及乡众生命的安全，也确实大大减轻了地方官府在泰顺抗击匪寇之患的压力。

地处温州西南深山之中的泰顺，易受匪患之苦。而位于温州沿海的瑞安，也不太平。瑞安孙氏同样在抗击山贼方面发挥了自己的作用，史料记载：

> 咸丰四年　二月初四日，仙岩周毓芹告赵钧云："旧冬十一月间，大罗山聚集几二百人，本春正月，立寨山顶，派党巡视，夜则鸣炮，支更击柝。""各村乃率丁壮力斗，贼知不容于山民，力又不敌，各散去。""传闻邑主何公此次捕贼之兵，皆孙蒉田②村中乡勇，共二百名，盖助官兵除乱者。"③

从史料中可以看出：在瑞安地方官府平定山贼之乱的过程中，孙氏族众确实发挥了非常重要的作用。

从上述分析不难发现：明清时期的温州宗族确实没有让地方官府失望，他们在赋税征收、捐资官府、帮助修建公共设施、进行军事防御、保卫乡里社会等诸多方面，发挥了支持、协助地方官府治理基层社会的

---

① 郑笑笑、潘猛补主编：《浙南谱牒文献汇编》第三辑，香港出版社2008年版，第449页。

② 孙蒉田，即孙锵鸣。孙锵鸣（1817—1901），字韶甫，号蒉田。

③ （清）孙锵鸣撰：《孙锵鸣集》，胡珠生编注，上海社会科学院出版社2003年版，第730页。

作用。

第三节　温州宗族与地方官府的关系：
彼此需要，两相得利

上述两节讲的是明清时期温州的宗族大姓要想有效进行自治，需要得到地方官府的支持；地方官府要想实现对于基层社会的治理，需要宗族大姓的协助。宗族与地方官府之间是一种比较复杂、微妙的关系。在毗邻的福建省，也存在类似情况，即：

> 聚族而居的福建民间家族制度，是血缘关系和地缘关系的双重结合，因而具有比较明显的地域割据和自治性质，这一特质与中国传统的大一统中央集权政治体制是相矛盾的。然而，民间家族制度的存在又是一种不容官府忽视的事实，因此，在福建民间家族与官府统治之间，存在着十分复杂和微妙的关系。①

为什么会形成这种复杂而又微妙的关系呢？首先从明清时期温州宗族的角度进行分析，即宗族进行自治为什么要得到地方官府的支持，要借助于地方官府。因为温州宗族深深懂得只有得到地方官府的支持，才能有效保护本姓宗族的利益，实现自己的抱负。如明朝瑞安仙源《季氏族谱》之《特授承勅郎兰坡公传》的记载：

> 公讳德基，字武抑，号兰坡。幼颖悟；年十四，授以《春秋》经，甫踰月即成诵，不遗一字。父耻庵公喜曰："吾文脉有传矣！"迨弱冠，为诗文，下笔顷刻数百言。郡庠教授徐公宗起见而器之，谓耻庵曰："有子如此，异日必以文词名世矣！"
> 洪武遴选天下笔札端谨者，授以承勅郎。郡守任公敬以公应召，辞疾不起。十八年，荐赴京师，翰林院试以《早朝》等诗及策以时事，曰："斯人可职黄门要地。"将官之，公以亲老缺侍，极辞恳切，

① 陈支平：《近五百年来福建的家族社会与文化》，中国人民大学出版社2011年版，第68页。

得归田里。永乐间，屡下求贤诏，前后历按是邦，皆欲荐之于朝，终不就。公虽家居，邑大夫政有所不通，事有所可疑者，必就见而谘访焉。而何公文渊尤见礼遇，公没时，何公为秋官亚卿，遣人致尊。……

　　呜呼！先生钟造化灵淑之气，承奕世诗书之绪，力学笃行，为世闻人，故学问之泽不加于民，而德行被于子孙。①

从史料中可以看出：季德基善于读书，也大有仕途之路可走，其父"吾文脉有传矣"的欣慰之语，郡庠教授徐公起"有子如此，异日必以文词名世矣"的溢美之词，翰林院"斯人可职黄门要地"的仕途认可，都足以证明季德基的非凡才能和光明仕途。但他屡次推辞不受，选择了隐居乡里。像季德基这样有才不仕、选择隐居在家者，要想实现自己作为读书人的抱负，要想切实的保护本姓宗族和地方社会的利益，只有借助地方官府的力量才可以取得更好的效果。而对于这样的隐居有才之士，地方官府也十分注意借助。这从地方官府每当施政遇到困难、有疑问难解时，都会主动向季德基咨询，可以得到证明。季德基去世后地方官府遣人致祭的礼遇，足以说明地方官府对季德基才能、言行、辅治等作用的认可，换一个角度看，也说明季德基是借助地方官府的力量实现了自己的抱负。

　　在明清时期的温州宗族社会，确实需要像季德基这样的人物存在。因为他们是隐居乡里的士绅，首先他们有身份，可以直接和地方官府对话，他们的言论更易于引起并受到地方官府的重视。其次他们有文化，可以明确、清晰地与当地官府沟通，表达本姓宗族及地方社会的诉求。比如《明隆庆间永嘉王氏里役》条记载的：

　　法制纷更，征输烦急，宗属盖不胜扰矣。及吾家会同里诸大姓陈状当道，请遵恩诏复旧制，有司申议，候下轮造册，将二、三都加增图分审行除并，两台批允。吾宗人庶其利赖乎！若承役条约，又当随时酌定也。②

① 郑笑笑、潘猛补主编：《浙南谱牒文献汇编》第三辑，香港出版社 2008 年版，第253—254 页。

② 俞光编：《温州古代经济史料汇编》，上海社会科学院出版社 2005 年版，第 498 页。

明朝隆庆年间，温州出现了因为法制屡次变更，赋税频繁催缴，致使当地族众不胜其苦的情况。这时由身为当地望族的英桥王氏牵头，联合当地的其他宗族大姓，一起向官府陈述这件事情，后来受到官府重视，并得到解决，为本姓族众及当地社会带来了实实在在的好处。这是宗族士绅为了宗族利益，代表宗族与官府进行有效交涉的例证，也是宗族成员的利益诉求必须得到地方官府的认可、支持，才能得到保护、解决的例证。

其次，从地方官府的角度分析，为什么治理地方社会需要宗族的协助。温州地处中国东南沿海，在地形上由于山峦阻隔，使之对外交通不便。正因为相对偏僻、封闭的地理环境，才使之成为中国历史上多次避乱移民迁入的理想选择。这些迁徙而来的人群，每到一地都需要借助同族的力量尽快生存、安定下来。在我国其他地域的移民社会中，也存在类似情况，如唐力行分析的：

> 迁入徽州与迁入珠江三角洲的移民都共同面临着在一个已经被占领的生态环境中为求得生存而进行竞争的问题。宗族就是他们用以团结自己、战胜对方的有力工具，也是用作同对方进行社会竞争的手段。①

所以，在这些移民地域逐渐形成了势力强大的各姓宗族。面对这些强大的宗族势力，明清时期的地方官府要想实现对于基层社会的治理，必须借助他们的势力，需要他们的协助。具体的做法，就是通过推行乡约，实现与宗族的结合，进而借助宗族势力实现对于地方社会的治理。对此，学界已有相关论述，即：

> 地方官在推行乡约的过程中，尝试将乡约与宗族结合起来，在宗族设立约长，宣讲圣谕，把宗族纳入到乡约系统。②

关于明清时期温州地方官府推行乡约的情形，常建华在《明代宗族研究》一书中有过分析，即：

---

① 唐力行：《徽州宗族社会》，安徽人民出版社 2005 年版，"绪论"第 4 页。
② 冯尔康等：《中国宗族史》，上海人民出版社 2009 年版，第 236 页。

　　有的地方官实行乡约，遇到了如何在宗族中进行的问题，他们通过将乡约推广到宗族，使宗族组织化。永嘉县以及温州府的事例较早，苏州府长洲人文林曾先后于成化、弘治年间任永嘉知县和温州知府，他在任上推广乡约，并尝试用乡约管理宗族，制定族范和设立族长。文林的《族范序》说：

　　……夫乡约所以秩德，族范所以敦礼，秩德则风俗可醇，敦礼则法守鲜败。……

　　永嘉从成化十年（1474）到弘治十一年（1498）的二十多年一直存有乡约，弘治十一年文林又在温州全府推行乡约。①

常建华在这里介绍、分析了文林在温州做地方官时是如何在宗族中推行乡约，用乡约管理宗族，进而实现治理地方社会之目的的过程。

　　为了更好地推行乡约，温州的地方官非常礼遇那些帮助推行乡约的宗族士绅人物。在瑞安上望《薛氏宗谱》之《明乡大宾静庵处士薛公墓表》中记载：

　　生平不忘交，惟贤士大夫则晋接如不及，邻族姻党贫乏者、孤嫠者、婚葬不能举者，悉随分周之，无少靳。邑宰双谭公因以乡宾延之。旧制，正宾惟致仕乡先生，余虽齿德，毋轻与焉。而公以布衣俨然居正席，盖有司重其谊，诸大夫咸推让之，亦数百年所仅见也，人至今以为荣云。②

这里的薛公受到了邑宰"乡宾"之仪的礼遇。按规定，这种待遇是只有那些曾经做过官回乡的人才可以享受到的殊荣，现在薛公竟然以平民之身受之，就是因为他在家乡的作为是"邻族姻党贫乏者、孤嫠者、婚葬不能举者，悉随分周之，无少靳"，这在很大程度上践行了乡约的内容，起到了为地方官府排忧解难、治理乡里的作用，所以才享受到"乡宾"之仪的礼遇。

　　对于温州这样地处偏远、宗族聚居的地域来说，大姓宗族与地方官府

① 常建华：《明代宗族研究》，上海人民出版社 2005 年版，第 258—259 页。

② 郑笑笑、潘猛补主编：《浙南谱牒文献汇编》第三辑，香港出版社 2008 年版，第 294 页。

之间确实需要互相借助，互相配合，才能两相有利。如英桥王氏在《继述堂文钞卷一·家训》中分析的：

> 至乡间利害兴革之权，虽操之官府，而提倡之责，实由于地方之自治。自治者即所以补官治之不及也。①

明清时期，温州宗族与地方官府之间的配合表现之一，是在乡约长的选择上。在乐清姜公桥《徐氏宗谱》收入明朝周应期所写之《思泉公暨配唐安人墓志铭》中记载：

> 因稔其尊公颐丰貌古，言信行敦，累积起家，里推为乡约长，排难解纷。②

又乐清芙蓉《蔡氏宗谱》收入明朝侯一卿所写之《滨溪蔡隐君墓志》记载：

> 祖谦，为仙居丞，居芙蓉，为始祖。凡十二世迄公，有令德，隐而弗耀。乃构于大溪之傍，优游泉石，自适清白之志。邑侯重其德，使为乡之长，解纷息难，谕以和睦相安，一介不以取诸人也，故后人思其德不衰。③

从这两则史料可以看出：无论是乡里民主推选，还是地方官任命，二者对于乡约长的基本选择标准相一致，那就是要德行俱佳，能够为乡里表率，能够拥有处理乡里事务的能力。以这样的标准选出的乡约长，是能够同时满足大姓宗族和地方官府双方的利益需求，又能够令双方满意，并为双方的发展做出贡献的。从某种角度说，这体现出了双方之间的互相配合，两相得利。

　　对于宗族与地方官府之间彼此需要、互相配合、两相得利的情况，常

---

① 卢礼阳编校：《王毓英集》，中国文史出版社 2011 年版，第 21 页。
② 郑笑笑、潘猛补主编：《浙南谱牒文献汇编》第三辑，香港出版社 2008 年版，第 151 页。
③ 同上书，第 185 页。

建华也进行过分析：

> 地方官在推行乡约的过程中，尝试将乡约与宗族结合起来，在宗族设立约长，宣讲圣谕，把宗族纳入到乡约系统。
>
> 官府在宗族推行乡约，也得到宗族的认同，一些宗族甚至主动在族中实行乡约。①
>
> 明代的宗族乡约化，相当程度上也是官府与宗族在维持基层社会秩序方面的共识，即互相依托、互相支持，促使宗族组织化，由此也就促进了官府与宗族的互动关系。②

最后举一明清时期温州地方官府与宗族之间配合修建陡门，两相得利的实例，作为本小节的结尾，即清乾隆时平阳县知县汪增谦撰写的《添建埭头陡门碑》所记之事。碑文引录如下：

> 平邑乃山海聚会，□区各处田禾不下数十余万。地之底下者，遇溪雨连绵，不为咸潮淹坏，即被山水冲损。蓄泄之宣，司是土者，诚不可不讲也。壬辰秋，予莅兹邑。据生员蔡日南等呈请，廿八都埭头、港边、高奥、盛陶、周浦岭、东门、坑边等处，田亩底洼，恒虞水患。虽前朝设布埭头陡门，仅止一间，既嫌其狭，且就涨塞。议欲添建一间以泄三都聚会之水。士民计亩酿资建造，声请饬差督办，而工程浩繁，遂委粮厅萧，亲勘。幸董事不惜劳瘁，数月而建陡告成焉。请予勒碑以垂永久。予思夫人苟存鄙吝之心，推诿观望，虽细小尚不能为；矧此陡工费浩大，非董事竭力弹心其孰能勷举乎。是役也，予谋与其始，萧厅督其事，诸董事劳其心，而始观厥成者也。夫埭头一陡既以添建间阔。逢水即开，逢旱即关，不致淹没之虞，亦可免咸潮之患，旱涝无忧。内禾咸滋灌溉，其为利益，岂不普哉。人为事特患不力耳，有其举之莫美若也，诸首事之功又奚可没焉，是为序。
>
> 特授温州府平阳县正堂加三级汪增谦　军粮厅加三级萧采　督捕

---

① 冯尔康等：《中国宗族史》，上海人民出版社 2009 年版，第 236 页。

② 同上书，第 238 页。

听加三级李珍

　　仝建首事：寿翁鲁国畴、乡老康世朴各捐钱式仟壹佰文；乡老刘永宣、李克斌、林汉理、吴如文各捐钱壹仟；职员刘绍基、生员陈锦龙、蔡炳、林孝春、林君好、□朝理、蔡既式、既柱各捐钱壹仟文；黄金榜捐钱伍仟；乡老薛伯、潘茂仁、陈仲高、刘汉持、国学黄金绥各捐钱柒佰；乡老陈允赞、陈应泮、陈世富各捐钱五钱；生员刘郁、刘砥西、洪□忠、廿五都乡老董应发助钱拾仟文；生员蔡日南捐钱壹拾式仟文；地保黄成章仝建

　　乾隆癸巳年　菊月　日　谷旦①

平阳埭头因为地处“山海聚会”之区，易于面临“咸潮”、“山水”的威胁。原建陡门不堪重负，不足以使用，为了“泄三都聚会之水”，在当地“生员蔡日南等呈请”下，由地方官府出面统一组织、协调，即碑文中记载的“（知县汪增谦）谋与其始，萧厅督其事，诸董事劳其心”，历时“数月”，完成了这一“浩大”的陡门添建工程，使当地得以“旱涝无忧”。添建陡门的过程，充分体现了温州地方官府与宗族代表性人物之间的同心合力，共成其事。

　　① 苍南县历史文化研究会编：《苍南历史文化》2014 年第 1 期，2014 年 3 月，第 23—24 页。

第六章

明清时期温州宗族自卫与堡寨

在前面的论述中曾经提及：明清时期的温州因为地处中国的东南沿海，所以经常遭受倭寇的侵扰；因为地处闽浙之交，所以经常遭受匪患的侵害，以及地方官府治理基层社会的能力有限。面对于此，明清时期的温州宗族为了有效地保卫自己的家园，必须进行自卫以自保，而他们进行有效自卫的主要方式之一就是修筑军事防御设施——堡寨。

第一节 倭寇匪患之害与宗族自卫

史料文献中关于温州地理位置、地形条件、战略地位等的记载很多，如明朝时温州府知府吉水邓淮在为《弘治温州府志》写的序中描述：

> 今（按：指明朝）天下十有三省而浙为首，浙十有一郡而温独远。温之去浙千有余里，枕闽、福，控台、括，实东南沃壤。依山为城，环海为池，有吾邑为之联属，有三卫八守御所交错布列为之保障，际海之外皆夷帮居之，是郡虽远，而关系则重矣。①

又：

> 郡当瓯粤之穷，地负海山之险，环地千里，负海一隅。②

---

① （明）王瓒、蔡芳编纂：《弘治温州府志》，胡珠生校注，上海社会科学院出版社 2006 年版，"邓序"第 1 页。

② 同上书，第 6 页。

东界巨海，西际重山。①

可以看出，温州虽然地理位置偏远，僻于东南沿海，但地形险要，战略地位非常重要，而且距离"夷帮"较近，所以在明清时期经常遭受倭寇的侵害。如《孙锵鸣集》之"东瓯大事记"记载：

是岁，倭入寇，掠旁海民。②
（世宗嘉靖）三十六年（1557），倭犯乐清、瑞安。③
神宗万历二年（1574），倭来寇。④
（神宗万历）十年（1582）三月己卯，倭来寇。⑤
（神宗万历）三十七年（1609）四月，倭来寇。⑥

此外，明清时期的温州匪患也很严重。如清朝泰顺《罗峰潘氏族谱》之《鳞长潘先生传赞》记载：

康熙二年，山寇聚乱八都，地方当闽浙之交，蹂躏最甚。…………（康熙）十三年耿变，从贼入泰。十五年，耿逆余孽窃据泰之六、七、八都，横肆剽劫。⑦

又《孙锵鸣集》"附录下"之"孙锵鸣年谱"对于瑞安山贼之患的记载：

咸丰四年　二月初四日，仙岩周毓芹告赵钧云："旧冬十一月间，大罗山聚集几二百人，本春正月，立寨山顶，派党巡视，夜则鸣炮，

---

① （明）王瓒、蔡芳编纂：《弘治温州府志》，胡珠生校注，上海社会科学院出版社 2006 年版，第 6 页。
② （清）孙锵鸣撰：《孙锵鸣集》，胡珠生编注，上海社会科学院出版社 2003 年版，第516 页。
③ 同上书，第 526 页。
④ 同上书，第 527 页。
⑤ 同上书，第 528 页。
⑥ 同上书，第 529 页。
⑦ 郑笑笑、潘猛补主编：《浙南谱牒文献汇编》第三辑，香港出版社 2008 年版，第 449 页。

支更击柝。""各村乃率丁壮力斗，贼知不容于山民，力又不敌，各散去。"①

面对如此频繁的倭寇匪患侵扰，温州宗族选择了积极行动起来、组织乡里武装进行自卫。明朝张文选写的《仙居乡福佑鲍氏家述》中记载：

> 迫商霖公讳若雨，迁居郡城雁池……值宣和方寇之乱，公鸠财积谷，集里中少壮捍御保守，教授刘士英同公画城为八区，薛开、石砺、张理、林懋、包汝谐等为首率勇。寇荡永嘉，死难者配享列于英烈庙，张理忠惠侯、林懋忠佑侯、包汝谐英烈侯，祠在简巷。……宋祚将末，元兵下台，公率宗族结寨七十二所于佛岭，据险以守。元将怒，公遂死之。②

在抗击方腊寇之乱的过程中，以鲍氏为首的地方宗族势力，有的出资组织乡里少壮武装进行抵抗，有的亲自带队杀敌，最后不惜付出了生命的代价。为了褒扬这些义死之士，为了给地方社会树立学习的榜样，朝廷给予那些死难者封侯配享的荣耀。关于此事，明朝刘觐为乐清《雁池分派柳市包氏宗谱》写的《忠孝堂诗序》中亦有记载：

> 宣和间，方腊寇猖獗，浙东数郡，望风奔靡。公辅教授刘士英，倡义举兵，画计御寇，城赖以全，其力居多焉。朝廷第其功，封英烈侯。③

史料中，"浙东数郡，望风奔靡"的描述，足以说明"方腊寇"的势力不容小觑，但包氏等宗族士绅能够通过自己的努力，收到"城赖以全"的防卫效果，充分证明了大族在地方自保中的作用。朝廷对这样的行为给予了认可和褒奖，因为这些大族的自保为政府分了忧，起到了地方政府应该

---

① （清）孙锵鸣撰：《孙锵鸣集》，胡珠生编注，上海社会科学院出版社2003年版，第730页。

② 郑笑笑、潘猛补主编：《浙南谱牒文献汇编》第三辑，香港出版社2008年版，第72页。

③ 同上书，第149页。

起到的作用，在朝廷看来他们无愧于"英烈侯"的封号。

也有一些大族，利用自己的胆识、智慧和影响力，在各方势力之间进行斡旋，同样收到了族赖以安的自卫效果。如永嘉苍坡《李氏大宗谱》之《人物》记载的：

> 第十七世，行景三七，讳倬，字穆之。……至正癸未正月廿八日卯时生……公有胆识。吴元年大兵由台取温，公独行见汤、许二公，陈以归附之情。二公遣兵来护本境，不致深扰，族里赖焉。①

李倬凭借自己的胆识和智慧，保障了族人的安全。

明朝赵新写的《明征授朝列大夫云松公墓志铭》记载：

> 元季群雄扰攘，海内鼎沸，乡邑父老皆欲起公以为干城。仲弟竹斋肯之，公曰："此覆宗绝嗣事也，汝其肯，将举祠堂香鼎一撮冷灰蹈海南行耶？"乃寝其谋。寻刘公宽据于楠溪，意将侵越。公屡移书言利害以止之。方国珍起海上，大肆威虐，力劝之，遂不逞兵，民赖以安。时上下无综，以势力相制。公率乡邻，携老提幼，远遁永春庵十有余年。迨国朝统一，四海清谧，乃率众复业，不失一口。②

朱云松③凭借自己的冷静、理智、影响力，带领"乡邑父老"渡过了一次次劫难。对于生活在当时当地的百姓来说，没有什么比能够保全性命、能够生存下去更好地保护了。这些来自于地方大族的保护，充分体现了宗族在自卫、自保方面的作用。

又乐清大界《中山刘氏宗谱》之《乐亭刘公传》记载：

> 公讳永沛，字贤丰，庠名汝龙，乐亭乃其号……咸丰甲寅，匪徒

---

① 郑笑笑、潘猛补主编：《浙南谱牒文献汇编》第三辑，香港出版社 2008 年版，第 85 页。
② 同上书，第 112 页。
③ "公姓朱，名复翁，字希晦，别号云松。"参见郑笑笑、潘猛补主编《浙南谱牒文献汇编》第三辑，香港出版社 2008 年版，第 111 页。

踞乐城，族有被其煽诱者，公出谷结众，谕以大义，族赖以安。克复后，满洲大臣庆以"惠保乡遂"额其堂。①

刘永沛凭借自己的智慧，以晓以大义的方式，有效瓦解了匪徒离间族众的行为，保护了族人的安全。刘公的举动也得到了官方的认可和褒奖，"惠保乡遂"是对其所发挥作用精神实质的最好概括。

与上述保全地方社会的宗族行为相比，明清时期温州最为突出、成效最为显著的宗族自卫方式，莫过于军事堡垒的修筑。因为面对频繁的、势力强大的匪寇倭患，要想做到既能长期抗战，又能保证正常的生产、生活，修筑一个类似于堡寨之类的军事要塞设施是最好的选择。

永嘉《东嘉孙氏宗谱》之《发逆阵亡诸公合传》记载：

> 同治纪元壬戌二月上旬，发逆由台而乐，虽乐东嘉谷、水涨、蒲岐等处义民相率抵敌，然死难者指不胜屈，卒无济，致东西两乡之被其糜烂行将半月有余。永嘉三十六都武生徐佩清公亦倡集义民，以我孙氏小宗为屯札地，截断新桥，筑造土城，藉浦水为城郭，以潦岸为疆场。二月廿八日，贼抵境，即驱与之战，自辰至午，斩贼首三百余级。贼惧，窜入浦东各村。下庵地方，亦浦东各村之一也，离新侨约二里许，奸宄之徒，为贼作怅，谓此处有岩龙水，最浅，盍乘水涸而入。贼即推稻草及门户于其处，至申，潮退，贼竟蜂拥而入，至盈始觉，然义民犹能手刃逆贼百数人。少顷，贼益加多，腹北夹攻，措手不及，以致我族之朝夏公、朝梅公、朝泮公，并诸侄瑞夏、瑞芳、瑞生诸公，君（按：当为均）相继遇害。甚至毁我孙氏小宗并民房十余处。……
>
> 噫，可惨孰甚焉！夫草泽农民，既无官守，又无言责，而忠君爱国之心，油然而生，不诚大可敬服乎！然则朝县诸公身虽被戕，而其心之忠君爱国，实可为后世法也。②

_____

① 郑笑笑、潘猛补主编：《浙南谱牒文献汇编》第三辑，香港出版社 2008 年版，第 177—178 页。

② 同上书，第 124 页。

这则史料讲述了乐清东嘉孙氏族众抗击逆贼的曲折历程。在清朝同治年间，逆贼从台州侵入乐清，当地义民虽然进行了拼死抵抗，却以失败告终。后在永嘉三十六都武生徐佩清的倡议下，以孙氏小宗聚居地为中心修筑了城郭。这种筑城防守的方式，在后来的抗贼战争中，确实发挥了很大作用。不幸的是，由于叛徒的出卖，逆贼找到了突破口，结果孙氏宗族损失惨重，付出了沉痛的生命和财产代价。孙氏族众作为"既无官守，又无言责"的"草泽农民"，这种从大处看是"忠君爱国"，从小处看是保全地方乡里的做法和勇敢精神，确实值得后世尊敬和效法。

清朝张振夔所写《明经徐公地山传》记载：

> 公讳牧谦，谱名嗣慎，字延社，地山其号也……会海氛不靖，邑大夫议修城为固围计，虑费无所措。公捐资增缮楼橹，俾完固。次年，修盘石城，亦如之。先后糜数千金。盘石士民德之，以"一方保障"额其堂。[①]

徐地山虽然没有轰轰烈烈的亲身抗贼护乡壮举，但在地方修筑城池进行军事防御时能够屡次慷慨解囊，是从另一方面发挥了自己保卫乡里的作用，所以才会得到当地"士民"以"'一方保障'额其堂"的爱戴。

在温州宗族所修筑的军事防御城郭、工事中，直接以堡、寨命名的不在少数。如孙衣言《安义堡记》的记载：

> 咸丰三年春，天子以粤盗之乱，诏天下郡邑练民兵、缮村堡以自固。复命仕宦之在籍者与守土官并举其事。而予弟锵鸣方以广西学政在假，实督我郡团堡事。于是郡之人皆相率团练，其山海冲要往往筑堡以守，而予弟亦自为堡于我村。既迄功，命之曰安义之堡。堡之建以三年七月　日始，以今年二月　日成。[②]

① 郑笑笑、潘猛补主编：《浙南谱牒文献汇编》第三辑，香港出版社2008年版，第154—155页。

② （清）孙锵鸣撰：《孙锵鸣集》，胡珠生编注，上海社会科学院出版社2003年版，第730—731页。

清咸丰年间，面对盗乱猖獗的时局，朝廷下诏天下的郡邑均要练民兵、修堡寨以自保。瑞安孙氏之孙锵鸣当时正仕宦休假在家，所以他亲自参与了家乡办团练、修堡寨。在孙氏和地方官的配合下，当地在办团练、修堡寨方面取得了明显成效，孙氏还在自己的村子修了取名"安义"的堡寨。

瑞安孙氏安义堡的修筑并不是出于孙氏宗族的自觉意识，而是在皇权授意下进行的。另有一类是在官民合力下修筑而成，如狮岩寨。秦激之《壶山狮岩寨壁记》就记载了明嘉靖年间在瑞安壶山修建狮岩寨的具体情况，即：

> 邑嘉屿乡壶山，去城西南一百八十里许，在山谷间，其地宽广，里人繁聚于中，俭而勤稼，谷粟钱帛所萃。惟密迩闽括，每矿徒窃发、海寇纵横，必觊盘据焉，里人患之。因地有狮岩山雄踞溪浒，道隘不可登。先是上有古观一所，可以避寇，民恃为险。正统戊辰，闽括寇千余入境，不能害而去。承平日久，观圮址存。岁嘉靖壬子，海寇登劫，远迩震惊，我邑侯吴门刘公先事筑城开壕，制械练卒，以防不测，迫寇至被衄乃遁。内备既修，下令乡都，俾各编保伍，设险防御，莫不仰承德意，举行惟恪。于是访厥观址，将营垒壁，愚民惜费沮之。父老胡文轩辈谕家众曰："刘侯以天地父母之心，为众任力，不避虑始之难，乃能高城深池，保障一邑，寇至民无恐，我辈僻处一方，繁指千数，不能体父母之心，为同胞任其劳，自外于天地者也。"遂计费出赀，以劳先人，里中感悦，率力来偕。时邑丞双山赵侯以公务入境，捐俸助之。不数月而壁成。①

壶山地理条件优越，是百姓聚居耕作、繁衍生息的宜居之地。但因为地邻闽括，每当矿徒、海寇发难，当地百姓都会深受其害。正统年间，民众以地势险要的狮岩寨古观为屏障，曾击退闽括寇贼的入侵。到嘉靖年间，海寇大肆入侵，邑侯刘公通过修建城壕等防御工事收到了御敌效果。鉴于修筑城壕等在御敌方面的有效性，刘公下令各乡百姓开始大范围修筑。后欲在狮岩寨古观旧址重新修筑寨垒，但因为乡民不出资使修筑之事搁置下来。后在胡文轩的劝解、带领下，民众意识到寨垒修筑的意义，纷纷出

---

① 俞光编：《温州古代经济史料汇编》，上海社会科学院出版社 2005 年版，第 396 页。

力，邑丞双山赵侯也捐俸相助，最终得以修成。壶山狮岩寨的修筑是官民合力而为的结果，是地方政府与宗族社会势力成功结合的范例。

又温州文成樟岭《陈氏宗谱》收录之《樟岭建筑城堡记》记载：

> 稽我祖自宋卜居峃川樟岭，基址崎岖，日深岩岩之惧；泉源壅塞，时切滔滔之悲。历元至明，野寇扰攘，民无以宁，念君门万里，争无可告。兹当嘉靖庚子（十九年）年，谋诸族众，捐资赴省，欲奉部饬，筑斯城堡以为一族之障也，而谁知谋与愿违。越乙巳（二十四年）初，再奉部饬，仍与愿违。至丙午（二十五年）春，再三恳切叩辕拜饬，始领部命。历数年间，不辞劳苦，不惜费资，始于丁未（二十六年）季春之日，竣于己酉（二十八年）孟冬之初旬，历数年之经营，庶几幸免无虞。而谓城堡之筑也岂浅鲜哉！后之子孙，睹此城堡之作，当念先人为其所当为耳！
>
> 时大明嘉靖二十八年岁次己酉腊月　日。
>
> 陈氏族众谨立。[1]

陈氏自宋世居文成峃川樟岭，因客观地理环境的"基址崎岖"、"泉源壅塞"，使陈氏宗族在此生存非常不易。从元至明，经常发生的寇乱，更是雪上加霜。因为文成偏远的地理位置，使陈氏难以依靠官府的力量解决遇到的问题。为了可以修建一座堡寨进行自卫，陈氏族人合力捐资赴省请求官府批准。虽然向官府申请的过程充满曲折艰辛，但在陈氏族众的再三力请下，最后得到了官府批准，凭同族之合力历数年修成。

在明清时期温州宗族修筑的堡寨中，也有地方社会力量自觉修建的，如《文成见闻录》之《金山寨》：

> 《瑞安县志》载：元至正十四年春正月，山寇有吴成七、朱均达、周方六，海寇有钟四官、吴钢等并起，所至纵火掳掠，民不聊生，赖大峃陈正岩、陶山张文贞招集义兵，立寨坚拒，寇不敢侵。[2]

---

① 吴明哲编：《温州历代碑刻二集》，上海社会科学院出版社 2006 年版，第 842—843 页。

② 吴鸣皋：《文成见闻录》，1993 年，第 296 页。

元朝时文成大岙，同时遭受山贼海寇的进攻、侵扰，赖地方人士修筑金山寨以拒。又《明代平阳县城堡》的修筑：

> 余洋堡在六都，里人蔡子昂筑。前仓堡义民陈启济倡筑。①

在明清时期温州地方宗族修筑的所有堡寨中，最为典型，且能够基本完整保存至今的，当属永昌堡。所以本书单设一节，进行详细介绍。

第二节　明清时期温州宗族修筑堡寨的代表——永昌堡

关于永昌堡所处的地理位置、规模形制等，史料中有如下记载：

> 永昌堡在二都英桥里。……堡城周围九百三十余丈，高二丈五尺，厚半之。陆门、水门各四，中引二渠。铺舍二十，敌台十二座。②
> 堡城四周凡八百六十丈有奇，高二十有五尺，厚半之。以三面距河，中引二渠，按方立门，水陆各四，楼橹周庐，阛阓桥道，靡不勒治，井井绳绳，屹为一方巨镇，咸谓县治无以过也。③

上引两则史料关于永昌堡各类数据信息的描述，大体一致。尤其是"屹为一方巨镇，咸谓县治无以过也"的渲染之词，足以使人对永昌堡的雄伟、壮丽充满无尽的遐想。

规模如此宏大的军事防御工程，是由什么人修筑的呢？《万历温州府志》卷二《舆地下·城堡》，对此做出了回答，即：

> 嘉靖三十七年，郡人王叔果、叔杲倡议始筑，以防倭患。④

---

① 俞光编：《温州古代经济史料汇编》，上海社会科学院出版社 2005 年版，第 399 页。

② 参见《万历温州府志》卷二《舆地下·城堡》，转引自俞光编《温州古代经济史料汇编》，上海社会科学院出版社 2005 年版，第 393 页。

③ 参见侯一元《永昌堡记》，转引自俞光编《温州古代经济史料汇编》，上海社会科学院出版社 2005 年 3 月版，第 393 页。

④ 俞光编：《温州古代经济史料汇编》，上海社会科学院出版社 2005 年版，第 393 页。

那王叔果、叔杲又是什么人呢？他们就是当地名门望族——英桥王氏的宗族成员。那英桥王氏又是一个怎样的大姓宗族之家呢？在《东瓯逸事汇录》卷一七《文学下》之"王氏一家言"中，对英桥王氏有这样的记载：

> 永昌堡①王氏，子孙繁衍，科名辉映，即风雅亦代有闻人。《一家言》中所载四十七人，皆有诗集。②

又《温州历代碑刻二集》中记载：

> 永嘉场在温州郡城东七十里许……居民栉比鳞次，多贵族，王氏尤称著姓。③

从这两则史料可以看出，英桥王氏是永嘉的大姓宗族，枝繁叶茂、人才辈出、势力强大。

至于英桥王氏倡修永昌堡的缘由有三：从客观地理形势来说，是永昌堡所在的地理位置使然。据史料记载：

> 永嘉场在温州郡城东七十里许，东瓯海，西南北阻山险，居民煮海为业，皆著籍灶丁，场延袤五十余里。④
>
> 永嘉场者，吾温之岙区也，地方五十余里，南阻梅山，北距茅岭，东则负海，鱼盐万井，衣冠萃焉。而当寇之冲，往来常目属之。⑤
>
> 嘉靖壬子、癸丑间，寇突起海上，初登瑞安东山焚劫，遂趋黄岩。甲寅、乙卯，大乱吴浙间，吾乡每春夏报警无虚日。⑥

---

① 永昌堡由王叔果、叔杲兄弟为防倭寇于明嘉靖三十七年（1558）倡筑，位于今温州市龙湾区。

② 陈瑞赞编注：《东瓯逸事汇录》，上海社会科学院出版社 2006 年版，第 391 页。

③ 吴明哲编：《温州历代碑刻二集》，上海社会科学院出版社 2006 年版，第 95 页。

④ 同上。

⑤ 同上书，第 91—92 页。

⑥ （明）王叔杲撰：《王叔杲集》，张宪文校注，上海社会科学院出版社 2005 年版，第 381 页。

不难看出，永嘉场东面临海，正处于倭寇入侵的必经之地。到明朝嘉靖年间，倭寇之患已切实危害到当地民众的日常生产、生活。面对当时的局势，必须采取措施进行防卫、自保。

从英桥王氏宗族的角度来说，坚守住此地对于本姓宗族的存亡，意义重大。如史料所载：

> 自嘉靖壬子（三十一年），两浙被倭寇以来，郡邑多残毁，惟兹乡稍能防御，即寇来不敢深入，时败衄去。戊午（三十七年）夏四月，寇乃大至，王氏率乡人御之，今赠太仆寺丞王公沛、赠太仆少卿王公德皆死义，众大溃，寇益猖獗。自是寇至，众皆望风奔匿诸山谷间。寇所至焚劫无遗，庐井萧然矣。寇退，民汹汹行泣煨烬中亡宁居，当时育德方以使事家居，与阳德聚族人而谋曰：脱寇复来，何以御之？众曰：二公且殁矣，谁敢御之者。曰：徙居何如？众曰：家族坟墓数百年于兹矣，且何所非寇，徙将安之？育德兄弟曰：然则当筑堡为耳。①

又：

> 及戊午岁，海上竞传寇将大举，欲先破我家乡兵，然后进围郡城。余请季父入城恳告，曰："人传今岁寇以万计，欲甘心于我，我乡兵势不可复增，且乌合之徒，安能以寡敌众；矧叔父年逾七十，何可复事军旅，愿亟移家入城。"季父曰："吾族居英桥五百余年矣，乡族以我故坚守其故土，我若入城自为计则得矣，其如宗族祠墓何？"②

对于英桥王氏宗族而言，永嘉场是宗族世居之地，宗族的祠堂墓地全在这里，如果不能采取有效措施抗击倭寇进攻，就是不孝。因为对于一姓宗族来说，如果连延续数百年之宗族祠墓都保不住，就等同于丧失了宗族存在

---

① 吴明哲编：《温州历代碑刻二集》，上海社会科学院出版社 2006 年版，第 95 页。

② （明）王叔杲撰：《王叔杲集》，张宪文校注，上海社会科学院出版社 2005 年版，第 382 页。

的根本，这不是不孝，还能是什么呢？所以王氏宗族不能也不忍舍弃此地而另谋生路，他们唯有如王沛、王德那样拼死力战，唯有如王育德兄弟所说的那样，修城堡以自卫。

最后一个方面，修筑永昌堡是英桥王氏在与倭寇长期实战中摸索出的经验。对于王氏宗族摸索出这一经验、教训的过程，史料记载如下：

> （初）恃沙城为固，沙城者，故亦两王子所倡筑也，以内蓄虀，外捍敌，延袤互于海上，众咸以无虞，而王叔子（按：指王叔果）独私忧之，曰：敌不可易，胜不可狃，今夫沙城以一面拒敌，敌少可耳，多将绕出吾后，彼执兵者见其室家辎重且俘于贼，必人内溃而自救，此危道也。夫兵未有不先固营垒以待敌者也。故不若相地据险而为之堡，俾进则攻瑕，退则守坚，不亦可乎！时众莫有应者，而王子之从下煦独颔之。无何，岁在戊午，寇果大至，诸倡义者骈死，万室焚如，众于是追前议，盖莫不智王叔子也。①

英桥王氏先是在海边修筑沙城以御敌，起初效果还不错。但有远见卓识的王叔果意识到：一，是沙城只可一面御敌，存在明显弊端，如果有朝一日倭寇人多，分兵绕道背后袭击族众的家室资产，就会分散众心，影响抵抗效果，其后果将是致命的。二，是王氏宗族与倭寇的抗战，不是朝夕之间就可以结束。因为明清时期东南沿海的倭寇之患是一个持续的过程，英桥王氏的抗倭之路也必将如此。所以，王叔果认为必须找到一个可以长久自保的方法，那就是要选择一处险要的地势，修筑一个城堡，这样在御敌时就可以做到进退自如。只可惜，最初王叔果的提议没能得到族众的认可，后来确实如王叔果预料的那样，王氏宗族付出了沉痛的代价，这才意识到王叔果当初建议的正确性，遂决心修筑永昌堡。

至于英桥王氏在修筑永昌堡过程中所付出的代价，可以说是惨烈、宝贵而又沉重。

首先，是在抗敌过程中，如"今赠太仆寺丞王公沛、赠太仆少卿王公德皆死义"那样，很多族人付出了生命的代价。

其次，是王叔果付出了个人仕途的代价。侯一元在《永昌堡记》中

---

① 吴明哲编：《温州历代碑刻二集》，上海社会科学院出版社 2006 年版，第 92 页。

记载了当英桥王氏决议要修筑永昌堡时王叔杲的选择：

> 王叔子当会试南宫，即辍不行，独孜孜与煦经画其事。……试南宫进取，厚资也，不就，而就乡井所急，先义后利，故人咸服其度。①

为了修成永昌堡，王叔杲毅然放弃了个人的大好前程，没去参加会试。这种"先义后利"，先顾及乡里同宗族人的安危，不考虑个人功名利禄得失的举动，不但使当时的族人深感叹服，就是放在任何时间、任何人身上，面对这样的取舍，能够做到如王叔杲者，也值得大加赞赏。而王叔杲之所以会这样做，是因为在他看来：

> 所为仕者，将以建尺寸少裨益国家生灵耳，今家族不自保，仕将何？且场民多逋，盐筴将废，额课无所自出，所损于国良多也，即得他守一官，此非国事乎！②

在王叔杲的仕途观中，他认为入仕是为了报效国家、造福百姓。现在他的家乡面临着严重的倭寇之患，如果自己连家族都不能保卫，那科考入仕又是为了什么呢？如果自己的家乡受难，场民不能正常为国家缴纳盐税，也会危及国家的利益。所以，何必舍近求远，要去参加会试得个一官半职再去建功立业，自己现在在家乡亲身抗敌自卫，就是为国效力。可以看出，王叔杲作为读书的士子，不是不看重仕途，不是不想入仕、施展自己的政治抱负，只不过他的仕途观是务实的、辩证的，更加注重实际效果，这也是温州地域文化中务实特性的又一典型体现。

再次，王氏宗族为修筑永昌堡这样工程浩繁的堡垒要塞，付出了巨大的财力。史料记载：

> 是役也（按：指修筑永昌堡之事），费白金以两计者六千有奇。初议敛赀于地，丐助于官，以时绌，所得才十二三，余皆王氏兄弟捐

---

① 吴明哲编：《温州历代碑刻二集》，上海社会科学院出版社 2006 年版，第 92 页。

② 同上书，第 95 页。

私帑为之①

　　至己未冬而城完，设水陆城门各四，共费七千余金，强半皆余（按：指王叔杲）所输也。②

王氏永昌堡修筑的成功，再次印证了笔者在前面多次提及的一个事实：一姓宗族无论是要进行自己的宗族建设，还是为地方社会修筑公共设施，抑或是协助地方官府施政，拥有雄厚的经济实力是必不可少的前提条件之一。

永昌堡修成后，为了更好地发挥御敌效果，英桥王氏还做了如下的规定：

　　吾愿居是堡者必讲信修睦，振穷恤孤，俾富者无务奢，贫者有盖藏，合斯堡如一人，合斯人如一心，于以捍围待敌，则无城而固。③

永昌堡修筑的无论多么坚固，那只是抗倭御敌的外在客观屏障。共同居住在堡内的王氏族众能否互相帮助、齐心合力、同仇敌忾，也是关系到抗倭自卫最终是否成功的非常重要的因素。

在修筑城堡之外，英桥王氏还组织、训练乡兵以抗倭自卫，史载：

　　我季父仁山公（按：指王沛）倡议练习乡兵，会从弟东华（按：指王德）以广东兵备谢归，益从臾其事，白于道府，遂号召各乡，众至千余人。是时军门初设，官府并不治兵，惟募闽中兵船驻扎要隘，各乡倚吾家乡兵为重。④

又：

---

① 吴明哲编：《温州历代碑刻二集》，上海社会科学院出版社 2006 年版，第 96 页。

② （明）王叔杲撰：《王叔杲集》，张宪文校注，上海社会科学院出版社 2005 年版，第 383 页。

③ 吴明哲编：《温州历代碑刻二集》，上海社会科学院出版社 2006 年版，第 93 页。

④ （明）王叔杲撰：《王叔杲集》，张宪文校注，上海社会科学院出版社 2005 年版，第 381 页。

于是王子之诸父仁山公、从弟东华大夫相与倡义，聚乡之子弟而肄之兵，身编戎伍，先登陷阵，寇来辄不胜去，至掎贼斩首，虏俘其舟以归。当是时，永嘉场军声号称长城矣。①

不难看出，明清时期的地方官府不仅治理基层社会的能力极差，在军事防御方面亦是不能指望的。所以，在倭寇当前的情势下，处于危险境地的永嘉场民众，只能聚众练乡兵以自保。在王沛、王德等的带领下，成功打败敌寇，王氏乡兵也获得"长城"的美誉。

最后，引用这样一段史料来概括、评价英桥王氏所修永昌堡在中国抗倭史上的地位和作用，及王氏族众能够拼死力敌、收到御倭"奇效"的原因：

夫永嘉一场耳，王氏兄弟力任其事，遂能建不拔之基以垂子孙无穷之利。国家自有倭寇以来，南北遭蹂躏者十年于兹矣。中外文武将吏无虑数千百人，竭帑藏，暴师旅，竟不能底永嘉之绩者何哉？此其故，余能言之。夫王氏所以罹家族之难也，地无可迁，事无可逭，势不得不为子孙久远计耳。使国家任事之臣视其地与其民，皆如王氏兄弟之视其家族，则亦岂终于无成哉！

虽然，集事以才，倡众以义，王氏捐帑赀，辍试事，经画综理，咄嗟而办，此其义与才固近世所希睹者。②

一言以蔽之，王叔杲之所以会放弃会试而选择在家乡抗倭，王氏族众之所以凭一族之力能够修筑永昌堡并成功自保，而中国南北抗倭将吏数千百人竟没有立下如王氏一样的抗敌战功，原因全在于：王叔杲及王氏族众是为自己的家园、宗族利益而战，是无可选择的背水之战。

---

① 吴明哲编：《温州历代碑刻二集》，上海社会科学院出版社 2006 年版，第 92 页。

② 同上书，第 96 页。

下　篇

明清时期温州宗族
社会的地域文化

　　明清时期温州宗族社会是一个漫长的历史时段，也是一个广阔的地域空间。除了上篇"明清时期的温州宗族社会"已经论述的内容外，在明清时期的温州宗族社会中还有很多值得关注的文化现象。本书在对这些文化现象进行梳理、选择的基础上，将其中有代表性的七个方面，分为七章逐一进行论述，即婚姻文化、读仕文化、隐逸文化、居住文化、民俗文化、信仰文化和其他需要关注的文化现象。

第七章

婚姻文化：重视女性教化

对于婚姻，恩格斯曾说：

> 结婚是一种政治的行为，是一种借新的联姻来扩大自己势力的机
> 会；起决定作用的是家世的利益，而决不是个人的意愿。①

那明清时期的温州宗族在婚姻方面会是出于家世利益的考量，还是会出于
个人意愿的喜好？他们选择婚姻对象的标准是什么？对于已经迎娶进门的
族妇的教化持有什么样的态度？族妇在宗族发展中发挥了什么样的作用？
这些问题，在本章中都会一一得到解答。

第一节　宗族的择妇观②：重视闺门之教

明清时期的温州宗族在为子孙择妇时，完全出于宗族利益的考量，认
为择妇的成败将直接关系到本族的命运及未来，所以必须非常慎重、认真
对待。

在永嘉岩头金氏第十世祖金昭所写之《祖训》中，即有关于其择妇
观念的记载：

> 古人重婚姻，非重婚姻，重人伦也。有夫妇而后有父子，而后有

---

① [德] 恩格斯：《家庭、私有制和国家的起源》，见《马克思恩格斯选集》第 4 卷，人民
出版社 1995 年第二版，第 76—77 页。

② 因为宗族是以父系血缘关系为纽带结合在一起的社会群体，所以本书中对于明清时期温
州宗族婚姻文化的研究只选取男方宗族的角度进行分析。

君臣。所以问名、告庙昭其辨也。近世狃于习俗，凡婚姻之际不顾匹偶，不论门第，唯利是图，独不思娶妇者今天新人，他年之祖母；嫁女者，一日之联姻，百世之瓜葛。或有求之不顺，贻玷辱有穷乎？礼所谓有三不娶也。①

在岩头金氏看来，一个宗族所娶之妇直接关系到这个宗族子嗣的繁衍。如果选娶不当，就会影响到一个宗族未来的发展。对于当地近世在择妇时唯利益至上的做法，金氏极其反对。

龙湾英桥王氏也持有与金氏类似的观点，在《东嘉王氏族约》中记载：

冠昏第六　叙曰：冠以责成人，昏以嗣万世，人道之大也。弗慎厥始，何以永终？述冠昏。②

英桥王氏认为"婚"，即宗族所娶之妇，是关系本族子嗣万代传承的大事。如果开始时不慎重选择，宗族的未来就会大受影响。正如明朝黄淮在《陈母汪氏安人墓志铭》中所分析的那样：

妇德攸先，曰顺与节。顺以承家，节以致洁。婉彼令淑，懿行昭晰。艰险备尝，志定莫夺。③

所以为子择妇时，必须要慎重考虑、精心选择。邓氏宗族则在家训中明确表达了择妇宜慎的原则和利害关系，即：

嫁娶不可不慎也，夫妇为人伦之始，承先启后，所系钜焉，切勿慕富贵，而勉强结亲。惟访积善之家，订为婚姻，从俭行礼，庶不至浪费财帛。娶妇但取其贤良，足以保世光宗，集福大矣，何幸如之。④

---

① 李鸿初、金则湘等纂修：《［永嘉岩头］金氏宗谱》不分卷，1943 年抄本翻拍本。
② 郑笑笑、潘猛补主编：《浙南谱牒文献汇编》第三辑，香港出版社 2008 年版，第 29 页。
③ 同上书，第 40 页。
④ 《温州邓氏族谱》，2002 年重修本，第 151 页。

明清时期的温州各姓宗族既然已经意识到择妇好坏对于本姓宗族发展的重要性，那他们的标准是什么样的呢？下面几则史料给出了答案。瑞安孙氏主张：

夫王化之原，始于闺门。①

侯一麟②也认为：

身者物之本，闺门者化之原也。③

苍南《李氏家训》之"八、慎嫁娶"条记载：

闺门，为起化之原，家规不可不肃。④

孙氏、侯氏、李氏的观点是一致的，他们都认为"闺门"是世间一切教化的本源所在。这里的"闺门"，指的就是这些女子的宗族出身、家风教化。如果一个女子身在闺中之时，能够得到良好的家风熏陶、家教化育，待其成为人妇时就能够在夫家很好地发挥其所希望的妇德母仪作用，这对于夫家的子嗣繁衍、教育及宗族发展至关重要。所以，注重所娶之妇的闺门之教，就是宗族当时的择妇标准。

明清时期的温州宗族在择妇的实际行动中，也是很好地贯彻了重视闺门之教的标准。如英桥王氏在《家训》中明确规定：

娶妇须察其家风之邪正，体格之健弱，作事之勤惰，至嫁妆厚

---

① 参见瑞安小旦《乐安郡孙氏宗谱》之《孙氏宗谱祖训》，引自郑笑笑、潘猛补主编《浙南谱牒文献汇编》第三辑，香港出版社2008年版，第196页。

② 侯一麟，明朝人，字舜昭，号四谷山人，浙江温州乐清人，撰有《龙门集》。参见蔡克骄为《龙门集》所写"前言"，引自（明）侯一麟、赵士桢撰《龙门集　神器谱》，蔡克骄点校，上海社会科学院出版社2006年版，第25页。

③ 见侯一麟所写的《〈重修陈氏族谱〉序》，引自（明）侯一麟、赵士桢撰《龙门集　神器谱》，蔡克骄点校，上海社会科学院出版社2006年版，第245页。

④ 钱克辉主编：《苍南谱序族规家训选编》，线装书局2015年版，第71页。

薄，色貌妍丑，皆非结婚要著。①

在王氏宗族看来，所娶之妇，家风正派、体格健康、做事勤快，是最为重要的考虑因素。至于嫁妆的多少、容貌的美丑，都处于次要地位。

瑞安孙氏之孙衣言在手定之《盘谷孙氏族规》中规定：

> 丧事以节俭中礼为度，婚嫁宜择门户相当，嫁女娶妇，须查其家世声誉及对其子女有无教法。凡婚嫁规制，预为一牌，悬于祠门，其欲与我结姻者，令其先来祠读族规一次，能用我法，方许通媒，其不乐从者免议。②

孙氏在择妇时除了要讲究门当户对，同样认为要注重考量对方的家风、家教。

苍南灵溪厅基村潘氏之《潘氏祖训》规定：

> 五曰婚姻当量。先儒谓：择婿易，择妇难。盖妇方在室，择之诚难。然亦须观其父兄母家教之何如，以侦察之。故晋武帝为太子择妃曰：卫家种贤而多子，贾家种妒而少子。③

潘氏认为要想选择到理想的族妇是比较困难的事情，为了选到理想的对象，就要仔细考察其母家的教化、家风，因为闺门之教直接影响到其所培养女子的德行、品行。

遵循如此择妇原则的，还有七甲项氏。如项乔在为长男项文焕纳采千石王氏④时说：

> 言念婚姻之道，在阀阅之相当，男女之贤贵，声教之有素。恭维

---

① 卢礼阳编校：《王毓英集》，中国文史出版社 2011 年版，第 14 页。

② 孙延钊撰，徐和雍、周立人整理：《孙衣言、孙诒让父子年谱》，上海社会科学院出版社 2003 年版，第 191 页。

③ 钱克辉主编：《苍南谱序族规家训选编》，线装书局 2015 年版，第 350 页。

④ 即王允初第十三世孙王汴。王允初，字元甫，永嘉千石人，登宋淳熙第。谥忠敏，参见《项乔集》，上海社会科学院出版社 2006 年版，第 345 页之"校注"。

华族，自忠敏之下①，懋著三忠；某之先人当理宗之朝，号称四俊。其在于今，皆永嘉之望族也。但古人尚德，而今人论财。执事田连阡陌，而珠翠充庭；某虽大夫之后，宦游中外者十余年，尚无负郭田百余亩，所至图书数卷而已。……惟得妇而代有终。②

项乔在为子择妇时没有受当时社会流行的"论财"风气之影响，而是遵循"尚德"的古训，注重所选女子的家族教养。因为在项乔看来，只有得一妇德母仪风范俱佳的佳妇，才能够保证项氏宗族的未来。为了确保族中的其他人也这样做，项乔在《项氏家训·毋作非为》中进行了明确规定：

良贱为婚，律有明禁。古谓嫁女须胜吾家、娶妇须不若吾家者，盖指家资，不指门地。若无门地，岂有家法？况族人相见，不便称呼。除已前不论外，今后若与微贱人家结亲，即系微贱人家子弟，不许入祠陪祭，不许族人与其婚嫁酒席。③

项乔先是搬出"良贱为婚，律有明禁"的官方依据，接着又阐述了本族不许良贱通婚的理由。在项乔眼中，"良贱"之间不能通婚的主要问题在于门第的不相当。因为没有门第出身的"微贱人家"，不会具备"良家"所要求的家教素养。娶这样的女子进门，将会影响到项氏宗族未来的发展，所以必须禁止。项氏子孙中如果有人明知故犯，与"微贱人家结亲"，就是甘于堕落、自降身价为贱人，不仅会从此丧失能够进入祠堂祭祀先祖的权利，也不会在婚嫁这样的大事上得到本族人的祝福。这样严厉的处罚，无异于将违禁者从族中除名。在宗族社会中，这样的处罚意味着什么，不言而喻。项氏对于这个问题的处罚决心和力度，也足以显现其重视的程度。

---

① 即王允初。

② 参见《项乔集》卷之五《书类上·为长男（即指项文焕）纳采千石王氏（即王允初第十三世孙王汴）》，引自（明）项乔撰《项乔集》，方长山、魏得良点校，上海社会科学院出版社2006年版，第344—345页。

③ （明）项乔撰：《项乔集》，方长山、魏得良点校，上海社会科学院出版社2006年版，第518页。

如果在为宗族择妇时，未重视闺门之教，会出现什么结果呢？英桥王氏宗族认为：

> 司马温公曰：凡议婚姻，当先察其婿与妇之性行及家法何。……妇者，家之所由盛衰也。时之富贵而取之，彼挟其富贵鲜有不轻其夫而傲其舅姑，养成娇妒之性，异日为患，庸有极乎！借使因妇财以致富，依妇势以取贵，苟有丈夫之志气者，能无愧乎！①

为了不出现所娶之妇恃财势凌驾夫家的情况，必须在择妇时坚持重视闺门之教的标准。

正是秉承着上述的择妇标准和决心，一些宗族确实娶到了如愿的宗妇。王毓英在为沙川周君岐生母亲所写的六十寿序中，这样描写这位老妇人：

> 太孺人系出英桥，家传望族，幼娴女训，长备母仪。②

仅寥寥数语，就深入浅出地指出：周母因为出身英桥名门望族，从小受过良好的闺门之训，所以长大嫁入周门后能够具备夫家所希望的母仪素养。

为了使自己的女儿成长为夫家希望的样子，很多宗族对于闺门教育十分重视。如瑞安名门孙氏之孙锵鸣在女儿③出嫁时，曾手付《朱子小学》一书，并系诗以寄：

> 送汝上襜车，临行付是书。幼年曾课此，尔日莫忘诸。妇职今当谨，母仪道亦储。一般衿悦戒，珍重意奚如。④

---

① （明）王激纂：《［温州龙湾］王氏族约》一卷，1937年永嘉乡著会抄本。

② 卢礼阳编校：《王毓英集》，中国文史出版社2011年版，第60页。

③ 按：此女为孙思训，字季穆，孙锵鸣第四女。光绪五年出嫁平阳宋恕，参见（清）孙锵鸣撰《孙锵鸣集》，胡珠生编注，上海社会科学院出版社2008年版，第225页的注释。

④ （清）孙锵鸣撰：《孙锵鸣集》，胡珠生编注，上海社会科学院出版社2008年版，第225页。

瑞安名门孙氏在女儿待字闺中之时，就非常注重妇德母仪方面的教育。现在女儿要出嫁了，最后的嘱托依然是这些内容。

　　那些出自大姓宗族，受过良好闺门之教的女子，也确实用自己的实际行动印证了所受教化的作用，如《平阳县志》记载的明朝吴致文所写《节妇黄陈氏墓志铭》的内容：

　　　　节妇讳隐，字道炯，姓陈氏，平阳墨城里黄叔安之妻，玄凝之母也。曾大父讳谠，大父讳悫，父讳厚；同邑世家也。……年二十而归黄氏，未纪而黄殁。时玄凝生未晬也。……陈之父母度节妇不能终，每默遣老妪讽之曰："年早孀居，鲜有不亏名行，辱其子女。与其亏名行，何如早自图。"节妇厉声叱之曰："败风俗，坏心术，莫若等也。我生于名家女，嫁为名家妇。既失所天，义不生存，姑老子幼，任将畴归，勤苦卓立，分所当为。"遂以死自誓，痛哭几绝。父母知其志终不可夺，乃止。[①]

节妇陈氏之所以能够在夫丧子幼之时，誓死抵住父母老妪的讽劝，是因为其内心存在着强大的精神支柱和信念。至于这一精神支柱和信念的具体内容，正如她自己所言，"我生于名家女，嫁为名家妇"，无论成长的娘家，还是出嫁的夫家，都是"同邑世家"，自己是宗族名门教化出来的女子，也是大姓宗族的妇人，无论如何不能辱没姻戚两姓的名声。

　　"闺门之教"对宗族妇女的教化作用还体现在《平阳县志》卷九十三之《陈节妇传》的记载：

　　　　陈节妇胡正，温州平阳县人。宋国子博士蓁，其曾大父也。蓁与兄国史院编修官芳，俱以神童登嘉定丁巳第。节妇年十九，父祺孙以妻同县陈彦道。彦道于宋黄州通判用中为曾孙。归陈氏三年，生一子泰夫，而彦道病卒。节妇屏脂泽弗御，恶笄垢服，人不能堪而安之。彦道族之人风（按：当为讽）以再行，节妇向姑泣曰："妾何敢尔也。夫亡，妇称未亡。人藉令无子，亦办作陈氏鬼，况有子乎。妾幸

———————

　　①　苍南县历史文化研究会据符璋、刘绍宽等纂修，民国十四年铅印影印本《平阳县志》之影印本，第2637—2638页。

生长衣冠家，日闻礼仪之训，岂可与闾左无识者伍而辱先乎！"……

　　史官曰：世所贵阀阅之家者，岂以其传珪袭组哉。仪法严饰，被及后昆，至更数世而不移，世教有所赖焉故也。有若国博胡公兄弟并起进士，则其教之行于家，必有可观者矣。至于孙曾，虽妇人女子亦能以贞节自守，食蓼茹荼，凛凛不可屈挠。君子之泽，入人之深如此哉！①

史料中的陈节妇在夫亡后，能够抵住夫家族人的讽劝，最为根本的原因，正如其口中所言，她生长在衣冠之家，自幼受过良好、严格的闺门之训，所以不会做出改嫁这般辱没先祖的行为。而史官的评价也认为阀阅之家之所以受到社会的尊敬，并不是他们外在的荣华富贵，而是因为他们虽传承数世而不改变的家教。

第二节　重视对族内妇女的夫家之训

　　明清时期的温州宗族为了更好地发挥妇女在宗族中的作用，除了在择妇时坚持重视所娶女子的闺门之教，对于本族中娶进门的妇女，在教化方面亦非常重视，即注重夫家之训，并有自己的一些明文规定。

　　七甲项氏在家训中规定：

　　　　凡妇女入祠，司礼宣读《女诫》② 一通，仍给付其家讲明，以遵妇道。③

项氏为使族中妇女遵守妇道，对于进入宗祠者都要向其宣讲《女诫》。此外，项氏还在家训中对为什么要守妇道进行了解释，即：

---

　　① 苍南县历史文化研究会据符璋、刘绍宽等纂修，民国十四年铅印影印本《平阳县志》之影印本，第 3705—3707 页。

　　② 《女诫》，东汉班昭所作，从卑弱、夫妇、敬慎、妇行、专心、曲从和叔妹七个方面教导班家女子，是中国历史上比较早的专门教化女性的著作。

　　③ （明）项乔撰：《项乔集》，方长山、魏得良点校，上海社会科学院出版社 2006 年版，第523—524 页。

　　　　妇人百年苦乐全由于夫，夫家盛衰亦由于妇。……若听我此等教
　　诫，能做贤妇人，你父你夫在祠堂当岁受祖宗奖劳，日后又当为你布
　　传于谱，永远流名，岂不光彩？听，听，听。①

这里主要讲明了妇人与夫家之间荣辱与共的利害关系，如果女子在夫家能
够做个"贤妇人"，不仅可以使自己的父亲、丈夫在各自的列祖列宗面前
得到表扬，也可以使自己一起被光彩地载入夫家的宗谱。所以，为了这些
目的和利益瓜葛，宗族之妇女务必要谨守妇道。

　　明清时期生活在温州宗族社会中的妇女，出嫁前，在娘家就开始接受
"闺门之训"，出嫁后，在夫家又受到这样的教导督促，想必大部分是能
够成长为一个贤妇人的。对于那些依然不能遵守妇道，没有妇德者，就只
能通过采取严厉处罚的方式予以教化了。如项氏就规定：

　　　　家人睽，必起于妇人。凡妇言得入，皆男子无刚肠也。有能倡化
　　其妇柔顺宜家，为族众所推，大书于簿。元旦，作上善旌赏。其妇有
　　长舌离间骨肉、吵邻骂舍者，每季以纵容恶妻附过。三年不改，不许
　　入祠陪祭。②

项氏认为，如果一个家族不睦，责任必在于妇人，是因为妇人的挑拨离
间，才使夫家失序。所以，一个家族如果能够教化族中的妇女守妇德，进
而使夫家和睦，并得到族众的认可，这个家族就会被表扬、旌赏。如果没
有调教好，搬弄是非，使邻里不和，夫家就会因之受到惩罚。如果这种恶
劣状况持续三年没有改观，这个家族就会被取消进入祠堂祭祖的资格，这
已经是相当严厉的惩罚了。项氏将宗族妇女在夫家被教化的好坏直接与其
夫家在全宗族中的荣辱、地位相联系，足以说明项氏对于族内妇女教化之
事的重视程度。

　　与七甲项氏采取管诫、严厉处罚的硬性教化族中妇女的方式不同，永

————————

　　①　（明）项乔撰：《项乔集》，方长山、魏得良点校，上海社会科学院出版社2006年版，第
524页。

　　②　参见《项氏家训·毋作非为》，引自（明）项乔撰《项乔集》，方长山、魏得良点校，上
海社会科学院出版社2006年版，第523页。

嘉塘头林氏则选择了正向认可、鼓励的方法。林氏在宗谱中规定：

> 谱有世传、大传、阃德传。世传详字讳、娶适、墓兆；大传载品
> 行，男子之事备矣。至巾帼中之节孝与烈，亦足树纲常，扶名教，岂
> 无可传？故谱中特立阃德传褒之，以励闺闱。①

在男尊女卑、嫁夫从夫的封建社会，在夫家的宗谱里能够单独为有妇德的女子设立"阃德传"的做法，说明了林氏宗族对于妇女在宗族中所起作用的认可和推崇。这样既褒扬了族中的贞节烈妇，也为其他妇女树立了学习的榜样。

又龙湾《李浦王氏宗谱》之《凡例》记载：

> 节妇有年例可征，向为里党所钦仰者，往往绌于力，不得上邀旌
> 典。兹特录之家乘，稍阐幽光，俾嫦娥知所激劝云。②

李氏也在自己的家乘中记入了族内那些节妇的事迹。但李氏收入的独特之处，是注重收入那些事迹确实已经得到乡里社会认可，但又没有能力达到国家层面表扬、奖励的妇人。李氏将她们的事迹收入家乘，一是可以给那些节妇本人一个肯定、认可，更为重要的是为其他族内妇女树立学习的榜样。况且在明清时期温州宗族社会中，能够得到国家旌奖的妇女毕竟是极少的一部分，为数众多的还是类似李氏收入的妇女这样的情况。她们对于宗族社会发展所起的作用，同样不可忽视和低估。

从上述分析可以看出：无论是七甲项氏宗族类型采取的管诫、严厉处罚等硬性教化方式，还是永嘉塘头林氏宗族类型选择的正向认可、鼓励方法，都表明了明清时期的温州宗族对于族内妇女进行夫家之训一事的重视。

明清时期温州各姓宗族对于族内妇女夫家之训的重视，还体现在族规祖训中随处可见的关于"妇道"的记载，如苍南张氏宗族《家规》之

---

① 参见《林氏宗谱》之《凡例》，引自郑笑笑、潘猛补主编《浙南谱牒文献汇编》第三辑，香港出版社 2008 年版，第 98 页。

② 郑笑笑、潘猛补主编：《浙南谱牒文献汇编》第三辑，香港出版社 2008 年版，第 34 页。

"正妇道"条的内容：

> 妇人以柔顺为主，纺织、烹调乃其职也。倘任悍虐之性，不孝翁姑，亏损妇道，以及抱养童媳，肆意凌磨，毫无畏忌，除责罚其夫若子外，立即传其母家，公议惩治，以正妇道。[①]

苍南张氏宗族不仅明确了本姓宗族对于族内妇女的教化要求，而且对于违忌者，还要"立即传其母家"，这也从另外一个角度说明了对其"闺门之教"的不满。

正是因为明清时期温州宗族对于夫家之训的重视，在当时宗族社会中才会出现大量的贞节烈妇，如孙锵鸣在《曾氏二贞诗》中描述的：

> 苍松凌严寒，白石贞幽资。人生树志节，所遇何险夸。永嘉曾氏母，幼自娴书诗。结褵甫三岁，黄鹄悲孤帷。上有白发姑，下无黄口遗。微躯敢自惜，门户还谁持？强起茹苦辛，冰蘖甘如饴。柔豪貌遗象，清泪交两颐。茕茕四十载，战战冰渊思。怡颜抚犹子，卵翼无暂离。……上以助教化，持为世俗规；下以诒孙子，昌大启门楣。[②]

究竟当时有多少这样的柔弱女子，为了心中的贞节志向，能够苦守数十载，以自己柔弱的双肩担负起夫家持家、兴业、教化子嗣、宗族延续的重重重任，我们不得具体而知。但正是有了她们的存在，才使很多宗族的发展得到延续，才使它们能够走出曾经的困境，终有一日迎来再次的辉煌。当然，这些贞节牌坊、阃德传记为生活在宗族社会下的妇女们又带来多少伤害，自要另当别论。

第三节　妇女在温州宗族中起到的作用：合家睦族、教子成才

明清时期的温州宗族既然这样重视择妇和对于族内妇女的教化，那么这

---

① 张祖辉主编：《苍南张姓史志》，中国文史出版社 2007 年版，第 543 页。

② （清）孙锵鸣撰：《孙锵鸣集》，胡珠生编注，上海社会科学院出版社 2008 年版，第 163—164 页。

些千挑万选、辛苦教化出来的女子在夫家到底起到了什么样的作用呢？本书认为，在所起的诸多作用中，最为重要者，当属合家睦族、教子成才。

在宗族社会中，一姓宗族的盛衰与这个宗族族众和睦、团结的程度密切相关。明清时期，温州宗族中那些受过闺门之教和夫家之训的女子们，在夫家的宗族发展中，确实发挥了合家睦族的作用。

徐定超所作《杨宜人寿序》记载：

> 今惟吾族伯母杨宜人者，行年八十矣。其子柱臣邮乞言以佐觞，属余直笔之以为一家子妇法，外非有他求也。称："母年十七，归我父渐逵公为继配，诞我兄弟二人。为我父纳庶母，连举二子。母视庶子同己出，衣服饮食无少异。……独能勤俭，以至家政终日无所懈，亦不分劳于庶母。庶母在日，以礼下之，无分嫡庶，庶母德之，敬若慈母然。姒娣子妇无间言，一门之内，雍雍肃肃而无诟谇声者，是我母有以启之也。"①

史料中的杨宜人不仅做到了视庶子如己出，显示了一个继母宽阔包容的胸怀，而且还能够勤俭持家，操持一家事务。更为重要的是，在人口众多的大家族内，姒娣姑嫂之间最易于起是非、闹矛盾，但在她的操持下，没有出现相互诋毁纠葛的情况。所以说，合家是一个称职的族妇所要起到的重要作用。

《杨青集》卷六《笔记下·挽徐定超继母联语》记载：

> 兄黄云："妇仪乡族八十年，即邻里争斗之端得片言而冰释，瓯骆咸称大贤母；台谏朝堂千万语，几黼黻承平之事皆慈训所玉成，椎牛合祭太夫人。"乡族有睚眦细故，得太君一言即相率罢去，故侍御一乡数十年无涉足县庭者。②

徐定超的继母以自己的妇仪深深影响了当地的乡里社会关系，因为她个人

---

① 郑笑笑、潘猛补主编：《浙南谱牒文献汇编》第三辑，香港出版社 2008 年版，第 5 页。
② （民国）杨青撰，谢作拳等编：《杨青集》，上海社会科学院出版社 2005 年版，第 377 页。

的威望有效地劝解了乡族之间的各类矛盾，以致数十年间没有因为纠纷闹到县庭的案例发生。这里固然有挽联中常见的夸大溢美成分，但也足见一个具备良好妇德妇仪的女子，对于夫家一族一乡关系和睦所起到的重要作用。

教子成才，是生活在宗族社会中的妇女最易于被记载下来的事迹，因为这是关系到一姓宗族未来的大事。关于明清时期温州宗族社会的文献记载也不例外，里面有大量的宗族妇女教子成才的案例。

王毓英在为族弟吉延六十双寿作的序中这样写道：

> 吉弟能效力公益者，都出自家庭教育。其初丧父，仅六岁，母韩氏年二十有九，孀居洁白，人无闲言，教养二子，持家积产，后称小康，巾帼中具有须眉气。虽素不喜入佛寺，而遇地方公益，如修小宗、建桥梁、砌道路，后复出做芦礁一闸，费金百余圆，并浚河浚浦沥及河田，社仓出入，皆其母俾令效劳，殚力以教成之。有是母，乃有是子。①

王吉延之所以会如此地热心地方公益事业，为地方社会公共设施的建设出资出力，是因为他的家庭教育。他六岁丧父，对之进行谆谆教诲的正是他的母亲王氏。王氏在丈夫去世后，承担起全部的家庭重任，一边勤劳持家、壮大家业，一边精心培育、教导自己的两个儿子。正是因为她的精心教导和身行示范，王吉延才会有热心地方公益事业的作为。“有是母，乃有是子”的评价，是对王母教子成功最有力的说明。

《平阳县志》载谢香塘所写《示儿》诗记载：

> 我家本儒术，颇流翰墨芳。长兄年逾壮，拔萃游帝乡。次弟弱冠余，食饩于上庠。三弟差后起，近亦沾芹香。而我独不栉，颇复知词章。自从适汝父，笔砚成抛荒。汝父喜挥霍，家事慵屏当。渐至謻台筑，遂以腴产偿。侥幸纳规劝，补牢鉴亡羊。讵谓丁厄运，二竖居膏肓。行年未三十，下招来巫阳。吁嗟我命薄，绿鬓称未亡。尔时未有汝，寂寞守空房。我非惜一死，所计在久长。孀居十余载，涕泪常盈

① 卢礼阳编校：《王毓英集》，中国文史出版社 2011 年版，第 139 页。

裳。立嗣乃得汝，稍稍宽衷肠。井臼躬操作，米盐策周详。一日复一日，渐渐充仓箱。营缮有宫室，世业重恢张。嗟哉收桑榆，辛苦已备尝。今汝年十二，如日生东方。延师课汝读，期汝早腾骧。上作廊庙器，下为宗族光。少壮不长在，白日去堂堂。我今明教汝，及时须就将。勿坠青云志，而诒白首伤。如农事穮蓘，乃得年丰穰。如冶加锤链，乃使工精良。汝果能努力，余日引领望。援毫申此语，勖哉慎勿忘。①

谢氏在这首示儿诗中，将自己在闺中所受的教育、嫁到夫家的遭遇，交待得十分清楚。支撑她孀居十载的希望，就是课子苦读，教子成才。

记载明清时期温州宗族妇女与子女成才之关系的史料还有：

妇人之贤，能以义方教子为难。人子受教母仪，卒能有所成立。②

妇人为家庭教育之起点，起点一乖，传之儿女，无不一乖俱乖，破产倾家，皆职此之由。③

观草木可以知山，观人子可以知父母。④

子德由为母训，不专乎父之义方。……

诰：世家之有宗妇，道贵相成；朝命之行褒封，礼宜从厚。况夫英贤之配，克襄内助之勤，风化攸关，恩纶可后？⑤

这些贤能的母亲们，在自己含辛茹苦、身体力行亲自教导子女的同时，也不惜花费巨资、费尽心机延请名师教子。宋朝时，余闳在为永嘉刘

---

① 苍南县历史文化研究会据符璋、刘绍宽等纂修，民国十四年铅印影印本《平阳县志》之影印本，2014 年，第 3004—3005 页。

② 参见薛季宣《王夫人墓志铭》，引自（宋）薛季宣撰《薛季宣集》，张良权点校，上海社会科学院出版社 2003 年版，第 517 页。

③ 参见《继述堂文钞附录·惜水》，引自卢礼阳编校《王毓英集》，中国文史出版社 2011 年版，第 176—177 页。

④ 参见项乔撰《祭文类·祭敕封金母严太安人文》，引自（明）项乔撰《项乔集》，方长山、魏得良点校，上海社会科学院出版社 2006 年版，第 457 页。

⑤ 参见乐清袋球《翁氏宗谱》之《宠命录》，引自郑笑笑、潘猛补主编《浙南谱牒文献汇编》第三辑，香港出版社 2008 年版，第 144—145 页。

氏所写的墓志铭中就有这样的文字描述：

> 　　夫人姓刘氏，世居永嘉……夫人曰："蠹金不如教子。"遂立赞朱
> 君遣诸子求师，延遇尽礼。用是其子伟、通、弼得笃志问学，从游皆
> 当世名人。朱君殁四年，弼与通踵预乡荐，族党称叹夫人教子之功，
> 且朱君之有后也。①

在刘氏看来，与其将金银财富积攒起来，不如用这些钱聘请名师教育儿
子。因为儿子们只有师从名门，得到名师的指点、教诲，才能学有所成、
光大门楣，朱氏才会后继有人。

　　生活在宗族社会下的妇女们，为什么会如此尽心尽力培养自己的子辈
呢？本书认为主要原因在于：在宗族社会中，一个妇人无论在家中还是在
社会上并没有独立的地位和存在价值，她们一生的生死荣哀紧紧和自己的
丈夫、儿子联系在一起。如果丈夫过早离世，那她们的希望就只能寄托在
自己的子辈身上。她们只有教子有方有成，才能保障自己的生存，保障夫
家的发展、延续，才会得到家族、社会甚至朝廷的认可和褒奖，自己也会
因为教子的成就被记录进夫家的宗谱，从而在夫家宗族的历史上书写下自
己的印记，这颇有点中国传统文化中"母凭子贵"的味道。项乔在为周
母柳太宜人挽诗所作的序中就曾写过这样的话：

> 　　凡妇道无外志，无成名，其生荣死哀，往往视其子。②

又如朝廷对项乔之母进行褒奖的诰制中的记载：

> 　　古之贤母，名闻于时，必于其子征之。盖子以母贤，母贤子贵，
> 国家褒典，朕奚靳焉。……
> 　　嘉靖十三年。③

---

① 郑笑笑主编：《浙南谱牒文献汇编》第三辑，香港出版社 2008 年版，第 107 页。

② （明）项乔撰：《项乔集》，方长山、魏得良点校，上海社会科学院出版社 2006 年版，第 95 页。

③ 参见《续编·附录二·项乔诰制》，引自（明）项乔撰《项乔集》，方长山、魏得良点校，上海社会科学院出版社 2006 年版，第 810—811 页。

明朝嘉靖皇帝通过诰制从官方层面清晰、明确地肯定、阐释了封建社会中母亲与儿子之间荣辱与共的因果关系，也就是一个母亲能够有名于当时，必然是因为他有一个成功的儿子。儿子能够富贵有成，必然是因为有一个贤德的母亲。

附　温州宗族妇女中的杰出代表——被尊为"女师"的郑氏

在温州宗族社会中，具有良好妇德，能够在夫家发挥持家、教子作用，得到宗族及社会认可的贤妇，大有人在。史料记载可见的，其中比较突出，甚至可以用杰出来形容的，当属瑞安蔡文懿的夫人郑氏。

文献中关于郑氏的记载，一则见于宋朝蔡钥为瑞安莘塍蔡氏之宋兵部尚书文懿公夫人郑氏所写的圹志，即：

> 先姚归蔡氏，承姑事夫敬以正，治家训子严以勤。处事有断，捷若影响；见义勇为，破元疑碍。姻戚无内外长少，皆慕而法之。四方士大夫闻先姚之贤，所至称道，号为女师。①

关于郑氏事迹更为详细的记载，则见于宋朝蒋重珍为其所写的墓志铭，即：

> 及笄，归文懿也，孝以事姑，敬以事夫，治家勤而不甘于逸，训子严而弗纳于邪，阃范所垂，虽郝、钟②特无以过，姻戚里党，咸乐道之。然此尤未足以尽夫人者，蔡子钥等治绩皆以最称，凡军国大事，禀请之夫人，援古证今断之，捷如影响，四方士大夫闻之，随在

---

① 郑笑笑、潘猛补主编：《浙南谱牒文献汇编》第三辑，香港出版社2008年版，第201页。

② 南朝宋刘义庆《世说新语·贤媛第十九》："王汝南少无婚，自求郝普女。司空以其痴，会无婚处，任其意，便许之。既婚，果有令姿淑德。生东海，遂为王氏母仪……王司徒妇，钟氏女，太傅曾孙，亦有俊才女德。钟、郝为娣姒，雅相亲重。钟不以贵陵郝，郝亦不以贱下钟。东海家内，则郝夫人之法。京陵家内，范钟夫人之礼。"后世遂以"郝钟"并称，用作妇德贤淑之典范。引自（南朝宋）刘义庆著，（南朝梁）刘孝标注，余嘉锡笺疏《世说新语笺疏》，中华书局1983年版，第756—757页。

有女师之誉，而称道勿衰。前守衢官率皆重敛侵渔，充私囊以资夤缘。范素廉明，本无庸有万一之虑，而夫人窃窃然以酷吏相戒，且勖以民为邦本，病民非所以为国，惠民即所以致君，答朝廷知遇之隆恩，慰赤子保义之望责，非异人任也。范承其训，民沾其德，箕斗之怨，不数月遂消而为父母之颂矣。……重珍观前烈女正妇，多以谨身齐家，载在简册，今夫人之功，足以及物，遂为文懿无穷之助，岂不伟哉！

　　当衢寇之未作也，夫人丧即路，衢人人持熏炬茗果，夹道数十里，哭挽轊车，且曰："郡民之不幸也！"①

史料中描写的郑氏，自嫁入蔡家，在处理家族内部关系、操持家务、教育子女等方面都做得非常出色，是宗族中妇女学习的榜样。不但使蒋重珍要用历史上妇德贤淑的典范——"郝钟"的事例来相比，就是在郑氏的亲戚圈子和周边乡里社会也得到了男女老少的一致认可和尊敬。但这些是古代宗族妇女中有淑德者都比较容易做到的一般性事情，郑氏能作为温州宗族妇女中的杰出代表，是因为她在其他方面的作为。

　　能使郑氏成为温州宗族妇女之杰出代表的作为有二：一是她对于儿子们在政绩方面的帮助。子蔡子钥等之所以能够在政绩方面做得非常成功，一方面是因为郑氏对他们的教导，另一方面是他们在任上遇到"军国大事"，都会"禀请之夫人"，夫人则"援古证今断之"，切切实实给予了实用性的指导意见。这也证明了宗族在择妇时要注重选娶那些家教好、有才能女子的正确性。郑氏如果没有真才实学，就不能对于"军国大事"给出实质性建议。郑氏的才能也得到了社会的认可，当时的"四方士大夫闻之"，都尊称她为"女师"。在古代文献中，能被称为女师者，只有两类人。一类是女性教师，专门掌管教养贵族女子。如宋玉在《神女赋》中所言的："顾女师，命太傅。"②对何为"女师"、"太傅"，《昭明文选译注》中注解为："女师：古时教女子妇德的女教师。太傅：本为辅导太子

———————————

①　郑笑笑、潘猛补主编：《浙南谱牒文献汇编》第三辑，香港出版社 2008 年版，第 201—202 页。

②　陈宏天、赵福海、陈复兴主编：《昭明文选译注》（第二册），吉林文史出版社 1988 年版，第 1037 页。

之官，此与女师相类，盖辅导神女之师。"① 另一类是指女子中的杰出代表，女子中的楷模。如《梁书》卷七《太宗王皇后传》中记载的："后幼而柔明淑德，叔父暕见之曰：'吾家女师也。'"② 郑氏被乡里士大夫们尊称为"女师"，应该是兼具这两种含义。作为一个女性，能够得到"女师"这样尊敬的称号，也足以说明郑氏的才能非常杰出。郑氏的另一个作为在于对地方官要勤俭爱民的劝诫。

正因为郑氏一方面起到了一般"烈女正妇"都能起到的"齐家"作用，另一方面做到了帮助儿子"治国"及造福地方社会等这些男子才能做到的事情，所以才会在地方社会受到如此的尊敬和爱戴。在她去世时，乡里社会的民众自发地带着贡品，夹道数十里哭送，认为郑氏夫人的去世是当地民众的一大损失。不要说在宗族社会制度下的一介女子能够以自己的言行受到这样的尊敬和爱戴，是多么难得，就是那些七尺男儿们，能够做到如此、享有这种尊敬的，又有几人呢？

郑氏的事迹绝对称得上那个时期宗族妇女中的杰出代表，是当时社会所欲树立之妇女们学习的典范。相信在这种风范、榜样力量的带动下，是可以潜移默化地影响、带动本宗族中的妇女甚至当地社会妇女的行为和价值倾向的，是能够切实推动当地社会风气的形成和进步的。

---

① 陈宏天、赵福海、陈复兴主编《昭明文选译注》（第二册），吉林文史出版社 1988 年版，第 1041 页。

② （唐）姚思廉撰：《梁书》，中华书局 1973 年版，第 158 页。

第八章

读仕文化：力学笃行，
读仕之间的务实选择

在科举制推行后的中国封建社会，努力读书与科举入仕是全社会有能力为之者的共同梦想。因为由读书而入仕，无论对于个人，还是对其所从属的宗族，都是一件善莫大焉的好事。冯尔康在《中国宗族史》中曾经说：

> 宋以降社会的上升流动主要通过科举实现，宗族要强盛不衰，必须多出科举人才，进入政界，并带来经济利益，使宗族有较高的社会地位，甚至成为地域社会的领袖。①

冯氏所言不假，通过科举入仕能够带给个人和宗族的是经济利益、政治地位、地域社会威望等一系列的实惠和荣耀，这些因素是决定一个宗族势力与发展成败的重要因素。陈支平对于福建情况的研究，也从一个地域的个案印证了这一点，陈氏分析说：

> 家族中的士绅学子在社会上有着较高的地位、广泛的交游和比较成熟的领导艺术，他们与家族组织的紧密结合，无疑大大提高了家族组织的作用，提高了家族领导阶层的权威。②

那在明清时期的温州宗族社会，人们对读书、科举入仕的态度和选择，会

---

① 冯尔康等：《中国宗族史》，上海人民出版社 2009 年版，第 257 页。
② 陈支平：《近五百年来福建的家族社会与文化》，中国人民大学出版社 2011 年版，第 58 页。

是怎样的一种状况？本章即对之展开探讨。

第一节　重视读书和科举入仕

中国科举制度发展到明朝，已经进入它的鼎盛时期。永乐以后直到明朝灭亡，选官专用科举一途，即史料中记载的：

> 科目为盛，卿相皆由此出。①

在朝廷如此价值导向作用下，明清时期的温州亦一直延续着重视读书和科举入仕的宗族文化传统。

《温州苍南缪氏通志》之"祖训·择师傅"条记载：

> 盖名门，以诗书为尚。择师教子其大事也，隆师重学其大端也。能如是，则子弟虽愚，必明矣。②

苍南缪氏宗族对于族中子弟读书的重视，是通过择师教子、隆师重学表现出来的。

明朝黄璨所写《可山叶君墓志铭》，记载了其督促子弟读书的内容，即：

> 病剧，召诸子曰："我世儒家，若辈不忘箕裘之业，我虽死，瞑目地下矣！"③

像叶氏这样重视、鼓励子弟读书的，还有明朝时培养出官至内阁首辅张璁④的永嘉普门张氏宗族。张璁在《先考守庵府君墓志》中描写了父亲在

---

① 参见《明史》卷六十九《选举志一》，引自（清）张廷玉等撰《明史》，中华书局1974年版，第1675页。

② 缪维銮主编：《温州苍南缪氏通志》，国际炎黄文化出版社2008年版，第170页。

③ 郑笑笑、潘猛补主编：《浙南谱牒文献汇编》第三辑，香港出版社2008年版，第32页。

④ 张璁，明朝嘉靖年间重臣，"大礼议"事件中的重要人物。官至内阁首辅，世称"张阁老"。

培养自己读书时的辛苦和期盼：

> 好《诗》、《书》而不得信其志，举以授诸子曰：四民，士为首，农次之，我竭力耕田，以养汝祖母，今家颇足赖，惟愿汝曹勤学励士行也。因遣孚敬补郡庠弟子员，数手笔以严训饬，辍饮膳以资馈给。九我恩深，不可云喻。比孚敬补廪膳生，曰：我庶无虑矣。弘治戊午，孚敬领乡荐，闻捷，与慕本公相持哭于栻庵公祠。①

在张璁的父亲看来，士是四民之首，家境不允许时只好力耕养家，一旦经济状况好转，就要鼓励并督促子孙读书。实际生活中他也是这样做的，在张璁被送去读书时，父亲不但数次写信严加督促，还省吃俭用为其提供经济上的支持。等到张璁"补廪膳生"时，他觉得已经算是教子读书成功，自己可以"无虑"了，所以等到张璁"领乡荐"时，这个结果大大超出了他的预期，当时那种激动、欣喜之情，真是难以言表，唯有归功于祖宗荫德的庇佑了。

因读书、科举而步入官场，并大有作为的张璁，自己作为读书入仕的直接受益者，自然会把重视读书的家教之风传承下去，在其《文稿》卷五"长儿中书逊志墓志"中写有：

> 正德己卯，予上春官试，泊严滩，诗寄儿云："十岁明年可有知，诗书勤读是男儿。"②

张璁对子辈读书的谆谆教导和殷殷期盼之情，跃然纸上。

张氏宗族通过教育、鼓励族中子弟读书、科举入仕，除了给张璁这样的个人带来仕途亨通、荣华富贵，也为张氏宗族带来了无上的荣耀和在当地无可企及的社会地位。《张璁集》之《附录三：古迹遗踪·敕建恩荣一品家庙》记载：

> 始建于明嘉靖十八年（1539）。终明之世，春秋二季，必由有司

---

① （明）张璁撰：《张璁集》，张宪文校注，上海社会科学院出版社2008年版，第446页。
② 同上书，第450页。

致祭。①

能够得到敕建"一品家庙"和"终明之世"春秋"有司致祭"的殊荣，不用张氏宗族自己炫耀，其在当地的社会地位和威望自是水到渠成的事情。这样的榜样作用，不要说对于张氏宗族子孙，就是对于温州整个地域社会重视读书入仕风气的形成，无疑也起到了示范和推动作用。

明清时期温州其他宗族重视读书和科举入仕的记载，如乐清万桥万氏宗族之万宗旦写的《勉光宇叔从学》：

> 门第萧条亦有年，儒风特望振前贤。三更灯火休虚却，万卷诗书要勉旃。风外黄槐声细细，月中丹桂影娟娟。文衡见说时南下，好向云衢早着鞭。②

诗中表明了希望通过刻苦勤读来改变宗族命运、光大门庭的殷殷期盼之意。

出身永嘉七甲项氏的项乔③则提出：

> 照得孝子慈孙之显祖父也，以掇科位显而能行道建功者为上，若肯构肯堂，表其宅里，树之风声，即次之。④

在项乔看来，项氏宗族的孝子慈孙要想光宗耀祖，最佳途径就是走读书、科考、入仕、建功立业的道路。楠溪江珍川朱氏也在族谱中对子弟读书、考取功名、宗族发展之间的关系进行了充分描述，即：

> 使我拥书万卷，何减积粟千钟。然则后之子若孙，苟不忘此意，必将奋志诗书，骧首云逵，上以绳其祖武，下以贻厥孙谋，无忝先世

---

① （明）张璁撰：《张璁集》，张宪文校注，上海社会科学院出版社 2008 年版，第 527 页。

② 乐清历史学会会刊编辑部编：《乐清历史学会会刊》第二期，2015 年 9 月，第 182 页。

③ 项乔（1493—1552），字子迁，号瓯东，永嘉七甲（今温州市龙湾区沙城镇）人。后迁居城内九曲苍，又自号九曲山人。项乔所属的七甲项氏，是同时期当地的名门望族。

④ （明）项乔撰：《项乔集》，方长山、魏得良点校，上海社会科学院出版社 2006 年版，第 703 页。

科甲之荣，丕振前朝理学之绪，则不惟有光于先祖，亦且善述乎大宗矣。①

珍川朱氏宁愿付出财产方面的巨大代价以换取供族中子弟习读的诗书，为的是使族中子弟明白先祖的用意，进而能够认真读书、考取功名，那将是上对得起朱氏先祖，下对得起朱氏后人的作为。

正因为对读书、科考、入仕、宗族发展之间的因果关系有着这样深刻而明确的认识，所以在明清时期的温州宗族，苦读诗书、立志科考、入仕者，大有人在。出身英桥王氏的王毓英就曾立志要走这样的道路，在《继述堂文钞·吕叙》中对之是这样描述的：

> 王君隽顾……少习举子业，谢绝交游，闭户自精，历十寒暑无懈志。②

王隽顾从小就以科举为目标开始读书，为了有一个好的学习效果，竟然能够做到在十年的时间里闭门研读，不与外界交往。可见科举在其心中所占的位置是何等重要，他所满怀的关于举业仕途之憧憬是多么的美好！结果如何呢？在《继述堂文钞·项叙》中做了这样的交代：

> 同、光以还，国家益趋帖括，士之怀奇负异者，类皆务举子业以进身，其著作虽或稍逊于前，而太原巨族犹有继起之人。如我友隽顾者，亦王氏之苗裔也。少便颖异，入庠后游学武林，肄业诂经精舍及紫阳、崇文各书院，与各郡名士相切磨，乃十试棘闱，屡荐不售，遂以韬晦老。③

王毓英满怀热情和希望的"十试棘闱"，结果却是"屡荐不售"。"十试棘闱"的行为，说明了他对于科举入仕的热切向往。"屡荐不售"的结果，说明科举之途的不易，所以他在《继述堂三刻诗钞·七十感怀》中有了

---

① 朱光揆撰：《追远堂记》，引自永嘉珍川朱氏《科竹房家谱》2012 年再版，第 201 页。
② 卢礼阳编校：《王毓英集》，中国文史出版社 2011 年版，第 3 页。
③ 同上书，第 5 页。

下面的心声流露：

> 弱冠芹香撷泮宫，槐忙十度踏成空。名储夹袋身仍蹇（注：屡荐不售），廪食分餐禄欠丰。闻达求人知命薄，琴书乐我返途穷。茫茫身世愁增感，阅尽沧桑老眼中。①

这首诗形象地描写了一个士子从少年时就立志于科场，结果历经十次的努力与失败，方知自己命薄，无缘于科举仕途，最后只能在老年时无奈地感叹自己一生读书求举的辛苦历程。张棡在民国十三年十二月二十八日（农历十二月初二）的日记中也感叹自己的类似遭遇："予困于科场数十年，仍不能扬眉吐气。"② 相信如王毓英、张棡者，穷其一生逐鹿科场，最终并无所获的士子，应该大有人在。

科举之途的不易并不能阻挡士子们的热情，大家还是一如既往地对读书、对科举充满了希望。瑞安孙氏的孙锵鸣在子孙诒钧赴京赶考的路途中，还不忘嘱咐其"上海勿多停留，早到京可早用功。……（一八八九年五月三十日）"③，可见孙氏对于科举是多么看重。龙湾李浦王氏竟然将入仕成功与否与当事人在宗族祭祀中的地位相联系，在宗谱中明确规定：

> 祭品之隆杀恒视官阶之崇卑。吾文定公特恩受一品封典，祭用牲礼亦宜之。凡春秋二祭及清明祭扫，羊一、豕一，永为定例，毋得苟简。④

对于一姓宗族来说，全族祭祀是非常隆重、严肃的场合，也是显示每一位宗族成员在族中地位、身份的场合。像李浦王氏这种在宗谱中直接明文规定，将宗族子孙科考仕途的成功度与其在宗族祭祀中享有的待遇等级相关

---

① 卢礼阳编校：《王毓英集》，中国文史出版社 2011 年版，第 394 页。

② 参见《评张文襄选〈炳灵集〉考卷文》，引自张棡撰、俞雄选编《张棡日记》，上海社会科学院出版社 2003 年版，第 342 页。

③ （清）孙锵鸣撰：《孙锵鸣集》，胡珠生编注，上海社会科学院出版社 2003 年版，第 289 页。

④ 参见龙湾《李浦王氏宗谱》之《凡例》，引自郑笑笑、潘猛补主编《浙南谱牒文献汇编》第三辑，香港出版社 2008 年版，第 35 页。

联的做法，在明清时期温州的宗族中并不少见。这无疑是在向全族倡导一种读书、科考、入仕至上的价值观念和人生导向，这是多么直接而又有效的激励子孙读书入仕的方法呀！

此外，清朝温州诗人杨青①多次在自己的文集中描写当时的人们对于科考的期盼与向往。如在《永嘉风俗竹枝词二·租下处》中写道：

> 县试才完府试忙，纷纷赶考趁头场。考棚一带招租遍，僻巷蓬门屋价昂。②

这首诗生动地描写出在科考之时，士子们像赶场一样赶考及考场周边因为赶考士子太多，而一屋难求、租价暴涨的景象。好不容易等到放榜之时，士子们则是：

> 挥壁攀墙更踏肩，人人观榜总争先。明明堂号先看见，不啻登龙飞上天。③

这首诗则把士子们争先恐后观看考试结果的热闹、挣挤场面及一旦考中，欣喜若狂的情形，描述得淋漓尽致、惟妙惟肖。更有甚者，还有父子同科的情况，杨青在《父子岁考自嘲联》中就描写了这样一对父子：

> 昔平阳某君父子岁考，其子考列一等第一，某附名三等之末。归，榜一联于门曰："老子无能附骥尾，小儿不肖占鳌头。"一时以

---

① 杨青（1865—1935），字淡风，亦作淡峰，别号甚多，有杨园主人、菊佣氏、四香老人等。世居温州城区大简巷，温州著名诗人。他穷老吟哦，一生重视地方文献的搜集，手录乾嘉之后温州遗诗数十首，辑成《杨园诗录》，为后人留下了一笔弥足珍贵的历史资料。参见（民国）杨青撰，谢作拳、伍显军编《杨青集》，上海社会科学院出版社2005年版，前言第1—4页。

② （民国）杨青撰，谢作拳、伍显军编：《杨青集》，上海社会科学院出版社2005年版，第33页。

③ 同上书，第34页。

为切实。①

这则文献传达出如下信息：父子同科考中，是件令人高兴的事。但父子同场科考，又说明人们对于科举的看重和得中的不易。所以当年老的父亲与少年的儿子同榜得中时，当事人自己都禁不住要无奈地调侃一番。因此说科考是当时读书人的毕生追求，一点也不为过。

此外，在《东瓯逸事汇录》卷二《风土》之"俗务外饰"条中，还有关于为了能够读书入仕而不考虑婚姻大事的记载，即：

> 士子入泮后，求婚者累累。卖婚之议，固昔人所讥，而习俗相沿，遂恬不为怪矣。惟是家爱读书，士不入泮，终不定婚。②

史料中一方面描写了士子本人为求取功名，需专心读书。为了能够做到专心读书，他们的选择竟然是"士不入泮，终不定婚"；而另一方面描写了一旦"入泮"，就会"求婚者累累"，也说明择婿人家同样看重读书入仕。

第二节　现实条件与科考成本

生活在封建科举取士制度下的士子们，要想一级级参加科举考试，就要离开自己的家乡，远赴省城、京城。古代交通条件落后，如果自己的家乡距离省城、京城路途遥远，则一路上的时间成本、交通、食宿等经济成本，无形中必会增加，这成为阻碍士子们参加科考的客观存在的障碍。温州正是这样一方地域，不仅客观地理位置偏远，地形条件山峦阻隔，增加了温州士子参加科考的成本，而且地产条件欠佳，更加重了士子们追求科考之路的艰难。

一　地理位置偏远且交通不便，增加了温州士子科考的成本

本书所说的科考成本主要包括一路要付出的时间成本和相应花费的经

---

① （民国）杨青撰，谢作拳、伍显军编：《杨青集》，上海社会科学院出版社 2005 年版，第349 页。

② 陈瑞赞编注：《东瓯逸事汇录》，上海社会科学院出版社 2006 年版，第 28 页。

济成本。关于明清时期的温州士子参加科考，要付出什么样的时间成本，在地方文献中有明确记载。下面即引录并进行分析。

《张璁集》之校注者张宪文在该书"前言"中描述道：

> 温州僻处山陬海隅，交通不便，进京应试，要经过千山万水。当时的路途，一般是从温州出发，先走水路，溯瓯江而至处州（注：丽水），再由陆路越括苍山至兰溪，后改就水道顺流而达省会杭州，此后则沿古运河至天津，再陆行而抵达北京。①

这是明朝时温州士子远赴北京赶考，一路上所要历经的辗转与波折，一会儿水路，一会儿陆路，水陆交替，好不曲折！水陆辗转，说明了温州的对外交通不便，张宪文"千山万水"的形容，说明了温州地理位置的偏远。实际上，他们到底要走多远的里程呢？在《温州府志卷一·疆域里至》中有明确的交代：

> 本府（指温州）　西北至南京一千八百九十里，北京四千六百九十里。②

从温州到北京，将近五千里的遥遥路途，以明清时期的交通设施条件而言，确实在时间成本上是一个客观严峻的考验。

下面即以张棡在日记中详细描述自己先后于光绪十四年、十五年、十七年，三次赴省城杭州参加考试时付出的时间成本为例，逐一进行具体分析。

光绪十四年（戊子，1888）七月十五日《赴郡附海昌轮晋省乡试》记载：

> 初六午后上海昌轮船，初八下午船即开行宁波。乃甫出黄花关洋

———————

① （明）张璁撰：《张璁集》，张宪文校注，上海社会科学院出版社2008年版，"前言"第2页。

② （明）王瓒、蔡芳编纂：《弘治温州府志》，胡珠生校注，上海社会科学院出版社2006年版，第7页。

面，风浪甚大，船左右颠簸，器具倾倒，在舟者尽呕吐不堪。船行至半夜后，因风恶停轮，令人略舒气息。初九黎明复行……初十在江夏停一日……至夜里潮涨，始开行杭郡……十一日……午后即抵余姚……是晚在余姚停宿。十二日由余姚开行，过上虞松夏，至项家埠停宿。十三日早晨过坝，渡曹娥江……十四日早晨抵萧山，胡、邵二君告别去。由萧山抵西兴，即唤挑夫挑行李，渡钱塘江进入省城草桥门，至下段税寓时约已午刻后矣。①

张棡此次去省城参加乡试，历经辗转，共耗时九天，时间成本不可谓不高。不仅时间成本高，这一路上所遭受的颠簸呕吐之苦，不仅是对人身体素质承受能力的考验，更是对人心中对科考所怀热情和信心的考验。

光绪十五年（己丑，1889）《搭美富轮晋省应试》记载：

七月十八日　点检行装起程，雇小舟一只，家君陪余赶至状元桥。时天色将曙，以美富轮由广东驶回，停在温郡江口，招搭晋省应试人故也。……

七月廿一日　九点钟抵上海码头。②

又张棡《由沪赴杭三场试毕》记载：

七月廿七日　在申江约停两天，于廿二日下午税定无锡快船一只，船洋计十三元五角，七人分派。……是晚十二点钟船即开行。此船甚宽敞，又适顺风，驶行甚速。廿三在朱镇停宿，廿四留泊嘉兴一夜，廿五停宿大茅地方，于廿六下午二点钟即抵杭城太平桥码头。③

张棡这次的行程似乎比上年顺利一些，因为在上海转船时，自己租用了快船，又赶上顺风，所以一路的颠簸之苦少了许多，但也是首尾用时共计九天。

---

① 张棡撰，俞雄选编：《张棡日记》，上海社会科学院出版社 2003 年版，第 7—8 页。
② 同上书，第 11—12 页。
③ 同上书，第 12 页。

光绪十七年（辛卯，1891）《乘轮晋杭赴省试》记载：

> 八月初三　自七月廿三日午后趁超武兵轮由温州开行，一路风色甚顺，波平如砥。廿五早晨始抵宁波江夏，即将行李转运至宜昌轮船。下午四点钟，宜昌船开行上海，是晚大洋风浪极大，船连夜驶行，廿六早即抵上海太古公司码头洋泾桥中和客栈。廿八下午，同瑞邑洪家诸位税来"无锡快"一只，附小火轮拖带计英洋廿四元。本期是晚开行，忽天挂篁橛，风色顿变，船不能开。廿九日飓风大作，风雨交加，诸人均株守船中，寸步难移。八月初一天色开霁，风日晴和，小火轮始于十二点钟开行，拖带大小船约六只。初二未刻后始抵杭郡武林门外停泊，初三日过帮船进城。①

这次行程的前半段，从温州乘船到宁波，很顺利。但后半段，从上海到杭州，却障碍重重，两次赶上大的风雨被困，所以这次行程用时最长，共计11天之久。

上引三则史料仅交代了张棡在清朝光绪年间由温州去杭州应试所要耗费的时间成本和路途上要经历的艰辛，其实宋朝时的曹豳②在《芭蕉雨——赴省陆行良苦，以词自慰其足》中，就写词诉说赴省赶考的艰辛，即：

> 春闱期近也，望帝京迢迢，犹在天际。懊恨这一双脚底。一日厮赶上五六十里。争气。扶持我去，转到官归，恁时赏你。穿对朝靴，安排你在轿儿里。更选个、弓样鞋，夜间伴你。③

词中作者将自己心中对科举仕途之路的殷殷期盼之情和对现实科考路途艰辛的畏难苦楚，这其中自然包括对要付出的时间成本的考虑，以幽默、风趣的方式进行了生动的描述，也是当时士子们内心世界的真实写照。又宋朝时苍南缪氏之缪蟾，在诗《应举早行》中亦描述了参加科举考试的艰

---

① 张棡撰，俞雄选编：《张棡日记》，上海社会科学院出版社2003年版，第19页。
② 曹豳（1170—1249），字西士、潜夫，号东亩。瑞安人，宋嘉泰二年（1202）进士。
③ 薛钟斗辑，余振棠校补：《东瓯词微》，上海社会科学院出版社2004年版，第17页。

辛，即：

> 半恋家山半恋床，起来颠倒着衣裳；钟声远和鸡声杂，灯影斜侵剑影光。路崎岖兮凭竹杖，月朦胧处认梅香；功名苦我双关足，踏破前桥几板霜。①

陈京②在 1895 年一月五日致宋恕的信札中，亦描写了自己当年科考路途的劳顿与辛酸：

> 京本年秋试，道由西路，跋涉之苦，不可言状。幸来去均获平安，不致疾病。③

虽然只有寥寥数语，却道出了陈京一路付出的艰辛。能够平安地来回，没有生病，即是值得庆幸之事，也从另一角度说明了温州地理位置的偏远和对外交通的不便。如果要去北京参加考试，将要在路上耗费多少时日，会是怎样的舟车劳顿，不难借此想见。

如上所述，温州地理位置的偏远、对外交通的不便，客观上增加了温州士子赶考的时间成本，相应这一路要支出的食宿、舟车交通等费用，即经济成本也必然会增加。时间成本问题可以用早点从家中出发来解决，而要行走这样远的路程，耗费这样久的时日，这一路的交通、餐饮、住宿等经济成本，就不是那么容易解决的事情了。

二　土薄物艰，使温州士子无力承担科考的经济成本

关于温州的治生条件，在《弘治温州府志》卷七《版籍》中有这样的描述：

> 封域仍旧，生民浸繁，而食衣百需随之。故境内之民垦荒而圃，

---

① 缪维銮主编：《温州苍南缪氏通志》，国际炎黄文化出版社 2008 年版，第 192 页。

② 陈京，字载甫，浙江平阳人，宋恕母舅之子，参见温州博物馆编《宋恕师友手札》（下册），浙江摄影出版社 2011 年版，第 359 页。

③ 参见《陈京致宋恕》，引自温州博物馆编《宋恕师友手札》（下册），浙江摄影出版社 2011 年版，第 355 页。

叠石而田，疏淤粪瘠，寸壤尺堤罔或芜旷，而后能自给焉。①

面对温州不会扩大的地域面积，伴随人口的不断繁衍，本就"七山二水一分田"的温州，人地矛盾逐渐凸显。为了在这有限的地域范围内满足自己的衣食所需，温州的百姓们可谓费尽心机。他们把一切可以开垦的土地，一切可以利用的空间，全部开发、利用起来，才满足了自己的基本生活需求。

如上节之分析：温州因为地理位置偏远、交通不便，无论去省城还是京城参加科举考试，士子们都要在路上耗费很长的时日，承担沉重的经济费用，因此在科考的经济成本和温州艰涩的治生条件所能提供的经济收入之间，产生了一个矛盾，即很多读书人虽然心中向往科举仕进，但捉襟见肘的家庭经济收入使他们难以支付科考费用。

宋朝薛嵎②在《省试舟中》描写了自己在考试途中的窘迫境况：

> 阙下春光近，囊金又一空。霜风吹败絮，星斗歌疏篷。世道谁能挽，妻孥见未同。青灯对黄册，销尽几英雄。③

曲折艰难的科考之路，将多少踌躇满志的少年耗白了头。作为家中顶梁柱的男子，为了科考一直在四书五经中耕耘，家中的时日自然过得艰难。就是在这样艰难的时日下，还要强撑着离家去参加科举考试，这其中的辛酸与凄楚，又有几人能够体会呢？

又《继述堂文钞卷一·附继述堂传家实录》记载：

> 昔时瓯江汽船未通，举子秋试，皆由陆路越岭赴省，各资肩舆为助。余独行箧空空，冒暑徒刑，日炙雨淋，困惫倒倦者数矣，卒乃屡战屡北，而心未死灰，又复收合余烬，肆业省垣，典质俱空，作背城

---

① （明）王瓒、蔡芳编纂：《弘治温州府志》，胡珠生校注，上海社会科学院出版社2006年版，第124—125页。

② 薛嵎：字宾日，号云泉，永嘉人。参见（清）曾唯辑，张如元、吴佐仁校补《东瓯诗存》，上海社会科学院出版社2006年版，第340页。

③ （清）曾唯辑，张如元、吴佐仁校补：《东瓯诗存》，上海社会科学院出版社2006年版，第342页。

之借者二次。……此吾历试艰难之实在苦况也。①

王毓英在赴省城参加考试的过程中，经历了日晒雨淋，经历了疾病困苦，经历了经济上的窘迫，经历了屡次的败北，但这些都未能使他放弃对科举的憧憬、希望与坚守，直至"十试棘闱，屡荐不售"，才"遂以韬晦老"。②

清咸丰年间温州巡道庆廉在《肄经堂记》中写道：

> 瓯江为浙东名郡，人文秀美，士之怀瑾握瑜者指不胜屈。余于书院考课，添设增广生童额数以宏作养。近年来，秋贡春闱蝉联而起，非敢侈言教育，而斯地人材之美可概见矣。按省城三书院外，复有诂经精舍，系邗上阮文达公抚浙时所建，专习经解、诗赋，为多士培根柢之学，由学使录入肄业。温郡相距较远，士之向往者艰于资斧，未由负笈。③

这里写的是温州士子在求学之路上，虽然向往省城好的教育资源，但因为温州地理位置偏僻，路途遥远，无力从经济上支付所需的沉重费用，只能眼睁睁地放弃。

陈京在写与宋恕的函札中描写了自己参加科举考试的心路历程和家境变化，即：

> 京本年（1894）秋试，道由西路，跋涉之苦，不可言状。幸来去均获平安，不致疾病。三场完后，在杭即将拙文誊交局寄阁下阅改，并出示同邑诸公，无不击节叹赏，以为必售。然拙文颇畅耳，风誉寸晷，殊不称意。而见者咸谓合中式甚。京归呈叔林、志三、仲舫诸夫子，均谓静候佳音。京私心窃喜，乃日望一日，杳然无影响，岂知通府脱榜耶！时耶？命数耶？其谓何耶？京不敢谓佳文见屈，但株守百亩，两赴秋闱，所费百余金，负债累累，诸事掣肘。自庚寅遭丧，辛

---

① 卢礼阳编校：《王毓英集》，中国文史出版社2011年版，第21页。
② 同上书，第5页。
③ 吴明哲编：《温州历代碑刻二集》，上海社会科学院出版社2006年版，第173页。

卯继劫，五六年间，荆天棘地，抑郁难言，急望腾达，稍展骥足，而
运蹇若此，奈何奈何，困苦万状，笔不能传，另当面述，知心人亦当
为我一哭也！……

　　……未知阁下明年可为京谋一阅县府卷之席、可得五六十金否？
钱路累人，丛务促迫，不能下帷读书，只偷空披览，抱恨奚似！倘可
为京谋，即三四十金亦可，则铭感终身不忘矣！
　　……愚表弟京顿首
　　甲午十二月十日①

因为陈京和宋恕是表兄弟，所以陈京在信中并不见外，他把自己本以为这
次能得中，却又名落孙山的内心巨大落差和感受及因为参加科举考试而负
债累累、家境艰难的窘况，全部真实地表露了出来。

　　像温州的其他士子一样，陈京的科考之路亦是充满了艰辛与曲折。
首先，是一路难以言表的"跋涉之苦"。所以陈京对于考完能够平安、
健康回家，心中是充满感激和欣慰的。其次，是落榜后的心理落差和困
惑。因为家境艰难，陈京发自内心地憧憬着这次考试能够得中，从而改
善家庭的经济情况。所以，在正式放榜之前，他是如此积极、主动地将
自己的文章送与多人阅看。在大家的一致认同声中，陈京心中充满了希
望，一天天，望眼欲穿地盼着放榜，孰知最后等来的是又一次科考失利
的消息。面对这种结果，陈京从心里不愿意接受，也难以接受。带着不
解和困惑，他不禁发出"时耶？命数耶？其谓何耶？"的感叹和质问。
到底是哪里出错了？为什么自己就是不能得中呢？说明陈京直到此时对
于科举考试仍没有死心，内心既百思不得其解，又确实是伤心、绝望到
了极点，是非常复杂的一种心境。最后，是科考给家庭带来的经济困
境。这次科考失利后，更为致命的是，因为家中薄田百亩的收入基本上
都用来支付了陈京两次考试的费用，所以现在已是负债累累，生计都成
了问题。陈京为了一家人的生活，他必须无奈地选择面对现实，拜托宋
恕给他介绍一个差事。陈京之家还是拥有薄田百亩者，现在因为科考都
变成了这般境况，就不要说那些家境条件不如陈京的士子了，他们真的

---

　　①　陈虬、宋恕、陈黻宸撰，胡珠生编：《东瓯三先生集补编》，上海社会科学院出版社 2005
年版，第 219—220 页。

是难以承担科考之费。

瑞安孙氏之孙锵鸣在其"家训随笔"中写道：

> 我父鲁臣府君①，弱冠时读书郡城，与张孟平、丁兰石、姜龙坪诸先生游。文酒之宴，更倡迭和，衣服都雅，有游闲公子之风。未几，先王父弃养，遗薄田七八十亩，债累逾千金，两妹未嫁。我父惧先绪之不克保也，遂舍举子业，谢绝交游，折节为俭啬，力务农，早起晏罢，课僮奴治田事，暑月草屦蒲扇循行阡陌间，不言劳。②

孙锵鸣写到自己的父亲本来也是读书之人，过着师友唱和、轻松惬意的日子。后来因为家境发生变故，经济条件一落千丈，家境变得艰难起来，为了家族的生存考虑，父亲不得不舍弃科举之业，不得不放弃自己的文人交际圈子，从而操劳于田间。又《乐清谱牒文献选编》收录之《敕授文林郎晋封奉直大夫芷庭公传》记载：

> 芷庭公讳遇清……
>
> 幼习诗书，聪颖过人，立志芸窗，朝夕无倦，时人称其异日有金马玉堂之望也。公之大父合田公以庠序蜚声，人望啧啧，生本诗书家，奈无恒产何。于是遂弃举子业。③

这两个例子客观地说明，要想从事举子之业，家中必须具备一定的经济基础。

又瑞安孙锵鸣在"家训随笔"中写道：

> （光绪年间）戊戌（十八年）正月，余兄弟同北上，余会试，兄朝考，皆被摈。探知己亥、庚子、辛丑连有科场，遂同留京待试。旅

---

① 指孙锵鸣父孙希曾，字贯之，号鲁臣，邑增生。参见（清）孙锵鸣撰《孙锵鸣集》，胡珠生编注，上海社会科学院出版社 2003 年版，第 265 页注释。

② （清）孙锵鸣撰：《孙锵鸣集》，胡珠生编注，上海社会科学院出版社 2003 年版，第 265 页。

③ 蒋振喜选编：《乐清谱牒文献选编》，线装书局 2009 年版，第 371 页。

居不易，各觅馆以资糊口。①

光绪年间，孙氏兄弟一起赴京城参加考试，结果双双名落孙山。为了继续参加后面的考试，他们选择留在北京待考。但此间的费用花销想必是一个不小的数目，所以兄弟二人只能一面备考，一面兼职，赚取一些收入，贴补费用。孙氏是瑞安的望族，属于家境殷实的一类，尚且需要这样，不难想见，其他的平民家庭根本无力承担赴京科考的费用。

第三节　科举诱惑与务实选择

一　科举诱惑下的务实选择

痴心于科举入仕之途，是封建社会中大部分读书人的终生追求。对于明清时期温州的读书人来说，读书入仕也是他们当中大多数人的追求，但他们一般不会终生痴迷于此途，而是根据实际情况，选择务实地面对。

在《杨子瑜墓志》中记载：

> 缙云杨氏占籍于平阳者曰朝，无子，以宋太常博上蕴古之孙裕为子。裕生璇，君其嫡也。讳琬，字子瑜，幼颖悟好学，从乡先生郑如圭受《尚书》，治进士业。业成而世乱，遂绝意场屋，自岭门徙居凤山之阳。②

杨氏子瑜，聪明好学，从小即立志于科考之路。无奈世事难料，等到学有所成之时，遇到了乱世。当时生命尚且不保，也就没有心情去求取功名利禄，所以他务实地选择了放弃科考。

《瓯海轶闻》之"养伯③家学"条记载：

---

① 转引自（清）孙锵鸣撰《孙锵鸣集》，胡珠生编注，上海社会科学院出版社 2003 年版，第 262 页。

② 转引自（清）孙衣言撰《瓯海轶闻》，张如元校笺，上海社会科学院出版社 2005 年版，第 1071 页。

③ 戴蒙，字养伯，永嘉人，参见（清）孙衣言撰《瓯海轶闻》，张如元校笺，上海社会科学院出版社 2005 年版，第 520 页。

戴仔，字守镛，蒙子。常以孝廉荐，有云："天分素高。年近四十，即弃去场屋，大肆其力于学。密察于义理之精，考质于古今之载，《诗》、《书》、《易》、《周礼》、《四书》，下逮史传，皆有传述，讫未尝一出以自炫，安贫委顺，隤如也。"……

戴侗，字仲达，仔弟。登淳祐第，由国子簿守台州。德祐以秘书郎召，继迁军器少监，亦辞疾不起。年逾八十卒。有《易》、《书》、《四书家说》、《六书故内外篇》①。

戴仔出身之戴氏，是读书世家。戴仔是在不惑之年放弃科举之路的，说明在此之前，他也像大多数温州士子一样，热衷于科举。经过多年科场拼搏，他逐渐意识到，人到四十如果还未考中，就有必要认真考虑一下是否还要痴迷于这条道路。最后他务实地选择了不再科考，而是专心致力于做学问。弟弟戴侗虽然比哥哥幸运得多，能够得中并步入仕途，但后来也选择了居家治学的生活。戴氏兄弟正是因为有了后来远离仕途之路的选择，才会有如此多的学术成果留世。

清末温州诗人杨青曾写过一些感慨科举的诗，如《甲申试选拔不售》：

卅年落魄作书顽，老我名场鬓欲斑。甘露何缘滋卜璞，秋风无力撼孙山。尚闻道路虚传誉，每对亲朋只强颜。毕竟文章知己少，冬烘岂与主司关。②

经过三十年的科场挣扎，不仅功名未就，还换来两鬓斑白。面对亲朋询问自己是否考中的尴尬，其只能强颜以对，同时也意识到自己难以科考得中的现实。又《永嘉金廷英诗·下第志感》：

又向湘江作逐臣，可怜依旧一儒巾。明知俟命称君子，其奈□□

---

① （清）孙衣言撰：《瓯海轶闻》，张如元校笺，上海社会科学院出版社2005年版，第520页。

② （民国）杨青撰，谢作拳、伍显军编：《杨青集》，上海社会科学院出版社2005年版，第470页。

对俗人。涕泪空教流知己，深恩太觉负衰亲。钻他故纸真堪笑，误我光阴廿七春。

几多朋辈快乘时，我独年年叹守雌。壮不如人何待老，文犹似此敢言诗。投时花样非关巧，夺命良方不在奇。潦倒名场将十载，岂容身世久如斯。

浪传市骏有高台，偏把黄金买驽骀。共说文章有定价，谁知侥幸半庸才。大鹏未许寒鸦笑，神凤何妨小雀猜。寄语眼前冷暖客，休将成败论人才。……

赢得医名海上驰（按：曾行医海上），此行尚不负心期。十年事业三更梦，万里江山一卷诗。名士旧传桃叶句，佳人新唱竹枝词。西湖花月多情甚，约我重来是几时。

虽同季子敝貂裘，意气仍高百尺楼。时局艰虞难报国，英雄事业在封侯。功名毕竟如鸡肋，骨相凭谁认虎头。好泐燕然山上石，赞辞折桂月中游。[①]

永嘉金廷英也是多年追逐于科场，但最后没有考中。他一方面因为自己不能科场得中，让母亲扬眉吐气深感愧对自己日益年老的母亲；另一方面自己作为家中的男丁，在正值壮年的二十七载光阴中，非但不能给家中带来经济收入，还要因为科考花费家中的钱财。家中现状已是如此的不堪，如果自己再坚持下去，那是十分可笑的选择，也是无力为继的选择。所以，他要务实地选择放弃科举之途，但心中终究还是有些割舍不下，是一种非常矛盾的心理。

明清时期温州的士子们之所以会选择务实地面对科举，应该与他们所处的地域文化环境有关。如高利华所言：

人类学家普遍认为，生存环境对文化的影响是稳固而持久的，生存环境对人的体质、心理、道德诸方面都产生着积极的作用。[②]

① （民国）杨青撰，谢作拳、伍显军编：《杨青集》，上海社会科学院出版社 2005 年版，第 487—488 页。

② 高利华：《异量之美：地域文化研究的永久话题》，《社会科学战线》2007 年第 3 期，第 175 页。

作为处于明清封建皇权统治下的地域，温州士子们读书的使命，如传统文化熏陶下的士人一样，也是要"为天地立志，为生民立道，为去圣继绝学，为万世开太平"①。但作为一个移民文化色彩浓厚的地域社会，他们将这种使命与自己的实际情况进行了结合。温州的很多大姓宗族，虽然原因不同，但都经历过迁移之苦。在避难迁移的过程中，他们深切体会到：在"齐家"、"治国"、"平天下"三者之间，"齐家"应该是排在第一位的选择，因为只有"齐家"，保护好本姓宗族的利益才是自己可以把握、控制的，也是最现实、最实惠的选择。至于"治国、平天下"，那都是在做到"齐家"之后，有余力再进行的选择。永嘉场英桥王氏之王叔杲即持有这样的观点，并对服务于乡里社会和出仕朝廷之间的关系，进行了更为深刻的剖析：

> 所为仕者，将以建尺寸少裨益国家生灵耳，今家族不自保，仕将何？且场民多逋，盐筴将废，额课无所自出，所损于国良多也，即得他守一官，此非国事乎！②

在王叔杲看来，"齐家"、"治国"、"平天下"是自己施展抱负的选择排序。因为如果连家族的安全都不能自保，科举入仕又有什么意义呢？正是因为有着这样的思想认识，所以明清时期温州的士子们在面对科举诱惑时，他们一般能够在科举仕进的理想与客观现实条件之间，根据实际情况，做出务实的选择。如明朝时乐清万桥万氏宗族之万与言在五言古诗《示子孙》中写到的：

> 人间天地间，处世何矫矫，修身与治生，所作修正道。有书读须勤，有田耕及早。大用仪朝廷，小用居畎亩。③

正是因为这种务实的治世精神，他们中的很多人受到了乡里社会的爱戴。

---

①　宋儒张载语，引自章锡琛点校《张载集》，中华书局1978年版，第320页。

②　参见高岱《永昌堡记》，引自吴明哲编《温州历代碑刻二集》，上海社会科学院出版社2006年版，第95页。

③　乐清历史学会会刊编辑部编：《乐清历史学会会刊》第二期，2015年9月，第172页。

如在宋朝时温州名士薛季宣所写的《陈益之父行状》中记载的：

> 乡人于公之疾，日奉鸡豚祠神祷谢。死之日，咨嗟相顾，有为之流涕者。呜呼！公何以得此邪？公常自言："不能利泽于世，遗爱一乡足矣"。以匹夫而泽迨乡里，贤矣哉！①

陈益之父之所以在生病时、在死后，能够得到地方乡里社会的爱戴，就是因为他一生奉行了既然不能施展治国、平天下那样的抱负，那就务实地、力所能及地造福于地方乡里社会的治世原则。

二　力学笃行，居乡亦可及人

明清时期温州的士子们重视读书和科举入仕，但面对温州因为地理位置偏远、交通不便增加的科考时间成本、经济成本，面对温州土薄物艰的地域生产能力，他们一般根据自己的实际情况在生存现实和科考之间做出了务实的选择。因为在他们看来，读书后能够出仕为官，是在国家层面实现自己的治世抱负，而居乡服务于地方社会，同样也是实现了读书人的治世抱负。只要自己读书后能够为社会做出一份努力，无论这个舞台在哪里，都是实现了读书的价值。那他们选择服务乡里社会后，是怎样居乡亦可及人的？到底做了什么样的事情呢？

早在宋代，就有关于地方人士服务乡里社会的文献记载。如《宋代殷户解囊修水利》中写道：

> 陈瑾，字国器，平阳人。言动未尝妄，每损己益物。初，县驿道东北行水中，垫没十里，瑾独用一家力，栽石取底，东达海，既成，人德之，号东塘陈氏。水心叶适有记。……
>
> 陈熊，永嘉人。庆元六年秋，垂获雨涝，田在水下，毛太守宪忧之，熊与子请速决此埭，愿自备财力偿筑，许之。熊集丁夫一鼓而决，水退，稼无损。熊复请旁茅竹山趾创斗门，分流泄江，遂免决埭之患。

---

① （宋）薛季宣撰：《薛季宣集》，张良权点校，上海社会科学院出版社2003年版，第526页。

万规，字仁甫，乐清人。……所居海滨有赤水港，旧以舟渡，覆溺者多，规乃竭家赀，率邑里买石筑堤，仿泉之万安建桥，人便之，至今名万桥。①

上述史料中记载的几位竭心尽力、不惜花费家财通过兴修水利、交通设施为地方社会造福者，没有明确说是读书入仕的士子，只说是"殷户"，但至少说明在当时的温州地方社会中存在这种良好的热心服务地方社会的风气。

又《乾隆瑞安县志》卷九"艺文·叶葵墓志铭"记载：

闭户十余年，玩索群籍，穷探义理。每终日危坐，反身求诚，超然有得于穷理尽性之要。……《明辨工程》三十七篇，《性理粹语》、《易学精微》各一卷，研精太极阴阳鬼神性命之奥。……公之学以敏为主，以静养为工夫，反求诸身心，而务为深造体验。故言有根据，而文有实用。②

叶葵闭门读书十几年，目的是通过研读经籍以探索义理之真，并且注重读书学习的应用性，所以他毕生追求的学问贴合社会实际需求，是为了服务乡里，这是一种难得的学以致用的务实精神。今天的温州人之所以能够成功，在很大程度上也是因为他们非常的务实，只要是自己身体力行可以做到的事情，不分大小，不管多么辛苦，都会踏踏实实、非常勤奋地去做。

《清道光间洪守一倾资修官塘》记载：

岁庚子四月，博士弟子员今议叙奏加六品衔义士洪君守一，慨然有捐修河塘之议，甫鸠工，适值英夷警报，改葺城垣，议乃寝。比城工告竣，沿海解严，河塘屡以大水故，溢涌啮蚀，行者惴焉。君复申前议，庋寻丈量经费，董其役于胡学金暨胡永锡、蔡梦兰，而以从甥国子生潘森佐之。计自兴工之初，讫于竣工之日，首尾三载。自端东

---

① 俞光编：《温州古代经济史料汇编》，上海社会科学院出版社 2005 年版，第 80 页。

② （清）陈永清修，章昱、吴庆云纂：《乾隆瑞安县志》，宋维远、李赐华点校，中华书局2013 年版，第 414 页。

门外北抵帆游永嘉界，延袤四十里，为塘七千余丈，为桥五十余所，鳞次其石，巩若康庄，凡费白金四千数百两有奇，皆君一人捐资之所为也。于是瑞之人高君之义，相率请余文为记。

君小负隽才，键户著书，淡于仕进，而见义必为，老而弥笃。嘉庆九年，倡捐宾兴资斧，嘉惠寒俊，今赖以济，岁饥出谷均粜，市价一平。其他善事颇多，即以今者所修河塘论之，岂非始终自守，不牵世俗趋舍乎哉。①

洪守一有才，却"淡于仕进"，喜欢在家乡"见义必为"。在他一生所做的诸多善事中，最为值得一提的是倾资修筑河塘之举。在河塘开始议修之时，适逢"英夷警报"，所以历经波折，才得以开工。前后历时三年，修成规模宏大的河塘，其规模如引文中的描述："自端东门外北抵帆游永嘉界，延袤四十里，为塘七千余丈，为桥五十余所，鳞次其石，巩若康庄。"这样浩大、坚固的工程，经济花费自是一笔不小的数目，史料记载共花了"白金四千数百两有奇"，全由洪守一一人捐助。对于这样的慷慨大义行为，确实要撰文记之。如果内心没有一个坚定地躬行于乡里的志向，是不会做到这些的。

《清咸丰间张显承倡修东平埭》记载：

瓯在岐海之中，其地西南高而东北下，郡山溪诸水皆由西南而注于东北，沿江一带设陡门以资蓄泄，必筑塘埭以捍羡盈。茅竹去郡城三十里，考邑志，地有东平埭，始于宋绍兴间，历元、明迄今，御咸蓄淡，民生实利赖焉。咸丰三年夏六月，天降灾，疾风甚雨十昼夜，河流冲激，埭竟溃，而河水随江潮消长，良田变为淳卤矣。里有上舍张君显承、茂才杨君海珊、国子生张君世澄、松筠等出而倡首捐输，为谋修筑。顾兹事体大，埭之决口大且深，计长四十丈，计深十余丈，商此役者，不于河之要隘先筑备埭以堵山水，则内外流之相搏，势且两妨；又或遇庸工不谙以土堰水之法，轻尝傥试之，必败费且虚靡。乐有世习版筑者，募之，与之审势揆方，购料筹费，庀材兴工，诸法敏且善，始于七月十九日，告蒇于九月廿八日，总需费二千一百

---

① 俞光编：《温州古代经济史料汇编》，上海社会科学院出版社 2005 年版，第 93 页。

零缗。其费酌田之远近定捐之，等差计数，所出犹不足十之七，张君显承与世澄复能于应捐外，加捐钱七百三十六千零以落之。里之人德之，佥乞予记。予窃以为埭之有利于邑都也非自今然也。昔宋范文正筑海塘而民乐改姓，赵尚宽修陂渠而地复为膏腴。元、明以来，设都水监立捍海塘而众欣乐利。兹东平埭虽小，而诸君之勇于公义，或慷慨输金，或黾勉任事，不掠美，不矜能，卒有以障江卫河，保护田畴，令阖场均受其利者，厥功亦不少也。因为之记。①

咸丰三年被洪水冲毁的茅竹东平埭，应该就是上面史料《宋代殷户解囊修水利》中提到的，宋代殷户陈熊出资倡议修建的那个水利工程，从宋、元、明一直沿用至清，当地百姓深受其利。咸丰三年毁于大水之后，在当地士绅的努力下得以重建。在东平埭重新修筑的过程中，地方士绅"上舍张君显承、茂才杨君海珊、国子生张君世澄、松筠等"发挥了哪些作用呢？一是"倡首捐输，为谋修筑"，先发动大家捐钱，从经济上为重建做准备。二是选择适合的修筑方法和修筑工匠。三是亲自陪同工匠到实地考察，并监督工程的进程和质量。四是要承担工程所需全部经费中，除群众捐款之外不足的差额。在这个水利工程的修筑过程中，地方士绅之所以愿意费心费力费财，是因为他们知道自己所做的事情是可以造福乡里百姓，是有实实在在意义的。

《继述堂文钞·吕文起先生赠作寿藏志》记载：

（王君隽颀）年五十知命途偃蹇，不能得志行道，因绝意于闻达之途，而作地方自治之想。……其生平所最注重者，在勤修水利，以资农田，胼胝历三十余年，无懈志，非但利普本地，即三都黄石浦，为全镇出水之尾闾，曾发起禀请省赈划款以浚百年未浚之积淤，并分浚各都涨塞之沙滩，而利泽得均沾焉。永强一都与章安梅冈相接壤，向来河道不通，前明经陈岣诸先进经营十数载，惜功亏半途而逝，后赖公继起接事，力为完竣，至今舟楫称便，而旱潦咸资，皆有碑记可考，利泽洵足嘉也。②

---

① 俞光编：《温州古代经济史料汇编》，上海社会科学院出版社 2005 年版，第 94 页。
② 卢礼阳编校：《王毓英集》，中国文史出版社 2011 年版，第 9 页。

王隽颐在科场奋斗多年，到了50岁，仍未得中，他明白自己此生将无缘仕途，不可能继续走通过入仕而有所作为、施展抱负的道路，所以毅然地选择了放弃科考，选择了造福、服务于地方乡里。在他服务地方社会的实际行动中，最当引起注意的，是30年间一直坚持"勤修水利，以资农田"的举动，不但使本地农田旱涝保收，连周边的地域都深受其益。对于各姓宗族而言，这样的子弟虽然没给本族带来金榜高中那样光宗耀祖的荣耀，却带来了实实在在的服务和利益保障。相信这类读书人，是同样或者说应当会更受当地民众的欢迎和喜爱，所以也就不难解释当时的人们为什么要立碑纪之了。在《继述堂文钞·项叙》中对于这类读书人的评价是：

> （王君隽颐）若浚河道以兴水利，造桥梁以济病涉，毁淫祠以破迷信，禁龙舟以杜械斗，皆热心公益，所见端似，不当以文人目之。①

确实，相比于那些在中国封建科举制下一心痴迷于科举之途的"一心只读圣贤书，两耳不闻窗外事"的"书呆子"，像王隽颐这种读书后居乡造福一方者，无论在古代还是在今天，都是非常值得推崇和提倡的。

像这样力学笃行，用自己的实际行动践行服务地方社会的士绅们，在明清时期的温州，还有很多。他们的这种选择和做法，正如陈弘谋在《训俗遗规》一书中为《朱子增损吕氏乡约》所做的按语指出的那样：

> 古人为学，不肯独善其身，亦不必居官，始可以及人也。②

又如刘景晨之《从兄玉如兄七帙寿序》记载的：

> 人之责任与生俱来，自论道经邦之士，负荷孔巨，而百工庶役，皆当有一长以自效于世，不然食粟而已，修短亦何足道哉！③

---

① 卢礼阳编校：《王毓英集》，中国文史出版社2011年版，第5页。

② （清）陈弘谋辑：《训俗遗规》，华藏净宗学会2005年重印版，第7页。

③ （清）刘景晨撰，卢礼阳、李康化编注：《刘景晨集》，上海社会科学院出版社2006年版，第117页。

对于这些选择造福地方社会的士子们，乡里民众非常认可，并十分尊重。如《陈益之父行状》记载的：

> 乡人于公之疾，日奉鸡豚祠神祷谢。死之日，咨嗟相顾，有为之流涕者。呜呼！公何以得此邪？公常自言："不能利泽于世，遗爱一乡足矣。"以匹夫而泽迨乡里，贤矣哉！①

作为一个没有功名的读书人，在自己的家乡能够受到这样的礼遇，乡里民众在其生病时，为之求神祈祷，在其去世后，为之流泪，就是因为他平生的行为得到了乡亲们发自内心的认可。而得到认可的源头，就是陈父一生秉持的，作为一介匹夫，既然不能报效国家，那就造福于一方社会的务实的读书精神和价值追求。

在温州的读书人群体中，他们务实的读书精神，还体现在面对是"为国尽忠"，还是"居家尽孝"时，做出的选择，一部分人非常务实地选择了后者。如董得滂所写《先邑大夫月陂公行略》记载的：

> 公正德己巳应宾兴诏恩贡游太学，冀取一捷，名登天府。归省亲闻，侍母鲍氏疾，躬亲汤药，衣不解带，昼夜靡宁，幸获稍愈。或劝之应试，公曰："古人一日养不以三公换，吾何急功名而忍离膝下？"因得终养。②

史料中的月陂公本有机会参加科举考试进而步入仕途，但他最后选择了在家侍奉自己的母亲。作为人子，这样的选择无可厚非，值得称道，也从一个侧面反映了他务实的人生价值追求。

明清时期温州士子持有的这种力学笃行，居乡亦可及人的务实读书精神，是温州地域文化中的一大特点，是温州人务实精神在读书领域中的具体化体现。而且他们这种选择，确实为当时温州地域社会的开发、生产、生活等带来了切实的帮助和好处。

---

① （宋）薛季宣撰：《薛季宣集》，张良权点校，上海社会科学院出版社 2003 年版，第 526 页。

② 郑笑笑、潘猛补主编：《浙南谱牒文献汇编》第一辑，香港出版社 2003 年版，第 237 页。

第九章

隐逸文化：温州多隐逸之士

今天的温州人，留给世人的印象是精明、逐利、入世，生活态度非常积极、进取。殊不知，在明清时期的温州宗族社会，一直盛行隐逸之风。在地方文献和宗族资料中，多有关于隐逸之风和隐逸之士的记载。如在温州瓯海《东嘉林氏族谱》中的描述：

> 我林簪笏蝉联，皆祖功宗德积厚流光。兹谱重述德行，凡仕宦忠清，庭闱孝友，著称家国者，在所必录。至于山林隐逸，闺壶贞淑，并为表章，以示奖劝。①

在瓯海林氏族谱的收入原则中，重在载入那些德行俱佳的子弟，对于那些"仕宦忠清，庭闱孝友，著称家国者"，因为是宗族的骄傲，所以必须载入。对于那些隐逸山林者，也要一并载入，则说明林氏宗族对于族中子弟隐逸行为的认可，说明出仕与隐逸是两条可以任选的道路。而林氏宗族在族谱中单独提及这一点，也足以说明当时族中子弟选择隐逸不仕的人数应该达到了一定数量。其实，不仅林氏宗族，其他宗族中选择隐逸不仕者，也大有人在。本章即对明清时期温州宗族社会中选择隐逸生活者的类型及原因进行分析。

第一节　隐逸者的类型

明清时期，温州隐逸之风盛行。选择隐逸不仕的人群，数量可观。经过对相关地域文献的梳理，笔者根据他们选择隐逸生活的背景，大致将其

---

① 郑笑笑、潘猛补主编：《浙南谱牒文献汇编》第一辑，香港出版社 2003 年版，第 73 页。

归纳为以下几种类型。

一　屡试不中而隐逸者

自从隋朝创立科举制度以来，门阀贵族垄断入仕之途的局面被打破。从那时开始，大多数读书人选择了寒窗苦读，希望一朝入仕，能够显姓扬名、光宗耀祖。在温州，情况也一样。对于大多数读书人来说，通过读书考取功名，不仅可以改变自己一生的人生轨迹，还可以光大门楣。但事实情况是，能够一路通过层层选拔，最终考取功名者，毕竟是其中的少数。更多的人从最初的满怀憧憬参加科举考试，在经历了一次次碰壁的打击后，最终变得心灰意冷，绝意科场，选择了隐逸乡里。

宋朝薛嵎写有一首《秋试下第有感》：

> 焦桐何处是知音，独向残编惜寸阴。此日便为终隐计，青山已负十年心。梅花独对寒流洁，野鸟高飞古木深。万古红尘徒扰扰，几人头上有朝簪。①

诗中描写了一位读书人，在他青年时，踌躇满志、执意科场，逐鹿十载后，未能被幸运之神眷顾，于是看破红尘，选择了终隐不仕。其实，在隋朝至清末浩浩荡荡的科考大军中，能够高中的又有几人，这个比例应该是很小的，不然也就不会出现范进中举那样的极端案例。

明朝时何镗撰写的《项文焕圹志铭》记载：

> 按状，君姓项氏，讳文焕，字思尧，别号为斋。……
> 尝就试京师。……然寓京师者数年，终困一第。至丁卯，以诵书积损构疾，不能入试。顾慨然曰："人世荣名，诚有数限之耶！吾当东归，为先公修祠墓，以角巾布袍遂吾初服可耳。"乃买舟南来。②

七甲项氏之项文焕最初心怀科举仕进之志，并为参加科举考试在京寓居数

---

① （清）曾唯辑，张如元、吴佐仁校补：《东瓯诗存》，上海社会科学院出版社2006年版，第344页。

② 沙城镇志编纂委员会编：《沙城镇志》，中华书局2014年版，第459页。

年。但科考之路并不顺利，寓居多年，不仅没有考中，还因为读书"积损构疾"，竟至不能再参加科举考试。也许是无奈之下的选择，也许是终于看清了科举功名的利害关系，最后选择回乡隐居。

永嘉苍坡《李氏大宗谱》之《人物》记载：

> 第十二世，行百一，讳义方，字习甫，号澹轩。淳熙乙亥四月十三午时生，绍定癸巳五月初一子时卒。公暨诸弟师侯文恭先生；后以亲旧游蔡文懿及文定公之门。学行既优，而屡试不第，遂安旧隐，日与亲朋燕咏徜徉于务实园、东湖之上，有《东湖十六咏》。①

李澹轩是李氏宗族中读书卓有成效者，也是有意于科考者，不然不会屡次参加考试。但漫漫科考路，何其艰难！所以在一次次名落孙山后，他务实地选择了隐逸生活，与友朋徜徉在务实园中。

清朝时，黄绍箕为乐清沙川黄梦香写的《儒林郎福建直隶州州同黄府君墓表》记载：

> 府君世为乐清人，曾祖讳贯，祖讳森林，父讳理中，皆例贡生。府君生而孤，依外家成立。幼颖悟，长劬于学，不詹詹为经生家言。顾数奇，屡绌有司试，以例贡生终。
>
> 府君既不得志，益肆力于诗古文词。家故素封，于所居屋东偏辟小楼三楹，庋书数万卷，日坐其中，恣意朱墨。心有所感，辄发于诗。每当春秋佳日，折柬招朋辈，羹文字之饮，戛尔汝之歌，酣嬉淋漓，宾主欢甚。②

黄梦香的家庭出身，属于读书世家，可惜直到黄梦香时，在科仕之路上依然没有什么建树。但黄梦香对科考仕途的认识是务实的、豁达的，既然科举入仕之途屡试不畅，凭借着素封之家的财力基础，黄氏过起了诗词文墨、诗友唱和的隐逸生活。

清朝徐定超所写之《贡生加五品衔赐布政司使都事徐公天山传》

---

① 郑笑笑、潘猛补主编：《浙南谱牒文献汇编》第三辑，香港出版社 2008 年版，第 80 页。
② 同上书，第 179 页。

记载：

> 初，公胜衣就傅，日诵数百言。及寇，学明大体。及应童子试，屡不售，且遭私黜者三。自分命途多舛，遂弃举子业，退而学诗。嗣因输金助饷，选上舍生，后又晋秩五品。而公不甚喜也，故不仕。自颜其别室曰"乐知斋"，植花木，畜禽鱼以增其胜。日与二三知己吟咏其中，聊以自娱，置世事于不问。虽居近宰室，非公事未尝至。①

徐天山亦是屡试不售，于是弃举子业，过起了悠游的吟咏生活。

作为读书人，科场不利，如果家境好、家底殷实，还可以潇洒地如上述诸君转而选择诗意、隐居的生活。但如果家境欠佳，本希望通过科举入仕改变自己和家族的命运，那失意后的生活就没有那么舒适、惬意了。

陈明在写与宋恕②的函札中，即描写了自己场屋多舛的情况：

> 年十有五，往应廷试。文坛一战，鼓旗辄北。己丑之岁，傥得傥失，屡催翅翮，令人气短。后列前茅，为众所阻。卞和献璞，又用见刖。屈指其目，业已三辱。场屋之运，可谓屯蹇。家非陶、白，科名为生。位尊金多，寒饿始免。奈命途蹭蹬，一衿困人，掣肘之事，更仆难数。风晨月夕，览景伤怀。登山临水，触目生悲。③

陈明从15岁就开始在科场拼杀，原本想通过参加科考来改变自己的命运，但科考之路着实艰难，命运之神亦不眷顾，屡试屡败的经历，消磨了他的信心和锐气。面对家境的艰难，现实生活压力的残酷，他在参加三次科考后，最终只能向命运低头，忍痛放弃科考。同样的温州山水，在如此悲伤、失望的心境下，陈明看到的就不再是可以隐居、悠游的世外桃源，而是满目伤怀的景象。

同样科仕之途多舛的，还有英桥王氏的王隽顾。在《王毓英集》中

---

① 蒋振喜选编：《乐清谱牒文献选编》，线装书局 2009 年版，第 376 页。

② 宋恕（1862—1910），即宋衡，近代启蒙思想家，与陈黻宸、陈虬并称"浙东三杰"。生于浙江省温州市平阳县下薛村（今属郑楼镇）。

③ 陈虬、宋恕、陈黻宸撰，胡珠生编：《东瓯三先生集补编》，上海社会科学院出版社 2005 年版，第 224—225 页。

记载：

> 我友隽颀者，亦王氏之苗裔也。……乃十试棘闱，屡荐不售，遂以韬晦老。每谓文章一道，必华实并茂，方为巨制。若徒竞浮华，不求实践，纵有佳文，返之世道人心，恐无当于万一。……一时从之游者，恒以百数，其相契于微者，亦不乏人。咸谓吾师生平重实行，薄浮靡，虽不得志于时，犹思兼善于一乡。①

王毓英作为英桥王氏的代表性人物，曾经像一般士子一样，追求科举仕进之路。十次碰壁的残酷现实，无情地促使他下定决心放弃科考。和其他科举落第、选择隐逸生活者不同的是，王隽颀认为仕途不顺并不能阻挡自己作为读书人施展抱负的决心。在他看来，读书应当"华实并茂"，隐逸乡里、造福地方社会，这同样是一种作为。他的言论得到当时当地一些读书人的认同，也说明当时持这种思想观念的人不在少数。

二　稍举不中而隐逸者

明清时期温州选择隐逸生活的人群中，还有一些曾参加过科举考试，一旦受挫，即刻回头，不再踏入科场半步。

元朝时瑞安《许氏宗谱》之《元故逸士叔泳许公墓志铭》记载：

> 公讳叔泳，幼聪敏，读书一目不忘。且素有大志，尝应举子试，弗售，昂然曰："尹焞不对而出，岂无谓哉？此何时也，而可干禄为哉？"竟弃儒业，莳花植木，日与朋旧啸歌。②

许叔泳天生聪慧，是读书人中的佼佼者。其有大志，也曾满怀信心去参加举子试，结果没有得中。愤怒之下，决定自己不再有意于场屋，从此过起了隐居山林、邀友唱和的生活。

乐清长峤《黄氏宗谱》中记载了黄良铨科考之事：

---

① 参见项承权为《继述堂文钞》所写的叙，引自卢礼阳编校《王毓英集》，中国文史出版社 2011 年版，第 5 页。

② 郑笑笑、潘猛补主编：《浙南谱牒文献汇编》第三辑，香港出版社 2008 年版，第 205 页。

　　君讳良铨，号选三，姓黄氏，世居长峤村，为余之旧同学。好古文词，不屑为八股时文，是以背时。既背时，亦不趋时，一试不第，不再应试。①

黄良铨虽喜欢读书，却从心里厌恶科举考试之八股文。他在参加了一次科举考试未中后，就毅然地决定不再涉足场屋，也说明他从内心对于科举功名，并不是十分向往与看重。

　　还有一则史料，记载了明朝时温州瓯海睦州垟东嘉林氏之林讱庵，面对科举考试反复无常的态度，即：

　　万历癸卯登乡荐，寻登副榜，未伸厥志。乃嚣嚣然曰："功名幻泡，得失繇天。与其辞亲而远游，孰如朝昏之定省？"承欢膝下者十有三年。丙辰岁，念椿帏景暮，艰于禄养，遂尔翻然改图，曰："与其俯仰无资而老于牖下，孰若升斗余润、就养熙朝之为得耶？"②

林讱庵在万历癸卯时，参加了科举考试，因为考试成绩不理想，于是愤愤然地发表了一番言论，说什么科场功名虚幻、难以把握，与其为了追逐功名利禄而离亲远去，不如每天尽孝膝前。这种言论其实没有什么不妥，他本人也是这样做的，而且果真一做就是 13 年。但后来情况发生了变化，家境变得艰难起来，于是他一改先前的言行，表示与其这样寡淡、清苦地度过一生，不如积极科考入仕。林讱庵对于科举仕途看似反复、可笑的言行，除了与他所处家庭处境的前后客观变化相关，也折射出在科举取士的社会大背景下，作为读书人，面对科举仕途的诱惑，要想做到坦然、潇洒地面对，是多么难以做到的一件事情！不要说在明朝时期的温州，就是在全国其他地域类似林讱庵者应该也不在少数。

　　明清时期温州宗族社会中的这类读书人：重视读书，向往功名，会去参加科举考试。但他们又非常务实，如果科考之路走不通，就会另谋出

---

　　① 郑笑笑、潘猛补主编：《浙南谱牒文献汇编》第三辑，香港出版社 2008 年版，第 143 页。

　　② 参见（明）陈应聘《讱庵林公传》，引自郑笑笑、潘猛补主编《浙南谱牒文献汇编》第三辑，香港出版社 2008 年版，第 21 页。

路、另做打算。这种灵活变通的精神，在某种程度上是对的，是值得提倡的。务实、灵活地面对生活中的变故，总比执迷不悟、执着到底要强得多，这也是温州人灵活、务实精神的又一体现。

三　不屑于科举而隐逸者

在明清时期的温州宗族社会，同样作为读书人，相比那些执意于科场，因为终不得志而无奈放弃者，另外一些人面对科场的沉沉浮浮，就潇洒、轻松得多了。后者之所以会是这样一种状况，是因为他们对于科举之途抱着不一样的态度。在他们看来，参加科举考试并不是什么重要的事情，甚至不屑参与其中。

孙锵鸣所写之"会川翁八旬荣寿序"记载：

> 翁性聪敏，少博学，继乃舍举子业，曰："服古岂必为登第哉？依仁抱义，身体力行，虽圣贤不我遐弃。"于是横经负耒，水植而山耕，勤于身亦俭于己，冬一裘，夏一葛，食不贰膳，泊如也。生平寡言笑，凡乡曲交游征逐事，不挂一丝，然遇有纷争者，出片言为排解，又无不俯首慜服，其素所树立然也。有义举即踊跃争先，如建庙葺宇，虽费数百金不之惜。此其器量非度越寻常万万哉？①

会川翁是一个博学有才能者，但在他看来，读书人要实现"齐家治国平天下"的抱负，要想有所作为，不必去参加科举考试、步入仕途，只要你怀有仁义之心，并身体力行，同样可以实现。他也确实用自己一生的言行践行了这种信念，过着耕读勤俭、淡泊平静、调解乡里、义举善行的生活。会川翁一生的言行，相信无论对于他个人人生价值的实现，还是对于宗族乡里社会而言，都是非常务实、非常有意义的。能够做出这样的选择，是要具备非同寻常的器识和度量的。

还有一些人，可以说是具有读书人的清高风骨，在他们看来，读书如果是为了追逐富贵权势，还不如选择甘于贫贱的生活。侯一麟在《秋日独酌逢朱翁、丈翁至，赋此》中就明确表达了这样的思想，即"若令役富

---

① （清）孙锵鸣撰：《孙锵鸣集》，胡珠生编注，上海社会科学院出版社 2003 年版，第776 页。

贵，何如奉贱贫"① 之语。又如在乐清铧锹《华阳王氏宗谱》中，收录有一首为族人王显②写的《耕乐诗》：

> 不将清迹混风尘，志乐躬耕效隐伦。诸葛冈中三顾晚，子真谷口一犁春。豳风载咏祈田祖，社会欢扶洽醉人。圣代求贤隆币聘，未容先觉老天民。③

该诗名为《耕乐诗》，其实还可以称为"隐志诗"。王显在诗中明确表达了自己志向清高，不与俗尘为伍，要执意于田园隐居生活的人生价值追求。他也用自己的实际行动证明了自己的言行一致，即如"谢铎④见其文，欲荐之，以疾辞"⑤ 一事。王显能够得到朝臣谢铎的举荐，说明原本有机会步入仕途，他却"以疾辞"，表明其内心确实是无意于、不屑于仕宦之路。

更有甚者，自己根本没有参加过科举考试，只是见到身边的朋友屡试不第，受之影响，就选择了绝意科场。在永嘉包山陈氏族谱中就记载了这样的事情：

> 包峇北轩陈先生，大参之甥孙，墨朣之外弟也。少颖悟有大志，诗书过目辄成诵，与墨朣共为义理之学。既而墨朣屡举不第，不复以仕进为心。先生遂决志林泉，视声利如毫芒，以德义为脍炙。……客至则衣冠俨饬，茶话之余，围棋鼓琴，惟意所适。肴则或菜或鱼。果则梨栗枣柿，随所有而不勉强焉。酒三五行，则雅歌投壶，谈论亹

---

① （明）侯一麟、赵士桢撰：《龙门集　神器谱》，蔡克骄点校，上海社会科学院出版社2006年版，第34页。

② 王显，字絅夫，与同邑西乡金梗炯斋齐名，人称"东西炯"。著有《絅夫集》。参见郑笑笑、潘猛补主编《浙南谱牒文献汇编——诗词篇》，香港出版社2007年版，第174页。

③ 郑笑笑、潘猛补主编：《浙南谱牒文献汇编——诗词篇》，香港出版社2007年版，第202—203页。

④ 谢铎（1435—1510），字鸣治，号方石。明朝时太平县桃溪（今温岭市大溪镇）人，明藏书家、文学家。天顺八年（1464）进士，历任翰林院庶吉士、编修、侍讲、国子祭酒等职。谢铎博通经史，文学造诣极深。死后赠礼部尚书，谥文肃。

⑤ 郑笑笑、潘猛补主编：《浙南谱牒文献汇编——诗词篇》，香港出版社2007年版，第174页。

矗。……富贵不义者，轻鄙之。贫贱有道者，矜重之。①

陈北轩非常聪慧，诗书能够过目成诵，具备读书的先天素养，且怀有大志，想必是欲大有作为的。但看到自己的亲戚因为屡举不第，不再有仕进之心，自己竟然受其影响，也过起了悠游的田园生活，这也说明，陈北轩对于科举功名本就并不看重，其一生所看重的是德义，轻视的是名利。这样的人生境界，对于我们今天这个纷扰逐利的时代来说，也是值得尊敬的。

四　生性喜隐逸者

在明清时期温州隐居不仕的读书人中，也有一部分是生性喜隐逸者。早在宋朝时，温州赵处澹②就写过一首题为《村居》的诗：

> 乍晴山染碧，过雨落疏花。水阔暮天迥，村居春昼嘉。倚栏时展画，留客旋烹茶。剩得闲中趣，吟诗到日斜。③

赵处澹仅用寥寥数语，就为世人勾勒了一幅安逸、舒悦、温馨的耕读田园生活画卷。清朝时有位九峰山人④，选择的就是这种田园隐逸的生活，史载：

> 其性不喜饮，且甘淡泊，芹菜藜羹，嚣然自得。敝衣破履，不羡华靡。口不设雌黄，心不挂烦恼。不喜观剧，不玩元宵。不艳富室，不走权门。唯笑傲于烟云，遨游于岩谷。围棋以消永日，箫管以娱余年。⑤

---

① 参见永嘉《包山陈氏族谱》之邵挺《寿北轩陈先生六旬诗序》，引自郑笑笑、潘猛补主编《浙南谱牒文献汇编》第一辑，香港出版社 2003 年版，第 92 页。

② 赵处澹：号南村，温州人。

③ （清）曾唯辑，张如元、吴佐仁校补：《东瓯诗存》，上海社会科学院出版社 2006 年版，第 257 页。

④ "九峰山人者，姓王氏，名国铎，字振远。"引自郑笑笑、潘猛补主编《浙南谱牒文献汇编》第三辑，香港出版社 2008 年版，第 93 页。

⑤ 参见（清）金瓯《九峰山人传》，引自郑笑笑、潘猛补主编《浙南谱牒文献汇编》第三辑，香港出版社 2008 年版，第 94 页。

这样的生活态度和人生志向，只有生性喜隐逸，从内心完全将功名利禄置之度外的人，才可以做到。

元朝刘赓所写《永嘉陈氏世德碑》记载：

> 距永嘉县不十里，有泉曰"虎跑"，陈氏坟刹所在，故世为温州人。安惠公讳景彦，幼颖悟，知读书，一目数行俱下，名重缙绅间，问遗殆无虚日。里社浮沉，未尝一入城府，居隐以终。恭喜公讳春资，质直，殊不乐进取，有乃父风，人或劝之仕，则应曰："卿自用卿法，吾将行吾志耳，遗子孙以安，不亦可乎！"……
>
> 铭曰：陈氏之先，永嘉著姓，乡誉蔼然，与物无竞。①

陈氏世居永嘉，为当地之大姓宗族。族中子弟如陈景彦者，学问渊博、声名在外，但一生隐逸乡里，热心地方事务调解，使乡治里安，没有出现因为邻里纠纷而上告官府的案例。陈春资承父志，亦不乐进取。当有人劝其仕进时，他回答说每个人有自己的人生追求，看重功名利禄者尽可以去追求，自己的志向是隐逸乡里、造福地方，而且陈春资认为这也是一种很好的选择。所以刘赓在碑志的最后分析到，陈氏作为永嘉著姓，不仅自己生活得与世无争，还能为乡里社会排忧解难，所以会深受地方社会的爱戴。

明清时期温州地方文献中，关于生性喜隐逸者的记载甚多，如永嘉芙蓉两源陈氏之陈德庆②写过一首《田家》：

> 颓屋矮檐四五家，腰镰荷笠事桑麻。耳边不涉风波事，欸乃声中日未斜。③

陈德庆虽然居住在简陋的屋舍里，干着辛苦的农作劳动，但因为置身世外，不受俗世纷杂的侵扰，他心中的日子过得惬意、舒畅。

---

① 金柏东主编：《温州历代碑刻集》，上海社会科学院出版社 2002 年版，第 40—41 页。

② 陈德庆（1344—1388），字仲藏，号白云，元末明初，隐居不仕，参见郑笑笑、潘猛补主编《浙南谱牒文献汇编——诗词篇》，香港出版社 2007 年版，第 114 页。

③ 郑笑笑、潘猛补主编：《浙南谱牒文献汇编——诗词篇》，香港出版社 2007 年版，第 114—115 页。

乐清蟾河堡施泰①之《秋日郊居吟》：

> 秋老野趣佳，功成百物熟。既获西畴稻，旋采东篱菊。霜林余果蔬，萧淡甘自足。秫酒洌且馨，欢饮同骨肉。摩腹步阶除，临风颂玉烛。②

在日升日落间，看着自然界万物生长的周期往复，再看那世间的百态沉浮，是何等肤浅与苍白。

乐清万桥万氏宗族之万欣的《东园自述次张泮西韵》：

> 派衍东平属永嘉，东园雅趣是吾家。虹桥按户横深港，凤翥当门控白沙。不爱功名夸有禄，只求畎亩乐无涯。清闲自得其中趣，笑看儿童捉柳花。③

正因为不贪求世俗的功名利禄，才能在畎亩生活中有清幽自在观看"儿童捉柳花"的雅趣。同为乐清万桥万氏宗族子孙的万操也表示了乐居田园的志向：

> 但使居有庐耕有田，上足以事父母，下足以畜妻子，推其余亦足以及亲戚乡党。④

泰顺罗峰彭琼《题赠东园号别》：

> 卜筑扶桑远俗尘，茅斋幽处养天真。方塘泼泼鸢鱼乐，万物生生天地仁。有脚阳春施德泽，无边光景壮精神。心闲日涉多佳趣，高隐

---

① 施泰（1308—1388），字镇五，号松麓，参见郑笑笑、潘猛补主编《浙南谱牒文献汇编——诗词篇》，香港出版社 2007 年版，第 117 页。

② 郑笑笑、潘猛补主编：《浙南谱牒文献汇编——诗词篇》，香港出版社 2007 年版，第 118 页。

③ 乐清历史学会会刊编辑部编：《乐清历史学会会刊》第二期，2015 年 9 月，第 173 页。

④ 参见鲍原弘《江月轩记》，引自乐清历史学会会刊编辑部编《乐清历史学会会刊》第二期，2015 年 9 月，第 174 页。

商山第一人。①

远居深山，脱离俗尘，才能使人的心性接近自然，变得天真无邪。只有内心悠闲，才会发现生活中的美，才会发现原本看似简单的日子，也是充满了诸多乐趣。

瑞安仙源《季氏族谱》之《处士东郊公墓志铭》记载：

> 按状，公讳善元，字希明，号东郊。大父讳绅，父讳皋，皆隐德。……手植竹数千竿于庭，构亭于其侧，扁曰"万玉"。又种花菊数十本于亭之左右，日与陈草亭、林友兰诸君觞咏其中，以发天趣。先是，东郊之叔静学尝与任太常、胡竹南、林拙斋诸公结为安阳诗社，月凡一再会于名山胜迹，而东郊亦与焉。或分韵赓歌，诗皆立就，且清峻闲雅，绰有唐人风致。有《东郊集》一卷行世。②

季氏族人中，绅、皋、善元两代人，秉承着同样的隐德信念，都喜欢在宁静、自在的生活中"以发天趣"，与友人唱和往来，这是一种怎样的生活态度和境界啊！

乐清王潜所写《小隐洞摩崖记》记载：

> 小隐者，仙源钱君存之所自号也。存字崇耕，吴越王之一十九世孙，宋孝廉先生尧卿之十三世孙，太卿先生文子之十一世孙。国朝处士怀善之曾孙，兰室先生褒之次子也。其为人也，儒雅风流，放情山水，筑别业于此，士大夫多推与之，以为近古之逸民云。③

钱存隐逸生活的具体环境，在朱谏所写的《白石钱氏族宗支记》中有如下描述：

---

① 郑笑笑、潘猛补主编：《浙南谱牒文献汇编——诗词篇》，香港出版社 2007 年版，第 160—161 页。

② 郑笑笑、潘猛补主编：《浙南谱牒文献汇编》第三辑，香港出版社 2008 年版，第 262 页。

③ 钱志熙编：《乐清钱氏文献丛编》，线装书局 2010 年版，第 73 页。

其间丹屏翠嶂，松竹梅篁，足以供吟玩；凿池引泉，架梁畜鱼，足以陶性情。①

乐清朱谏所写《怀德公墓志铭》记载：

先生讳谋，字谋，别号怀德，世居乐清芙蓉溪之原。自宋迄今，省元之后族属繁衍，代有闻人。先生自少好文辞，隐居积学，与儒者游，若瓯滨王亚卿，南阁章千峰诸公，皆与先生为道义交。②

明清时期的温州，除了上述这些生性喜欢隐逸者，还有因为喜欢隐逸生活到一定程度，竟给官不做者。明朝时赵新所写《明征授朝列大夫云松公③墓志铭》即记载了云松公因为喜欢隐逸，虽被征召而不乐仕的情况：

洪武初，诏天下以礼辟山林隐逸者，郡、县争起公。辞弗获，强之京，授朝列大夫。即上疏乞归，上许之，声名益重于海内。建祠宇、置祭田、以奉祀先人孝思为事。筑室芳奥，植松树数万株以自蔽，因以云松自号。世事委之子侄，日与文士郑南屏、李槐堂、吴主一啸傲云松间，商榷古今，抚琴作诗，予亦造焉。遇晴爽，必游雁山，行厨纸笔俱随左右。兴至，则佳句涌出如流水，浑融活泼，不少著力。兴尽，鼾鼾睡，起则命酌。④

云松公本是一个隐居山林者，无奈声名在外，当朱元璋下旨征召时，郡县争相推荐。他推辞不过，只能赴京。入朝后，虽然被授予了文官从四品的朝列大夫之职，但他根本不把这些放在心上，而是请求归家。回来后，将族中的一切事务交予子侄去办，自己则是终日悠游于山林，过着率性而为的生活。

明朝瑞安仙源《季氏族谱》之《特授承勒郎兰坡公传》记载：

---

① 蒋振喜选编：《乐清谱牒文献选编》，线装书局 2009 年版，第 386 页。

② 同上书，第 485 页。

③ 朱复翁，字希晦，别号云松。先为会稽人，唐元和祖永任永嘉郡长史，因居焉。

④ 郑笑笑、潘猛补主编：《浙南谱牒文献汇编》第三辑，香港出版社 2008 年版，第 112 页。

公讳德基，字武抑，号兰坡。幼颖悟；年十四，授以《春秋》经，甫逾月即成诵，不遗一字。父耻庵公喜曰："吾文脉有传矣！"迨弱冠，为诗文，下笔顷刻数百言。郡庠教授徐公宗起见而器之，谓耻庵曰："有子如此，异日必以文词名世矣！"

洪武遴选天下笔札端谨者，授以承勑郎。郡守任公敬以公应召，辞疾不起。十八年，荐赴京师，翰林院试以《早朝》等诗及策以时事，曰："斯人可职黄门要地。"将官之，公以亲老缺侍，极辞恳切，得归田里。永乐间，屡下求贤诏，前后历按是邦，皆欲荐之于朝，终不就。①

从季德基父亲和徐宗起的赞叹中可以看出，季德基聪颖善读，具备将来以文采名于世的潜质。在洪武朝征贤的过程中，他没有应征。后来虽然被荐赴京师，朝廷欲授以要职，却极辞请归。回来后，他再也没有应过朝廷的征召。可以说，季德基确实是从内心生性喜欢隐逸，并要将自己的隐逸生活进行到底。

从上面所引几则史料可以看出：在明清时期温州的读书人中，确实有一些是生性喜欢隐逸生活者。在他们心中，和清幽、自在、惬意、舒适的隐居生活相比，功名富贵真的只是浮云。

第二节　隐逸之风的成因

明清时期的温州，为什么会出现这样多的隐逸之士呢？这似乎与今天温州人逐利天下、冒险好进的文化特性不相符。但每种现象的存在，必然有它自身的道理。明清时期温州宗族社会中，每个选择隐逸生活者，必定有其原因。对此，本书做出以下几方面的分析。

一　经济上无力承担科考之费

明清时期生活在温州的读书人，之所以一部分选择在家乡隐居，过着耕读相伴的乡隐生活，是因为他们的经济条件不足以支持其参加科举考

---

① 郑笑笑、潘猛补主编：《浙南谱牒文献汇编》第三辑，香港出版社 2008 年版，第 253—254 页。

试。那他们参加科考到底要面临什么样的经济费用支出呢？

可以先看一下去北京参加考试的情况。明清两朝，定都北京。温州偏远的地理位置使其处于国家政治中心的有效辐射范围之外，而极为不便的对外交通条件更是增加了温州士子们参加科举考试的经济费用支出。在张宪文为《张璁集》写的"前言"中，就详细地描写了从温州到京城的遥遥路途：

> 温州僻处山陬海隅，交通不便，进京应试，要经过千山万水。当时的路途，一般是从温州出发，先走水路，溯瓯江而至处州（注：丽水），再由陆路越括苍山至兰溪，后改就水道顺流而达省会杭州，此后则沿古运河至天津，再陆行而抵达北京。①

从张宪文的描述中可以看出：当年温州士子要想赴京参加科举考试，一路上车船交替，耗费时日，饱受辗转颠簸之苦。科考一次往返路途所要花费的食宿、交通成本，必是一笔不小的数目。

再看一下去省城杭州参加科举考试的情况。对于明清时期温州籍的士子来说，进京赶考，实属不易，而去省城杭州参加考试，亦非易事。张棡在日记中详细描述了自己先后于光绪十四年、十五年、十七年，三次赴省城杭州参加考试时一路的舟车劳顿，这三则日记前文已引，此处仅引其中一则为例，即光绪十四年（戊子，1888）七月十五日《赴郡附海昌轮晋省乡试》：

> 初六午后上海昌轮船，初八下午船即开行宁波。乃甫出黄花关洋面，风浪甚大，船左右颠簸，器具倾倒，在舟者尽呕吐不堪。船行至半夜后，因风恶停轮，令人略舒气息。初九黎明复行……初十在江夏停一日……至夜里潮涨，始开行杭郡。十一日……午后即抵余姚……是晚在余姚停宿。十二日由余姚开行，过上虞松夏，至项家埠停宿。十三日早晨过坝，渡曹娥江……十四日早晨抵萧山，胡、邵二君告别去。由萧山抵西兴，即唤挑夫挑行李，渡钱塘江进入省城草桥门，至

---

① （明）张璁撰：《张璁集》，张宪文校注，上海社会科学院出版社2008年版，"前言"第2页。

下段税寓时约已午刻后矣。①

张刚这次去省城参加乡试，虽说与去北京应考相比，从路程上看近了许多，但也要历经辗转，先后耗费了九天时间。九天中的交通、食宿等费用，也是一笔不小的支出。

从上述分析可以看出：对于明清时期的温州籍士子们而言，参加科举考试所要支付的经济费用确实是一个异常沉重的负担。对于家境不够殷实的人来说，是难以支撑，甚至是没有办法解决的。这从陈京在两次参加科举考试未中后，家境即变得日益艰难的例子，可见一斑。史料中记载如下：

> 京不敢谓佳文见屈，但株守百亩，两赴秋闱，所费百余金，负债累累，诸事掣肘。自庚寅遭丧，辛卯继劫，五六年间，荆天棘地，抑郁难言，急望腾达，稍展骥足，而运蹇若此，奈何奈何，困苦万状，笔不能传，另当面述，知心人亦当为我一哭也！②

陈京是执意于科举，并寄希望通过科考入仕一展抱负及改变生存状况，但科考之路并不平坦，陈京未能如愿。先且不论两次考试失败带给陈京的沉重精神、心理打击，单单这两次考试所花费的经济费用，已经使陈京的生活陷入了困苦不堪的境地。陈京家中还是"株守百亩"的家底，都已经如此不堪重负。也就不难想见其他家境不如陈京者，又有多少钱财可以支撑他们的科考之路呢！所以，对于如陈京类的科考士子，虽然他们发自内心对科考充满了希望，但迫于现实的经济实力，在确实没有办法承担科考经济费用的情况下，最终只能无奈地放弃，而务实地选择在家乡过起读书与耕种相伴的生活，哪怕这种选择并非出自他们的初衷。

二　看透仕隐得失，淡泊名利

在关于明清时期温州宗族的地方文献中，记载了一类士子，因为对世

① 张棡撰，俞雄选编：《张棡日记》，上海社会科学院出版社2003年版，第7—8页。
② 陈虬、宋恕、陈黻宸撰，胡珠生编：《东瓯三先生集补编》，上海社会科学院出版社2005年版，第219页。

俗间的名利看得非常淡泊，于是选择了隐逸生活。只不过其中一些是本就对这些看得淡泊，另外一些是在亲身经历了宦海沉浮后，看透了仕与隐之间的得失，才对仕途名禄看得淡泊。

生就对世俗名利看得比较淡泊者，如南宋时赵师秀①曾写有一首《薛氏瓜庐》：

> 不作封侯念，悠然远世纷。惟应种瓜事，犹被读书分。野水多于地，春山半是云。吾生嫌已老，学圃未如君。②

薛氏在诗中明确表达了自己不喜仕途富贵、不想被俗世的纷扰牵绊，而喜欢宁静、悠闲的田园生活。

明朝时，侯一麟写有一首《东郊小隐》：

> 何须大隐称朝市，自可东郊小隐名。囊里诗篇珠玉富，人间荣乐羽毛轻。南州云陇甘躬稼，北海芳樽喜客倾。太守漫劳高设榻，安车自有帝王迎。③

对于一些人主张的大隐隐于市的观点，侯一麟并不认同，他主张隐于乡里的小隐生活。而且在他的价值观中，人世间的荣华富贵，比羽毛还要轻。

乐清王甲④的《狮峰田家》：

> 新水阔西畴，疏林通幽路。桑竹荫墙扉，庐舍依邱墓。伏腊互往来，男女相嫁娶。衣冠异城市，语言少世故。东西墟里静，舂粮声早

---

①　赵师秀（1170—1219 年），字紫芝，号灵秀，亦称灵芝，又号天乐。永嘉（今浙江温州）人。南宋诗人。

②　（清）曾唯辑，张如元、吴佐仁校补：《东瓯诗存》，上海社会科学院出版社 2006 年版，第 223 页。

③　郑笑笑、潘猛补主编：《浙南谱牒文献汇编——诗词篇》，香港出版社 2007 年版，第242 页。

④　王甲，字鋐臣，乐清人。著有《闲情偶寄草》，参见郑笑笑、潘猛补主编《浙南谱牒文献汇编——诗词篇》，香港出版社 2007 年版，第 324 页。

暮。陇头布谷鸣，犁锄出深雾。野色溟蒙中，远山飞白鹭。①

田家生活就是这样的宁静、淳朴，没有城市中的那些世故。同是乐清人的
蔡保东，在《敬亭公六旬寿》中写道：

> 一廛托足，自高市隐之风；六十平头，大得散仙之福。门庭雍
> 睦，杖履清闲。从鸥鸟游，心忘机械；有松鹤寿，迹避纷华。②

这里的敬亭公也主张隐于田野，远离闹市，他希望在自己老年时，能够
过上像散游神仙一样的生活，不仅家庭和睦，完全不用为生活操心，而
且还可以随性四处游走，与山林鸟兽为伴，心中不受丝毫世间俗尘的
干扰。

瑞安林彦③《为虞希澄赋》写道：

> 不向皇门拜宠嘉，遗安罗麓世争夸。饭牛朝出耕春陇，负耒归来
> 带晚霞。龙卧南阳诸葛宅，云封谷口子真家。何当结屋依幽境，桑梓
> 联阴老岁华。④

隐居永嘉的赵含⑤写有《题朱凤山水竹居》：

> 幽意惟耽水竹居，杜陵懒性更何如？秋风短履闲陪鹤，春雨长竿
> 可钓鱼。汲砚不妨临浅壁，倚栏时复对萧疏。雅怀拄杖敲门看，更把

---

①　郑笑笑、潘猛补主编：《浙南谱牒文献汇编——诗词篇》，香港出版社 2007 年版，第
326 页。

②　郑笑笑、潘猛补主编：《浙南谱牒文献汇编》第一辑，香港出版社 2003 年版，第 114 页。

③　林彦，字性斐，号拙斋，生活于弘治、正德年间，参见郑笑笑、潘猛补主编《浙南谱牒
文献汇编——诗词篇》，香港出版社 2007 年版，第 161 页。

④　郑笑笑、潘猛补主编：《浙南谱牒文献汇编——诗词篇》，香港出版社 2007 年版，第
161 页。

⑤　赵含，字子雨，号涧边，永嘉人。弘治、正德年间诸生。隐居永嘉墨池，与朱谏、王激
交善，参见郑笑笑、潘猛补主编《浙南谱牒文献汇编——诗词篇》，香港出版社 2007 年版，第
164 页。

尘缨共拂除。①

朱谏《赠中溪耕趣陈君序》记载：

> 有名希治者，彦士也，而能知耕钓之趣焉。尝手书《牧犊语》：
> "人曰：'趋市者或劳于狙狯，趋朝者或怵于荣辱。吾心之天，将为
> 之薄蚀矣。不然，我何舍此而勿求哉？惟是戴笠披蓑，朝耕暮学，或
> 啸歌于畎亩，或流览夫林泉，何者非吾心之至乐乎？我不解与今之功
> 名富贵者以相伍。'"②

这几则史料都是描述温州士子不喜为追逐名利而劳碌身心，他们喜欢隐居
乡里，喜欢追求耕读为乐的田园生活，因为这样的生活可以满足他们"超
然远于荣利，有文史之娱，无宠辱之惊，其享大年"③ 的人生价值追求。

另外一类，是在亲身经历过宦海沉浮后，看清了功名利禄的诱惑以及
带给自己的得失，从而选择隐逸生活者，如英桥王氏之王健在为乐清瑶岙
朱谏所写之《明知江西吉安府事致仕进封中宪大夫荡南朱先生行状》记
载的：

> 荡南朱先生讳谏，字君佐，"荡南"其自号也。其先世有曰烨者，
> 宋嘉定间徙自闽，居温乐清之瑶川里，遂为乐清人。……母侯氏，封
> 太宜人。……
> 弘治乙卯（1495），以《诗经》举乡试。明年丙辰（1496）登进
> 士第。授知歙县，其治锄抑暴强，植立孱弱。……时直隶县最称歙县
> 治。丁员外公忧，服除，改知丰城，治如歙。江西县又最称丰城县
> 治，御史上其治绩，屡拟台谏之选，竟不果。乃以劳积久，次稍迁知
> 武定州。在州以事忤权贵人，权贵人亟白逆瑾，瑾怒，将中以奇祸，
> 闻者莫不为先生危。先生视事自若，曰："祸之有无，数也，瑾其如

---

① 郑笑笑、潘猛补主编：《浙南谱牒文献汇编——诗词篇》，香港出版社2007年版，第
164页。

② 郑笑笑、潘猛补主编：《浙南谱牒文献汇编》第一辑，香港出版社2003年版，第143页。

③ 参见《孙锵鸣集》"附录上"之李鸿章"蓁田夫子七十寿序"，引自（清）孙锵鸣撰
《孙锵鸣集》，胡珠生编注，上海社会科学院出版社2003年版，第692页。

我何?"会瑾败,遂免。……

　　……知赣州府事知吉安府……会丁太宜人忧,归。……

　　服除,自以仕途寡谐,即决志谢事,结庐雁山,临眺广宇,徘徊茂林,修然有尘外之怀焉。时年五十有四,子弟或进曰:"窃闻大人所历仕地,民讴歌思德,诸缙绅识与不识,又咸想见光采,世未忘大人也,大人可忘世哉?"先生笑而不答。然间遇达官贵人过从,辄复取古今治乱兴衰之迹,圣君贤相之业,相与诹讲。言及海内多难,则又未尝不慷慨太息也。凡优游林下者二十有六年,嘉靖辛丑(1541)初夏,病始作,诸子煮药以进,辄挥去之曰:"吾以儒生致位四品,此岂非命乎?古人有言,'命乃在天'。何谓药也?"越两月,以六月十三日卒,享年八十。①

进士出身的朱谏,在自己的仕宦生涯中非常勤勉、努力,所以凡是他治理过的地方,治绩均佳。但因为种种原因,升迁之途并不顺利。《行状》中御史屡拟其"台谏之选,竟不果"的记载,说明这个结果并不符合当时官员升迁的一般规律。后因得罪权贵,险些遭祸。正是因为有了亲身在宦海浮沉的经历,所以他在丁母忧服除时,选择了隐居家乡不再出仕。

明朝侯一麟《言志》诗写道:

　　世人重富贵,富贵只为累。予顾甘贱贫,贱贫身无事。况已挟策游,十载不得志。济时良已矣,那堪折腰吏。去去杜柴门,可以适吾意。②

作者在诗中清晰地分析了仕隐之间的利害得失,即如果为了求取荣华富贵而仕进,就会因之失去做人的自由和尊严。如果选择平淡隐居,虽然看似生活艰苦,却换得了身心的自由和做人的尊严。作者在亲历了十载的游历失落后,终于明白后者是适合自己的选择,是人生中最为重要的事情。

----

① (明)王健:《鹤泉集》,张侃、王绍新、董丽琼校注,厦门大学出版社 2014 年版,第89—91 页。

② (明)侯一麟、赵士桢撰:《龙门集　神器谱》,蔡克骄点校,上海社会科学院出版社2006 年版,第 32 页。

明朝章纶《金宪士祉朱公墓志铭》记载：

> 公讳良，字士祉，行四，世居永嘉之珍川……景泰纪元庚午，九载秩满，人皆望公有不次之擢，而公乃自叹曰："栖林之鸟，不过一枝；饮河之鱼，不过满腹。人之功成名遂，宜奉身而退。知止不耻，知足不辱，先哲之教也。"①

朱良，曾入仕为官，经历过官场生活。正因为有了亲身的经历，他才切身体会到仕途名禄带给一个人的得与失，才会更加深刻地体会到为官处世的一大真理，就是做事要把握好取舍、进退之间的尺度，要学会知足，学会适可而止。因为只有这样，才会有一个善终的结局，所以他在功成名就之时，明智地选择了全身而退。

与朱良能够有机会做出功成身退明智选择的命运不同，还有一些人在官场的生活并不顺利，如《孙锵鸣集》卷十一"古体诗下"之"题钱子奇大令《观我图》"中记载的：

> 一帆宦海饱风涛，俯仰随人同桔槔。岂知此中有我在，身外富贵如秋毫。②

只有亲身经历过宦海的沉浮，才能深切了解当中的酸甜苦辣，也才会慢慢体会、感悟到，与其为了所谓的仕途富贵而丧失自我地活着，还不如放弃这些身外的浮云，选择追求身心自由的真我生活。

三　追求"身心两适"，尤其是心适

在明清时期的温州，还有一类读书人是为了追求"身心两适"，尤其是心适的生活，而选择了隐逸。

张德明在《奉赠带川金老先生寺意图序》中写道：

---

① 郑笑笑、潘猛补主编：《浙南谱牒文献汇编》第三辑，香港出版社 2008 年版，第 116—117 页。

② （清）孙锵鸣撰：《孙锵鸣集》，胡珠生编注，上海社会科学院出版社 2003 年版，第 188 页。

夫心适身适，身心两适；无得无失，得失脱化。即持三尺竿，不见为劳；得径尺鱼，亦未为喜；岁月乾坤，不知为老。……先生淡然、渊然，不以一事介于怀，曾谓有道如此而不可为寿期颐乎哉？①

带川金氏为永嘉著姓，该姓宗族之金老先生一生追求的是生活的身适与心适，即追求生活的身体健康、心情愉悦，所以他对于世间的一切能够淡然处之，没有什么事情可以影响到他的心情。正因为有了这样的处世原则和心态，他才能够益寿延年。反之，如果一个人的志向在于追求仕进之途，在于追求荣华富贵，那就很难做到"身心两适"，尤其是心适。心不适，就不会有一个愉悦的心理，也就不会有一个健康的身体，就更不要奢谈什么高寿了。

又侯一麟在《下第归西园作》中写道：

落羽身虽贱，卑栖心自闲。②

放弃科举仕途的追求，回归田园生活的本真，虽然没有了外在荣华富贵的虚荣，但心里却一下闲适、惬意了起来。

明朝人黄璨在《梅庄叶君墓志铭》中描写道：

先生辛勤食力，铢积寸累，得田数亩，屋数椽，复构小楼于水滨，贮书千余卷，号"富墨窝"，且自慰曰："寒儒之富若此，足矣！"……家虽贫，不苟富贵。尝诵"不义之富且贵，于我如浮云"，于心深有所契，又号为浮云外人。年六十，即谢世事，日与王梦竹、王延表诗酒为欢。③

叶君通过辛勤劳动，日积月累，不但家境变得日益富足，还可以藏书数千卷，过着自己喜欢的耕读生活。这样的生活状态，难道不是典型的"身心

---

① 郑笑笑、潘猛补主编：《浙南谱牒文献汇编》第一辑，香港出版社 2003 年版，第 146 页。

② （明）侯一麟、赵士桢撰：《龙门集　神器谱》，蔡克骄点校，上海社会科学院出版社 2006 年版，第 67 页。

③ 郑笑笑、潘猛补主编：《浙南谱牒文献汇编》第三辑，香港出版社 2008 年版，第 30—31 页。

两适"吗？

朱书卿所写之《赠蔡隐山》：

> 雁荡群山石径斜，白云深处有人家。陶门日闭垂青柳，谢屐时闲踏落花。荣辱不关从理（按：原文此处有"论"字）乱，清幽自觉远嚣哗。从来我亦耽幽胜，欲共先生看晚霞。①

可见人生在世，只要能够做到不被外界的荣辱浮华干扰，自然会生活的"身心两适"。

侯一麟在《奉和家兄南塘楼居书怀》中写道：

> 人意各有适，自得贵不违。潜虬本渊媚，冥鸿入云飞。自是爱芳草，非关薄紫薇。凤抱绿水趣，乞向青山归。南塘山水清，可以筑钓矶。旷野一登楼，青村四作围。出郊甘离索，高斋保玄虚。冠裳幸无扰，偃仰得自如。日夜起棹歌，处处见樵渔。野老多农语，东邻闲读书。避地翻近人，临潭非羡鱼。当知陶晏意，奚必廛市居。②

"人意各有适，自得贵不违"，是说每个人的人生志向各不相同，都有自己的人生价值定位和追求，但最重要的一点是要和自己的内心不相违背，要活得真实、活出自我。像这样的人生追求和态度，在我们今天又有多少人可以做到呢？

四　山长水美：适宜耕读的生存环境

温州古称永嘉，"永嘉"二字之本意为长而美③，所以温州秀美的山水，宜居的环境，易于使当地的人们产生隐逸的观念。

---

① 郑笑笑、潘猛补主编：《浙南谱牒文献汇编——诗词篇》，香港出版社 2007 年版，第 161 页。

② （明）侯一麟、赵士桢撰：《龙门集　神器谱》，蔡克骄点校，上海社会科学院出版社 2006 年版，第 36 页。

③ 《说文解字》："永，长也。""嘉，美也。"分别见（汉）许慎撰《说文解字》，中华书局 1963 年版，第 240、102 页。

早在宋朝时，吴端①就写过一首名为《山居漫兴》的诗，即：

> 莫笑山庄小，偏于隐者宜。门当八字路，园茸五经篱。地暖花开
> 早，天寒酒熟迟。不须鸡报晓，已得数联诗。②

作者笔下描写了一幅如此惬意的生活场景：在温州山环水绕的地方，远隔
尘嚣的纷扰，那是隐逸生活的最佳地点选择。人们在那里完全可以按照自
然界的生息规律来安排自己的生活，且耕且读、怡然自得。

元朝时林齐③的《释耕亭》写道：

> 耒耜休耕后，诗书乐事兼。芸香春满屋，灯影夜垂帘。野犊眠幽
> 草，山禽下矮檐。长怜鹿门叟，不似晋陶潜。④

明朝侯一麟的《村居》：

> 亭皋避市喧，徙倚旷平原。落照余前浦，孤烟上远村。风花开又
> 落，暮鸟宿还言。三径无人到，闲看僮灌园。⑤

在温州地方文献中，收录有一定数量的类似描写隐逸生活之乐的诗文。这
些作品具有一个共同的特点，就是都写得非常平实、真切，就如一幅幅充
满乡野之趣、恬静闲适的画卷，在不经意间向读者展现着作者对于自己当
时真实生活状态、内心感悟、情感的表达。

---

① 吴端：字子方，号湖山樵隐，永嘉人，参见（清）曾唯辑，张如元、吴佐仁校补《东瓯
诗存》，上海社会科学院出版社 2006 年版，第 254 页。

② （清）曾唯辑，张如元、吴佐仁校补：《东瓯诗存》，上海社会科学院出版社 2006 年版，
第 254 页。

③ 林齐：字希颜，平阳人，参见（清）曾唯辑，张如元、吴佐仁校补《东瓯诗存》，上海
社会科学院出版社 2006 年版，第 557 页。

④ （清）曾唯辑，张如元、吴佐仁校补：《东瓯诗存》，上海社会科学院出版社 2006 年版，
第 557—558 页。

⑤ （明）侯一麟、赵士桢撰：《龙门集　神器谱》，蔡克骄点校，上海社会科学院出版社
2006 年版，第 66 页。

清朝陈世修在《耕绿亭记》中写道：

> 大凡山川郡邑当川淳岳峙、草木瀚郁之区，学士大夫恒择地构数
> 椽，以揽山川之秀，而游眺其耳目，一时宾朋诗酒，自谓风流可以
> 百世。①

在陈世修看来，非独温州地域，在全国任何地方，只要是山川秀美、景色宜人的好去处，都会成为读书人怡情养性、师友唱和的隐逸首选之地。

温州正是因为相对偏远的地理位置，对外阻隔的地形条件，优美秀丽的山水环境，才孕育、涵养了以耕读相伴为乐，以隐居避世为人生价值追求的隐逸之风。

五　避世隐居：长久移民文化的影响

在本节梳理的诸多关于明清时期温州士子们选择隐逸乡里生活的原因中，还有一点，那就是长久移民文化的影响。因为经历过颠沛流离、迁徙生活之苦的人们，会更加从内心渴望一种稳定的，不受外界因素干扰、影响的隐居生活。

温州在历史上之所以会有大批的移民迁入，和其比较偏远的地理位置及相对封闭的地形条件有关。史载：

> 温为东瓯古壤，在浙东极处，枕江界溪，天设奇胜，危峰层峦，
> 环控四境，蟠幽宅阻，一巨都会。②

"浙东极处"一语，将温州在中国版图上所处的地理位置及其与其他地域空间距离之遥远，刻画得非常形象。而"天设奇胜，危峰层峦，环控四境，蟠幽宅阻"的地形，又将温州和毗邻的地域阻隔开。所以，温州就形成了一个相对封闭、与外界隔绝的世外之地。这样的地方，无疑会成为中

---

① （清）陈永清修，章昱、吴庆云纂：《乾隆瑞安县志》，宋维远、李赐华点校，中华书局2013年版，第391页。

② （明）王瓒、蔡芳编纂：《弘治温州府志》，胡珠生校注，上海社会科学院出版社2006年版，"王序"第1页。

国历史上历次战乱、灾害发生时，流移之民的首选。

《温州府志卷一·风俗》记载：

> 汉魏以还，天下有变，常首难于西北。四方习俗所利，举萃东南。农桑工贾，曲尽其便，人物之繁，与京华无异，而土壤亦从而沃矣。加之乱离少殚，上下浸安，井里环聚，以粪其田，鸡豚畜之，牛羊牧之，荆棘芟而草莱辟，种植时而灌溉利，虽欲不为沃壤，得乎哉！徐以章宫讲之言验之，盖于吾瓯尤切矣。①

汉魏以后，中国北方不断发生的战乱使大量人口迁入温州。他们的到来，为温州带来了先进的生产技术、工具，补充了劳动力，加之温州境内偏安，没有什么战乱，所以温州地域经济得到快速发展。经过一段时间的积累，偏远的温州也变成了沃壤。

在温州很多宗族的墓志等文献中，多有关于其先祖因为避乱迁徙来温的记述。如苏伯衡《平仲集》卷十四《郭府君墓志铭》记载：

> 唐汾阳忠武王之后也。远祖太初，避黄巢之乱来居平阳之钱浦，卒葬其地。

王激的《鹤山集·广东佥事李楷墓志铭》记载：

> 先生姓李氏，为唐宗室李集氏之后。五代时避居永嘉，遂世家焉。

王叔果的《英桥王氏族谱·重修英桥王氏族谱序》记载：

> 我王氏世居永嘉华盖乡英桥里。旧传五代唐时自闽来徙。②

---

① （明）王瓒、蔡芳编纂：《弘治温州府志》，胡珠生校注，上海社会科学院出版社 2006 年版，第 11 页。

② 俞光编：《温州古代经济史料汇编》，上海社会科学院出版社 2005 年版，第 10—11 页。

　　这些因为战乱辗转迁徙而来的宗族，经过多年的辛勤耕耘，已经在温州生存并逐渐发展起来，已经变成子嗣繁衍、衣食无忧的地方大族。但曾经波折、艰难的迁移经历，在新迁地生存、繁衍的不易等，会在他们心中留下阴影，使他们会从内心、从本性上更喜欢安定、远离外力干扰的生活。当初他们是受外界政治事变、社会动荡及自然灾害等因素的影响，被动地、无奈地远离家乡、流亡到温州。现在他们有机会、有条件自主选择生活状态和方式，所以他们中的一些人会选择这种避世隐居、耕读相伴、"身心两适"、自食其力的生活。

第十章

居住文化：对宗族聚居之地的
精心选择

在明清时期温州的佳山秀林间，居住着一批诗礼传家、耕读为乐的名门望族。他们或是世代居住在温州的大姓宗族；或是来到温州为官，因为喜爱这里的山林秀色，而最终选择留在温州者；或是曾经为宦他乡，致仕后决然选择回温者。无论哪一种类型，他们在选择本姓宗族聚居地时，都非常重视、非常精心。

第一节　世居温州之宗族

对于世世代代居住在温州的宗族而言，选择一处风水绝佳、山清水秀、土肥水美的地域作为宗族聚居地，是关系全族发展的大事。在温州地方文献中，有很多关于宗族对聚居之地进行精心选择的记载。

宋朝时《福佑鲍氏家述》记载：

> 瓯为山水名郡，山水之胜，独钟仙居乡。其地奇峰异石，东接幽径于天台；中流曲涧，西统江潮于括府。自唐末之后梁、晋以来，高蹈不乐仕进者，恒托处其间，或耕钓以自娱，或著书以终老。
>
> ……鲍氏始祖从闽而迁者讳绍远公，不欲以显名著世，采芝餐术，羽经翼传，真隐君子者也。不数传，大蕃其裔，秀者读，朴者耕，各安其业。其地其人，礼仪立，教化行，风俗淳，人伦厚，俗名其岙为鲍岙。①

---

① 郑笑笑、潘猛补主编：《浙南谱牒文献汇编》第三辑，香港出版社 2008 年版，第 70 页。

自唐宋以来，温州仙居乡因为山水之秀、地理位置之优越，成为不喜仕进之读书人的隐逸之地。鲍氏自福建迁徙而来，也许是曾经辗转流离的经历，使他们渴望安定、平静的隐居生活，所以他们选择仙居乡之鲍岙作为本姓宗族的聚居地。经过几代人的努力、繁衍，全族人在这里过着或耕或读、各安其业、礼仪教化、族风醇厚的惬意生活。

永嘉枫林徐氏之徐月湖在《中溪耕趣诗并引》中，介绍了自己的亲戚陈氏宗族的居住环境和所过的神仙般的生活：

> 中溪陈君，系余之外兄也，世居包山，其地宽敞，上揖档溪，下授珍川，中乃平原旷野，旁临小川，是为包山之其所居之中溪也。吾兄处此，既有沃土肥田可耕可稼，又有清流激湍（按：当为湍）可濯可沿，或作或辍，非耕即钓，真趣悠然，故自号曰：中溪耕趣，余因作歌以赠之曰：
>
> ……绿桑阴阴啼布谷，野云半湿低相逐。香流花雨足一犁，自抱青刍饱黄犊。晴阴未定肥梅天，白鹭带烟飞水田。碧藕池塘风正急，菱歌吹杂农歌边。梧飘一叶凉飚早，次第黄云收畎亩。邻翁打门唤酒尝，糟床声注香逾好。场功已涤官税输，叫嚣声不惊吾庐。梅花窗外六花舞，茶烹雪水清何如。中溪耕隐有深趣，溪月溪风取随意。豚鸡社散扶醉归，不换玉堂金马贵。①

被徐月湖之外兄精心选择作为本姓宗族聚居地的包山，是一处"沃土肥田可耕可稼"，"清流激湍可濯可沿"的风水绝佳、适宜生存之地。陈氏全族在这里过着"豚鸡社散扶醉归、不换玉堂金马贵"的惬意生活。

其他世居温州，精心选择佳山水而居的宗族还有很多。如明朝王叔杲在《嘉三十月泉瓮六旬寿序》中记载的郑氏宗族：

> 郑氏世居表山，地名莲峰，右有层峦耸翠，左有盘石纡迥，中则坦然宽平。公爱山水之秀，徜徉其巅，筑室数十楹，绘饰绮丽，图书琴瑟几杖玩好之物莫不毕具。延骚人墨客列坐其中，饮酒赋诗，竟日

---

① 郑笑笑、潘猛补主编：《浙南谱牒文献汇编——诗词篇》，香港出版社2007年版，第156页。

不倦。夜酣，仰观月色赋就，俯听泉水悠然自得，故以月泉自号焉。①

又清朝孙锵鸣在《会川翁八旬荣寿序》中写道：

> 往尝涉瓯江溯流北行百余里，有地名包奥，凤山龙川环绕。而逦
> 迤湿透如画，意其间有隐君子焉，如渭滨钓叟，杰出非常。已而，居
> 人告余曰："此吾乡会川陈翁居此，为溪山生色。"②

《乐清连公迁龙潭记》则记载了乐清岜前连氏宗族精心选择的聚居地之
风貌：

> 由缑山西过黄塘，行六七里，源泉混混泻出两山中者，龙溪也。
> 峰回路转，景物暄妍，其间鸟革翚飞，流丹于下上者，连氏之祠宇
> 也。行不数武，而名门在望，观其境，层峦叠嶂，云树苍茫，清流旋
> 绕而曲曲如环。其西北，峰临溪涧，巍然而耸起；渊然而静深者，龙
> 之潭也。内外两岙，中峙凤屿，左巉岩，右峭壁，翼然夹辅于两旁
> 者，龙潭之胜景也。连氏聚族于此。③

明朝王纯所写《南閤章氏续葺宗谱序》记载了乐清章氏始迁祖精心选择
族居地的经过和所选之地的情形：

> 南閤章氏，其始迁祖讳贲，为括苍提举。宋初，天下犹未平，避
> 乱解组，浪游宇内，屐齿遍名山大川。精堪舆之术，思得一美宅里，
> 为亿万世种长子孙之计。
> 阅历东南诸郡邑，至雁荡，一切雁湖、龙井、大龙湫、龙鼻水奇
> 胜，无弗探幽剔秘，寻龙尽东西内外谷，谓必有结作真美基。及南
> 閤，欣然曰："吾生平所见，未有几于此者。以其发祖自雁山巅，如

---

① 郑笑笑、潘猛补主编：《浙南谱牒文献汇编》第三辑，香港出版社 2008 年版，第 65—
66 页。

② （清）孙锵鸣撰：《孙锵鸣集》，胡珠生编注，上海社会科学院出版社 2003 年版，第
775 页。

③ 蒋振喜选编：《乐清谱牒文献选编》，线装书局 2009 年版，第 208 页。

雄骏千驷奔突而来。其左则百冈山，崔嵬万状，为廉贞火，乃形之最贵者，所出人物位至三公。海航中望之如旗帜，以作越裳氏指南车。上有大泽，即雁湖，中有井，即龙井，井深不可测，湖广百余亩，秋冬为阳鸟居址，大旱不涸，又名曰天池。自此磅礴而下，转东北五里，剥换周回相生，忽起三台，南坐北向，名凤凰山，前朝北山百千丈，张列宛如挂榜。其内水口则马屿，形如覆釜，为金星，外水口则卓屿，为土星。经云若值北辰，居水口，定出惊天动地人。再有石门，夹岸石壁陡起如捍门。西则有太阴金星，名龟山，砥柱溪流环绕中，其水澄泓翠绿，来无声，去无形。罗城四塞，包藏无罅隙，是真风气之所聚，为千万年不拔之基。"提举公之遗言如此，由今考之，奕叶荐绅，甲第冠于东瓯。①

也许真是因为章氏始迁祖最初选择族居地时的慧眼独具、煞费苦心，选择的佳山水果真护佑章氏一族族运永昌，人才辈出。

苍南缪处缪氏宗族的聚居地，如《钱库缪处缪氏里居房谱序》的记载：

> 由缪家桥南行十里为钱库，五代时钱忠肃王建立道场，焚化纸金之地也，因以为名。其地西枕鸽河，东揖灵峰，南望蔗卷之云，北通运河之水。兼有大魁、永庆、百花、三石栏杆桥，悉壮且丽，蜿蜒波上，如龙入云。大魁桥尤擅一境之胜，有大魁桥东南行里许为缪处，以缪氏世代居此而得名也。②

又苍南颜氏宗族的聚居地，据《马站颜氏宗谱序》记载：

> 遥瞻鹤顶山，峻嶒千仞，环抱蒲村，起伏峰峦，蜿蜒数十里。复突峙霓山，一峰挺标，形胜为蒲地尊，意扶与清气所钟，必有人且寿与俊，而贤者出焉。③

---

① 蒋振喜选编：《乐清谱牒文献选编》，线装书局2009年版，第420—421页。
② 钱克辉主编：《苍南谱序族规家训选编》，线装书局2015年版，第323页。
③ 同上书，第423—424页。

《文成见闻录》之《泉潭地舆志》记载：

> 瑞西去百十里，地名泉潭，乃山水之胜区，亦五十一都之腹心也。其地东之五六里，有东岩尖、马岩冈，……含溪藏雾，触石吐云，奇花悦目，修干憩人，纵横三五里，其下有陈氏族居焉。考陈氏先世，屡世簪缨，皇恩宠锡，迄今城郭巍峨，后裔荣盛，泉潭依之为外蔽也。①

文成陈氏对于族居地的选择，亦是一风水绝佳地方。其世代簪缨、族运昌盛的发展现状，也许真是泉潭为之庇佑的结果。又如瑞安龙川赵氏对于族居地的选择：

> 龙川背靠眠牛山，面朝四面峰，溪水自西绕北流向东方。村前村后各有山脉伸向岩塔潭，若双龙相会，此是村名龙川的由来。村境内有七井八仙岩诸胜，是个山清水秀、地杰人灵之处，故瑞安清时孙太仆衣言题其祠额为"钟灵毓秀"，门首祠联是：
> 水绕一村，文澜不竭；
> 四面屏风，秀气常钟。②

同是瑞安之宗族——毛氏，在选择族居地时不仅考虑风水、农耕、渔樵等因素，还将安全因素考虑在内：

> 越山逾岭，至五十六都，有地名朱坑者，僻处万峰中，深山穷谷，车马无声，其泉甘，其土肥，庶几或可以避乱，可以长养我子孙，维吾身以徜徉。爰于家人辟草莱而居之。虽有寇盗，不能害己。③

如本书前文之分析，温州在明清时期多倭寇匪患之害，尤其是地处温州边缘地带的文成，所以在选择宗族聚居地时，将安全、防御因素考虑在内，

---

① 吴鸣皋编著：《文成见闻录》，1993年，第68—69页。
② 同上书，第109页。
③ 同上书，第141页。

确实是非常明智的选择。

　　上述这些世世代代居住在温州的大姓宗族，在精心选择本姓宗族聚居地时，基本上遵循着一个共同原则：都是选择那些山环水绕、土地肥沃、灌溉便利、适宜耕种及族人繁衍、风水绝佳的地方。选择这样的地方，不但可以保证全体宗族成员生活上的衣食无忧，而且因为有好风水的护佑，本姓宗族就可以不断繁衍、壮大、人才辈出、族运永昌。

第二节　喜爱温之山水，宦居于温者

　　在温州的历史上，曾经迎来很多有名的大族人物做地方官。他们中的一些人，因为被温州山水的秀美诱惑，最终选择留居于此，并精心选择了本姓宗族的聚居地，生息、繁衍下来。这其中最为有名，且世脉传承至今的，要数永嘉鹤阳之谢氏宗族。

　　在《光绪永嘉县志》卷三七《杂志二·遗闻》条记载：

　　　　谢康乐守郡，爱永嘉有东山之胜，且山水尤美于会稽，乃创第凿池于积谷山之下，迎母太夫人来养，欲定居焉。未几，升临川内史，遂携其子凤及长孙超宗以行，而留其次孙超祖侍祖母太夫人于永嘉之第。至临川为有司所劾，谪广州，寻死于诬。太夫人忧患而卒，葬于所居第之城东飞霞洞之左。不复有东归之志，于是遂为永嘉人。[①]

出身陈郡谢氏士族之家的谢灵运，在南朝宋永初年间出守温州，被这里秀美的山水吸引，不但在此建立府第，还将家人接来同住。后来谢灵运本人虽然要离温去他处为官，却将自己的母亲和次孙留在了温州。谢灵运本人后来死于坎坷的仕途，但他的后代却世世代代在温州繁衍至今。只不过他的后代，从温州城里迁居到了山水俱佳的鹤阳。

　　徐宗起在《鹤阳谢氏宗族序》中写道：

　　　　夫永嘉郡城溯支江北上百余里，有地曰楠溪。土壤肥饶，风气绵

―――――――――――――

① 俞光编：《温州古代经济史料汇编》，上海社会科学院出版社2005年版，第9页。

密，多世家大族居之，鹤阳其一焉。①

又《孙锵鸣集》中写道：

> 鹤阳今名蓬溪，在永嘉楠溪最深处，谢氏族颇盛，自言为康乐之裔。②

永嘉县之楠溪江流域，是宜居的风水宝地，也是宗族大姓争相选择的世居之地。在楠溪江最深处的鹤阳，就是陈郡谢氏宗族的聚居之所。王叔杲③在《谢氏家藏文翰序》中具体描述了谢氏宗族世祚绵长与其注重并精心选择宗族聚居地之间的关系：

> 夫四境之内，溪壑海野与城邑之居，其习俗殊异。溪壑海野幽阻退僻，力者勤耕作，而俊彦之侪清修恬愉，大都有古风。城邑则功利濡染，而习于浮夸，故生聚日繁，互有兴替。而世家右族，自晋唐迄今以千百年传者，率托之溪壑而海野次之，此习俗为之也，吾于谢氏睹已。谢裔出晋康乐公，入国朝，锦衣乐静公膺宣庙御翰之锡，万山公继以科名显，而家声日起。予询其居，多林木泉石之秀，而族聚诜诜，咸端雅，勤于礼让，盖其岩栖野处，□嗜玄素，有以醇其好尚，故诸能言之士乐为之扬榷，而表章图永。若元式（谢氏子孙名）氏，不啻饮食之于饥渴。噫！亦贤矣。揆其自，非居与习使然哉？④

在王叔杲看来，陈郡谢氏能够从晋唐传承至今，是因为他们选择了"多林木泉石之秀"的"溪壑海野"作为宗族聚居地。在这样风俗淳朴的地方，对于谢氏士族遗风的传承，对于子孙行为习惯、信仰观念、性情脾性等的养成，起着非常重要的作用。

---

① 张如元：《永嘉鹤阳谢氏家集考实》，浙江大学出版社 2007 年版，第 136 页。

② （清）孙锵鸣撰：《孙锵鸣集》，胡珠生编注，上海社会科学院出版社 2003 年版，第651 页。

③ 王叔杲（1517—1600），字阳德，旸谷，明福建布政使司左参议王澈次子。永嘉场二都英桥里（今龙湾区永昌堡）人。

④ 张如元：《永嘉鹤阳谢氏家集考实》，浙江大学出版社 2007 年版，第 321—322 页。

其他在温为官，因为喜爱温之山水而选择定居者，还有永嘉表山郑氏宗族，据郑珂所撰《表山郑氏宗谱序》记载：

> 镒，永嘉刺史……秩满，道梗不能归，乃筑室于郡城之西北隅……（数传至默）天圣二年（1024）甲子，为楠溪之游，至表山，爱其山川之胜，风土之宜，田可耕，水可钓，遂卜筑于兹。构堂二十余间，垦田五十余亩，树门两座，手自书牓，一曰表山，一曰莲峰。爱居爱处，泉石怡情，讲孝弟以训孙子，创祠堂以奉祖先。①

表山郑氏最初留居永嘉虽存在些许客观因素，即"道梗不能归"，但数传至郑默卜筑表山时，却完全是因为喜爱这里的山水形胜，才决定在此建祠堂、繁衍宗族。

又乐清下岙的赵氏宗族，明朝赵光昌在《先考雪溪府君圹志》中记载：

> 先考姓赵氏，讳次诚，字雪之。世居汴；宋建炎初，七世祖讳定之来官永嘉，爱乐清山水奇秀，遂家焉。②

吴朝凤在《大明云峰朱先生石谱亭记》中记载了朱氏宗族的情况：

> 按朱氏之先出自义阳，至清源公居缙云；迨操隐公徙于闽，宦永嘉县尉，值无季乱，爱山川之秀，遂居城东花柳塘。③

赵氏、朱氏宗族之所以能够成为温州的著姓宗族，都是因为他们的某位先祖来温做官，后来被温州的山水吸引，最终选择在这里定居。

上述是自己曾经在温做官，为温之山水吸引而留居的。还有因为子弟在温州做官，自己选择定居于此，并精心选择宗族聚居之地者。如瑞安双桥《虞氏宗谱》之《仲琳公始迁双桥记》的记载：

---

① 龙飞嘉祐四年郑珂撰《表山郑氏宗谱》。
② 郑笑笑、潘猛补主编：《浙南谱牒文献汇编》第三辑，香港出版社2008年版，第170页。
③ 吴明哲编：《温州历代碑刻二集》，上海社会科学院出版社2006年版，第97页。

予行年六十，致仕家居。子澈为本郡安固令，迎予养于署。而予性嗜幽僻，不喜阛阓嚣杂，且颇解地舆术，逐芳选胜，足迹殆遍邑区，未克称怀。

姻家万田丘汉规者，以袁州挂冠归里，一日，邀余游虎岩洞。因俯瞻其地，旷衍数十顷，坐大罗麓，来龙旋绕，泉甘土沃。蜃江、凤山、石马、虎岩枕乎东，凤川、狮渎、瑞峰环乎西，岑岐、南山、君子石盘乎南。复有活源一带，发派自三皇井，界罗峰而分八字，委折注溪，合为一流，赤鲤鳗鲫，泳游其间。前驾石梁，衡缩贯道为桥，人即以"双桥"名之。……中有丘府尹、金待制、郑中丞第宅连甍，共相辉映。竹苞松茂，鸟啼花笑，四时展翠敷华于山巅水湄之畔，真自在丹青，人世之佳境也！……

还署，诏诸子曰："双桥诚明里，环山带水，我欲老于此。"①

虞仲琳本人并未在温为官，是其子在此做官，他退休后来儿子温州家中养老，本就喜欢清幽僻静生活环境的虞仲琳，看中了温州，想在此定居。颇懂堪舆之术的他，为在温州寻找一处满意的居住地，用心四处勘察，精心挑选，但都未能如愿。最后是在自己姻家无意帮助下，选择了在他看来风水颇佳的"双桥"，作为虞氏宗族的聚居地，"双桥虞氏"从此也就在这里繁衍生息下来。"双桥"应该确实是一处上佳的宗族聚居地，不然在虞氏看中之前，也不会已有"丘府尹、金待制、郑中丞第宅连甍"的情况了。

第三节　为宦他乡，致仕后回温者

在温州的历史上，也曾有一些人去外地做官，退休后，他们选择回到温州居住，并精心选择了本姓宗族的聚居地。永嘉楠溪之朱谏，即其中之一。史料记载：

嗣后余（按：朱谏）登第，一官于江西南昌吉安府知府。三十余

---

① 郑笑笑、潘猛补主编：《浙南谱牒文献汇编》第三辑，香港出版社 2008 年版，第 219—220 页。

年，乃解组归于林下，杜门谢事，于雁荡山书院中，以为诗酒谋，作山水游，不谙世事者十有五年矣。①

朱谏作为出身温州的士子，后来科考得中，被派往江西吉安做官。没想到，仕宦生涯竟持续了三十多年。一旦致仕，他选择了回到自己的家乡，回到温州，并选择了瓯之雁荡这样的好去处，过起了悠游的隐居生活。

项乔在自己所写的《归田八景卷跋》中，描述了这样的一番景象：

> 新斋陆先生，以地官郎中守南康，未几谢政，乃适意归田。八景，诸搢绅相与赓咏成帙矣。……徐观八景意致，则有非仁人不能作，非孝子不能述者。盖阁曰"望云"，志孝也；岭曰"大夫"，志操也；林曰"君子"，志贞也；堤曰"绿柳"，志和也；亭曰"观稼"、坞曰"桑柘"，志不忘本业也；塘曰"芙蓉"、径曰"黄花"，志无所附丽、无所屈辱也。使后之人，按遗趾而诵遗文，孝以亢宗，操以守己，贞以绝俗，和以处众，耕焉而秀民赖，织焉而善心生，芙蓉焉信开落之有时，黄花焉适隐逸之深趣。是圣贤景象胥此焉出，将陆氏之宗坊，夫孰曰不世守之？是新斋乔梓作述之深意，抑或文庄公欲序之以初心也。②

新斋陆先生虽然有机会在外地做官，但更憧憬归隐田园的生活。他不但自己致仕归隐，还精心为教化子孙后代打造了"八景"，将自己对于宗族子弟培养的诸多期许，全部以景致暗示的方式呈现出来。相信在这样的环境里成长起来的陆氏子弟，是能够在为人处世、功名事业、光宗耀祖等方面有所作为，是能够将陆氏宗族发扬光大的。

概言之，无论属于上述哪种类型的宗族，他们都选择居住在温州，都在温州精心选择、打造了本姓宗族的聚居、繁衍之地。相信这样的居住文化和精心营造，对于各姓宗族的自我繁衍、昌盛是起到了促进作用的。

---

① 参见永嘉《楠溪周氏族谱》之朱谏《赠楠溪象川周氏合族谱序》，引自郑笑笑、潘猛补主编《浙南谱牒文献汇编》第一辑，香港出版社 2003 年版，第 35 页。

② （明）项乔撰：《项乔集》，方长山、魏得良点校，上海社会科学院出版社 2006 年版，第120—121 页。

第十一章

民俗文化：温州龙舟——
爱恨交织、禁而不止

龙舟竞渡作为一项在我国流传至今的民俗节庆运动项目，承载着中华民族悠久的文化内涵。我国历史文献中关于龙舟的最早记载，见于战国时期的《穆天子传》，即：

> 癸亥，天子乘鸟舟，龙舟浮于大沼。①

郭璞注解曰：

> 龙下有舟字，舟皆以龙鸟为形制。②

可以想见那时的龙舟，在外观上应该是一种形似龙鸟的船。龙舟运动受开展所需客观条件的限制，主要集中在我国水系发达、河湖密布的南方地域，并逐渐与各地的民俗、节庆、生产、生活等融合在一起，形成集祭祀、祈福、竞技、娱乐、喜庆等多种元素于一体的民间节日特色运动项目——龙舟竞渡。温州作为滨海的浙南水乡，在龙舟文化和龙舟运动方面有什么样的地域特色呢？这即是本章将要研究的内容。

---

① 《穆天子传》卷五，引自（晋）郭璞注《穆天子传》，平津馆刻本，第58页。
② 同上。

第一节 爱恨交织的龙舟文化

一 温州龙舟文化①的与众不同

温州作为浙南一隅，亦是水乡泽国的地理特征。远在新石器时代，温州人的先民——越人，就已经在这里繁衍生息，过着"以船为车"的原始渔猎生活。到先秦时期，温州已经出现独木舟。1960 年 10 月，在温州市郊西山猫儿岭东北山脚发现四艘唐代独木舟。划龙舟在温州地区盛行，则要等到宋朝。南宋叶适在《后端午行》一诗中"一村一船遍一邦，处处旗脚争飞扬"②的描写，足以证明南宋时温州龙舟的普及程度。《弘治温州府志》卷一"风俗"中也记载了端午佳节，温州民众争相观赏龙舟比赛盛况的情景，即：

> 凡端午日，竞渡于会昌湖，里人游观弥岸，绮翠彩舰，鳞集数里，华丽为他郡最。至于诸乡，莫不皆然。③

可见当时的龙舟竞渡已经成俗，不仅规模大，而且观者如潮。又《瓯江竹枝词》中写道：

> 龙舟竞渡闹端阳，五色旌旗水上扬。争看秋千天外落，梢婆笑学女儿装。④

---

① 本节涉及的部分内容，参见何向荣、王春红《午日江城竞渡时——端阳时节话温州龙舟》，《温州日报》2013 年 6 月 11 日"瓯越·风土版"。

② 叶适《后端午行》，全诗内容："一村一船遍一邦，处处旗脚争飞扬。祈年赛愿从其俗，禁断无益反为酷。喜公与民还旧观，楼前一笑沧波远。日昏停棹各自归，黄瓜苦菜夸甘肥。"转引自温州市政协文史资料委员会编《温州文史资料》第二十一辑《温瑞塘河文化史料专辑》，内部刊行，2005 年，第 184 页。

③ （明）王瓒、蔡芳编纂：《弘治温州府志》，胡珠生校注，上海社会科学院出版社 2006 年版，第 12 页。

④ 参见郭钟岳《瓯江竹枝词》，转引自温州市政协文史资料委员会编《温州文史资料》第二十一辑《温瑞塘河文化史料专辑》，内部刊行，2005 年，第 227 页。

生活在清末民初的张棡也在日记中，记录了和家人一同观赏龙舟的情形：

> 是日端阳佳节，合家含角黍、鸡卵、大蒜，饮雄黄酒。
> 下午，予率宬、丰、釜三儿、巧女同乘钦良舟，赴莘塍河看竞
> 渡。各村龙舟来竞者不下二十余只。①

从上述记载中可大致看出温州龙舟运动的发展过程及兴盛情况，但温州的龙舟又是与众不同的，有着自己独具特色的地方文化特性。

首先，温州龙舟文化的与众不同在于它的起源。据《万历温州府志》记载：

> 竞渡起自越王勾践，永嘉水乡用以祈赛。②

这则史料告诉我们：温州龙舟运动兴起的原因，既不是受越王勾践训练水师的影响，也不是为了祭祀爱国诗人屈原，而是温州的先民希望通过龙舟竞渡来祈求一个美好的年景、祈盼一个好收成，是出于一种原始、淳朴的生存诉求，这在南宋叶适的诗句"祈年赛愿从其俗"③ 中，也可以得到验证。"祈年"、"赛愿"，是一种非常直接、现实、质朴的利益诉求，这与温州地域文化中注重功利、讲求实际的特性相一致。

其次，温州龙舟文化的另一与众不同，是其与当地广为盛行的地方神信仰相关联。在明清时期的地方文献中，有很多关于温州俗尚好鬼、多淫祀的记载，如《弘治温州府志》中记载的：

> 汉东瓯王敬鬼，而瓯俗多信鬼，乐巫祠，是其为俗尚未变也。④

又《嘉靖永嘉县志》卷一《风俗》记载的：

---

① 张棡撰，俞雄选编：《张棡日记》，上海社会科学院出版社 2003 年版，第 174 页。

② 《嘉靖温州府志》，1964 年 2 月上海古籍书店据宁波天一阁藏明嘉靖刻本影印本。

③ 叶适：《后端午行》，转引自温州市政协文史资料委员会编《温州文史资料》第二十一辑《温瑞塘河文化史料专辑》，内部刊行，2005 年，第 184 页。

④ （明）王瓒、蔡芳编纂：《弘治温州府志》，胡珠生校注，上海社会科学院出版社 2006 年版，第 11 页。

　　汉东瓯王敬鬼，俗化焉多尚巫祠。①

温州好巫敬鬼的地方神信仰，在龙舟运动中亦得到了体现。如在温州今龙湾区龙舟活动的"上水"仪式中，参鼓先生的唱词是：

　　古时离骚传千古，常念三闾老大夫。今年各业大丰产，神人同乐划龙船。陈氏圣母灵威显，护民收耗降邪魔。拜请圣母出宫门，弟子大胆点香神。②

等龙舟活动结束，还要举行"圆香"仪式。参鼓先生的唱词是：

　　大令交还陈圣母，全曹神香都回宫。陈氏圣母安原位，保佑地方家家红。③

参鼓先生唱词中的陈圣母，即陈十四娘娘，是温州地区信徒众多的地方神之一。在龙湾区举行龙舟竞渡前后的"上水"、"圆香"仪式中，就变成了百姓祈求庇佑的保护神。祈求护佑的内容，也是和百姓自己的切身利益紧密相连的丰收、降魔、家家过上好日子等，再次印证了温州人划龙舟是为了自己的现实利益诉求，印证了温州地域文化中一切活动追求功利的特性。

　　最后，温州龙舟文化的与众不同在其外观形制方面。据史料记载：

　　龙舟竞渡，带水城郭皆有之。温则异于他处，舟须数十人曳缆以行，舟上设秋千，扮剧文，彩旗绣缴，光辉夺目。舟后扮梢婆，或一人，或二人，以俊童为之。曾扮梢婆者，指以为优伶之属，人共耻之，必多给钱其家。一船之费总计数千缗，虽华采绮丽，然而笨矣。
　　草龙则似寻常小舟，加龙头于其上，每舟十余人、二十人不等。

---

　　① （明）王叔果、王应辰编纂：《嘉靖永嘉县志》，潘猛补点校，中国文史出版社2010年版，第27页。
　　② 温州市委宣传部主编：《温州节日》，中国民族摄影艺术出版社2011年版，第151页。
　　③ 同上书，第153页。

　　摇旗击鼓，竞渡于南塘，① 周旋游泳，以竞先后。舟中置一栲栳，内
设土偶一，不能先人，则持土偶以鞭之；竞渡后，则演剧以酬之。前
倨后恭，为土偶者颇难消受也。②

　　史料中共描述了两种形制的龙舟：前一种是温州特有的观赏型龙舟，亦
称"彩舫"、"彩龙舟"、"水上台阁"等。一般在端午节期间，于河上
巡游，仅供市民观赏之用。后一种则是真正传统意义上用于竞渡比赛的
龙舟。在后一种龙舟中，设有土偶，竞渡后还要演剧以酬之。这一行为
说明，温州的龙舟运动确实是和当地"好恶信鬼"的地方神信仰活动密
切相关。

　　概括来说，温州的龙舟文化是集生产、生活、祭祀、祈福、地方神信
仰、娱乐、竞技、观赏等多种元素于一体，并主要在上述三个方面体现了
其与众不同，展示了其蕴含的地域文化特性。

二　温州人对于龙舟的爱与恨

　　温州人对于龙舟运动的态度非常矛盾，可用又爱又恨来概括。
　　地方文献中关于温州百姓热爱龙舟竞渡、争相观看的记载，比比皆
是。下面即略举几则：
　　《东瓯逸事汇录》之"温州俗尚"条记载：

　　　　习尚竞渡。③

虽然只有寥寥数语，却说出了温州人对于龙舟运动的热爱，说明了龙舟运
动在温州不但历史悠久，而且已经演化成为当地的一种风俗习尚，已经成
为人们日常生活中的必需。
　　《平阳县志》卷十九《风土志一·岁时》记载：

---

① 南塘：瑞安门外会昌湖也。
② 参见《东瓯逸事汇录》卷二"风土·竞渡"，引自陈瑞赞编注《东瓯逸事汇录》，上海社
会科学院出版社 2006 年版，第 33—34 页。
③ 陈瑞赞编注：《东瓯逸事汇录》，上海社会科学院出版社 2006 年版，第 28 页。

　　各乡自五月朔日起赛龙舟于河，名曰竞渡。亦有赛至月半者。①

"亦有赛至月半者"一语，足可说明赛龙舟在平阳一县的盛行。又《温州府志卷一·风俗》记载：

　　是月，各乡皆造龙舟竞渡，叶水心所谓"一村一船遍一乡"……是也。②

"各乡皆造"、"一村一船遍一乡"，充分说明龙舟运动在温州地区的普及、流行程度和民众对它的热爱之情。

　　梅冷生则在《思远楼——入画楼漫笔》中描写了龙舟比赛时的具体情景：

　　宋时我邑西山一带，游观之盛，甲于他处。会昌湖端午竞渡，士女如云，倾城咸集，波光钗影，客于中流，犹可想见当时旧概。③

在宋朝时的温州，就已经出现为争睹龙舟竞渡的风采，而"士女如云，倾城咸集"的壮观场面，也足见当时人们对于龙舟运动的热衷。

　　明清时期，温州人对于龙舟运动的热爱，有增无减。《温州府志卷一·风俗》记载：

　　凡端午日，竞渡于会昌湖，里人游观弥岸，绮翠彩舰，鳞集数里，华丽为他郡最。至于诸乡，莫不皆然。④

端午时节，在会昌湖两岸挤满了争相观看龙舟竞渡的民众。这样热闹、华

---

　　① 苍南县历史文化研究会据符璋、刘绍宽等纂修，民国十四年铅印影印本《平阳县志》之影印本，第693页。

　　② （明）王瓒、蔡芳编纂：《弘治温州府志》，胡珠生校注，上海社会科学院出版社2006年版，第13页。

　　③ 梅冷生撰，潘国存编：《梅冷生集》，上海社会科学院出版社2006年版，第204页。

　　④ （明）王瓒、蔡芳编纂：《弘治温州府志》，胡珠生校注，上海社会科学院出版社2006年版，第12页。

丽的龙舟运动场面，在周边地域中是非常少见的。相关描述还有很多，如明代侯一麟在《竞渡曲》中描绘道：

> 远水浮云不见天，画桡处处旋龙船。谁家少妇轻回首，忘却临流堕翠钿。①

侯一麟在诗中将明朝时温州端午龙舟竞渡的壮观场景描写得非常生动、形象，尤其是对于忘情观看的少妇的刻画，因为紧紧挤在河边，以致把自己心爱的首饰都掉到了河里。又如：

> 青烟横拂五云旗，一片洪波倒翠微。顷刻鼓声何处尽，天边遥见六龙飞。②
> 午日江城竞渡时，绮楼画阁望迷离。半天忽动秋千影，龙女腾空作水嬉。③

民国时期，温州的龙舟运动依然盛行，人们对其热爱之情丝毫没有消退。《杨青集》卷一《永嘉风俗竹枝词一·龙鼓》中描述道：

> 初一天光开殿门，村村龙鼓闹黄昏。④

从五月初一早晨开始，村村就开始为龙舟竞渡做起了准备，响亮的锣鼓声一直延续到黄昏。而一个"闹"字，点出了温州民众对于龙舟运动的痴狂。又《杨青集》卷一《永嘉风俗竹枝词一·斗龙》中写道：

---

① （清）曾唯辑，张如元、吴佐仁校补：《东瓯诗存》，上海社会科学院出版社 2006 年版，第 919 页。

② （明）侯一麟、赵士桢撰：《龙门集　神器谱》，蔡克骄点校，上海社会科学院出版社 2006 年版，第 128 页。

③ 参见方鼎锐《温州竹枝词》，引自温州市政协文史资料委员会编《温州文史资料》第二十一辑《温瑞塘河文化史料专辑》，内部刊行，2005 年，第 229 页。

④ （民国）杨青撰，谢作拳、伍显军编：《杨青集》，上海社会科学院出版社 2005 年版，第 13 页。

忙施脂粉巧梳妆，时式罗衫杏子黄。爱看斗龙怕落雨，鬓边插个扫晴娘。①

杨青在这首词中一方面写出了人们为了观赏期盼已久的龙舟运动，精心打扮、盛装出行的情景，也说明人们对于龙舟运动依然保持的热爱之情；另一方面一个"斗"字，则写出了温州龙舟运动的特殊之处，此点会在下文论及。

温州历史上民众对于龙舟运动的恨，则源于这项运动在经济甚至生命等方面给大家带来的沉痛损失和伤害。

龙舟运动在经济方面带给人们的伤害，是针对地方无赖借造龙舟变相横征暴敛费用之事而言。制造龙舟，进行竞渡，本就需要花费一些金钱。如在前文提及的，温州人喜欢制造特有的观赏型龙舟，这种龙舟的制作费用在《东瓯逸事汇录》卷二"风土·竞渡"条中有如下记载：

　　一船之费总计数千缗。②

此种龙舟虽然外观华丽，极具观赏价值，但制作费用确实是一笔不小的数目。此外，每个宗族、村子为了一年一度的龙舟竞渡，前前后后的花费也不容小觑。比如同是在《东瓯逸事汇录》卷二"风土·竞渡"条中记载温州当时每次在端午节竞渡时：

　　舟中置一栲栳，内设土偶一，不能先人，则持土偶以鞭之；竞渡后，则演剧以酬之。③

从制作龙舟、准备竞渡，到演剧酬神等，都要花费金钱。不过这些费用，还在可以接受的范围。端午龙舟运动带给温州百姓经济上的真正伤害，则是下面的内容。

---

①　（民国）杨青撰，谢作拳、伍显军编：《杨青集》，上海社会科学院出版社2005年版，第14页。

②　陈瑞赞编注：《东瓯逸事汇录》，上海社会科学院出版社2006年版，第33页。

③　同上书，第33—34页。

杨青在《永嘉风俗竹枝词·闹龙舟》中写道：

> 乡间成例闹龙舟，喜事年来托报酬。划到谁家吃酒曳，蕃薯槐豆配生头。①②

本来一年中谁家有什么喜庆之事，族亲邻里借端午节划龙舟的时机，互相道贺、简单招待一下，是一件具有正面意义的事情，可以起到融洽宗族成员关系、促进宗族社会和谐的作用。但坏事就坏在别有用心之人，借机大行敲诈勒索之事。比如在《万历温州府志》卷二《舆地下·岁时》中记载的：

> 且沿家索扰酒设，故官府每禁之。③

"沿家索扰酒设"、"官府每禁之"的描述，说明这时的划龙舟讨酒吃已经变成了一种反常的、违背世俗情理甚至官府规定的扰民行为。更有甚者，竟然向订婚的婿家强行敲诈钱财，据《东瓯逸事汇录》卷二《风土》之"龙船银"条记载：

> 吾乡端节龙舟竞渡，俗例必向初定婚婿家索犒赏费。有下湾钱某向赤岩公家粜谷，抵暮，还谷取钱。公问："价昂耶？"曰："否。""谷不佳耶？"曰："否。我有子，聘于贵族，需龙船银若干。我乏钱，宁忍饥以付，不敢违例。"公笑曰："若第携谷去，龙舟费，吾为若偿。"即日会亲族，语以故，禁龙舟毋为姻戚累。乡里便之。④

"俗例"一语，说明这种现象在温州已经持续了很长时间，而且被大众默默认可。"必向"，表明每逢端午节，这种行为一定会发生。而且背后有

---

① 刚酿成的新酒。

② （民国）杨青撰，谢作拳、伍显军编：《杨青集》，上海社会科学院出版社 2005 年版，第 6 页。

③ （明）王光蕴等纂，（明）刘方誉、林继衡等修：《万历温州府志》，明万历三十三年（1605）刻本，第 73 页，温州市图书馆藏。

④ 陈瑞赞编注：《东瓯逸事汇录》，上海社会科学院出版社 2006 年版，第 34 页。

某种不可抗拒的力量在操纵这件事情，不然下湾钱某也不会宁可忍饥卖粮，也不敢违例不缴纳龙船银。"索"字，则说明这种现象的不合理性。而"禁龙舟毋为姻戚累"、"乡里便之"，则说明制止这种现象的必要性和作用。

《平阳县志》卷十九《风土志一·岁时》记载：

> 每年四月朔日，神庙击鼓，名曰开殿门。藉以纠人钱米，不与，则移庙中香火于其家。一唱百应，肆意要挟。及至端午，聚舟数百，名曰斗龙舟。彼此各储军器，平日或有嫌怨，藉图泄忿，始而争胜，终而斗很（按：当为狠），刀斫棍击，落水纷纷。……等处皆有此恶俗。①

平阳县端午节的龙舟风俗亦表明，借划龙舟之名，实行勒索钱财之实，甚至还成为泄愤争斗的可乘之机。不仅给当地民众带来钱财上的损失，甚至是身体、生命上的伤害，所以称之为"恶俗"。

又张棡在《今年瑞永龙舟竞渡》中写到，直至民国二十九年（1940），这种恶习依然存在：

> 六月十四日（农历五月初九）　下午瑞之龙舟并来划本村，醒侄家备香案迎之，盖侄媳是瑞城林氏娶，各处龙舟向有来娶妇家讨花红银之恶习，故瑞舟亦有此觊觎也。②

这种向婿家索取"花红银"的恶习，已经将本来属于一村一族的划龙舟活动扩展到了本姓本族之外的姻戚之家，而且已经成为姻戚家一种沉重的心理和经济负担。《岐海琐谈》卷七《龙舟为患》记载：

> 自城市以达都鄙，里社丛祠各置龙舟。每邻端午，好事者先揣私橐，或创或修。竞渡之日，遍掠祭户以及祭户之姻亲而补己所费。聚

---

① 苍南县历史文化研究会据符璋、刘绍宽等纂修，民国十四年铅印影印本《平阳县志》之影印本，第693—694页。

② 张棡撰，俞雄选编：《张棡日记》，上海社会科学院出版社2003年版，第581页。

众鼓噪，间事劫夺者有之。为之姻亲者，往往质当待索，罔敢或迟。较之官府之征诛益有甚焉者矣。及其斗胜夺綵，少有不平，鼓枻相击，损伤肢体甚至殒命者有之。构隙兴讼，伤财害民，孰有逾于斯哉！①

这里的"好事者"在端午时节，以修龙舟或造龙舟之名，行勒索、劫夺乡里之实，其蛮横、暴力的程度甚至超过了地方官府的合法征诛。且在竞渡过程中，也是野蛮无理的，甚至会发展到伤人肢体甚至性命的地步。

在温州的地方文献中，还有很多关于在龙舟竞渡中直接打斗伤亡事件的记载。如张棡在《沈岙与岩下穗丰两地龙舟争斗》中的记述：

> 光绪廿五年（1899）五月初五　下午同女儿乘大姆船到莘塍河看斗龙。闻昨日后李龙舟与下徐龙舟争斗，几乎酿命。而本日直洛两龙舟又与九里争斗，余在舟目睹，而各差船随后不能禁止，亦凶狠危险甚矣。晚下闻沈岙地方龙舟与岩下龙舟竞胜，沈岙之舟被斗而沉，约淹毙十三人之多，适在穗丰屋前，岩下、穗丰两村居民咸恐拖累，是夜纷纷移者终宵，盖恐沈岙人乘宵来抢掠也。②

这则史料篇幅不长，作者首先交代自己是去看"斗龙"，而不是去欣赏龙舟比赛，一个"斗"字，就暗示着作者会看到不一样的景象。果然在短短的端午节竞渡期间，作者听闻的、目睹的龙舟争斗事件就有三起之多，结果是一起"几乎酿命"，一起"各差船"都未能禁止，最严重的是第三起，在争斗中一方龙舟被斗沉，大约淹死 13 人之多，就连事发地的居民都因为害怕受到拖累而连夜迁走了。这样的悲惨结局，怕是谁都不想看到的。

直到民国时期，这种因为龙舟争斗而伤亡的惨剧依然存在。张棡在《端午龙舟竞渡》中记载：

---

① （明）姜准撰：《岐海琐谈》，蔡克骄点校，上海社会科学院出版社 2002 年版，第125 页。

② 张棡撰，俞雄选编：《张棡日记》，上海社会科学院出版社 2003 年版，第 51 页。

　　民国三年（1914）五月廿九日（农历五月初五）　是日端阳佳节……

　　……予率宬、丰、崟三儿、巧女同乘钦良舟，赴莘塍河看竞渡。各村龙舟来竞者不下二十余只。然有警兵乘船往来梭巡，方不至成械斗。不意予村张姓龙舟与上望林姓龙舟竞斗失败，而夏姓龙舟又被上望之舟所逼，梢长项阿桃受殴落水，幸警舟来驱，始各卷旗散。噫！何愚民好勇斗狠、愍不畏法如此也。①

　　从史料中可以看出，民国时期龙舟运动仍然在温州地区盛行，而借划龙舟之机不同姓氏宗族之间进行争斗的情况也未改观。政府要出动警兵乘船来回在竞渡的河面上进行巡逻，就是很好的证明。在政府警力的巡视、监督下，虽然没有酿成特别严重的惨剧，但摩擦、冲突还是时有发生。面对此情此景，作者心中感到颇为不解，于是不禁发问，这些所谓的"愚民"为什么逢龙舟竞渡就"好勇斗狠"，连政府的法令都不畏惧呢？

　　张㭋还在日记《龙舟竞渡上码覆舟溺死数人》中记载了同是民国三年（1914）的恶性龙舟争斗事件：

　　六月廿六日（农历闰五月初四）　赴莘塍河看龙舟，是日龙舟竞渡者不下数十只，而上码龙舟与直洛龙舟以竞渡械斗，致上码龙舟覆舟，人纷纷落水，各龙舟以酿祸俱划归。继闻人说，上码约丧失三人，余均遇救得生。而上码人恣图报复，合村摇旗擂鼓，各执棒刀，蜂至直洛捣抢，恐此后破家者又不知凡几也。②

　　这次上码和直洛两村的龙舟争斗，非但当场三人丧命，还延伸为事后两村之间的暴力冲突。至于这次械斗带给两村的伤亡、损失，张㭋认为必将会更为惨重。

　　上引张㭋的两则日记，分别记述了在同一年——民国三年的五月二十九日（农历五月初五）和六月二十六日（农历闰五月初四）自己去看龙舟的见闻。一年中因为闰五月，竟然要举行两次龙舟竞渡活动，而每次作

----

① 张㭋撰，俞雄选编：《张㭋日记》，上海社会科学院出版社2003年版，第174页。
② 同上书，第177页。

者都会去看，足以说明这项运动在温州受欢迎的程度。但每次划龙舟必会发生的争斗伤人事件，又是十分让人头痛、不解的。

端午节发生的龙舟争斗事件，并不是每次仅靠涉事的两姓宗族自身就能解决，也有最后必须诉诸公堂的情况，如洪炳文在《斗龙舟》中写道：

> 瓯俗端阳盛竞渡，奋棹争先趋如鹜。一舟追逐曳龙尾，横触他舟覆于水。水中之人半死生，两村持械相斗争。血流满身头颅迸，不是斗龙直斗命。命案一到公庭中，人财两失妙手空。株连波累家家泣，亢龙有悔悔何及。①

洪氏一方面用"瓯俗端阳盛竞渡"描写当时温州龙舟运动盛行的情景，另一方面用"奋棹争先趋如鹜"生动刻画各支龙舟队伍当时参加竞渡的形态。本是为节日增添喜庆气氛的龙舟运动，现在变成了伤财害命亡家的"斗命"行为。命案一旦发生，就要诉诸公堂，到时当事双方"人财两失"，除了追悔还能有什么呢？

面对温州历史上这种违背常理的龙舟争斗行为，明清时期的温州宗族和地方官府都采取措施进行禁止。

第二节　禁而不止的龙舟运动

一　温州宗族对于龙舟运动的禁止

在明清时期的温州，龙舟运动与宗族的关系比较复杂。从积极的方面说，能够打造龙舟并派队伍参赛的宗族，必定是具有一定经济实力的宗族，也必定是非常团结、向心力很强的宗族；同时，一个宗族通过打造龙舟，训练参赛队伍，派队伍去参加比赛，又可以起到凝聚族人、团结族人、增强宗族合力的作用。从消极的方面看，端午节的龙舟争斗确实使各姓宗族付出了伤财、害命甚至是两村械斗的沉痛代价。而且因为每年端午节都有划龙舟比赛，像张榈日记中记载的遇到闰五月的年份还会举办两

---

① （清）洪炳文撰，沈不沉编：《洪炳文集》，上海社会科学院出版社 2004 年版，第504 页。

次，这无形中为各姓宗族提供了一个定期可以借机进行争斗甚至上升为宗族械斗的机会，加深了宗族之间的矛盾，影响到宗族社会的稳定、和谐和发展。鉴于此，明清时期深受斗龙舟之害的各姓宗族纷纷在自己的宗规族训中订立了禁止划龙舟的内容。

明朝时，项乔在为七甲项氏订立的族训中规定：

> 龙船既称竞渡即是争端。乔闻往时有因此打死人命、亡身败家者。近闻子孙共谋为此而族长、正、司礼亦坐视不禁。借使有及于祸，能保其不覆宗乎？今后尊幼有故违并不禁者，请明神殛之。①

项乔指出"龙船既称竞渡"，就是"争端"，首先为龙舟运动定了性。加之项乔之前也听闻过其他宗族为此付出的代价，所以面对项氏子孙中竟然无视这样的前车之鉴而蠢蠢欲动者，面对作为宗族管理者的族长、族正、司礼等对之坐视不管的不负责态度，项乔是不能容忍的。为了不使项氏宗族因此而"覆宗"，项乔立下族训，今后项氏子孙无论是违例参加者，还是坐视不管者，都要受到严厉惩罚。

永强王氏宗族之王毓英在《继述堂文钞卷一·家训》中先写出了自己对于龙舟争斗危害的痛恨之情：

> 若言除弊，如淫祠则毁之焚之，龙舟、花会、鸦片，则禁之绝之。②

王毓英竟然将龙舟与鸦片并列，势必要"禁之绝之"，可见龙舟之害确实已经到了非常严重的地步。接着王毓英在《继述堂文钞卷一·永禁永嘉场龙舟记》中，则详细阐述了自己禁绝龙舟运动的理由：

> 呜呼！龙舟之为祸烈矣哉。吾场昔张磐庵先生尝慨言龙舟之祸，其垂戒于《介轩集》中者屡矣。永场当前明嘉靖间，正罗山当国时

① （明）项乔撰：《项乔集》，方长山、魏得良点校，上海社会科学院出版社2006年版，第527—528页。

② 卢礼阳编校：《王毓英集》，中国文史出版社2011年版，第22页。

也。相传某姓以龙舟酿命，害延数族，是永场龙舟第一大祸也。迄今父老相传，惨难殚述，独七浃项瓯东先生垂诫族姓子孙，永久不许造划龙舟，三百年来，阖族犹守祖训。其余各地不划则已，划则必斗；不斗则已，斗则必争必殴，甚至竹枪木梃、灰袋火炮，或连地牵姓，互相攻击，掷性命于儿戏之间，真有奋不顾身之概，几于无地不然。向令踊跃私斗，移而用之于公战之场，何患我国之不强乎？故各地邑怨祸之结，大半权舆于龙舟，其不至酿命者，幸而免也。至前清光绪丙午，乃结成龙舟第二大祸，如度山、陡门二地是也。度山龙舟，未及争斗，覆水溺而死者，十有一人，及报官验尸，甚至尸腐不能检。始则麾旗而出，继则舆尸而归，终则枕棺而哭。陡门虽无死者，而其绅富无辜被累，费银数千，所谓城门失火，殃且及于池鱼，而其为首酿祸者，反因善走而逍遥法外。天道尚可言乎？

　　呜呼！龙舟之为祸，抑何烈欤？夫迩来官府，既乏宗观察湘文搜舟之早，禁划之严，势不得不赖地方之自治。自治者，地方人人共有之责也，吾辈既不能防之于前，要不得不绝之于后。因联合阖场绅耆，投禀道县各宪，请示泐石，永禁永场。嗣后不许兴划龙舟，并不许假太平龙舟名目，败约开禁；或各地亲戚，有以花红果酒相招待者，亦一律送官究治。一石泐在二都横塘桥西，一石泐在四都杨府庙侧，并附禁灵姑在内。凡吾各都绅士父老，须仰承项瓯东之至意，以共伸地方自治之思想，由此互相劝戒，以靖地方而杜后祸。……
　　民国三年甲寅仲冬，记于愤俗草庐。①

王毓英之所以要"永禁龙舟"，是基于这样的理由：一、永嘉场划龙舟运动的风气是"不划则已，划则必斗；不斗则已，斗则必争必殴"，而殴斗时的惨烈场景触目惊心。二、在明清两朝，永嘉场发生过两起龙舟大祸，结果要么是"费银数千"的金钱代价，要么是"始则麾旗而出，继则舆尸而归，终则枕棺而哭"的生命代价。三、已如第六章所述，永嘉场在明清时期是倭寇匪患之害非常严重之地。各姓宗族为什么在龙舟运动中"踊跃私斗"，而不把这种精神、力量用到杀敌的战场上呢？四、因为龙舟之衅，各姓宗族之间结下很深的怨祸，对于当时的宗族社会发展来说，十分

_____

① 卢礼阳编校：《王毓英集》，中国文史出版社 2011 年版，第 56—57 页。

不利。面对这样的龙舟之祸，地方政府并没有采取有力的防治措施，所以王毓英认为必须像七甲项氏那样，唯有依靠宗族的自治力量禁止此事了。

王毓英在王氏宗族中禁划龙舟的具体措施有四：一、王氏族众禁划龙舟。二、不许收取花红银、索扰酒设。三、将关于禁止族众划龙舟等事宜上报地方政府批准，获得官方的支持。四、禁止与划龙舟有关的地方神信仰活动，即"附禁灵姑在内"。如此详细地分析龙舟运动的危害，并制订如此周全、彻底的禁绝措施，足见王毓英欲永禁龙舟的决心和力度，后来王氏宗族确实实行了王毓英禁划龙舟的诸项规定。为了稳固、延续禁划的效果，王毓英又在后来的《宗族自治规约卷三》中写道：

> 永强阁镇严禁龙舟，早经英等勒石二四两都，肃清多年。无论日后各都变相如何，子姓裔孙须永依前禁，并照七甲项瓯东先贤遗法，永禁龙舟，勿造祸地方。①

这则材料足以显见王毓英对龙舟之祸的痛恨和永久禁绝之心，也希望在王毓英等宗族士绅的持续监督、管理下，当地的龙舟之祸能够一直被禁止下去。

明清时期的温州宗族在依靠自身之力禁划龙舟的同时，也有一些感觉力不从心而向地方政府寻求帮助的情况，如张棡记载的《谒陈邑令谈龙舟不禁之弊》事：

> （在光绪三十三年，即1907年）四月廿六日 晚饭后，同林屏周去谒毛二尹吟笙，面谈本年河乡龙舟极多，不早行严禁，恐有竞争酿命之祸。二尹深以为然，乃偕予二人同进衙署谒陈明伦大令，于花厅晤谈。大令问：龙舟已经谕禁，何民犹违禁乃尔？予答以本年龙舟极多，河乡总汇之河凡四处，曰拱瑞山河，曰莘塍河，曰塘下河，曰穗丰河，此数河内斗龙不下数百只。问何以如此之多？则由于地方无赖敛花红银之故。问何谓花红银？盖河乡俗例，凡人家有女儿许人未过门者，则造龙舟之人例得向婿家索取洋银为造船之费，视人家贫富为索银多寡，美其名曰花红银，索稍不遂，俟婿家来娶时，则无赖纠集

---

① 卢礼阳编校：《王毓英集》，中国文史出版社2011年版，第206页。

党羽，拦截花轿及鼓吹，以致戚好成仇者有之。故婿家皆畏之，虽有
官长之示，绅士之禁，而阳奉阴违，愿持银输入无赖私囊以免争端，
而无赖等遂名利双收，制新龙舟以娱地方耳目，将来之或酿巨祸不计
也。本月二十八九已近龙舟下水之期，若临时严禁饬差锯船，彼乡民
恃其众多，定有冲突之患，鄙见谓不如每河遣一二差船，兼带兵役数
名，沿河弹压。俟端节日一过，然后四遣诸差，分带地保，各乡查有
几只龙船一律锯断，一面出示严禁敛取花红银，庶几得正本清源之道
乎。往年宗湘文观察莅治瓯郡，曾痛切龙舟之祸，计汇核近数十年内
龙舟争斗之案，伤命已数百条矣，家财则不可以数计，于是严饬各属
一律禁断，立碑通衢，永垂久远。予等方幸自兹以后可以弊绝风清，
增社会之幸福，讵料贤臣不禄，而继任者苟且因循，遂至死灰复燃，
岂不可哀哉！①

　　这则材料描述了宗族士绅张棡等在端午节前夕，为防止当地龙舟争斗恶性
事件的再次发生，主动去拜谒地方官，以商讨解决的办法。这些士绅之所
以如此的积极、主动，原因在于：一、在他们所经历的见闻中，近数十年
间因为龙舟争斗已经伤及的性命有数百条之多，耗费的家财更是难以计
算。二、这些士绅及其归属的宗族曾经是这些龙舟争斗惨案的当事人、受
害人、见证人，他们有着切身的沉痛感受和现实的禁断需求。三、作为地
方士绅，他们有这个远见卓识，深知龙舟运动不禁的危害，也知道自己有
这个责任去为之努力。在他们看来，龙舟之患之所以会禁而不绝，是因为
被无赖之徒利用，趁机索取花红银之故。面对当年龙舟尤多的情形，为了
防止更严重恶性事件的发生，这几位士绅建议在端午节前先采取预防为主
的措施，由官兵划船沿河镇压。端午节后再由官差结合地保一起四处查缴
龙船，并将查缴的龙船锯断。而要想收到龙舟永禁的效果，则要从源头下
手，由官府下公文严禁地方无赖"敛取花红银"。

　　在明清时期温州宗族禁划龙舟的过程中，还有亲邻自发帮忙调解宗族
间在龙舟方面所存矛盾的案例。如龙湾沈季两姓宗族本为世好，后因龙舟
发生争执，为了避免事态进一步恶化，同两姓有亲邻关系的张二箴等不忍
坐视不管，为之采取措施进行调解。据龙湾《沈氏宗谱》之《沈季两姓

---

① 张棡撰，俞雄选编：《张棡日记》，上海社会科学院出版社 2003 年版，第 125—126 页。

议据》记载此事原委如下：

> 立议据亲友张二箴等。
>
> 今为沈、季两族互争旗号，箴等均系亲邻，谊难坐视，查两姓原系祖亲，去年沈姓建祠，季姓亦办礼奉贺，是两族之世相好也久矣。现为区区之旗号而致伤戚谊，得毋贻笑于大方乎？兹特公为议理：
>
> 旗字各仍旧号，毋须更换，沈氏红旗，季氏白旗，色已有分别，但两姓须各怀相让相敬之心，以永守旧好，嗣后如季姓先开鼓，须备红烛纸贴通知沈氏，沈氏不许复议再划；沈氏开鼓早，亦然；毋得两龙并出，致落河竞渡争先，复构衅端。
>
> 须知荣宗耀祖，务在族内士农工商各勤本业，为区区龙舟无益之事，而致动干戈以伤祖戚亲谊，真不值识者一笑也。愿汝两族共鉴之，并吾场人各自艾焉。今欲有凭，立据字永远存照。
>
> ……
>
> 同治七年岁次戊辰闰四月廿七日，立议据亲友张二箴。
>
> 合同据一纸存宗谱内。[1]

张二箴等为沈季两姓宗族龙舟之事进行调解的方式是出面立下字据，至于进行劝和、立据的理由：一是两姓要"各怀相让相敬之心"，要念世好的旧情。二是作为族子族孙，要懂得真正能够光宗耀祖的行为是做好士农工商的本业，而不是在没有什么意义的龙舟运动上去争胜负。

二　温州地方官府对于龙舟运动的禁止

对于在温州大肆盛行、为害甚巨的龙舟运动，明清时期的地方官府一直采取禁止的措施。

《万历温州府志》卷二《舆地下·岁时》记载：

> 各乡皆造龙舟竞渡，叶水心谓祈年赛愿，从其俗可也。但互争胜

---

① 郑笑笑等主编：《浙南谱牒文献汇编》第一辑，香港出版社 2003 年版，第 312 页。

负，致有斗伤溺水者，且沿家索扰酒设，故官府每禁之。①

明朝时已经出现因为龙舟争斗而伤人溺水和扰民索要钱财的事情，所以当时的温州地方官府采取了禁止的措施。

清朝时，温州地方官府依然对龙舟运动采取禁止的措施。如《宗观察严禁龙舟》中的记载：

> （在光绪廿三年，即 1897 年）五月初五　本年宗观察湘文②出示严禁龙舟竞渡，于旧岁冬底委员四出分巡，各村各镇凡有龙舟处，悉命勇丁持锯解为数截，如数载上缴官，并敕各处船行船户出具干结，不许代造龙舟，违者察出重究，而此风今岁遂为之永绝。每年才交四月初一即闹龙舟，鼓声冬冬不绝，俗谓之"开殿门"。今岁端阳节届，绝不闻一鼓声，亦可谓令行禁止矣。③

宗湘文在温州做官时，面对龙舟之祸采取了果断的禁绝措施。首先是他在每年年底，派人四处查巡各村镇是否有已经造好的龙舟。只要被查获，即锯为数截，还要把锯断的龙舟如数运缴官府，这是对已经造好龙舟的处理方法，可以说处理得非常干脆、彻底。其次，为了防止新的龙舟被制造出来，下令温州所有的船行船户要出具保证，不为他人制作龙舟，违者必遭重罚。这样就从根本上杜绝了用于争斗的工具，没有龙舟可划，大家还斗什么呢？因为措施制定得严厉、有效，加之执行得彻底，所以收到了理想的效果，在光绪二十三年直到端午节时，都没有听到往年那种才四月初一就鼓声咚咚、不绝于耳的闹音。

像宗湘文这样能够在任上有效治理龙舟之患的温州地方官员，还有一些，如《瑞安余令亲来禁龙舟》的记载：

> （在宣统元年，即 1909 年）五月初三　十点半钟，瑞城余令带同

---

① （明）王光蕴等纂，（明）刘方誉、林继衡等修：《万历温州府志》，明万历三十三年（1605）刻本，第 73 页，温州市图书馆藏。

② 宗源翰，字湘文，江苏上元人，卒于温处道任，参见张棡撰，俞雄选编《张棡日记》，上海社会科学院出版社 2003 年版，第 37 页。

③ 张棡撰，俞雄选编：《张棡日记》，上海社会科学院出版社 2003 年版，第 36—37 页。

警察兵数十名、差役数十名，自华表桥上岸到本地禁拿龙舟。夏姓龙舟闻风抬下垟去，被警察兵拦追不获，反将警察兵拥挤落水。警兵遂由塘路赶至后岸，适张姓龙舟诸愚民正抬出庙门撞见，被警兵拿去二人，一严金英，一张阿丰，均当官笞执三百，地保则笞执七百，龙舟被其捣毁，一面饬差到龙舟倡首者张田式家严办。噫！无端生事，横罹法网，蚩蚩愚氓，可恨又可怜也。而余令如此猛厉，亦从前所未有者。①

这里的瑞安余令亲自带兵查缴，而查缴的过程可用"热闹"二字来形容。先是夏姓宗族为了自己的龙舟不被官府查获，进行了紧急转移，追赶的警兵非但没有追获，自己反而被挤落水中。接着在警兵继续追赶已被转移下水的夏姓龙舟的过程中，又遇到张姓宗族的龙舟刚被族众抬出庙门。结果，张姓宗族被抓获两人，各笞责三百。而具体负责本地治安管理的地保因为监管不力，反而被笞责七百，张姓宗族的龙舟也被捣毁，还追根求源的将张氏宗族龙舟的"倡首者张田式"严办。至于张棡最后的慨叹"余令如此猛厉，亦从前所未有者"，一方面说明龙舟运动在温州有着深厚的存活土壤，另一方面说明官府的禁绝龙舟之路日益艰难。

温州地方官府禁绝龙舟的行为一直延续到民国时期，如刘强夫《禁划龙舟碑》的记载：

永嘉县知事管防各事宜刘②，给示勒石严禁事：

案据十二都茶山乡绅诸燮元，连署人诸学舜、诸庆元、诸海明、诸肇焱、诸宝洪、胡阿元、诸宽洪、管岩招、诸焜、徐正周、诸阿巧，乡警黄得进等呈称：窃绅等河头潭地方，前清光绪甲申年（十年）闰五月斗龙酿祸，溺毙农民十人，藉命骚扰，牵累无辜，使诸姓坏费洋元千计，财命两伤。爰以为鉴，地人稍知敛迹。孰料本年有无识愚民，复萌故态，极力阻止，幸得暂定。恐复于闰五月再事开划，坐听肇端，定生巨患。绅等邀同合地绅耆集议，刻石立禁，以绝永

---

① 张棡撰，俞雄选编：《张棡日记》，上海社会科学院出版社 2003 年版，第 146 页。

② 指刘强夫，民国三年二月任永嘉县知事，参见吴明哲编《温州历代碑刻二集》，上海社会科学院出版社 2006 年版，第 253 页的"附注"。

远，仚乞电夺施行等情到县。据此查龙舟酿祸，本知事悉其弊，业经再通告，并饬警队分往查禁。暨令行访各镇乡自治委员查明送究在案。据称列石垂久，事属可行，除批示外，合亟出示勒石永禁。为此示仰该处人民一体知悉：尔等须知斗划龙舟，久垂历禁，岂容违犯，致肇祸端。自此次立禁之后，无论有闰无闰，均不准再有斗划龙舟情事。如敢故违，该地绅等随时指名禀究，以警浇风而励民俗。其各永远遵守毋违，切切！此示。

中华民国三年岁次甲寅阳历六月二十四日即五月初一日吉立。①

永嘉县十二都茶山乡在清朝光绪年间就曾发生过因为斗龙舟而"溺毙农民十人"、"坏费洋元千计"的"财命两伤"惨剧。这样切实发生在本地的沉痛教训，也仅使当地民众收敛了短短几十年的时间。到民国时期，又有了故态复萌的趋势。虽然被暂时劝止，但为了防患于未然，永嘉县知事在当地乡绅的联名请求下，由官方出示永远禁止斗划龙舟，并勒石以警。

三　为什么温州的龙舟运动禁而不止

从上面的分析中可以清晰地看出，无论是生活在明清时期温州地方社会的宗族，还是地方官府，都对龙舟运动采取了严禁的措施，但产生的效果并不理想。如果能够做到一禁而绝，也就不会有官私双方历经明清直至民国，如此长久的禁绝斗争了。

对于温州历史上龙舟运动难禁之情形，叶适在《后端午行》诗中对宋朝时的情况已有描写："禁断无益反为酷"②，非但没能禁止，反而助长了龙舟运动的盛行。张棡在《龙舟之弊难禁》中对清末民初的情况进行了描述：

（民国三年，即1914年）五月十五日（农历四月廿一）　十点钟，城警官方君克钧、所警官孙君漱群，为禁龙舟事肩舆过访，著谈片刻，即带警上舆去。闻已将本地龙舟锯断数只。未刻后，闻外面人

---

① 吴明哲编：《温州历代碑刻二集》，上海社会科学院出版社 2006 年版，第 252—253 页。

② 叶适：《后端午行》，转引自温州市政协文史资料委员会编《温州文史资料》第二十一辑《温瑞塘河文化史料专辑》，内部刊行，2005 年，第 184 页。

声汹汹，盖地恶张銮祥等与张池姆口角持械寻畔故也。既而池姆来诉被廿四杰恶党为龙舟锯断之事，迁怒池姆取［举］报，因之用武，以致身受重伤，若无桃姆解救，几罹不测，然此仇不报，明日又遭凶殴，乃乞予代为函告方、孙二警官提办，以警凶顽。

　　五月十七日（农历四月廿三）　端午期近，各处愚民又有龙舟之举，于是开殿门、擂大鼓者，时有所闻。惟此俗相传既久，然而舟划必斗，舟斗必争，争则互殴，落水纷纷，易至酿命，而以讼破家者累累矣，可为伤心惨目，故历来官长皆禁之。本年警察官奉知事命下乡巡禁，倡划者始稍敛迹，然不雷厉风行，必至故态复萌也。①

这则史料交代了在民国三年的端午节到来之前，发生的两起和龙舟有关的事件。一起是在农历四月二十一，因为龙舟被官府锯断之事，地痞张銮祥等寻衅滋事。另一起是在农历四月二十三，虽然在官府和地方宗族的一再禁止下，还是出现了鼓声隆隆、蠢蠢欲动为划龙舟进行准备的情形。说明虽然以往划龙舟带来的人财伤害令人"伤心惨目"，官府也进行了禁止，但只要官府稍有松懈，就会"故态复萌"。

　　为什么龙舟运动在温州历史上屡禁不止呢？本书认为应该从以下方面进行分析。

　　（一）龙舟运动与宗族势力相结合

　　明清时期的温州伴随着各姓宗族人丁的持续繁衍，加上温州土薄物艰的生产条件，人地矛盾日渐凸显，各姓宗族为了争夺生存空间，相互之间的关系变得剑拔弩张。陈支平在对福建的宗族社会进行研究时就已经意识到这种情况，他分析道：

　　　　割据性的家族制度具有很强的排他性，特别是为了争夺对于地方社会的控制权，家族与家族之间、乡族与乡族之间相互欺凌、相互对抗的情况也处处可见。……特别是明代中叶以后，福建民间各家族纷

———————
　①　张棡撰，俞雄选编：《张棡日记》，上海社会科学院出版社2003年版，第173页。

纷建立武装、团练乡兵，使得许多家族间的矛盾向武装对抗升级。①

宗族之间矛盾向武装对抗升级的直接后果，就是宗族械斗。冯尔康在《中国宗族史》中对于械斗的起源和发展情况进行过研究，冯氏指出：

> 道光二年（1822）刑部奏称："械斗之案，起于闽省漳、泉二属，而粤东惠、潮尤甚，近来江西、湖南、浙江、广西各省，亦间有致毙多命情近械斗之案。"道光帝认为械斗"最为风俗人心之害"，命令"广东、福建、广西、江西、湖南、浙江各督抚，查明近年械斗情形……详细妥议章程具奏"。……
>
> 道光以后，清朝中央集权政府对地方的控制进一步削弱，社会动荡不安，宗族械斗时有发生。②

温州地域社会发展的历史，正是孕育宗族械斗的土壤。温州在历史上曾经经历过多次大规模的人口迁入，可以说自西晋末年的永嘉之乱、唐代的安史之乱、唐末农民起义、宋室南迁及以后历次改朝换代，发生自然灾害等，都有大批的移民迁入温州。这些迁入者在迁温前往往都是当地的大族，而他们在迁徙时也是举族而行。来到温州后，一般也是选择聚族而居的生存方式。随着迁入人口的不断增多、持续繁衍，温州"七山二水一分田"的人地承载能力不断受到挑战，一旦人地矛盾积累到接近极限的程度，不同的村落姓族之间为了争夺生存资源，非常容易发生冲突进而结怨，演变成为温州历史上大规模的宗族械斗。同族聚居，更加剧了械斗冲突发生时的暴力程度。而端午时节的龙舟竞渡，无形间为各姓宗族、村落提供了泄愤、争斗、炫耀自身实力、在地方社会树立族姓威望的可乘之机和舞台，这也是温州的划龙舟又叫"斗龙舟"的原因。

面对各姓宗族利用端午节划龙舟进行争斗的现实，地方官府也曾出面禁止，如杨青在《永嘉风俗竹枝词·禁令》中写到的：

---

① 陈支平：《近五百年来福建的家族社会与文化》，中国人民大学出版社 2011 年版，第 86 页。

② 冯尔康等：《中国宗族史》，上海人民出版社 2009 年版，第 281—282 页。

潜龙勿用已多年，禁令重重酷如前。水底屈原应馁久，更谁法食散诸天。①

但因为地方官府在治理基层社会时要依赖宗族，而且那些在温州繁衍、壮大起来的各姓宗族已经到了族大难治的程度，所以只要龙舟运动和宗族势力有关联，就不会仅仅因为政府的一纸禁令而真正消失。

（二）龙舟运动被地方无赖势力利用

明清时期温州的龙舟争斗事件之所以会屡禁不止，只要一有时机就会死灰复燃，与当时的地痞无赖势力有着很大关系。

《东瓯诗存》收录了一首明朝侯一麟写的关于端午节龙舟竞渡的诗，诗名是《端阳家兄泛舟，时禁竞渡得飞字》，诗文为：

兰桡蒲酒试荷衣，共道端阳是也非。村鼓听来此日急，凫车忆向旧年飞。绿畴低树浮天翠，白水沉云荡日晖。不是吾兄同野老，焉令海鸟亦忘机。

张如元等在校注中写道：

据文献所载，自宋以来端午前后龙舟竞渡为温州城乡一大民俗活动。犹忆儿时每届其时，角黍飘香，村鼓时起，倾城如狂。姜准与作者同时，其《岐海琐谈》卷七云："自城市以达都鄙，里社丛祠各置龙舟。每邻端午，好事者先捐私囊，或创或修。竞渡之日，遍掠祭户以及祭户之姻亲而补己所费，聚众鼓噪，间事劫夺者有之。为之姻亲者，往往质当待索，阃敢或迟，较之官府之征诛，益有甚焉者矣。及其斗胜夺彩，少有不平，鼓枻相击，损伤肢体，甚至殒命者有之。构隙兴讼，伤财害民，孰有逾于斯哉！"此风四百年来相沿，故至今时禁时开，时开时禁，令人叹惋！②

---

① （民国）杨青撰，谢作拳、伍显军编：《杨青集》，上海社会科学院出版社 2005 年版，第 14 页。

② （清）曾唯辑，张如元、吴佐仁校补：《东瓯诗存》，上海社会科学院出版社 2006 年版，第 921 页。

校注中的描述，写出了当地无赖势力借划龙舟之机进行敲诈勒索的情形。这些被称为"好事者"的无赖势力，在端午节之前先私掏腰包维修或新造龙舟，这样就可以在龙舟竞渡之时，明为收取钱财以补自己当初为创修龙舟垫付的费用，实则是满足自己无限膨胀的私欲，大行蛮横勒索之能事。其征收方法之蛮横，金额数目之巨大，已远在官府所征税收之上。面对这种不合理、不合法的无赖行径，政府是出文禁止的。但政府的明令条文和实际执行效果之间总会存在差距，官府出面禁止的现实结果是，几百年间，"时禁时开，时开时禁"，禁而不绝。所以，只要当地无赖势力为满足自己的贪念，欲趁龙舟运动进行敲诈勒索的贼心不死，龙舟运动就不会被真正禁止。

地方文献中关于无赖势力借端午节划龙舟大肆敲诈钱财的类似案例，还有很多，如《张棡日记》之《谒陈邑令谈龙舟不禁之弊》的记载：

> 谒陈明伦大令，于花厅晤谈。大令问：龙舟已经谕禁，何民犹违禁乃尔？予答以本年龙舟极多，河乡总汇之河凡四处，曰拱瑞山河，曰莘塍河，曰塘下河，曰穗丰河，此数河内斗龙不下数百只。问何以如此之多？则由于地方无赖敛花红银之故。问何谓花红银？盖河乡俗例，凡人家有女儿许人未过门者，则造龙舟之人例得向婿家索取洋银为造船之费，视人家贫富为索银多寡，美其名曰花红银，索稍不遂，俟婿家来娶时，则无赖纠集党羽，拦截花轿及鼓吹，以致戚好成仇者有之。故婿家皆畏之，虽有官长之示，绅士之禁，而阳奉阴违，愿持银输入无赖私囊以免争端，而无赖等遂名利双收，制新龙舟以娱地方耳目，将来之或酿巨祸不计也。①

史料中分析了地恶无赖、龙舟运动、花红银三者之间的关系，即地恶无赖为了有借口向百姓大肆索取钱财，他们先行自己出资制造龙舟，龙舟造成之后，借端午节划龙舟竞渡的时机，名义上向百姓收取"花红银"冲抵当初自己造龙舟垫付的费用，实则大肆强行勒索钱财之实。普通百姓为了生活的太平，不敢招惹这些无赖势力，他们只能忍气吞声地花钱消灾，但是没想到无形中助长了无赖恶势力的势头。最后就出现了陈邑令所不能理

---

① 张棡撰，俞雄选编：《张棡日记》，上海社会科学院出版社 2003 年版，第 125 页。

解的现象：为什么官方明文禁止的划龙舟运动，百姓会胆大违禁。不但违禁，而且全城"斗龙"的数量竟有数百只。其实陈邑令哪里知道，并不是百姓大胆违禁，这么多的龙舟也不是他们自愿制造出来的啊！

又清朝林昕在《东瓯划仙槎记》中写道：

> 余以癸卯秋自鄂中来温，三年矣。见其俗虚而浮，侈而靡，有与中州风土大相殊者，余诧之。
>
> 丙午夏，复观划仙槎之事。俗以每岁五月端阳竞渡，先一月，敛殷户钱以为装演龙舟之费。至五日，则于郡城南门之外竞渡争先，哗然为乐，有划桨相追而格斗至死者。而划仙槎之举，费钱甚巨，常数岁一行，则尤奇异。其制，造大船一，长其身，平其腹，首尾装为龙形，高长余，以锦张之四柱。中复有大柱二，高如樯，以铁管承之，缚男女儿各一，年可八九，临风摇曳，宛然仙人。而船中金鼓之声聒人耳不绝，旌旗掩映于湖水。日游四城，士女倾巷相从，虽老年见惯者不厌也。晚后则两旁栏上灯烛荧荧，光如白昼。观者多乘小船，僧道师尼亦复如是。夜半始归，人声轰然，衢巷中肩摩踵接，故为拥挤，人不得出。如是者盖半月焉。余时往观，归语于馆中诸执事。温人答云："今岁温属荒甚，而此事必成者，以郡城多无赖子，每每以好事为生计。端阳竞渡，实有绅士为倡。此辈糊口他人，无所不至，而绅士素慕浮名，辄为所惑。及举行日，各得钱若干，昼则豪饮大餐，夜则女间鸦片。此风之坏，已非一日"。余曰："是独不可以禁止乎？"曰："道宪、郡守出示久矣，固亦无如何也。"余始知向之虚浮侈靡无足异者，而划仙槎之举则又举国若狂，其为著焉者也。因以生平所历，未及见是，遂记之。
>
> 是事也，温人呼为台阁，名不雅称，姑名之曰划仙槎云。①

记述本段史料的林昕从鄂中来温已经三年，他目睹了温州人在端午节时耗费巨资盛饰台阁、倾城相观的盛况。对此，他的心中充满了困惑和不解，这也从某种角度说明了这一现象的反常。林昕心中的不解有二：一是关于装饰、表演这种龙舟所要花费的费用，他用到了"甚巨"一词来形容。

---

① 梅冷生撰，潘国存编：《梅冷生集》，上海社会科学院出版社 2006 年版，第 327—328 页。

二是全城百姓对于这种龙舟喜爱的狂热程度，他用到了"士女倾巷相从"、"虽老年见惯者不厌"、"僧道师尼亦复如是"、"衢巷中肩摩踵接，故为拥挤，人不得出"、"夜半始归"、"如是者盖半月焉"、"举国若狂"等语句来形容。这是何等壮观的盛大场面啊！全城男女老少、僧俗两界，倾城而出，从早到晚，而且这种状况竟能持续半个月之久，称之为"狂热"，一点也不为过。这种景象是林昕生平在其他地方所未见识过的，所以才要特意作文以记之。

亲临现场观看归来的林昕，带着内心满满的疑惑、不解，去向自己的温州同僚诉说，他得到的答案是"今岁温属荒甚"。让外来者——林昕惊诧到必须以文记之的"划仙槎"，竟然是在温州"荒甚"之年举行的。不难想见，林昕在听到这种解释时，表情会愈加惊诧到什么程度。之所以在"荒甚"之年耗资甚巨的"划仙槎"能够如期进行，是因为"郡城多无赖子"的缘故。这些人的谋生之道就是"好事"，就是要借组织"划仙槎"的契机谋取非法的收入，而且这种风气"已非一日"。林昕不解地继续追问，这种不合理、不合法的现象就"不可以禁止乎?"答案是："道宪、郡守出示久矣"，也就是地方官府早就出文禁止了，但结果是"固亦无如何也"。足见，地方无赖势力对于龙舟运动的操控程度是何等的严重。

无赖势力操纵地方事务，趁机横征暴敛的情况，在与温州毗邻的福建也是存在的。陈支平即曾指出：

> 正派的士绅学子们既不屑于主持迎神祝鬼活动，那么福建民间的迎神赛会活动，特别是那些荒诞不经的鬼神崇拜，有相当一部分是由地方和家族中的流氓地痞操纵控制的。……他们挨家挨户敛财物，派香款，不遂不休。①

（三）划龙舟在温州是一种难以改易的民俗

移风易俗，是最难做到的事情。龙舟之禁，之所以在温州难以实现，是因为端午时节划龙舟，在温州早已成为一种民俗。

地方文献中多有关于龙舟在温州早已发展成为一种民俗的记载，如

---

① 陈支平：《近五百年来福建的家族社会与文化》，中国人民大学出版社 2011 年版，第172—174 页。

《东瓯逸事汇录》上编卷二"风土"之"竞渡"条的记述：

> 端阳节竞渡龙舟，好事者争先恐后，时有坠足灭顶之祸。官厅虽悬为厉禁，终不能梗众议。恶习移人，良堪浩叹！[1]

地方政府鉴于龙舟竞渡给温州百姓带来的严重伤害，曾经采取了"厉禁"的措施，之所以最后只能无奈地进行感叹，是因为"恶习移人"。

又《弘治温州府志》卷一"风俗"记载：

> 互争胜负，至殴伤溺水者。近来官府虽有禁，而人心技痒不能禁，庸非俗使然乎？[2]

地方政府面对龙舟争斗给百姓带来的可能会危及生命安全的伤害，曾出面严行禁止划龙舟。但因为端午时节划龙舟在温州已经成为一种民俗，拥有深厚的群众基础，在习俗力量的作用下，百姓已经到了端午节不划龙舟就"技痒不能禁"的程度。

在《继述堂社会谈约篇卷二·社会谈附录》中亦有记载：

> 最堪告慰者，莫如永禁本镇[3]龙舟械斗酿命，以除五百年之恶习。[4]

之所以永禁龙舟械斗，能够成为最让永强镇民众欣慰的事情，是因为它是永强镇五百年来都没有根除的恶习。

又张橼在日记《本地龙舟积习不易除》中记载，直至民国二十年（1931）：

> 六月十二日（农历四月廿七） 今昨两天均有警兵来问村长取缔

---

① 陈瑞赞编注：《东瓯逸事汇录》，上海社会科学院出版社 2006 年版，第 33 页。

② （明）王瓒、蔡芳编纂：《弘治温州府志》，胡珠生校注，上海社会科学院出版社 2006 年版，第 13 页。

③ 为永强镇。

④ 卢礼阳编校：《王毓英集》，中国文史出版社 2011 年版，第 267 页。

之，恐亦无大效果也。八句钟自家雇阿良船载谷赴瑞局碾米，并送唐、蔡、李三家节敬，时本地两岸男女聚观龙舟者不下千余人，且各设香花果品贺之，亦足见积习之深入人心也。①

至民国年间，虽然政府禁划龙舟的政策依然在执行，但实际效果是不仅"本地两岸男女聚观龙舟者不下千余人"，而且"各设香花果品贺之"。面对此情此景，张棡只能无奈地感叹"足见积习之深入人心也"，这在张棡的一首诗中也得到了体现，即其《龙舟竞渡招横祸，书此志愤（二首）》：

> 尚武精神自古奇，那堪末俗入浇漓。夺标健羡飞凫胜，破浪危防退鹢欺。袒裼凭河兼暴虎，纷争斩将又搴旗。无端灭顶招横祸，天水爻占悔已迟。
>
> 遗俗千秋吊汨罗，传芭伐鼓水扬波。未纾楚客怀沙恨，翻竞吴儿弄桨歌。一往直前如破敌，几人为力不同科。公家斗怯私家勇，积习难除可奈何。②

上引这些文献记载，无不证明了温州在端午时节划龙舟是已经存在了千年的悠久民俗传统，其有着深厚的群众基础和社会需求。无论龙舟竞渡带给百姓的伤害多么深重，无论宗族、地方官府禁划龙舟的措施多么严苛，在民俗力量的作用下，其必然是难以被彻底禁止的。时至今日，在温州仅存的河道上③，每逢端午节前夕，还是可以见到很多在练习划龙舟，准备参加竞渡的队伍。

（四）社会民众娱乐空间的狭小

温州龙舟运动之难禁，还在于生活在当时的社会民众娱乐空间的狭小，他们不能找到更好的娱乐和农闲放松方式。

张棡在日记《河乡龙舟恶习之难除》中记载，民国十一年（1922）：

---

① 张棡撰，俞雄选编：《张棡日记》，上海社会科学院出版社 2003 年版，第 463 页。

② 温州市政协文史资料委员会（谢惊春主编）编：《温州文史资料》第二十一辑《温瑞塘河文化史料专辑》，内部刊行，2005 年，第 234 页。

③ 因为现代化的城市改建，温州旧有的很多河道都被填埋掉了。

六月廿四日（农历五月廿九）　　下午携孙女阿秋赴外河头看龙舟，并至各房小坐。龙舟上年缘械斗酿命，光绪廿二三年间，经宗湘文观察立碑禁止，永远不许再划。于是每届端阳，地方官必派差警下乡锯舟严禁，此风渐息，自民国元年至今，乡农久不作龙舟思想矣。本年年底稍丰，又值闰端阳，于是故态复萌，各村流氓倡议造舟以庆太平，并发贴各处婚姻之家勾钱，遂至一月之间新造龙舟几有数百只之多，十八九已纷纷上水争划，地方官虽派警赶禁，仍无效果，徒令警丁饱其私囊耳。盖此俗相沿已千余年，乡民少年斗狠，视龙舟为唯一乐事，船鼓一开，人人踊跃，亦中国人尚勇之一端也，惜无良法部勒之，遂成勇私斗怯公战之陋习。若叶水心先生《后端午行》云："一村一船遍一乡，处处旗脚争飞扬。社年赛愿从其俗，禁断无益反为酷。喜公与民还旧观，楼前一笑沧波远。日昏停棹各自归，黄瓜苦菜夸甘肥。"可见南宋时我瓯斗龙亦有之，惟旋禁旋开，终难息也。先生集有《永嘉端午行》古风一首，此首题《后端午行》，其亦值闰端阳而作之欤？[1]

张棡分析，被地方政府禁止已久的划龙舟运动之所以在民国十一年会"故态复萌"，一是因为"年底稍丰"，具备了财力基础。二是各村流氓无赖的怂恿鼓惑。三是"此俗相沿已千余年，乡民少年斗狠，视龙舟为唯一乐事"，这也是最主要的。明清时期的温州，经常遭到匪患、倭寇的骚扰[2]，民众本就有习武自保、好勇斗狠的传统，充满竞斗精神的划龙舟运动自然成了他们进行争斗的大好场合，甚至发展到视斗龙舟为唯一乐事，亦说明当时娱乐活动的贫乏。

又张棡在日记《本地龙舟积习不易除》中记载，在民国二十年（1931）：

六月十二日（农历四月廿七）　　是日五鼓，为本地后半垟新龙舟上水。龙舟竞渡积习已千余年，若非竞争酿衅，亦一种升平乐事。盖农民无高智识，终岁作苦，了无生趣，所赖者年谷丰稔，行乐时间惟

---

① 张棡撰，俞雄选编：《张棡日记》，上海社会科学院出版社 2003 年版，第 306—307 页。

② 关于宗族与倭患匪患的关系，本书会有专门章节涉及。

岁晚务闲、上元放灯赛会、端阳龙舟竞渡而已。无如不肖之农，往往借龙舟射利或报复寻衅，于是逞一时斗狠，酿戕命之重案，致官场屡行禁止，然屡禁屡弛，总不能廓清弊俗，何如因势利导设法改良之为愈乎。①

张棡明确指出，龙舟运动之所以会在温州传习千年之久，成为一种深入人心的民间节日风俗，是因为当时的百姓平时忙于单调的劳作，无暇顾及精神娱乐活动，只有在丰收、农闲后的传统节日里，才能够趁机放松、娱乐一下。所以，一旦有了大型的民间节日娱乐活动，就会出现不分男女老幼，倾城追随围观的疯狂场面。张棡之所以有多篇日记写到龙舟的内容，就是因为他每年都会带家人去看龙舟比赛，甚至如果那年适逢闰五月，他还会去两次。张棡作为生活在清朝末年的士绅，在深知龙舟竞渡带有很强危险性的情况下，还坚持每次都去看，而且是带家人去看，应该在一定程度上是能够代表温州民众对于龙舟运动的喜爱是何等狂热的，也恰恰说明当时的娱乐活动确实少得可怜，不然张棡也不必一边针砭龙舟竞渡的弊端②，一边又年年带家人去凑热闹了。

张棡面对温州地方政府上千年来对龙舟运动"屡禁屡弛"的困局，提出了堵不如疏导的"因势利导设法改良"的建议。这样政府就可以把龙舟运动的导向权控制在自己手里，而不再被地痞无赖之徒利用，从而彻底改变端午节划龙舟必斗的恶习。事实上民国时期的地方政府也是这样做的，张棡在《今年瑞永龙舟竞渡》中记载，民国二十九年（1940）：

六月十五日（农历五月初十）　闻本日瑞城拱瑞山河，有龙舟数十只竞渡，政府及军界官长且有银牌悬赏得胜者，于是各农民无不人人踊跃矣。下午自处儿童妇女亦多有赴观赛会者，闻永嘉之竞渡尤佳。想此后禁断之习，当必自此又开禁矣。

六月十八日（农历五月十三）　前日永嘉龙舟竞赛，黄司令、张

① 张棡撰，俞雄选编：《张棡日记》，上海社会科学院出版社 2003 年版，第 463 页。

② 如张棡针对温州龙舟之祸曾经说："无端生事，横罹法网，蚩蚩愚氓，可恨又可怜也。而余令如此猛厉，亦从前所未有者。"引自张棡撰，俞雄选编《张棡日记》，上海社会科学院出版社 2003 年版，第 146 页。

专员、庄县长、马局长、王警长等均莅观，于获胜者各分别给奖，第一赏红缎大旗，第二则黄缎，第三、四亦奖红旗，得赏者无不眉飞色舞，夸为一时盛举。①

瑞安、永嘉两县地方政府在民国二十九年的龙舟比赛中，都采取了由军政长官出面观战、颁奖的方式，相比之前政府靠警力禁断划龙舟的举措，这次能够被称为"盛举"，可见政府采取此法的得当和成效。

---

① 张棡撰，俞雄选编：《张棡日记》，上海社会科学院出版社 2003 年版，第 581—582 页。

第十二章

信仰文化:好巫敬鬼与宗族利益至上

在中国东南沿海一带，地方神信仰长期盛行。诸如浙江、福建、广东等地，至今相比全国其他省份而言，从供奉地方神的祠庙、神灵和信众的数量、虔诚度、每年如期举行的信仰活动等方面，都有力地说明了地方神信仰的盛行。对福建民间信仰颇有研究的林国平即曾说过：

> 自古以来，东南民间信仰特别发达，林立的宫庙、成百上千的神灵、频繁的宗教活动、众多的信徒构成东南民间信仰的基本内容。东南民间信仰的产生和发展，在深受中华文化传统的影响的同时，与东南地区的自然、社会、历史等密切相关。①

温州位于浙之东南，与福建北部毗邻，即所谓的"温州居闽、浙之交"②，温州的地方神信仰也特别盛行。那温州的地方神信仰和明清时期的温州宗族之间是什么样的关系？又有哪些特色？此即本章将要研究的内容。

第一节　温州的地方神信仰

一　好巫敬鬼之特色

温州在地方神信仰方面，最为典型的特色就是好巫敬鬼。而且这个特色，在温州已持续了数千年。

---

① 林国平：《"好巫尚鬼"的传统与东南民间信仰》，引自项楚主编《中国俗文化研究》第二辑，巴蜀书社 2004 年版，第 135 页。

② 参见《东瓯逸事汇录》卷一《地理》之"海疆孔道"条，引自陈瑞赞编注《东瓯逸事汇录》，上海社会科学院出版社 2006 年版，第 4 页。

温州人的先祖属于居住在东瓯①故地的越族人，《汉书·地理志》记载越族在宗教信仰上的典型特征为：

> 信巫鬼，重淫祀。②

《继述堂续刻·瓯城风俗叙》也记载了东瓯民信巫好鬼的情况：

> 吾瓯自驺王开疆，俗传信巫好鬼。③

从上引史料可以看出：那时生活在东瓯境内的民众信奉的并不是佛、道、儒等主流教派，而是鬼、巫、神等。在封建社会中，与佛、道、儒三教的主流地位相比，鬼、巫、神只能被看作不入流的、被排斥的"淫祀"。温州这种信巫好鬼的风气，到汉朝时得到了延续。据《史记》记载：

> 是时（汉武帝）既灭两越，越人勇之乃言"越人俗鬼，而其祠皆见鬼，数有效。昔东瓯王敬鬼，寿百六十岁。后世怠慢，故衰耗"。乃令越巫立越祝祠，安台无坛，亦祠天神上帝百鬼，而以鸡卜。上信之，越祠鸡卜始用。④

可以看出：信鬼之风确实在越人中盛行，不仅平民百姓信奉，就连东瓯王这样的统治者也不例外。而且东瓯王就是因为虔诚的供奉，才会有160岁的寿命。而他的后世子孙不再虔诚，结果只能面对国运衰竭而亡的惩罚。有了东瓯王及其后世子孙因为信与不信得到的截然相反的结局作为前车之鉴，雄才大略的汉武帝也变得虔诚起来，下令越巫修建巫祠。有了统治者的带头认可和推动，越俗的信巫好鬼之风怎能不在温州地域延续下去呢？

---

① 东瓯是指东面大海，南毗闽东北山地，西邻金衢盆地，北接宁绍平原的浙南地域。参见林亦修《温州族群与区域文化研究》，上海三联书店2009年版，第12页。

② 《汉书》卷二十八下《地理志第八下》，引自（汉）班固撰《汉书》，中华书局1962年版，第1666页。

③ 卢礼阳编校：《王毓英集》，中国文史出版社2011年版，第101页。

④ （汉）司马迁撰：《史记》，中华书局2013年版，第1672—1673页。

温州"多敬鬼乐祠"①的风气，一直延续到明清时期。甚至出现了不但信奉，还在生病时信巫不信医的奇怪现象。朱海滨指出：

> 历史上温台处三府是东瓯故地……信鬼、敬鬼正是这一区域巫风文化的表现。沿至明清，风气依然，当地民间看病，不喜请医生，而多半请巫念咒驱邪。②

温州的地方神信仰之所以会出现好巫信鬼，甚至信巫不信医的奇怪现象，一是与温州当时的客观地理环境有关。如史料记载之温州的地域环境：

> 温为东瓯古壤，在浙东极处，枕江界溪，天设奇胜，危峰层峦，环控四境，蟠幽宅阻，一巨都会。③

"浙东极处"、"天设奇胜，危峰层峦，环控四境，蟠幽宅阻"，仅寥寥数语即把温州地理位置极为偏远，对外交通不便的情况交代得一清二楚。这样的地理位置、地形条件，使那时的温州不易与外界发生沟通，开发、开化相对较晚，人们的思想观念难免变得愚昧、落后，所以一旦遇到困难，他们更易于相信神灵的力量。加之当时温州社会的整体医疗水平和有效医治的覆盖范围确实十分有限，当他们在面对疾病、生死考验的时候，能够直接、快速求助的对象，也只有那些近在身边的地方神灵了。

温州好巫信鬼之风一直盛行的另一原因，是治生条件的艰难。相比辽阔、平坦、开发成熟的平原地带，温州的治生条件并不理想。据《温州府志》之"宋元温州民勤于力"条记载：

---

① 参见《光绪浙江通志》卷一百《风俗下·温州府·永嘉县》，引自（清）稽曾筠等修《光绪浙江通志》，商务印书馆影印中华民国二十三年本，第1795页。

② 朱海滨：《浙江地方神信仰的区域差异》，引自《历史地理》第十七辑，上海人民出版社2001年版，第225页。

③ （明）王瓒、蔡芳编纂：《弘治温州府志》，胡珠生校注，上海社会科学院出版社2006年版，"王序"第1页。

> 土薄水浅，禀性脆弱，然勤于本业。①

又：

> 温居涂泥斥卤，土薄艰艺，民勤于力而以力胜。②

从上引史料之"土薄水浅"、"涂泥斥卤，土薄艰艺，民勤于力而以力胜"的描述不难看出，温州并不是传统农业社会中适合以农为本的地域，而是要依靠自己的辛苦付出、辛勤努力才能生存下去。面对这样的生存环境，温州先民在内心、在精神上所要承受的生存压力远远大于生活在平原地带的居民，所以他们的信仰观念会更加务实，更加易于相信自己能够了解、切实把握得住的地方神带来的专有护佑。而门类众多、功能各异的地方神，无疑满足了温州民众在现实生产、生活中方方面面的诉求，所以地方神信仰会在温州地域长盛不衰。一直从事温州民俗文化研究的林亦修亦曾说过：

> 特殊的自然环境，形成了温州敬鬼乐祠，俗多淫祀，信好卜筮的社会特征。③

温州地方神信仰的盛行，还与历史上持续大量迁入的人口有关。据徐定水在《温州历代迁入人口姓氏考述》中统计：

> 温州历代迁入人口，以宋代为最多，其次五代，再次唐代、明代。各地迁入人口中，外省以福建为最多，几占半数以上，次为河南、安徽、江西等；省内以青田、景宁、金华、处州、仙居、黄岩、

---

① （明）王瓒、蔡芳编纂：《弘治温州府志》，胡珠生校注，上海社会科学院出版社 2006 年版，第 12 页。
② 参见南宋陈谦成于嘉定九年之《永宁编》，转引自俞光编《温州古代经济史料汇编》，上海社会科学院出版社 2005 年版，第 2 页。
③ 林亦修：《人神互动：温州杨府爷信仰研究》，引自项楚主编《中国俗文化研究》第四辑，巴蜀书社 2007 年版，第 129 页。

绍兴等为多。①

至于为什么会是在宋代时迁入温州的移民最多，徐定水同是在《温州历代迁入人口姓氏考述》一文中进行了分析：

> 宋代，外地迁温人口尤多，其中以南宋建炎四年（1130）和乾道二年（1166）后最为集中。建炎四年，宋高宗赵构避金兵之难来温，大批宗室勋戚和文武大臣扈驾至温，后除一部分当权者随高宗返回临安外，余则留温卜筑置产定居。南宋乾道二年，浙南沿海遭特大海溢，"浮尸蔽川，存者什一"，死数万人。温州郡守传檄要求福建移民补籍，此后几年中大批闽民奉命陆续迁温。此外，仕宦温州留居占籍亦颇多。②

徐定水之所以得出，在宋代时从外地迁温人口最多的结论，是基于南宋建炎四年宋高宗赵构避难温州之事和乾道二年大批闽民奉命迁温而言。因这两件事都属于官方行为，有着明确的正史及地方文献记载，所以可以确知事情的经过和迁入人口的情况。此外，因为官方行为迁温的例子还有：

> 清代各期，外地均有人口迁温，其中以清初和清末尤多。清朝初期，为断绝沿海人民与郑成功联系，清政府下令浙、闽、粤沿海"迁界"。闽省兴泉、汀州等地当时有不少居民内迁泰顺，入山种靛。浙南永、乐、瑞、平、玉等县沿海人民亦被迫内迁十数里或数十里。③

但本书认为，除了因为官方组织而迁温的人口数量外，民间百姓自行迁入的情况也不容小觑。如徐定水在《温州历代迁入人口姓氏考述》一文中分析的：

> 清朝晚期，随着温州开为商埠，外地客商陆续来温经商，其中不

---

① 徐定水：《徐定水集》，黄山书社 2011 年版，第 43 页。
② 同上书，第 27—28 页。
③ 同上书，第 41 页。

少留温占籍定居。①

像这样因为各种机缘，不定时、不定量自行迁入温州的人口，也是不能低估的。

这些迁温人口在推动温州地域经济开发、文化发展、社会进步的同时，对于当地的地方神信仰也产生了深远的影响。首先，迁入一个全新的地域，面对陌生而又充满未知的生存环境，面对现实生产、生活中遇到的各种挑战，那些移民迫切需要寻求神灵的护佑，这就为地方神信仰的出现提供了土壤。其次，那些迁入人口在原来的居住地大多已有自己信奉的地方神，当他们迁往一个新的地方时，自然会把那些自己原本已经信奉的、屡求必应的神灵一同带去。比如温州人今天信奉的陈十四娘娘，又称临水夫人、陈夫人、顺懿夫人、顺济夫人等，其人物原型是唐代福建古田人陈靖姑，原为女巫，后由巫而神，随着福建移民迁温被一起带到温州，并在温州盛行起来。最后，是迁温的民众在急切需要神灵护佑时，如果自己原来没有信奉的地方神，那他们就会根据自己在温州现实生存、生产、生活中的需要，造一批地方神出来，这在后面会有单独一节论及，此不赘述。

综观温州地方神信仰盛行的原因，正如林国平分析的那样：

> 东南民间信仰兴盛的原因除了本文讨论的"好巫尚鬼"的传统外，尚有自然灾害、社会矛盾、移民、经济中心的南移、实用功利性的信仰观等诸因素共同作用的结果。②

二　宗族利益至上之原则

地方神信仰的显著特点之一，就是现实性、功利性极为凸显，这在学界已有共识。如乌丙安在《中国民间信仰》一书中说：

> 民间信仰始终以最实际的功利要求作为崇敬鬼神的一把度尺，来

---

① 徐定水：《徐定水集》，黄山书社 2011 年版，第 41 页。

② 林国平：《"好巫尚鬼"的传统与东南民间信仰》，引自项楚主编《中国俗文化研究》第二辑，巴蜀书社 2004 年版，第 143 页注释第 84 条。

调节人们与众鬼神之间的关系。……

……民间信仰中的所有迷信事象都与每个人的切身利益或生活共同体的局部利益密切相关。①

朱海滨也认为：

中国人之所以崇信神灵，就是相信通过祭祀、祈祷某一神灵，可以得到该神灵的佑助，实现自己心中的所想。……至于崇拜什么神灵，那就随着不同的时代、不同的地区、不同的人而有不同的喜好，但其崇拜本质却是一致的。②

这种现实性、功利性很明显的地方神信仰精神，在我国很多地方得到印证。如在与温州毗邻的福建就是如此。陈支平在《近五百年来福建的家族社会与文化》一书中，分析了明清时期福建宗族社会地方神信仰现实性、功利性的特点，他指出：

人们宗教信仰的目的，也是以维护本家族及其族人、乡人的安全和利益为核心的，他们希望通过对各自所信仰的神祇的崇拜，加强家族内部的团结和控制，保护本家族的势力范围和利益，甚至有利于家族的对外扩张。在这样的社会心理状态下，福建民间家族的宗教信仰和迷信崇拜，就不能不日益趋向实用性和功利性，对于正统宗教的神圣信仰从而日趋淡薄。③

关于族众对正统宗教信奉日益淡薄的原因，陈支平做出了进一步分析，他认为：

这些大型而正统的佛寺道观，素来与士大夫和封建官府的关系比

---

① 乌丙安：《中国民间信仰》，上海人民出版社1995年版，第9—10页。
② 朱海滨：《民间信仰——中国最重要的宗教传统》，《江汉论坛》2009年第3期。
③ 陈支平：《近五百年来福建的家族社会与文化》，中国人民大学出版社2011年版，第138页。

较密切，对于一般的民间家族来说，关系则比较疏远。这一方面是因为这类大型的寺院是超家族、超地域的；另一方面，这些较正统的佛、道偶像，不可能偏袒某一个家族，而家族宗教信仰的目的，是希望某些神灵偶像能够对于本家族提供比较特殊的护佑。因此，在福建民间的宗教信仰中，那些比较正统的佛、道、儒三教及其比较大型的寺院，人们对它的态度大多是敬而远之，或是拜奉有节。相反，那些属于家族、乡族所有的寺庙，包括佛寺道观，以及许多莫名其妙的旁门左道、神魔鬼怪的偶像，却受到族人、乡人的倍加崇拜，香火缭绕，盛典不绝。[①]

可见，福建明清时期的地方神信仰是以是否有利于宗族、家族的利益为核心进行取舍、衡量的。

温州与福建毗邻，所以在很多文化特性方面都具有相似性或相同性，在地方神信仰方面亦是如此，即温州的地方神信仰也是出于现实性、功利性的目的和诉求。温州地方神信仰的现实性、功利性，可从他们造地方神的过程中窥得一般。林亦修曾经这样分析温州的造神运动过程：

> 从东汉到唐中期，越人社会逐渐为汉人社会同化或取代，渔捞狩猎经济也逐步转化为农耕经济，江南道教文化迅速波及温州，葛洪和陶弘景都在温州留下纪念物和传说，具有汉人开拓者地位的人物地方神不断被塑造出来，蔡敬则、周凯、杨精义便是其中的代表。蔡敬则生活于东汉末期，在汉人取代越人，取得本土化地位的过程中起重要作用；周凯是两晋时期温州开发土地、治理水利的专家，被温州人民封为"平水侯王"，在生产方式的转型中功不可没。[②]

可以看出，蔡敬则、周凯等温州地方神，是温州地域社会在开发过程中阶段性现实利益诉求的产物。发展到明清时期的宗族社会，温州人的地方神

---

① 陈支平：《近五百年来福建的家族社会与文化》，中国人民大学出版社 2011 年版，第 138 页。

② 林亦修：《人神互动：温州杨府爷信仰研究》，引自项楚主编《中国俗文化研究》第四辑，巴蜀书社 2007 年版，第 124 页。

信仰依然遵循着现实性、功利性的原则，也就是要求宗族利益至上。他们凭借本姓宗族的生存经验和发展诉求，在能够满足本姓宗族利益的前提下，选取他们认为可靠的、对本姓宗族生存、发展有利的地方神进行信仰。

第二节　温州造地方神的类型

温州地域在宗教信仰方面，不但信奉的是地方神，而且还是种类繁多、数量庞大的地方神。按这些神的形成方式，或者说被塑造出来的方式，大致可以将之分为这样几种类型。

一　温州本地人，生前已被信奉为神

在温州数量众多的地方神中，有一类地方神，他们是温州本地人出身，在自己生前即已被当地民众信奉为神，享受香火祭祀。

《乾隆瑞安县志》卷九"艺文·显祐庙记"记载：

> 显祐庙，即灵惠庙……
>
> 按邑志，神姓何，名敏，字虚中。父朴，母叶氏，以宋元丰八年九月朔旦诞神于苏公里，异光烛帏帐。暨长，骁勇好义，慷慨多大略。政和壬辰八月八日，蚤起与家人诀曰："今上帝命吾司此土。"语毕，即出门不知所向，里人咸异之。后有见其早夜乘虎出入者，遂以为神，立庙祀之。往往著灵赫，福善祸淫，应天助顺。咸淳中，敕赐庙额。国朝正统间，以阴兵翊赞珍滕寇。自是，有司敬事惟恪，旱潦祈禳多征应。则神之于民也，亦有御灾悍患功，社人以义祀之固宜，而有司每加意焉，夫亦为民以祈神之辅也与！①

乾隆瑞安县志中关于何敏由人而神的记载，非常能够代表地方神信仰系统中地方社会造神的方式和过程。比如该神在出生前后必然会出现的灵异祥瑞征兆，何敏在诞生时，"异光烛帏帐"的记载，就是证明。而且在成长

---

① （清）陈永清修，章煜、吴庆云纂：《乾隆瑞安县志》，宋维远、李赐华点校，中华书局2013年版，第301—302页。

过程中，也必定要表现出不同于凡人的才能，何敏即是"骁勇好义，慷慨多大略"。在何敏由人而神的过程中，更为神奇的是，他可以准确感知自己即将从人到神转变的时机，竟能"起与家人诀"，还告诉家人"今上帝命吾司此土"，交代完毕才离去。而他能够被地方社会信奉为神，并不是他为地方社会、官府提供了什么神异、非凡的帮助，仅仅是因为他离家出走后，有人再看到他时，其是"乘虎出入"而已。

何敏虽然生前没能为当地的百姓做过什么善事，付出什么牺牲，但转化为神后，却是有求必应、屡次灵验，护佑了地方社会，并逐步得到官方的认可，受到皇权的敕封。何敏也知恩图报，以阴功帮助国家荡平匪寇，并因此进一步使自己得到官方的认可和尊崇。至于有司加意一事，并不是史料最后疑问的那样，是"为民以祈神之辅"，而是官府希望通过官方认可、加封的方式，将何敏由百姓自觉祭祀的民间神上升为官方化的神，将其纳入官府的教化统治体系之中。这样就可以将官府的统治意愿以地方神的名义传达给百姓，在大家对地方神顶礼膜拜的过程中，达到官府教化民众、统治地方社会的效果。

在温州的地方神中，类似何敏这样在自己生前既已被地方社会信奉为神者，还有一些。但像他这样仅仅因为自己预言自己即将为神，再次出现时能够"乘虎出入"，就被信奉为神的案例，只能说明当时温州社会对于地方神信仰的迫切需求和随意性。对于这些地方神的出场方式，信奉他们的民众或者并不在意，或者根本就没有能力去编造得那样周全吧。这说明地方神信仰除了上面提及的现实性、功利性的显著特点外，民间性、随意性、粗俗性，也是其特点的组成部分。而何敏在被塑造为地方神的过程中，官府力量的参与，又说明地方社会造神是一个官民虽然出于各自不同的利益诉求，但能够共同参与其中的过程。说明只要能够满足对方的利益诉求，谁都有可能成为自己（按：指地方神）的塑造者。

二　温州本地人，死后升格为神

与上述类型不同，在温州的地方神信仰中还有一类，该类神也是温州本地人出身，却是在死后才得到民间或官方的认可，然后升格为神的。

《乾隆瑞安县志》卷九"艺文·广济庙记"记载：

古之人，生而有功于民，殁则致祭于社。①

也就是说，在古代社会，如果一个人在生前"有功于民"，那死后就可以"致祭于社"，验证了地方神信仰的现实性、功利性。在温州的地方文献中，确实有大量的相关记载。

《钝笔杂钞》之《人物志·汉安乡侯蔡敬则传》记载：

蔡敬则（151—222）字文庄，生于东汉元嘉元年辛卯，卒于三国，吴黄武元年壬寅。系瑞安人，建罗阳县之前已是本地土著。……敬则少时，资质特异，贤能出众，精通经义，负有气节，名闻于乡间……授官南阳令，不久弃官归故里。汉献帝初平三年（192）壬申秋，瑞安先遇大旱，敬则率众，引集云山马岙潭之水抗旱。继之又遭大水之灾，率民奋力抗洪，然而浚河渠，兴水利，以防水患。当瘟疫流行时，以药为民治病。灾年饥荒之时开仓放粮，赈济百姓渡过难关。

东流（按：当为汉）建安中，约十二年丁亥（207），福建东平发生"闽越寇乱"流民造反，抄掠财物。敬则奉命朝廷，协同各部，率义兵前往平叛，大会东平之战，寇遁乱平，民赖为安。因战功卓著，朝廷授官蔡敬则为会稽部东部都尉，镇守永宁，并创立"都尉衙署"于邵公岙。他在都尉任内，治军号令明肃，境内百姓安居，为避乱离散逃往他乡难民，陆续回乡务农，使今增加当地人口及赋税，治绩显著，朝廷以功论赏，晋爵敬则为"安乡侯"。

东汉末年……（敬则）归农于故里。当时集云山之麓，时有暴虎出没甚至白昼伤人，敬则喋投有引，亲率兵丁捕杀虎患，为民除害。百姓曾在北湖周岙公墓旁建有"搏虎祠"来纪念他。……（公卒后）吴大帝孙权赐谥为"忠义"，不久又加封为"辅正王"，墓葬在周岙。历朝官民皆瞻祭祀之，明代里人李维樾撰有《祭安乡侯》一文而吊之，额定每岁朔月望日，奉祀致祭。旧时清朝有迎社神抬蔡忠义出巡

① （清）陈永清修，章昱、吴庆云纂：《乾隆瑞安县志》，宋维远、李赐华点校，中华书局2013年版，第299页。

之俗。①

蔡敬则的一生，真可谓经历丰富，是为家乡、为国家鞠躬尽瘁的一生。对于乡里社会来说，在大家遇到水、旱、瘟疫、灾荒、猛虎伤人等诸多灾患时，他都能够不计个人利益、不顾个人安危，将困难一一解决。对于国家而言，他不但可以带兵平叛，还可以在任内治绩显著。所以在蔡敬则死后，也就不难理解为什么会受到历朝官民的定期祭祀了。而且这种官民定期祭祀的现象，清朝时在瑞安当地还在延续。蔡敬则信仰在温州有如此持久的生命力和信奉忠诚度，非常有力地说明地方神信仰在民间社会的生存土壤是何等的深厚。

《乾隆温州府志》卷九《祠祀》之《西晋横阳周凯治理三江》记载：

> 记曰："能御大灾、捍大患则祀之。"若横山庙神之事可睹已。神讳凯，字公武，姓周氏，世居临海郡之横阳。生而雄伟，长八尺，善击剑，能左右射，博文而强记……时临海属邑曰永宁、曰安固、曰横阳，地皆濒海，海水沸腾，蛇龙杂居之，民罹其毒。神乃白于邑长，随其地形，凿壅塞而疏之，遂使三江②东注于海，水性既顺，其土作乂。永康中，三江逆流，飓风挟怒涛为孽，邑将陆沉，民咸惧为鱼。神奋然曰："吾将以身平之"，即援弓发矢，大呼冲潮而入。水忽裂开，电光中见神乘白龙东去，但闻海门有声如雷，而神莫知所在矣。俄而水势平，江祸乃绝。邑长思其功，号其里曰"平水"，且建祠尸祝之。祠初在城之西郊，及更永宁为永嘉郡，郭璞相土，迁之于西洋。遐迩徼灵者无虚日，神功益用赫著。③

文献中记载的周凯，生而不凡，能文能武，在家乡遭遇水患时，他不仅可以采取科学的方法疏导河流，还能在危难时刻挺身而出，舍身为公。所以文献中说，周凯是凭借自己"能御大灾、捍大患"之功，才死后被"祀

---

① 陈正焕：《钝笔杂钞》，2004 年 12 月印刷本，第 24—25 页。

② 三江为永宁、安固、横阳，即今温州之瓯江、飞云江、鳌江，参见俞光编《温州古代经济史料汇编》，上海社会科学院出版社 2005 年版，第 72 页俞氏注。

③ 俞光编：《温州古代经济史料汇编》，上海社会科学院出版社 2005 年版，第 72 页。

之"的，而且是由邑长下令建祠祭祀。

《平阳县志》卷六十八《后英庙神传》记载：

> 神姓陈氏，讳老，吾里人也。前明嘉靖某年，倭氛大作，濒海之境，尤被其毒。蒲城西南际，岭横亘数里，与闽接壤。一日，倭飓风闽海，舍舟登陆，将踰岭以剿吾里。神时适伐木山上，见之，念寇若过岭则势不可当（按：应为挡），里中人必无噍类，今幸未出险，扼而歼之，一人力耳。于是率同樵四五人，当山径峻绝处垒石塞之，而身隐其内。贼至，怒甚，势方汹汹。神猝起大呼，挺斧奋斫，贼皆错愕披靡，卒以众寡不敌，丧其元焉。而城中得樵人逸归者报，即登陴拒守，倭力攻不克，引去，竟脱于祸。于是相与求神遗骸，瘗于龙山之麓，即其侧立庙祀之，名曰后英，言其为后来之英豪也。①

明朝时的温州正是倭寇海患猖獗的多事之秋，樵人出身的平阳人陈老和几个同伴，在遇到倭寇侵犯自己的乡里时，选择了"挺斧奋斫"式的英勇阻击。其本人虽力战而亡，却保全了乡里。为了铭记、弘扬、歌颂陈老的事迹和精神，乡人为之立庙祭祀，最后成为后英庙神。

《文成见闻录》之《重修周一公庙记》记载：

> 公于降生时，闻空中隐隐有锣鼓声响片时。公自少辄有神仙骨气，灵异性格，好习符书法水。相传其壮年偶游平邑，见江边有一半朽桃树，敷拖江面，生数桃，遇两女孩采摘不得而哭泣，过者漠然视之，公则不忍其泣啼，遂缘树采桃，忽而不见踪迹，却是二女度至芦山大洞。授学法书三年，法名取周一。出时适值大旱，平阳县主祈求雨泽不应，公自诣官，请设醮坛，祷即雨降，官重赏之。自是游平邑各地，遣灾除氛，驱瘟逐疫，无不灵效，公不索谢金。……遐升之日，自言成神，为斯乡地主，保卫一方。殁后，屡征显应在斯。村人于前明议建殿宇于村中，奉祀有年，御灾捍患，降祥赐福，皆祈从所

---

① 苍南县历史文化研究会据符璋、刘绍宽等纂修，民国十四年铅印影印本《平阳县志》之影印本，2014年，第2663页。

愿，遐迩村民靡不称赫濯之神灵。①

周一公自出生即注定了成为神的命运，在未出生时，即有异兆。出生后，在成长的过程中，"少辄有仙骨气，灵异性格，好习符书法水"的描述，为其成为神打下了基础，壮"游平邑"时的奇遇，为其提供了进一步学习神仙法术的机会。学满出洞后的作为，无不是为地方社会提供无私的帮助和奉献。和显祐庙神何敏一样，周一公在去世前明确预见到自己死后就是这方土地的地方神，而他死后果真做到了有求必灵。

《乾隆瑞安县志》卷九"艺文·忠烈武义侯庙记"记载：

> 隋政日紊，（叶公一源）尝从容曰："今四海靡沸，群盗蜂起，得一真主而辅之，取天下如反掌耳！"时唐公李渊已克长安，遂募兵千余赴太原。唐公悦之，使与机密事，及即帝位，授以福建道节度使。至则除去烦弊，俭出薄入，境内大治。贞观二十二年，太宗征高丽，檄令副总管薛万彻同往，所向先登，单骑陷虏阵，斩首二十余级，身中流矢，驰归卒。状奏，帝悯之为辍食，特诏下其所居之里建祠，追谥"武义"。天后朝，加封"忠烈"。故榜其庙曰：忠烈武义侯。呜呼，自唐迄今五百余载，告虔不绝，讵偶然乎！每旱潦祷辄应，疵疠罔作，岁获屡登。邑人以为皆侯之赐，相与率钱治其庙。②

叶一源能够实现由人而神的转变，是因为他为国家做出的贡献，并最后为国捐躯。朝廷念其功，下令为其在家乡建祠，后来逐渐得到乡里社会的认可、祭祀。

《瓯海轶闻》卷三十二"氏族·云岭章氏"条记载：

> 其先闽之浦城人。后唐有曰仔钧者，仕至太傅，生得象，相宋仁宗，封郇国公。再传生固，历仕秘书，迁职外补温郡，卒于官。子某，幼弗克返葬，卜吉永嘉清通乡云岭，至今世居之。秘书三传至文

---

① 吴鸣皋：《文成见闻录》，1993年，第65页。
② （清）陈永清修，章昱、吴庆云纂：《乾隆瑞安县志》，宋维远、李赐华点校，中华书局2013年版，第298页。

闽，状貌瑰杰，胆略雄锐，部领乡之骁勇，屡却睦寇方腊，卒于军，以功赠骠骑上将军忠惠侯。国朝褒其死节，封章忠惠侯之神，立庙城南，著为常祀。是为云岭之最显者也。①

章文闽出身官宦之家，与叶一源的情况类似，他也是因为以身殉国，朝廷念其功，封之为"章忠惠侯之神"，并下令建庙祭祀。

上述几则温州塑造地方神的案例，情况类似：这些神都是出身温州本地，在生前确实为国家、为乡里社会做出了贡献和牺牲，起到了报国佑民的作用。在死后，得到地方社会认可，尤其是得到政府的官方认可和加封，从而被祭祀为神。说明温州地方神信仰的形成和发展，离不开官方力量的推动。而官府通过对温州地方神造神活动的参与，达到了自己寓教化于地方神信仰的目的。

这些甘愿为国捐躯、为民御险除害的人被信奉为神，也为自己的宗族带来了荣誉和福报。《瓯海轶闻》卷三十二"氏族·永嘉曹氏徙松江"条记载：

> 古斋者，云间曹君贞素②之所游息也。曹君之先为永嘉大族。③
> 校笺：……贡师泰《玩斋集》一　《贞素先生墓志铭》："先生讳知白，字又玄，号云西。先世有讳霭者，在唐中叶自闽之霍童山徙居温之许峰。没而为神，有驱厉捍患之功，祀久不绝，其族益蕃衍。"④

曹霭"没而为神"后，因为能够为乡众"驱厉捍患"，护佑了地方百姓，所以得到"祀久不绝"的香火供奉，也为曹氏宗族带来"族益蕃

---

① 参见黄震《介庵集》十二《澄庵章处士墓志铭》，转引自（清）孙衣言撰《瓯海轶闻》，张如元校笺，上海社会科学院出版社 2005 年版，第 1077 页。

② 曹知白（1272—1355），字贞素，号云西，元代著名画家，参见（清）孙衣言撰《瓯海轶闻》，张如元校笺，上海社会科学院出版社 2005 年版，第 1070 页之"校笺"。

③ 参见《江南通志》三十一《青浦古迹·黄晋〈古斋记〉》，转引自（清）孙衣言撰《瓯海轶闻》，张如元校笺，上海社会科学院出版社 2005 年版，第 1070 页。

④ （清）孙衣言撰：《瓯海轶闻》，张如元校笺，上海社会科学院出版社 2005 年版，第 1070 页。

衍"的福报，保佑曹氏宗族发展壮大起来。所以，如果一姓宗族能够培养出一个由人而神的子孙，对于本姓宗族的发展是一件极其有利的事情。因为这不仅可以为本姓宗族带来荣耀，更重要的是如果族中一旦有人被信奉为神，那将大大提高本姓宗族在当地社会的威望和影响，对于其在当地的势力发展、利益争夺都大有好处。更有甚者，如果和其他宗族发生矛盾冲突，还可以假借神灵的意愿、力量来打击对手、保护自我，这可能就是会有那么多人能够舍弃自己的生命、利益去为国牺牲、为民除害的一个动力吧。

三　外地人任职温州，被信奉为神

在温州地方神群体中还有一类，就是在温州担任地方官的外地人，后来被温州百姓信奉为神。

《瓯海轶闻》卷五十八"杂志·温俗敬守令"条记载：

> 温之俗，凡守令代去，于贤而有政者，概画像以事。其有德于我，久而益章，则为祠而族祀焉。[1]

史料中记载得很清楚：温州有个风俗，凡是在温州任职过的地方官，只要在位时贤能、有惠政、有德于百姓，离任后都会受到画像、立祠、致祭的尊敬和爱戴。

本书中不止一次提及温州的地理位置偏远、地势环境封闭，对于生活在那里的温州民众来说，他们能够从外界得到的帮助很少，一旦从外地来温任职的父母官在位时能够做到勤政爱民，在当地百姓看来这种惠政的恩情就像神助的力量一样伟大，所以他们才会自发地、真诚地以建祠祭祀的方式来表达自己的敬慕、爱戴、感激之情。这既是对已经离任的父母官的感念，同时也表示出对继任者的期盼，希望继任者能够以同样的精神来治理温州，所以温俗中这种立祠致祭敬守令的方式，对于当时官员的为政之风在无形中形成了一种正向的导向作用。

温州民众对有恩于当地的父母官，进行立生祠祭祀的具体例子，如

---

[1]　参见夏㙟《赤城集》十八《太守文公新祠碑》，转引自（清）孙衣言撰《瓯海轶闻》，张如元校笺，上海社会科学院出版社 2005 年版，第 1568 页。

《岐海琐谈》中记载的何文渊①之事：

> 礼部尚书胡公濙荐何文渊宜大用，乃擢刑部右侍郎。将赴召，温
> 之官吏军民父老感泣遮留。及出城，男女送者万余人，填塞城门。居
> 民在江之北者，率父老童稚望风拜伏，悲泣于岸侧。在郡六年，无锱
> 铢之取于民。布衣蔬食，处之怡然。……民思之不已，为立生祠，岁
> 时祭祀。②

何文渊因为在温州任太守时，能够做到清正廉洁，生活简朴，所以在离任时受到当地百姓的真诚挽留。后来他虽然离开了温州，但当地百姓仍然不能忘怀他，为之建立生祠，进行祭祀。这充分说明：一个人为官一方，最后会有怎样的政声，在百姓心中自有一杆秤，他们定有公论。

总结上面论及的温州地方社会造神的类型，可以看出具有如下特点：首先，这个被信奉为神者，必须和温州有关，或者出身温州本地，或者曾在温州做过地方官。其次，这个人生前或死后，要为国家、为温州地方社会做出过贡献。最后，这个人要么是生前或死后先是得到某级政府组织的官方加封和认可，后来才被当地民众信仰、祭祀；要么是生前或死后先被当地民众崇奉，再逐渐得到官方的认可和加封。总之，他们是在官民双方力量的共同作用下成长为温州地方神的。

对于由自己塑造出的这些地方神，温州地方社会是十分认可并虔诚信奉的，这其中的原因，本书认为大致如下：一是这些地方神在被升格为神之前，要么是本地人出身，要么在温州做过地方官，温州百姓了解他们的底细，知道他们可不可信。二是这些人都为温州地方社会做出过实质性的贡献，展示过自己有能够帮助当地社会的实力。三是这些神灵大多专属于温州本地，专职负责救助温州百姓。正是出于这些原因，如果再加上自己虔诚的顶礼膜拜，温州地方民众作为拜求者从心理上坚信这些神是会有求必应、有求必灵的，所以才会有如此多的信众这样虔诚地敬奉。

---

① 何文渊（1385—1457），字巨川，号东园，又号钝庵，明广昌县盱江镇人。宣德初年，曾在温州任知府六年。

② （明）姜准撰：《岐海琐谈》，蔡克骄点校，上海社会科学院出版社 2002 年版，第 41 页。

第十三章

明清时期温州宗族社会值得
关注的其他文化现象

在明清时期的温州宗族社会中还存在着一些其他文化现象，尽管世人对于这些文化现象的评价、褒贬不一，但它们确实是客观存在的，是在影响着温州宗族社会的发展和地域文化的形成，所以本章将其并到一处进行探讨。

第一节　四业皆本与"量才差遣"

四业即士农工商，虽然只有短短四字，却足以概括出在中国数千年文明发展过程中，人们对这四个行业地位轻重的态度和排序。简而言之，士居四民之首，商为四民之末。这种情况直至明清时期，依然没有发生改变。如朱元璋在明初即明确规定：

> 加意重本抑末，下令农民之家，许穿绸纱绢布。商贾之家，止许穿布。农民之家，但有一人为商贾者，亦不许穿绸纱。①

在这里，朱元璋将自己重农抑商、农本商末的治国理念表达得十分清晰。清朝时，雍正皇帝指出：

> 四民以士为首，农次之，工商其下也。②

---

① 《农政全书》卷之三《农本》，引自（明）徐光启《农政全书》，商务印书馆发行，中华民国十九年十月版，第43页。
② 《雍正实录》卷之十六。

雍正皇帝也是按照中国传统农业社会的行业观念，对四业进行了排名。但是，中国地域广大，各地的具体情况千差万别，士农工商的四业排序，只能说符合我国传统社会中大部分地域的情况，对于温州这样僻居山海一隅的地方，则并不适用。

在温州地域文化的传承中，一直奉行的是士农工商四业皆可为本的治生观念。南宋时，这种观念已经出现。叶适作为南宋永嘉事功学派的代表性人物，其言论在温州文化思想史上占据着十分重要的地位。他曾对中国传统思想观念中，农本商末、重农抑商的言论进行反击。在《习学记言总目》中，他如是说：

> 夫四民交致其用而后治化兴，抑末厚本非正论也。①

在叶适看来，是士农工商四业的交替作用，才推动了社会的发展进步。如果人为地刻意抬高一方，贬低另一方，是不客观，也是十分错误的做法。

明清时期，在温州地方宗族的宗谱、家训中出现了大量主张四业皆本的记载。如龙湾永强《前街陈氏宗谱》之《遗范十六条》中写道：

> 士农工商，事固不同，要皆宜务其本职。②

在永强陈氏宗族看来，士农工商四业确实存在不同之处，重要的是要选择其中之一作为自己的本业，并将其做好。陈氏宗族在《家训十篇》中，对何为本业进行了更为明确的解释，即：

> 四曰务本业以定心志。　天之生人，各付一业为立身之本。故人之生，虽智愚不同，强弱异等，莫不择一业以自处。居此业者，皆有本分当为之事，藉以有利于身，藉以有用于世。幼而习焉，长而安焉，不见异物而迁焉。此孟子之所谓恒产，即祖宗之所谓本业也。维兹本业，实为先务。凡为士农工商以及军伍，业虽不同而务所当务则同也。夫身之所习为业，心之所向为志。所习既专，则所向自定。

---

① 俞光编：《温州古代经济史料汇编》，上海社会科学院出版社 2005 年版，第 441 页。

② 郑笑笑、潘猛补主编：《浙南谱牒文献汇编》第三辑，香港出版社 2008 年版，第 49 页。

《书》曰："功崇惟志，业广惟勤。"盖业与志本相须而成也。……夫天下无易成之业，而亦无不可成之事。各守乃业，则业无不成；各安其志，则志无旁骛。毋相侵扰，毋敢怠荒；宁习于勤劬，勿贪夫逸乐；宁安于朴守，弗事乎纷华。……上以继祖宗之传，下以绵子孙之绪，顾可不思其正业乎！①

陈氏宗族的这则家训告诉自己的子孙后代：第一，虽然每个人生来在自身条件上存在差异，但总会有一项适合的行业可以作为其安身立世的本业。第二，如果选择了适合自己的本业，就要一生从事，不能见异思迁。第三，如果能够做到坚守这个本业，人一生的志向就可以确定，就会取得成功，而且他一生所从事的就是可以延续宗族命脉的正业。第四，至于士农工商四业的区别，只不过是所做工作的内容不同，但一旦选择后要坚守的信念则是一样的。

永嘉岩头金氏《祖训》之"务本业"条记载：

> 士农工商各有常业，不务正业，谓之游手，有罚，且亲戚乡党羞与为伍。②

岩头金氏认为："士农工商"，无论选择哪个行业，只要你能够自食其力，能够本本分分地去做，就可视之为"正业"。反之，游手好闲，不但要受到惩罚，就连宗族邻里也不想和这样的人生活在一起，也就意味着会为宗族所不容。

平阳《济南林氏宗谱》之《重修林氏家训并序》是这样阐释四业关系的：

> 人事耕读为先，商贾为正。③

---

① 郑笑笑、潘猛补主编：《浙南谱牒文献汇编》第三辑，香港出版社2008年版，第43—44页。

② 参见永嘉岩头金氏第十世祖金昭所写《祖训》，引自李鸿初、金则湘等纂修《［永嘉岩头］金氏宗谱》，1943年抄本翻拍本。

③ 郑笑笑、潘猛补主编：《浙南谱牒文献汇编》第三辑，香港出版社2008年版，第355页。

林氏宗族的主张比较有趣，相比一般世俗观念中对士农工商四业的排序，他采取了"为先"、"为正"的说法，对于四业并没有给出一个排序，其言外之意即是四业皆可为本，其实质同样是对重农抑商传统观念的反击。

清朝时，在陈权所写的《乡耆虞增有君小传》中记载：

> 虞君增有，乳名焕珍，字聘之。……君以农商起家。①

从陈权对虞增有"农商起家"的记载可以推断：虞增有应该是根据自身的实际情况，根据温州的地域生产条件，同时选择了兼及农商两业。虞增有的例子再次印证了温州四业皆可为本、四业并重的治生观念。

《温州邓氏族谱》之《先祖示训八条》记载：

> 士农工商谓之四民，子孙必居其一，不可徒为白丁，然居其一，又当克勤毋怠。士其业者，必至登名，农其业者，必至于积谷，工其业者，必至于精艺，商其业者，必至于盈赀，如此则于身不弃，于人无愧，祖父不失其贻谋，子孙不沦于困辱，庶可以称成人之名。②

邓氏宗族不仅主张士农工商，子孙可以居其一，而且进一步指出，无论从事哪一业，都要勤奋从事，把这个行业做好，这样才能上无愧于祖先，下无悔于自身。

苍南韩氏对于四业的看法，在《韩氏家训》中有如下记载：

> 人生在世，会当有业，农民则计量耕稼，商贾则计论货财，武夫则惯习弓马，文士则讲论经书，多见士大夫耻涉农桑，羞务工技，饱食醉酒，忽忽无事，以此销日，以此终年，不知父兄不可常依，乡国不能常保。一旦流离，无人庇荫，当自求诸身耳。谚云：积财千万，不如薄技在身，为子孙者知之。③

---

① 郑笑笑、潘猛补主编：《浙南谱牒文献汇编》第三辑，香港出版社2008年版，第219页。

② 《温州邓氏族谱》，2002年重修本，第146页。

③ 钱克辉主编：《苍南谱序族规家训选编》，线装书局2015年版，第480页。

韩氏对于子弟择业的主张是：士农工商，无论哪一个，均可选择其中之一作为自己的本业，只要将来能够以之养身立命。

像温州地域这样，提倡并践行四业皆本治生观念的情况，在全国并非仅有，如冯尔康曾经分析的：

> 值得注意的是明后期宗规家训中也出现了"工商皆本"的观念……清代的择业观变化更大，"四民皆本"的论述在族谱中出现甚多。①

之所以从明朝后期开始直至清朝，在一些地方的族谱家训中"四民皆本"的记载出现并不断增多，除了与各地的具体情况有关外，还有一个共性的社会背景：伴随着中国资本主义萌芽的出现，商品经济不断发展，商业及商人的地位逐渐提升，从而直接影响到明清时期百姓的择业观。

温州，地处中国东南沿海，对外贸易发达，属于中国资本主义萌芽较早的地域，所以重商的传统和思想更加突出，进而推进了四业皆本治生观念在宗谱家训中的大量出现。此外，温州地域"土薄水浅，禀性脆弱"②及"温居涂泥斥卤，土薄艰艺"③的客观治生环境和条件，也使其确实有别于传统的农耕地域社会。在这样的生存环境中，无论通过什么样的方式，选择什么样的行业，只要依靠自己的努力能够生存下去，就是成功，所以他们是没有条件和机会去考虑、选择所谓四业排序的。

在四业皆可为本治生观念的影响下，明清时期的温州宗族在对待族中成员的本业选择上，则相应采取了"量才差遣"的择业观。

宋朝时戴侗在《福佑鲍氏家述》中记载：

> 鲍氏始祖从闽而迁者讳绍远公，不欲以显名著世，采芝餐术，羽经翼传，真隐君子者也。不数传，大蕃其裔，秀者读，朴者耕，各安

---

① 冯尔康等：《中国宗族史》，上海人民出版社 2009 年版，第 246—247 页。

② （明）王瓒、蔡芳编纂：《弘治温州府志》，胡珠生校注，上海社会科学院出版社 2006 年版，第 12 页。

③ 参见南宋陈谦成于嘉定九年之《永宁编》，转引自俞光编《温州古代经济史料汇编》，上海社会科学院出版社 2005 年版，第 2 页。

其业。其地其人，礼仪立，教化行，风俗淳，人伦厚，俗名其岙为
鲍岙。①

鲍氏对族中子弟所从事行业的安排因人而异，是根据每个人的资质，选择
适合他们的行业，使他们可以安心地去从事。正是因为有了这样务实的择
业观，鲍氏宗族才会不断繁衍壮大、教化有序、风俗淳厚。

持有和鲍氏一样择业观的还有七甲项氏，项乔在家训中写道：

> （子孙后代中）其资质聪俊者则教之读书，立德立功立言，不贵
> 徒取科甲；其质庸凡则教之安常生理，不求分外名利。②

在项乔看来，项氏虽然是当地的大姓宗族，但对于项氏子孙每个人要具体
从事的行业，则完全视其个人的能力、资质决定。如果"资质聪俊"，则
让其读书，这不仅可以走科考入仕的道路，更重要的是可以完成当时读书
人立德立功立言的事业。如果"其质庸凡"，则"安常生理"就足够了，
不必贪求不应该属于自己的名利。

项乔所说的"安常生理"的"生理"，是指什么而言呢？其在家训中
也有明确解释：

> 生理即是活计，若读书举业，士之生理也；耕种田地，农之生理
> 也；造作器用，工之生理也；出外经营、坐家买卖，商之生理也。若
> 无资质、无产业、无本钱，不谙匠作，甚至与人佣工挑担，亦是生
> 理。……果能各安生理，则不相陵夺、不相假借，人人自有生民之
> 乐矣。③

在项乔眼中，所谓的"生理"就是一个行业要做的具体的工作内容。士
农工商属于四个不同的行业，那具体要做的工作内容也就不同。虽然四业

---

① 郑笑笑、潘猛补主编：《浙南谱牒文献汇编》第三辑，香港出版社 2008 年版，第 70 页。

② （明）项乔撰：《项乔集》，方长山、魏得良点校，上海社会科学院出版社 2006 年版，第
515 页。

③ 同上。

之间在"生理"上存在差异，但每个人如果能够选对适合自己的行业，即使去"与人佣工挑担"，也是可以的。只要选择后能够安安心心地去做，大家各自相安，各得其乐，那就是理想的治生境界。

明初重臣刘基所属之刘氏宗族，在自己的宗谱中也表达了务实的"量才差遣"的择业观。据《刘氏宗谱》"家范十条·一曰理家业"记载：

> 宗人子弟，六岁以上即宜就学。至十五岁以上，察其质性，近上者俾终儒业。难成者即令力农，或工、或贾，各执一艺。[1]
>
> 士农工商，择术必正。[2]

刘氏宗族主张：族中子弟只要到了六岁，就应该去学校读书。之后要对其从六岁到十五岁期间的读书效果进行观察，根据观察结果决定每个人十五岁以后要从事的行业。如果确实属于天赋异禀者，一定要支持其继续读书。如果不适合读书，那就在农、工、商中选择一业，而这三业之间没有高下之分。且在刘氏看来，无论是资质高选择读书的，还是从事农、工、商的，在择业时都要做到一点，就是"择术必正"，就是要适合自己、要是正当的行业。

瓯海东嘉林氏之《林氏族谱规条》记载：

> 家长处事，须要量才差遣。如愚鲁者，可令务农；通晓书算者，可令买卖；勤谨干办者，可令催租索债。若是差遣；不当徒然费力，无益于事。古云"得其人，一人任之而有余"，此之谓也。[3]

材料中林氏宗族明确表达了自己对于子弟所要从事行业的选择原则，即"量才差遣"，哪方面擅长，就从事哪方面的工作。这样就能各得其用，各有所成，收到良好的培养效果。

苍南《灵溪庄氏家规十二条》记载：

---

① 参见《刘氏宗谱》"家范十条·一曰理家业"，引自《中山刘氏宗谱》，民国丙戌年本。

② 参见《刘氏宗谱》"家训·居家法言"，引自《彭城郡刘氏宗谱》卷一，2011年重修本。

③ 郑笑笑、潘猛补主编：《浙南谱牒文献汇编》第一辑，香港出版社2003年版，第77页。

家庭间，秀者为士，朴者为农，或习技艺，或作工，均是四民，四业齐美。切忌游嬉及赌博恶习等事，犯此央及子弟族人，当所共革。①

在庄氏宗族看来，族中子弟只要不从事不正当行业，其余之士农工商四业，可以依据个人的资质任意选择，且地位是一样的，即"四业齐美"。苍南灵溪潘氏宗族之《潘氏祖训》规定：

四曰辨艺当早。为祖父者，孰不欲其子孙继书香，登仕版，以充拓其门户，第资性不等，又当因材造就。如贫家子弟，自七岁教至十五，而犹心志不通，文义莫解，即当授以他艺，或农、或商，俾早习干以为资身之荣，若犹以举业望之，将蹉跎岁华，百无一就，致生计回而废坠者，不独子弟之过也。②

苍南灵溪潘氏对于子弟择业的标准，既体现了士农工商四业的排位顺序，即士为先，又体现了务实的温州地域文化精神，即如果子弟之资性不适合读书，作为家长要注意"因材造就"，使之另就他业，这是对子弟、宗族发展负责的选择。

在《王理孚③集》卷四《杂著·万石山墓表》中记载：

理孚年十一始入厚庄刘先生④之门，时先生方治颜习斋、李恕谷之学，兢兢焉以实学实用、开来继往为己任。我父一见，即长揖以请曰："我武人，不能教此子成材，今以累先生矣。可教请教之，不可教幸早以告我，当令其改习农商，不再为之择师矣。"故刘先生之教理孚异于常儿，理孚亦惟恐刘先生不屑教诲，将终身不得为士人也，先后五十年不易他师。⑤

---

① 钱克辉主编：《苍南谱序族规家训选编》，线装书局 2015 年版，第 386 页。
② 同上书，第 350 页。
③ 王理孚，字志澄（1876—1950），又名虬髯、髯翁，温州龙港镇陈营里人。
④ 刘绍宽（1867—1942），字次饶，号厚庄，温州平阳人。
⑤ （清）王理孚撰，张禹、陈盛奖编注：《王理孚集》，上海社会科学院出版社 2006 年版，第 135 页。

在这则史料中，王理孚和他的父亲虽然都明确表示出四业中优先选择读书入仕的意愿，如王父诚心拜请刘厚庄教子读书，而"理孚亦惟恐刘先生不屑教诲，将终身不得为士人也，先后五十年不易他师"，即表明了这一点。但王父又是非常务实、客观地对待是否要坚持让儿子读书一事，他"可教请教之，不可教幸早以告我，当令其改习农商"的言论，即表明其虽然希望儿子可以读书成才，但如果儿子的资质确实不适合读书，那就量才改习农商吧。王父为子择业的务实之处还体现在他为儿子选择的老师也是研究"实学实用"的刘厚庄。

概言之，四业皆本的治生观和"量才差遣"的择业观，是明清时期温州宗族社会存在的比较独特的文化现象，二者之间是前后递进的关系，正因为在他们的治生观念中四业皆可为本，所以在择业时才会做到"量才差遣"。这两种观念反映的地域文化精神实质是一致的，即客观、务实、兼容。温州人正是凭借着这样的生存理念和精神在温州这方水土上安身立世，正是凭借着这样的生存理念和精神闯行天下。

温州地域文化中这种客观、务实、兼容的治生观和择业观一直延续到当代，如瑞安华表村至今依然在用自己的实际行动践行着这一精神。据资料记载：

> 华表古村，离邑城东十里许，明初属八都惠仁里……（二十世纪）六十年代归董田公社至九十年代后归莘塍镇所辖。
> ……
> 本村历史据"谱牒"与《瑞安县志》载……至今已历六百载矣，族众九十年代若七百余户，丁口三千余，迁往外埠者，共计五千余众，都以耕读传家，商工致富，礼乐谦让而悦乎盛世也。①

"耕读传家，商工致富"的描述，说明在华表村族众眼中，四业之间没有先后、本末之分，六百年来，五千余族众，选择了不同的行业，共同促成了今天华氏宗族的枝繁叶茂、族运昌盛。他们以本姓宗族的生存实践向世人完美诠释了四业皆本、四业并举、适己则用的生存哲学。

---

① 陈正焕编撰：《钝笔杂钞》，2004 年 12 月印刷本，第 435—436 页。

第二节　温俗重利，且急于近利

至今，真正能够让温州名闻天下的，还是"温商"二字及其所代指的那个群体。从本质意义上讲，经商即是谋利，所以"利"字是伴随着温州地域文化发展史的。

在温州地方文献中，多有关于温俗重利的记载，如在明清时期温州一些宗族的家训中就有相关内容。

《缪氏宗谱》之《家训十则》曰：

> 时俗之尚，莫重于利。疏情取怨，亦莫甚于利。①

缪氏认为，在温州，无论是社会风俗观念，还是人情往来，都紧紧与一个"利"字联系在一起。

永强英桥王氏之王毓英在《家训》中写道：

> 西国重实业，故富强；中国尚虚文，故贫弱。②
> 保身持家，别无他道，只务实业，加以勤俭而已。古人云："勤能补拙，俭以养廉。"能守勤俭二字，以求实业，胜做官多矣。③

王毓英在这里所讲"西国重实业"的"实业"，应该与清末民初中国特殊国情下的所指有关，这里姑且不论。但王氏告诫子孙所要务的"实业"，具体到温州地域社会的实际情况而言，完全可以理解为那些能够给温州人带来直接利益的行业。他告诫自己的子孙后代：重视实业，对于一个国家来说，可以使之变得富强；对于一个家族、个人来说，则是能够"保身持家"的唯一选择，再加上勤奋、节俭的务业态度，远远胜过做官所能够带来的好处。因为相比来说，官场风云变幻，充满了莫测与未知，实业却属于自己可以抓得住，可以掌控的东西，心中的安全感

---

① 《缪氏宗谱》，2012 年重修本。
② 卢礼阳编校：《王毓英集》，中国文史出版社 2011 年版，第 17 页。
③ 同上书，第 12 页。

自然多得多。所以不难看出，正是温州客观的生存环境孕育了温州地域文化中重利的特性。

温州人不仅重利，而且所重者还是眼前之利。

出身七甲项氏之项乔在其为中坡徐氏族谱所作的跋中写道：

> 温俗近利，急于目前。①

不仅说出了温州人喜欢谋取利益，而且在谋利时属于注重眼前、急功近利的类型。项乔在《杂著外篇》中，对温州人如何逐利而行，进行了形象生动地刻画：

> 今人奔尺寸之禄，走丝毫之利，熙熙而来，攘攘而往，如群蚁之附腥膻，聚蛾之投爝火，取不为丑，贪不避死，饮羽于市门之下，血刃于风波之上。悲哉！②

出身于温州永嘉场大姓宗族项氏的项乔，在自己的文集中将温州人逐利时的面目描写得如此不堪，也许有他个人的某些爱憎、利益因素掺杂在内，但至少部分地反映了温州风俗中重利、逐利现象的真实情况。

为什么温州人会如此重利，而且是重眼前之利呢？个中缘由固然复杂，但其中之一可以肯定，即和他们世世代代赖以为生的现实生存环境有关。

随便翻阅一下关于温州的地方文献，就可以看到关于其客观治生条件之艰难的描述。如《万历温州府志》记载的：

> 海壖土著之民徃徃能握微资以自营殖，岂所谓因地之利者乎。③

这里的"海壖土著之民"就是指生活在温州这方地域上的先民，他们能

---

① （明）项乔撰：《项乔集》，方长山、魏得良点校，上海社会科学院出版社 2006 年版，第121 页。

② 同上书，第 546 页。

③ 《万历温州府志》卷之五《食货志·物产》，引自（明）王光蕴等纂《万历温州府志》，影印明万历刻本，温州市图书馆藏，第 135 页。

够赖以为生的只有"微资",他们要依靠自己的生存智慧借助"微资"生活下去。类似的记载还有《温州古代经济史料汇编》中的描述:

> 温居涂泥斥卤,土薄艰艺,民勤于力而以力胜,故地不宜桑而织纴工,不宜粟麦而粳稻足,不宜漆而器用备。①

面对温州"涂泥斥卤,土薄艰艺"、"不宜桑"、"不宜粟麦"、"不宜漆"的客观生产条件,温州先民能够做到的只能是"民勤于力而以力胜",他们经过辛苦经营,最后过上了"织纴工"、"粳稻足"、"器用备"的生活。

李象坤在所写的《王郡伯建祠序》中也描述了温州治生的艰难:

> 瓯为郡,孤脱海外,三面阻大山,舻轴弗属。民穴蚁垒燕,自营其食。秀为士,肘案一经弗离,农株犁,工株器,日中货于市,则八口待饘。无辽远之谋,无积陈之蓄。以故民亦易怨、易德。……
> 俗故喜讼,甫投牒,辄寄命于史胥,舞文上下,或经年不解,则倾产为史胥有。②

"孤脱海外,三面阻大山",描写出了温州偏远的地理位置和闭塞的地形条件。被封闭在内的温州先民只能"穴蚁垒燕,自营其食",依靠自己的辛勤劳动和生存智慧去谋生活。温州客观的治生条件使生活在这里的人民与其他地域相比,不可能是付出同样多的劳动,就可以有同样丰饶的收获。所以,他们没有条件去进行"辽远之谋",他们能够抓住的只有眼前的既得利益。他们也难以有"积陈之蓄",不然就不会出现"日中货于市,则八口待饘"的情况。因此,在温州人的性格中也就形成了易于因为得到而喜悦,因为失去而抱怨的特性。他们甚至会为了区区之利而对簿公堂,因为对于他们来讲,这些许的利益确实谋来不易,是值得也是非常有必要去争取的,哪怕是诉诸官府。

通过上述分析,加之书中前面提及的:温州地域耕地面积少、人地矛盾突出、自然灾害频繁、倭寇匪患猖獗、官治不及、移民文化的影响等因

---

① 俞光编:《温州古代经济史料汇编》,上海社会科学院出版社 2005 年版,第 2 页。
② 陈光熙编:《明清之际温州史料集》,上海社会科学院出版社 2005 年版,第 300—301 页。

素，使当地民众生存不易，而且经常处于瞬息万变、难以人为主观把握的状态。对于他们来说，唯有既得的眼前利益才是自己可以实实在在握在手中的财富，所以也就不难理解为什么温俗重利，而且是急于近利了。

第三节　面子工程："俗务外饰"与厚嫁奁之风盛行

面子文化是中国传统文化中至今普遍存在的一种现象。对此，学界已有论述。如吴雪梅在《回归边缘：清代一个土家族乡村社会秩序的重构》中就具体分析了那里的面子观和其发挥的作用，即：

> "面子"观则是民间契约中中人权威化的一个重要作用机制。景阳河社区既有的亲属网络造就了一个人们彼此熟悉的社会，一个没有陌生人的社会，这样的社会结构呈现出的是一种"差序格局"，在这种格局中，"社会关系是逐渐从一个一个人推出去的，是私人联系的增加，社会范围是一根根私人联系所构成的网络"，所以必须强调关系，讲究人情，注重面子。有"面子"是中人的一个典型的外在特征，只有具有财产和声望的人才有面子，其面子越大，他在交易中解决问题的能力就越大，就越能得到交易双方的认同。……所以，以"面子"为核心的社会控制机制，成就了中人在乡村社区的权威地位。①

在温州地域文化中，温州人为了自己的面子文化，所进行的面子工程有二：一是"俗务外饰"，二是厚嫁奁之风盛行。

一　"俗务外饰"

关于温州人"俗务外饰"的记载，在地方文献资料中屡见不鲜。
宋朝时，有文献记载：

> 永嘉绝在海隅，民生老死不识兵革。其俗习于燕安，以浮侈相

---

① 吴雪梅：《回归边缘：清代一个土家族乡村社会秩序的重构》，中国社会科学出版社 2009 年版，第 125—126 页。

　　高，靡衣鲜食，崇饰室庐，嫁娶丧葬大抵无度，坐是至贫窭不悔。①

"绝在海隅"一语，将温州地理位置之偏僻、对外交通之闭塞，进行了简
单、深刻的刻画。正是因为这样的地理位置和对外交通条件使温州免受战
乱之苦，境内的百姓得以安居乐业，但同时也滋长了温州地域文化中推崇
安逸、以奢靡相较的不良风气。为了在与别人的比较中获胜，以维护自己
的面子，他们外表过着盛装靡服、过度装饰自己的居所、花费巨资进行嫁
娶丧葬的日子，但以这样的生活挣得的面子是以花费银子来实现的。前面
已经分析过，温州并不是物产富饶的地域，要想支付这些费用，很多人平
时只能靠粗茶淡饭来节省费用，有的甚至到了倾家荡产而无悔的地步。

　　在《东瓯逸事汇录》卷二《风土》之"俗务外饰"条中，也有关于
温俗好外饰的记载：

　　　　温限山阻海，土地不宜粟、麦，而事鱼、盐，务桑、麻，织席贩
　　木，得利颇饶，地称殷富焉。然其俗务外饰而好游观，宴会必丰腴，
　　嫁女必盛妆奁，优伶是尚，歌舞相矜。②

因为当地治生条件的限制，温州先民不能过传统的农耕生活，他们多以传
统手工业、商业为生，却也获利颇丰。丰厚的收入助长了温州地域文化中
"务外饰"、"好游观"、宴会丰腴、盛装奁嫁女、"优伶是尚，歌舞相矜"
的奢侈相竞之风。

　　温州"俗务外饰"的社会风气，为本地百姓带来了什么呢？《弘治温
州府志》卷一"风俗"条记载：

　　　　俗喜华靡，以盛饰相高，虽贫家亦勉强徇俗，假借以为饰。③

面对本地盛行的华靡、盛饰攀比之风，经济条件欠佳的家庭本没有财力做

---

　　①　（宋）林季仲撰：《竹轩杂著》卷六《朱府君墓志铭》，清光绪诒善祠塾本，温州市图书
馆藏。

　　②　陈瑞赞编注：《东瓯逸事汇录》，上海社会科学院出版社 2006 年版，第 28 页。

　　③　（明）王瓒、蔡芳编纂：《弘治温州府志》，胡珠生校注，上海社会科学院出版社 2006 年
版，第 12 页。

到，但迫于世俗压力，只好举债勉强应付。那中产之家，又会是怎样的情形呢？在《万历温州府志》卷二《舆地下·风俗》记载：

> 永嘉内鲜积聚而务外饰，宴会丰腴，虽中产之家亦勉强徇俗。①

看来中产之家面对务外饰的社会风气，日子也不好过，只能做到勉强徇俗。无论贫困之家，还是中产之家，即使借钱也要勉强徇俗的行为，足以说明这一风气在当时的影响力之大和不可抗拒。

对于温州地域社会中这种务外饰的虚荣、奢靡之风，连外来者都看不下去了，如清朝林昕在《东瓯划仙槎记》中写道②：

> 余以癸卯秋自鄂中来温，三年矣。见其俗虚而浮，侈而靡，有与中州风土大相殊者，余诧之。③

林昕从鄂中到温州做官，已经来了三年，对于当地虚浮、侈靡的社会风气依然不能适应。

温州地域文化中的这种务外饰、喜奢靡的风气，甚至地方官府也看不下去，而采取了禁止的态度。在侯一麟所写《郡风俗志》中记载：

> 俗大抵务外少朴，竞夸诩，往往治屋过制，多亭榭花石之观，及器服事事丽巧，中人之产，望之俨然巨贾也。其宴会余粱肉，饶金银杯器。岁时剧戏，鼓乐达旦。男子洁饰多容，妇人锦绣，错镂金玉，一珠至数十金，转相夸咤。其嫁娶车辆，缇帏装奁，赛道不绝。奴婢夹毂而趋，大姓贷假相嬴，中户破业思企矣。以故郡乃擅名甲旁郡，试举上元张灯一事，民间画地，人缀珠为灯，祠庙中殚极纤巧，多至千百，望之辉煌列星，比舍架木，翳以松枝绝密，至通宵火树金花，不穷其际也。有司虑其逾节，痛抑之，或厉禁，犹

---

① 《万历温州府志》卷之二《舆地志下·风俗》，引自（明）王光蕴等纂《万历温州府志》，影印明万历刻本，温州市图书馆藏，第 72 页。

② 林昕：泰顺人。此文作于光绪三十二年（1906），参见梅冷生撰，潘国存编《梅冷生集》，上海社会科学院出版社 2006 年版，第 328 页的编者按。

③ 梅冷生撰，潘国存编：《梅冷生集》，上海社会科学院出版社 2006 年版，第 327 页。

弗杀焉。①

温州人好外饰、竞相攀比的风气体现在生活的方方面面，涵盖了衣、食、住、行、用、节庆、婚娶、娱乐等生活内容。为了遵循这一过度消费的风俗，连大姓巨产之家都要"贷假相赢"，那中产之家望着这样的"巨赀"花费，真的是即使倾家荡产也难以做到了。面对这种过度铺天盖地的务外饰、竞相夸耀的行为，地方官府采取了严厉打压、禁止的措施，但实际执行起来并没有达到预期的效果。

二 厚嫁奁之风盛行

温州地方文献中关于厚嫁奁之风盛行的记载，也是屡见不鲜。在清《光绪永嘉县志》卷六《风土志》中记载：

> 永嘉内鲜积聚而务外饰，宴会丰脮，虽中产亦勉强徇俗，嫁女盛妆奁。②

又《平阳县志》卷二十《风土志二·娄习》记载：

> 乡村小户有纳币时，嫌壻家礼物简薄，甚至毁掷器皿，辱骂媒氏者。迎娶之后，舅姑因新妇资装之薄，终身愤憾者，亦有之。③

《弘治温州府志》卷一"风俗"条记载：

> 嫁娶以财气相高，丧葬以缁黄自固。④

---

① （明）侯一麟、赵士桢撰：《龙门集 神器谱》，蔡克骄点校，上海社会科学院出版社2006年版，第157页。

② （清）张宝琳修，王棻、戴咸弼总纂：《光绪永嘉县志》，中华书局2010年版，第255页。

③ 苍南县历史文化研究会据符璋、刘绍宽等纂修，民国十四年铅印影印本《平阳县志》之影印本，第700页。

④ （明）王瓒、蔡芳编纂：《弘治温州府志》，胡珠生校注，上海社会科学院出版社2006年版，第12页。

上引三则材料均说明温州厚嫁奁之风盛行，说明温州在婚嫁风俗方面，不仅要花费巨资，甚至会互相攀比。项乔在《项氏家训》中也写道：

> 吾温风俗，百金嫁女犹谓不足，十金教子则鼻大如靴，此倒行而逆施之，安得子女长进？①

在重男轻女的封建社会，温州却出现了不惜以重金嫁女，而不舍花钱教子读书的奇怪现象。这种风俗的不合常理，就连生活在当时当地的项乔都因为不能理解而发出了上面的诘问。

在温州地方文献中，关于花费巨资嫁女的实例，不胜枚举。张棡在日记——《三女儿出嫁戴宅》中记载了女儿出嫁时，那奢华、壮观的场面和自己的内心感受。即：

> （宣统二年）二月廿七日　早晨各行老司将方圆木嫁妆，均左右排列齐整，以待戴宅来搬。下午一点钟，戴宅方遣船十只、工人三十名来搬嫁奁。奁多人少，不敷调遣，因就本地另雇六十多名助搬，计每名付脚力钱三十三文，直至四点半钟始将妆搬运下船。物料之精，器具之美，颇为旁观者所赞，然已费煞经营矣。谚云"盗不过五女之门"，予仅嫁二女，已觉倾箱倒箧，债台高筑，既自怜亦自笑也。是日下午甚晴。晚设辞嫁酒五席，告祖先后，即请诸亲族男女饮宴。②

张棡为三女儿出嫁准备了丰厚的嫁奁，丰厚到虽然夫家戴氏派来了十只船、三十名搬运工进行搬运装船，结果却还是出现了"奁多人少，不敷调遣"的情况。没办法，张家只好就地又雇用了六十多人帮忙。就这样将近一百人的搬运大军，足足从中午一点搬到下午四点半才完工。到底张棡给三女儿置办了多少嫁妆，也就可想而知了。张家不但置办的嫁奁数量多，而且用料之精、造型之美，也令左邻右舍的旁观者艳羡称赞不已，看来是十分有面子的。身为父亲的张棡在为三女儿置办了这样体面的嫁妆后，从

---

① 参见《项乔集·初编·瓯东私录》卷八，引自（明）项乔撰《项乔集》，方长山、魏得良点校，上海社会科学院出版社 2006 年版，第 517 页。

② 张棡撰，俞雄选编：《张棡日记》，上海社会科学院出版社 2003 年版，第 152—153 页。

内心是否感到非常的满足和有面子呢？其"费煞经营"、"倾箱倒箧"、"债台高筑"、"自怜"、"自笑"的描述和内心独白，将自己财尽力竭、身不由己、被迫无奈追随时俗的实际情形和窘迫表达得十分明晰。这还是张棡仅仅嫁了两个女儿后的状况，如果真的有人要嫁掉五个女儿，到时的境况应该真的会如张棡在日记中形容的那样，资财所剩无几了吧！这也从某种角度解释了为什么温州历史上溺死女婴①的情况会长期存在了，因为真的是嫁不起啊！

张棡终身教书为业，算是普通士绅之家，财力一般，为了应俗，给女儿置办了这样丰厚的嫁妆。虽然已深感力不从心，但又迫于时俗没有办法。连他自己都觉得自己的家境因此变得可怜，自己的行为十分可笑。张棡嫁女的亲身经历真实地反映了当时温州地域社会中，人们是如何在自家经济实力、面子、世俗压力之间辛苦周旋、顾全的矛盾心理和无奈。

如果不为女儿置办如张棡三女儿一样的丰厚嫁奁，将会遇到什么样的情形呢？从戴氏女儿的命运，可以找到明确答案。史载：

戴礼，字圣仪，乳名梅姿，光绪八年（1882）生于旧温属玉环楚门蒲田村。父尧仁，光绪十一年（1885）岁贡生；母王氏，读书明大义，生三子及礼一女。父母以经传授诸子女，并以礼聪慧好学异于诸兄，故以"大小戴"千载家学"礼"取其名，俾能顾名思义，于礼学有所成就。

礼躯干修伟如健男，秉性正一，不然妇女婀娜习气。自幼承母教，长读父书，并延请严师教读，潜心典籍几达二十年。又以玉环僻处海隅，文化闭塞，父母遣其赴黄岩从学于名儒王玫伯，研习经典达数载。光绪三十四年（1908），又措资命礼负笈上京都，请业于京曹讲实学者、翰林院检讨宁海章梫，涉猎经史百家，勤劬不问寒暑。……民国三年（1914），礼年三十三岁，遵父命，与湖南原翰林院侍讲郭立山结婚。郭不远数千里渡海赘于玉环。但成婚之夕，因奁田不丰，且不能为容悦，遂遭嫌弃。后勉同至湘，却受尽虐待，终于

①　明代温州溺女婴现象严重，地方文献中有"十生九不举，弃之如草茎"的记载，引自明代乐清诗人朱谏的五言古诗《赵津女》。

仳离，零丁流转返里。①

戴礼出身书香之家，自幼"聪慧好学"，父母对其寄予厚望，不但以"礼"名之，亲自教授，还聘请严师执教，后又措资让礼先后远赴黄岩、京都求学。这样一个潜心典籍二十多年、寒暑勤苦无间、满腹经纶、礼学有成的才女，不要说在清朝末年，就是在男女平等接受教育的今天，也算得上出类拔萃的女中翘楚。等到嫁人时，从其夫郭立山不远千里渡海入赘的行为来看，应该是满意这桩婚事的。但等到真正结婚后，一是因为戴家为礼准备的"奁田不丰"，二是因为不满意礼的容貌，虽然二人的婚姻勉强维持了一段时间，戴礼终究还是难逃被丈夫抛弃的命运。戴礼的案例，具有一定的个性，但也在一定程度上反映了明清时期温州地域厚嫁奁之风的盛行。

对于温州厚嫁奁之风一直盛行的原因，王毓英在《继述堂三刻文钞卷二·劝人入崇俭会书》中是这样记载的：

> 自清季迄今兹，海上繁华，耳目濡染，日甚一日，直中瓯人脑筋。中户婚嫁，费近千金，宾客游宴，味求鲜异，巨富官宦，尽可推知。②

王毓英认为，自清朝以来，温州因为地处东南沿海，对外贸易发达，深受海外繁华奢靡之风的浸染，日久俗成，养成了耗费巨资嫁女的习俗。据王毓英的描述，中等资产的家庭嫁女就要花费掉千金的费用，至于那些"巨富官宦"之家的嫁女花费，也就不难想见会是何等巨大的一笔数目了。而且习俗一旦形成，很难改变，生活在其中的人们作为一个个体，难以违抗，所以张棡尽管在嫁掉第三个女儿时就已经在感叹、自嘲厚资嫁女行为的可笑可怜，但在嫁第四个女儿时，不得不依然遵从这样的习俗。其在日记《本年③家用账几达三千金上下》中写道：

---

①　徐定水：《徐定水集》，黄山书社 2011 年版，第 57 页。
②　卢礼阳编校：《王毓英集》，中国文史出版社 2011 年版，第 158 页。
③　指民国七年（1918）。

　　　　二月二日（农历十二月廿一）　晨起，算核本年家用竟达三千左右，亦可见婚嫁之费①太巨矣。②

　　张棡既然要迎合当时社会重金嫁女的风俗，就必须付出巨额的金钱代价。以张棡家中一年花费三千左右就感到超支的记载，参照王毓英"中户婚嫁，费近千金"的嫁女标准，可以推见：张棡的家境在当时的温州确实属于中等的、一般士绅之家。

　　概言之，无论是"俗务外饰"，还是厚嫁奁之风盛行，都是明清时期在温州宗族社会一直存在的值得关注的文化现象，至于其存在的原因，除了上面王毓英的分析，也与明清时期历史发展的整体背景有关，如陈学文的观点：

　　　　根据文献记载，明代嘉、隆、万是一个社会风尚大转变时期，嘉靖以前还是比较淳朴的，隆庆，尤其是万历以后，则日趋奢侈。③

　　最后，本书认为还有一大原因，即为了面子文化而进行的面子工程。像衣、食、住、嫁女等行为，都是会被生活在同一个地域空间的人们看到的事情，是相互之间进行面子衡量的标准、依据，尤其是嫁女这样的大事，对于一姓一族的面子更是事关重大，自然就要非厚金无以为之了。关于温州人为什么会爱慕虚荣、好面子，笔者曾撰文进行分析：

　　　　艰苦的生存环境，使温州人在经历艰辛的自主创业并成功后，需要一种精神上的释放、心理上的补偿，需要寻求一种物我的平衡，结果导致区域文化特性中爱慕虚荣、财富外显的特性。比如温州人喜欢把自家房子的客厅装修得富丽堂皇，以便接待客人时可以显示自家的经济实力，在客人面前有面子。喜欢穿名牌，带贵重的金银首饰，不断更换好车，礼尚往来讲档次，宴请讲排场等。……

---

① 指张棡四女儿出嫁李宅和为大儿婚娶郡城叶氏之事而言。
② 张棡撰，俞雄选编：《张棡日记》，上海社会科学院出版社 2003 年版，第 244—245 页。
③ 参见陈学文《明中叶"奢能致富"的经济思想》，引自陈学文《陈学文集》，黄山书社 2011 年版，第 527 页。

其实，这是人的正常心理需求。尤其是人们在没有政府、外力扶持①的背景下，靠自己的努力打拼过生活，当然要从心理上补偿、平衡一下自己了。②

---

① 关于温州为什么在发展史上很少受到政府的扶持和可以得到外力的帮助，笔者也有过分析："从全国的行政区划来看，也是一直远离全国性的政治、经济、文化中心。……温州周边方圆几百里范围内，不毗邻任何地级（不含地级）以上的大都市，使其虽然处于国家经济发达地域——长三角和闽台两大经济圈之间，但实际上距离二者都很远，处于二者经济圈有效辐射范围之外。所以，温州在发展史上直接受益于国内其他地域资源影响的程度是非常有限的。加之温州地处东南沿海，因其特殊的对台海防战略地位，是政治上的敏感地带，所以国家很少投资本地，从政府的角度支持其发展。"引自王春红《从形成原因分析温州区域文化的特性》，《电子科技大学学报》（社会科学版）2013 年第 4 期，第 82—83 页。

② 王春红：《从形成原因分析温州区域文化的特性》，《电子科技大学学报》（社会科学版）2013 年第 4 期，第 84 页。

结语与思考

在明清两朝长达近 550 年的历史时段中,中国的宗族社会发展到鼎盛时期,具有鲜明的阶段性特征。温州,作为东瓯故地,地域文化具有典型的瓯文化特性。本书对于明清时期温州宗族社会与地域文化的研究,就是力求仅仅抓住上述两点展开,并试图将二者进行有机结合,以展示明清时期温州宗族社会的真实面貌和体现出来的地域文化特性。自己为上述研究命题努力的结果,即呈现在大家眼前的这本小书。在书之结尾,主要反思一下本书在即将写完之际感觉存在的不足和今后需要继续努力的方向。

温州在明清时期经历的宗族社会发展史是一个漫长的、鲜活的地域生存空间,里面涵盖了太多太多的与宗族社会和地域文化相关的可以研究的内容,但限于自己来温工作的时间和目前对于温州地域史研究的水平,在本书中对于明清时期温州宗族社会和地域文化的研究如绪论最后所言,只是撩动了她厚重面纱的一角,只是对她一个粗浅的接触和认识,后面要走的路还很长。目前能够想到的,将来可以继续努力的研究方向有三,分别是研究时段的上延、研究对象的具体与深入、与邻近地域的比较研究。

第一,研究时段的上延。是指将对温州宗族社会的研究上溯到宋朝。宗族社会在中国历史上存续了很长的时间,但温州的地域史研究囿于存世资料和文献的记载是从宋朝尤其是南宋才开始变得丰富起来,所以自己想对温州宗族社会从宋至清末的历史进行一个梳理、研究,以形成一个系统的认识,这是自己今后长期从事温州宗族史研究必须做的一个基本工作。

第二,研究对象的具体与深入。是指对明清时期生活在温州宗族社会中的代表性家族进行典型个案研究和群体比较研究。自己在本书写作之初，检索学界已有研究成果时，知道已有前人对于温州的瑞安孙氏等个别宗族进行过个案研究，但未能找到渠道得见研究成果，也就无从得知作者的具体研究角度和内容。但可以肯定的是，在明清时期的温州，确实生活着一些堪称代表性的宗族，比如瑞安，除了孙氏之外，还有黄氏、洪氏、项氏宗族，并称为四大宗族；又如龙湾永强之英桥王氏、普门张氏、七甲项氏等。他们即是当地的代表性宗族，又分别组成了温州地域内各有特色的代表性宗族群体，相信瑞安之代表性宗族和宗族群体与永强之代表性宗族和宗族群体之间必定有相同之处，也有相异之处，是可以在进行单独个案研究的基础上，再进行群体对比研究的。相信这样的研究角度和思路不仅可以深化对于这些代表性宗族、代表性宗族群体个案的认识，还可以看到明清时期温州宗族社会内部的群体差异性、丰富性等，是可以帮助自己更好地认识明清时期的温州宗族社会，是具有研究价值的。

第三，与邻近地域的比较研究。是指将温州和周边地域的宗族社会与地域文化从比较的视角进行研究。明清时期温州的宗族社会具有典型的地域文化特性，也恰恰说明其具有与全国其他地域进行比较研究的价值。如与毗邻的福建，无论从地缘、族缘、亲缘等多个方面，均有着千丝万缕的联系，在明清时期的宗族社会和地域文化特性方面是可以进行比较研究的。又如徽州的宗族社会和地域文化也非常典型，而且研究成果丰富，[①]如果将来时机成熟，自己能够将徽州的宗族社会和地域文化与温州进行比较，应该是很有研究价值的事情。

上述内容是在本书写作结束之际的思考，是对已经完成部分不足的反思，更是对未来继续努力方向的探索。深知这部不成熟的书稿只是自己学习、研究温州宗族社会的一个起点，也深知目前思考的今后想要继续研究的三个方向所要走的路途有多遥远，将会遇到多少困难，甚至可能有些贪心，但在从事关于明清时期温州宗族社会学习、研究的过程中，在本书稿写作的过程中，逐渐发现了自己对之热爱之心和对今后继续从事的向往之情。相信后续的研究，将会拓展自己关于温州宗族社会研究的视野，深化对温州地域文化认识的程度，使自己在温州宗族史研究的领域逐步成长起

①　目前学界关于徽州的研究以已经出版的"徽州文化全书"共20册为集大成者。这套丛书包括了《徽州土地关系》、《徽商》、《徽州村落》等，其中唐力行的《徽州宗族社会》（该书由安徽人民出版社于2005年出版）是学界关于徽州宗族社会研究的代表作。

来，吾愿为之而继续努力，甚至作为毕生的学术事业去追求。最后引用傅衣凌先生的一句话以自勉：

乡土史学、地域社会是一门值得重视、有广阔前途的史学领域。①

———————

① 傅衣凌：《休休室治史文稿补编》，中华书局 2008 年版，第 236 页。

主要参考文献

一 史料

史志

（汉）司马迁撰：《史记》，中华书局 2013 年版。

（东汉）班固撰：《汉书》，中华书局 1962 年版。

（汉）许慎撰：《说文解字》，中华书局 1963 年版。

（晋）郭璞注：《穆天子传》，平津馆刻本，温州市图书馆藏。

（南朝宋）刘义庆著，（南朝梁）刘孝标注，余嘉锡笺疏：《世说新语笺疏》，中华书局 1983 年版。

（唐）姚思廉撰：《梁书》，中华书局 1973 年版。

（宋）林季仲撰：《竹轩杂著》，清光绪诒善祠塾本，温州市图书馆藏。

（宋）周行己撰：《浮沚集》，上海古籍出版社 1987 年版。

（宋）张载著，林乐昌编校：《张子全书》，西北大学出版社 2015 年版。

（明）徐光启：《农政全书》，商务印书馆中华民国十九年本。

（清）贺长龄辑：《皇朝经世文编》，《四库全书》本，温州市图书馆藏。

（清）蒋良骐撰：《东华录》，中华书局 1980 年版。

（清）张廷玉等撰：《明史》，中华书局 1974 年版。

《清实录》，中华书局 2008 年版。

《朱子家礼》，《四库全书》本，温州市图书馆藏。

《古今图书集成》，中华书局影印线装本。

陈宏天、赵福海、陈复兴主编：《昭明文选译注》（第二册），吉林文史出版社 1988 年版。

（清）嵇曾筠等修：《光绪浙江通志》，商务印书馆中华民国二十三年影印本，温州市图书馆藏。

（清）《嘉靖浙江通志》，上海书店 1990 年版。

（明）汤日照修：《万历温州府志》，《四库全书》本，温州市图书馆藏。

（明）王瓒、蔡芳编纂：《弘治温州府志》，胡珠生校注，上海社会科学院出版社 2006 年版。

（清）李琬修，齐召南、汪沆纂：《乾隆温州府志》，中华民国三年补刻本，温州市图书馆藏。

（清）陈永清修，章昱、吴庆云纂：《乾隆瑞安县志》，宋维远、李赐华点校，中华书局 2013 年版。

（清）王殿金、黄徵乂总修：《嘉庆瑞安县志》，宋维远点校，中华书局 2010 年版。

（明）王叔果、王应辰编纂：《嘉靖永嘉县志》，潘猛补点校，中国文史出版社 2010 年版。

（清）张宝琳修，王棻、戴咸弼总纂：《光绪永嘉县志》，中华书局 2010 年版。

陈坤等纂，李登云修：《浙江省乐清县志》（影印本），台北成文出版社有限公司 1983 年版。

《乐清县志》，上海古籍书店 1964 年据浙江宁波天一阁藏明刻本景印本，温州市图书馆藏。

郑立于主编：《平阳县志》，汉语大词典出版社 1993 年版。

2014 年苍南县历史文化研究会据符璋、刘绍宽等纂修：《平阳县志》，民国十四年铅印影印本影印，温州市图书馆藏。

萧耘春主编：《苍南县志》，浙江人民出版社 1997 年版。

朱礼主编：《文成县志》，中华书局 1996 年版。

施明达主编：《泰顺县志》，浙江人民出版社 1998 年版。

（清）林鄂、林用霖编纂：《（泰顺）分疆录点注》，陶汉心点注校勘，香港出版社 2010 年版。

陈坤等纂：《丽水县志》，上海书店 1993 年版。

陈慕榕等编：《青田县志》，浙江人民出版社 1990 年版。

沙城镇志编纂委员会编：《沙城镇志》，中华书局 2014 年版。

汤一钧主编：《莘塍镇志》，黄山书社 1998 年版。

王宗汉主编：《翁垟镇志》，当代中国出版社 2002 年版。

《蒲岐镇志》，1993 年，温州市图书馆藏。

《玉环县志》，汉语大词典出版社 1994 年版。

苍南县历史文化研究会编：《苍南历史文化》2014 年第 1 期。

乐清历史学会会刊编辑部编：《乐清历史学会会刊》2015 年第 2 期。

温州市政协文史资料委员会编：《温州文史资料》第二十一辑《温瑞塘河文化史料专辑》，内部刊行，2005 年，温州市图书馆藏。

谱牒

（明）王光蕴辑：《［温州龙湾］东嘉王氏家录》三卷，民国敬乡楼抄本，温州市图书馆藏。

（明）王激纂：《［温州龙湾］王氏族约》一卷，1937 年永嘉乡著会抄本，温州市图书馆藏。

（明）王叔杲纂修：《英桥王氏族谱》十卷，明万历六年复印本，温州市图书馆藏。

（清）陈麟纂修：《［乐清翁垟］陈氏宗谱》不分卷，清嘉庆九年木活字本，温州市图书馆藏。

（清）林士、林天臣纂修：《［瓯海睦州垟］东嘉林氏宗谱》六卷首一卷，清康熙四十四年抄本复印本，温州市图书馆藏。

（清）李向荣纂修：《［永嘉苍坡］李氏大宗谱》不分卷，清光绪二十二年抄本复印本，温州市图书馆藏。

（清）孙衣言纂修：《［瑞安盘谷］孙氏家谱》八卷，清同治刻本，温州市图书馆藏。

（清）张铭纂：《［温州龙湾］普门张氏闻知录》六卷，清光绪二十六年刻本，温州市图书馆藏。

《［温州鹿城］横棣叶氏宗谱》一卷，1939 年抄本复印本，温州市图书馆藏。

《［瑞安阁巷］陈氏大宗族谱》一卷，清光绪三十三年木活字本，温州市图书馆藏。

木鸿棣等纂修：《［瑞安董田］广川郡木氏宗谱》一卷，1996 年木活字本复印本，瑞安市图书馆藏。

傅冶九纂修:《［瑞安荆谷］包氏宗谱》不分卷,1981 年木活字本复印本,瑞安市图书馆藏。

沈永主编:《瑞安沈氏宗谱》,2009 年重修本,沈氏本族藏。

李鸿初、金则湘等纂修:《［永嘉岩头］金氏宗谱》不分卷,1943 年抄本翻拍本,温州市图书馆藏。

《［永嘉枫林］徐氏宗谱》不分卷,1994 年铅印本复印本,温州市图书馆藏。

《［永嘉菰田］明文戴氏宗谱》二卷,清乾隆六十年木活字本,温州市图书馆藏。

刘昌琴等纂修:《［永嘉碧莲］刘氏宗谱》十三卷,1983 年木活字本翻拍本,温州市图书馆藏。

《永嘉麻氏宗谱序文汇编》,2014 年本,温州市图书馆藏。

陈后强主编:《苍南县陈姓通览》,杭州出版社 2006 年版。

缪维銮主编:《温州苍南缪氏通志》,国际炎黄文化出版社 2008 年版。

钱克辉主编:《苍南谱序族规家训选编》,线装书局 2015 年版。

郑维国主编:《苍南郑姓通志》,中央文献出版社 2003 年版。

张祖辉主编:《苍南张姓史志》,中国文史出版社 2007 年版。

蒋振喜选编:《乐清谱牒文献选编》,线装书局 2009 年版。

谢刚主编:《谢氏史志·平阳篇》,香港天马图书有限公司 2007 年版,温州市图书馆藏。

王和坤编:《洞头县谱牒文献汇编》第 1 辑,吉林文史出版社 2014 年版。

林昕纂:《［泰顺东洋］林氏家传》一卷,民国初年抄本,温州市图书馆藏。

(民国)刘汝龙修:《中山郡刘氏宗谱》(不分卷),民国丙戌年(1946)木活字本,温州市图书馆藏。

刘昌明等修:《彭城郡刘氏宗谱》卷一,2011 年重修本,刘氏本族藏。

括苍浯溪:《富氏宗谱》,木活字本,富氏本族藏。

郑珂撰:《表山郑氏宗谱》,温州市图书馆藏。

宣统徐氏:《贞一房谱》,徐氏本族藏本。

《中华李氏总谱·苞溪李氏家乘》，2008年，温州市图书馆藏。

《戴氏源流》，2010年，温州市图书馆藏。

《浙南腾氏谱书》，2009年，温州市图书馆藏。

《缪氏宗谱》，2012年重修本，温州市图书馆藏。

《浙南闽东黄氏联谱》，2004年重修本，温州市图书馆藏。

《温州邓氏族谱》，2002年重修本，温州市图书馆藏。

安维其主编：《东瓯安氏通览》，2010年重修本，温州市图书馆藏。

郭安敏、郭伟、郭安敬主修：《新邑郭氏族谱》一卷，2012年重修本，温州市图书馆藏。

高益登主编：《大港孙氏宗脉文献》，中国国际文艺出版社2013年版。

《浙南谢氏宗谱》，2000年铅印本，温州市图书馆藏。

永嘉珍川朱氏：《科竹房家谱》，2012年再版，温州市图书馆藏。

温州市图书馆编《温州族谱联合目录》，温州市图书馆藏。

郑笑笑、潘猛补主编：《浙南谱牒文献汇编》第一辑，香港出版社2003年版。

郑笑笑、潘猛补主编：《浙南谱牒文献汇编》第三辑，香港出版社2008年版。

郑笑笑、潘猛补主编：《浙南谱牒文献汇编——诗词篇》，香港出版社2007年版。

文集

（宋）程颢、程颐撰，潘富恩导读：《二程遗书》，上海古籍出版社2000年版。

（宋）薛季宣撰：《薛季宣集》，张良权点校，上海社会科学院出版社2003年版。

（宋）叶适：《水心文集》，四部丛刊本。

（宋）郑伯雄、郑伯谦撰：《二郑集》，周梦江校注，上海社会科学院出版社2006年版。

（宋）周行己撰：《周行己集》，周梦江校笺，上海社会科学院出版社2002年版。

（宋）周行己撰：《浮沚集》，上海古籍出版社1987年据文渊阁本

《四库全书》影印本版。

　　（元）李孝光撰：《李孝光集校注》，陈增杰校注，上海社会科学院出版社 2005 年版。

　　（明）何白撰：《何白集》，沈洪保点校，上海社会科学院出版社 2006 年版。

　　（明）黄淮撰：《介庵集》，永嘉黄氏排印敬乡楼丛书民国二十年影印本，温州市图书馆藏。

　　（明）侯一麟、赵士桢撰：《龙门集　神器谱》，蔡克骄点校，上海社会科学院出版社 2006 年版。

　　（明）姜准撰：《岐海琐谈》，蔡克骄点校，上海社会科学院出版社 2002 年版。

　　（明）项乔撰：《项乔集》，方长山、魏得良点校，上海社会科学院出版社 2006 年版。

　　（明）王朝佐等撰：《东嘉先哲录》（外两种），周干点校，上海社会科学院出版社 2005 年版。

　　（明）文林撰：《文温州文集》，浙江巡抚采进本。

　　（明）王健：《鹤泉集》，张侃、王绍新、董丽琼校注，厦门大学出版社 2014 年版。

　　（明）王叔杲撰：《王叔杲集》，张宪文校注，上海社会科学院出版社 2005 年版。

　　（明）王叔杲撰：《半山藏稿》，1935 年手抄本，温州市图书馆藏。

　　（明）张璁撰：《张璁集》，张宪文校注，上海社会科学院出版社 2008 年版。

　　（清）陈虬、宋恕、陈黻宸撰，胡珠生编：《东瓯三先生集补编》，上海社会科学院出版社 2005 年版。

　　（清）陈弘谋辑：《训俗遗规》，华藏净宗学会 2005 年重排版，温州市图书馆藏。

　　（清）洪炳文撰，沈不沉编：《洪炳文集》，上海社会科学院出版社 2004 年版。

　　（清）黄体芳撰，俞天舒编：《黄体芳集》，上海社会科学院出版社 2004 年版。

　　（清）刘景晨撰，卢礼阳、李康化编注：《刘景晨集》，上海社会科学院出版社 2006 年版。

（清）梅冷生撰，潘国存编：《梅冷生集》，上海社会科学院出版社 2006 年版。

（清）孙锵鸣撰：《孙锵鸣集》，胡珠生编注，上海社会科学院出版社 2003 年版。

（清）宋恕著，胡珠生编：《宋恕集》，中华书局 1993 年版。

（清）薛钟斗辑，余振棠校补：《东瓯词徵》，上海社会科学院出版社 2004 年版。

（清）孙衣言撰：《瓯海轶闻》，张如元校笺，上海社会科学院出版社 2005 年版。

（清）孙延钊撰，徐和雍、周立人整理：《孙衣言、孙诒让父子年谱》，上海社会科学院出版社 2003 年版。

（清）王理孚撰，张禹、陈盛奖编注：《王理孚集》，上海社会科学院出版社 2006 年版。

（清）吴伟业著，李学颖集评标校：《吴梅村全集》，上海古籍出版社 1990 年版。

（清）张棡著，俞雄选编：《张棡日记》，上海社会科学院出版社 2003 年版。

（清）曾唯辑，张如元等校补：《东瓯诗存》，上海社会科学院出版社 2006 年版。

（民国）杨青撰，谢作拳、伍显军编：《杨青集》，上海社会科学院出版社 2005 年版。

（民国）黄光撰，马允伦编：《黄光集》，上海社会科学院出版社 2005 年版。

（民国）黄群撰，卢礼阳辑：《黄群集》，上海社会科学院出版社 2003 年版。

陈光熙编：《明清之际温州史料集》，上海社会科学院出版社 2005 年版。

陈瑞赞编注：《东瓯逸事汇录》，上海社会科学院出版社 2006 年版。

陈伟编：《乐清历代碑志选》，中国民族摄影艺术出版社 2004 年版。

陈正焕编撰：《钝笔杂钞》，2004 年 12 月印刷本，温州市图书馆藏。

卢礼阳编校：《王毓英集》，中国文史出版社 2011 年版。

金柏东主编：《温州历代碑刻集》，上海社会科学院出版社 2002 年版。

冒广东辑：《永嘉诗人祠堂丛刻》十四种手抄本，温州市图书馆藏。

钱志熙编：《乐清钱氏文献丛编》，线装书局 2010 年版。

孙建胜编：《永嘉场墓志集录》，黄山书社 2011 年版。

孙延钊撰，周立人、徐和雍编校：《孙延钊集》，上海社会科学院出版社 2006 年版。

吴明哲编：《温州历代碑刻二集》，上海社会科学院出版社 2006 年版。

吴鸣皋：《文成见闻录》，1993 年版，温州市图书馆藏。

叶大兵辑注：《温州竹枝词》，文化艺术出版社 2008 年版。

俞光编：《温州古代经济史料汇编》，上海社会科学院出版社 2005 年版。

章锡琛点校：《张载集》，中华书局 1978 年版。

温州博物馆编：《宋恕师友手札》（上、下册），浙江摄影出版社 2011 年版。

清代诗文集汇编编纂委员会编：《清代诗文集汇编》，上海古籍出版社 2010 年版。

二　论著

常建华：《明代宗族研究》，上海人民出版社 2005 年版。

常建华：《明代宗族组织化研究》，故宫出版社 2012 年版。

常建华：《宗族志》，上海人民出版社 1998 年版。

陈江：《明代中后期的江南社会与社会生活》，上海社会科学院出版社 2006 年版。

陈瑞：《明清徽州宗族与乡村社会控制》，安徽大学出版社 2013 年版。

陈学文：《陈学文集》，黄山书社 2011 年版。

陈支平：《近五百年来福建的家族社会与文化》，中国人民大学出版社 2011 年版。

陈忠平、唐力行主编：《江南区域史论著目录：1900—2000》，北京图书馆出版社 2007 年版。

段自成：《清代北方官办乡约研究》，中国社会科学出版社 2009 年版。

冯尔康：《中国古代的宗族和祠堂》，商务印书馆 2013 年版。

冯尔康：《中国宗族制度与谱牒编纂》，天津古籍出版社 2011 年版。

冯尔康等：《中国宗族史》，上海人民出版社 2009 年版。

方坚铭：《"永嘉场"地域文化研究：以明代永嘉场为考察中心》，浙江大学出版社 2012 年版。

冯贤亮：《明清江南的州县行政与地方社会研究》，上海古籍出版社 2015 年版。

费孝通著，惠海鸣译：《中国绅士》，中国社会科学出版社 2006 年版。

傅衣凌：《休休室治史文稿补编》，中华书局 2008 年版。

[美] 高彦颐：《闺塾师：明末清初江南才女文化》，李志生译，江苏人民出版社 2005 年版。

黄挺：《十六世纪以来潮汕的宗族与社会》，暨南大学出版社 2015 年版。

科大卫：《皇帝和祖宗：华南的国家与宗族》，卜永坚译，江苏人民出版社 2010 年版。

[美] 孔飞力：《中华帝国晚期的叛乱及其敌人：1796—1864 年的军事化与社会结构》，谢亮生、杨品泉、谢思炜译，中国社会科学出版社 2002 年版。

[日] 濑川昌久：《族谱：华南汉族的宗教·风水·移居》，钱杭译，上海书店出版社 1999 年版。

李世众：《晚清士绅与地方政治——以温州为中心的考察》，上海人民出版社 2006 年版。

林亦修：《温州族群与区域文化研究》，上海三联书店 2009 年版。

牟发松、陈江主编：《历史时期江南的经济、文化与信仰》，华东师范大学出版社 2014 年版。

[英] 莫里斯·弗里德曼：《中国东南的宗族组织》，刘晓春译，上海人民出版社 2000 年版。

潘光旦：《明清两代嘉兴的望族》，商务印书馆 2015 年版。

钱杭：《宗族的世系学研究》，复旦大学出版社 2011 年版。

钱杭：《宗族的传统建构与现代转型》，上海人民出版社 2011 年版。

秦燕、胡红安：《清代以来的陕北宗族与社会变迁》，西北工业出版社 2014 年版。

［美］施坚雅：《中国农村的市场和社会结构》，史建云、徐秀丽译，中国社会科学出版社 1998 年版。

［日］森正夫等编：《明清时代史的基本问题》，周绍泉等译，商务印书馆 2013 年版。

唐力行：《徽州宗族社会》，安徽人民出版社 2005 年版。

唐力行：《唐力行徽学研究论稿》，商务印书馆 2014 年版。

唐力行主编：《明清以来苏州城市社会研究》，上海书店 2013 年版。

乌丙安：《中国民间信仰》，上海人民出版社 1995 年版。

吴光、洪振宁主编：《叶适与永嘉学派》，浙江人民出版社 2012 年版。

王家范主编：《明清江南史研究三十年：1978—2008》，上海古籍出版社 2010 年版。

吴仁安：《明清江南著姓望族史》，上海人民出版社 2009 年版。

吴雪梅：《回归边缘：清代一个土家族乡村社会秩序的重构》，中国社会科学出版社 2009 年版。

汪毅夫：《闽台区域社会研究》，鹭江出版社 2004 年版。

王振忠：《明清以来徽州村落社会史研究》，上海人民出版社 2011 年版。

王振忠：《徽州社会文化史探微：新发现的 16—20 世纪民间档案文书研究》，上海社会科学院出版社 2002 年版。

徐定水：《徐定水集》，黄山书社 2011 年版。

行龙、杨念群主编：《区域社会史比较研究》，社会科学文献出版社 2006 年版。

徐茂明：《江南士绅与江南社会（1368—1911 年）》，商务印书馆 2004 年版。

杨国安：《国家权力与民间秩序：多元视野下的明清两湖乡村社会史研究》，武汉大学出版社 2012 年版。

杨国安、周荣主编：《明清以来的国家与基层社会》，科学出版社 2013 年版。

俞雄：《孙诒让传论》，浙江人民出版社 2008 年版。

姚周辉、何华湘等：《宗族村落文化的范本——温州永嘉岩头金氏宗族村落文化研究》，杭州出版社 2011 年版。

［日］中岛乐章：《明代乡村纠纷与秩序》，郭万平、高飞译，江苏人民出版社 2012 年版。

赵华富：《徽州宗族调查研究》，人民出版社 2014 年版。

张如元：《永嘉鹤阳谢氏家集考实》，浙江大学出版社 2007 年版。

赵世瑜：《小历史与大历史：区域社会史的理念、方法与实践》，生活·读书·新知三联书店 2006 年版。

张仲礼：《中国绅士研究》，上海人民出版社 2008 年版。

郑振满：《明清福建家族组织与社会变迁》，中国人民大学出版社 2009 年版。

周祝伟、林顺道、陈东升：《浙江宗族村落社会研究》，方志出版社 2001 年版。

《马克思恩格斯选集》第 4 卷，人民出版社 1995 年版。

三　论文

陈彩云：《元代温州的宗族建设》，《浙江师范大学学报》（社会科学版）2011 年第 2 期。

蔡克骄：《明代温州祠堂祭祖述论——以温州市龙湾区项氏、王氏、张氏家族为例》，《温州职业技术学院学报》2012 年第 3 期。

钞晓鸿：《明清人的"奢靡"观念及其演变——基于地方志的考察》，《历史研究》2002 年第 4 期。

丁红：《温州家谱文化的历史与现状》，《图书馆杂志》2005 年第 8 期。

高利华：《异量之美：地域文化研究的永久话题》，《社会科学战线》2007 年第 3 期。

何向荣、王春红：《午日江城竞渡时——端午时节话温州龙舟》，《温州日报》2013 年 6 月 11 日。

科大卫、刘志伟：《宗族与地方社会的国家认同——明清华南地区宗族发展的意识形态基础》，《历史研究》2000 年第 3 期。

蓝东兴：《明朝中后期奢侈浮靡之风刍议》，《西南师范大学学报》

（哲学社会科学版）1993 年第 2 期。

蓝东兴：《归隐：晚明士大夫的政治退避与个性张扬》，《贵州社会科学》2002 年第 5 期。

林国平：《"好巫尚鬼"的传统与东南民间信仰》，项楚主编：《中国俗文化研究》第二辑，巴蜀书社 2004 年版。

李翔：《浙江祠堂文化的比较性研究——以浙江淳安和温州两地为例》，《行政事业资产与财务》2012 年第 2 期。

林亦修：《人神互动：温州杨府爷信仰研究》，项楚主编：《中国俗文化研究》第四辑，巴蜀书社 2007 年版。

沈承宇：《从地方志的考察中看明清人的奢靡观》，《中国地方志》2007 年第 9 期。

谈辉：《自 1994 年来有关明清社会风气中"奢靡"风气的研究综述》，《安徽文学》2009 年第 4 期。

王春红：《从形成原因分析温州区域文化的特性》，《电子科技大学学报》（社科版）2013 年第 4 期。

吴大琨：《笔谈吴文化》，《文史知识》1990 年第 11 期。

王会昌：《中国文化中心的南移与东南沿海的机遇》，《广西民族学院学报》1995 年第 1 期。

吴仁安：《浙江温州龙湾地区明代的著姓望族及其对社会经济文化之作用与影响述略》，《江南大学学报》（人文社会科学版）2012 年第 1 期。

徐定水：《历代福建迁温人口姓氏述略》，《温州师范学院学报》（哲学社会科学版）2003 年第 3 期。

严迪昌：《"市隐"心态与吴中明清文化世族》，《苏州大学学报》（哲学社会科学版）1991 年第 1 期。

姚周辉、郑秋枫、林佳、王飞飞：《试论永嘉岩头金氏宗族村落文化的传承动力》，《浙江工贸职业技术学院学报》2011 年第 1 期。

朱海滨：《浙江地方神信仰的区域差异》，《历史地理》第十七辑，上海人民出版社 2001 年版。

朱海滨：《民间信仰——中国最重要的宗教传统》，《江汉论坛》2009 年第 3 期。

四　外文文献

Maurice Freedman：*Chinese Lineage and Society*：*Fukien and Kwangtung*，University of London：the Athlone Press，1966.